本书获得闽南师范大学学术专著出版基金资助

aoshi Kechenglun

教师课程论

廖圣河⊙著

中国社会科学出版社

图书在版编目（CIP）数据

教师课程论/廖圣河著 . —北京：中国社会科学出版社，2016.10

ISBN 978 - 7 - 5161 - 8559 - 9

Ⅰ.①教… Ⅱ.①廖… Ⅲ.①课程—教学研究—中小学 Ⅳ.①G632.3

中国版本图书馆 CIP 数据核字（2016）第 157829 号

出 版 人	赵剑英
责任编辑	卢小生
特约编辑	林 木
责任校对	周晓东
责任印制	王 超
出 版	中国社会科学出版社
社 址	北京鼓楼西大街甲 158 号
邮 编	100720
网 址	http：//www.csspw.cn
发 行 部	010－84083685
门 市 部	010－84029450
经 销	新华书店及其他书店
印刷装订	三河市君旺印务有限公司
版 次	2016 年 10 月第 1 版
印 次	2016 年 10 月第 1 次印刷
开 本	710×1000 1/16
印 张	22.5
插 页	2
字 数	346 千字
定 价	80.00 元

凡购买中国社会科学出版社图书，如有质量问题请与本社营销中心联系调换

电话：010－84083683

序

美国著名课程论专家古德莱德（Goodlad，1979）从课程实施的纵向层面提出五种不同层次的课程类型：一是理想的课程，指由一些研究机构、学术团体和课程专家提出的应该开设的课程；二是正式的课程，指由教育行政部门规定的课程计划、课程标准和教材，也就是列入学校课程表的课程；三是领悟的课程，指任课教师领会的课程；四是运作的课程，指在课堂上实际实施的课程；五是经验的课程，指学生实际体验到的东西。之后，他又将教师理解和运作的课程统称为教学层次的课程。也许是受其启发和影响，一批学者从不同的视角研究课程类型问题并提出了一些与"教学层次的课程"相类似的概念，如美国学者丘班（Cuban，1993）的"所教的课程"，日本学者佐藤学（Sato Manabu，1996）的"教师的课程"，南京师大吴康宁教授（1998）的"师定课程"。由此可见，"教师课程"是学者们经过长期思考和探讨审慎提出的一种重要课程类型。

国家课程标准是教材编写、教师教学、考试评估的法定依据和底线要求，是国家管理和评价课程的基础。教师作为国家课程实施主体，理应在充分理解课程标准基础上积极实施基于课程标准的教学，理应像专家一样整体思考标准、教材、教学与评价的一致性，并在自己的专业权力范围内做出适当的课程决定。而且，这种带有个人化的课程决定，多少会对课程内容进行一定程度的加工。新课改赋予教师许多从未有过的权力和自由，教师自主发挥和创造的空间越来越大。但是，如果不及时加以引导和规范，也容易出现随意教学和歪曲执行等问题。教师是课程实施中的关键人物，影响课程的众多因素往往要通过教师反映在课堂教学当中。因此，基于一线教师的立场，深入一线调查和研究教师课程实施的过程，特别是他们在具体实施过程中是如何调适课程的，是一个被许多学者认同的研究课程实施的恰当策略。然而，纵观二十几年来我国课程领域的相关研究可以发现，我们对课程理论的研究还比较薄弱，对课程实施的研究还存在认识和行动上的严重不足，导致课程实施成了课程改革中一个不太受重视的问题。在课程改革的场域中，我们"没有把作为核心人物的教师纳入视野，对教师的重视尚未提到相应的高度。"人们往往只关注教师呈现出来的"我所教的课"这样一种"工具"的使用价值，而忽视了背后生动丰富的"我"的存在。为此，有学者呼吁：深入探讨教师个人因素与课程实施之间的互动关系以及课堂中师生是如何演绎和体验课程，在未来的研究中应该引起足够重视。但是，通过文献综述可以发现，作为一种重要的课程类型，长期以来，教师课程的基础研究没有得到应有重视，其实证调查也相对缺乏。到目前为止，鲜见学者以"教师课程"为题作相对系统、全面的专门研究。可见，教师课程的提出有其特殊的时代背景、重大的理论价值和紧迫的现实意义，教师课程研究需要一定的学术勇气和开拓精神。

　　《教师课程论》这本书是作者在博士学位论文《教师课程研究》基础上修订而成的。作为圣河的导师，我见证了这篇论文从选题、开题到写作、答辩的全过程。之所以选择这样一个论题，主要跟他的学习和工作经历有关。三年的中师生活尤其是到某中心小学实习40多天的经历，让圣河很早就开始关注和体验一线教师的教学样态。1996年正式参加工作以后，圣河又先后在四所不同类型的中学教了四年语文。这四年教学的画面和其中的酸甜苦辣至今还令他回味无穷。2002年9月，圣河师从西华师范大学彭华生教授和翟启明教授，开始攻读语文教学论专业的硕士研究生，两年后到闽南师范大学文学院和教科院任教语文教学法课程。到高师任教以来，他一直坚持带师范生到中小学实习，经常深入中小学教室参与听评课活动，跟中小学老师一起讨论课程教学问题。由此可见，圣河对中小学的教师课程有相对深入的体验和了解。课程论专家认为："本书以实践课程论的视角，选择了当前课程与教学领域中一个颇为'接地气'的课题进行了较为深入的阐述。""就整体而言，选题紧密联系当前的教育实践，直指当前教育改革领域中的核心，即教师的课程实践力问题，具有相当的实践指导意义和学术参考价值。通篇观点突出，论证严密，内容完整，结构清晰，行文流畅，格式规范，反映出作者具备了较好的学术研究和表达能力。""本书的最大价值是在对120多所中小学进行了有关教师课程意识等方面的抽样调查。这些调查样本量较大，涉及范围较广，采集数据较翔实，并对数据做了比较多的分析研究，这对认识当今我国中小学教师的课程意识、课程表现及教师的其他素养，都有较高的参考价值。"

笔者认为，本书既有较为全面系统的理论分析，又有相对翔实的调查数据。通篇而言，本书观点鲜明，体系完整，思路清晰，结构合理，语言流畅，是一部较为优秀的专著。如果说教师课程实施是一个没有终点的旅途，那么教师课程研究就是一个永远在路上的探险。尽管作为一名青年学者，圣河在教师课程研究方面还有很多工作要做。但是，他从中师、大专、本科、硕士到博士的求学经历，从小学、初中、高中到大学的教学经历，从一个农村娃娃到一名硕士生导师的成长经历，着实值得有些中小学教师学习和借鉴。现欣闻圣河入选2015年度"福建省高校新世纪优秀人才支持计划"，闽南师范大学又已同意资助其出版他的博士论文，很为他高兴！作为圣河的导师，我见证了他的成长，也期待着他在学术旅程上留下更多芬芳！

是为序。

吴永军

2016 年 6 月 9 日写于南京师大随园

（吴永军：中国教育学会教育学分会副会长，教育部基础教育课程教材专家工作委员会委员，教育部基础教育课程改革南京师范大学研究中心常务副主任、博士、教授、博士生导师）

摘　要

　　教师与课程本来是一体的，教师可以在整个课程运作中发挥至关重要的作用。但是因为受各种因素的影响，现实中教师与课程的关系却多是分化和剥离的，教师经常游离于课程之外，成为课程的机械执行者。随着课程理论研究范式的时代转型、基础教育课程改革的深入推进以及教师课程权利意识的逐步觉醒，"把课程还给教师"的呼声以及教师课程的现状和对策问题逐渐引起人们尤其是基础教育界和课程论界的更多关注。

　　教师课程是指任课教师对国家课程内容加以理解和设计后在课堂教学中实际实施和评价的课程。与国家课程非常注重预设性、基础性和统一性相比，教师课程具有自主性、生成性、创造性、情境性和差异性等特点。教师课程在密切课程与生活的联系、增强课程内容的适切性、提高课程实施的成效、促进学生的个性发展、提升教师的专业素养、完善课程实施理论等方面具有明显优势和价值。

　　教师课程之所以能够成为一种重要的课程形态，主要是因为它有相对厚实的理论基础。无论是存在主义、实用主义和后现代主义等哲学理论，还是诠释学、符号互动论和批判理论等社会学理论，也不管是人本主义、建构主义和多元智能等心理学理论，还是实践性课程理论和过程性课程理论，都可以为教师课程提供坚实的理论基础。笔者在借鉴上述理论基础上，对教师课程的开发过程及相关要求即教师应该如何理解、设计、实施和评价课程进行了初步探讨。为了提高教师课程的实践理性，笔者结合自身实践和相关成果，就某些能够预料和有充分认识的方面，归纳了一些基本的可操作性原则和方法。

　　除使用文献分析法和经验总结法之外，笔者按照分层抽样和整群抽样的方法在福建省 5 个地级市的 120 多所中小学实施了问卷调查，并采用目的性抽样和方便抽样的方法，对福建、江西、海南 3 个省的 7 个地级市的 36 所中小学的 47 名语文教师进行了结构性访谈（含笔谈），同时还深入小学一年级至高中二年级的教室听评了 33 节语文课和 2 节数学课。调查发现，随着素质教育的大讨论和课程改革的深入推进，中小学教师的课程意识和教学能力较以往有明显进步。但是，也出现一些随意教学和为所欲为的问题。教师课程研究的目的就是要进一步彰显教师课程的优势，进一步规范课程教学的行为。

教师是教师课程的主要建构者和创生者，教师自身的素养对教师课程质量具有决定性影响。教师课程质量的提升最终还是要靠教师自身的知识和能力素养才能得到根本保障。教师要努力通过强化课程意识、研读课程标准、刻苦钻研教材、加强教学反思等途径来提升自己的课程能力和教学效果。同时，教育主管部门、教育研究团体、学校领导、学生家长以及社会各界要通过宣传课程政策、提供专业引领、优化课程管理和改革评价机制等途径给中小学教师的课程教学活动提供一种支持性的外部环境。

Abstract

Originally the teacher and the curriculum are integrated, and teachers can play a crucial role in the whole course of operation. But because of various factors, the relationship between teachers and the curriculum becomes actually divided. Teachers often separate themselves from the curriculum, and only act as mechanical executors of the curriculum. With the transformation of curriculum theory research model, with the deep reform of basic education curriculum and with the gradual awakening of teachers' consciousness of curriculum rights, the voice of returning the curriculum to teachers, and the current situation of the teacher – based curriculum as well as its countermeasures attract people's attention by degrees, especially in the basic education circles.

The teacher – based curriculum refers to the implementation and evaluation of curriculum after teachers understand and design national curriculum through practical teaching. Compared with national curriculum which pay great attention to presupposition, basis and unity, the teacher curriculum features autonomy, generation, creation, situation and difference. The teacher – based curriculum also has obvious advantages and values of closely contacting life, enhancing the relevance of curriculum, improving the effectiveness of curriculum implementation, promoting the development of students' personality, strengthening teachers' professional quality, and perfecting the curriculum implementation theory.

The teacher – based curriculum can become an important course form, mainly because it has a relatively solid scientific theory basis, such as Existentialism, Pragmatism, Post – modernism, Hermeneutics, Symbolic Interactionism, Critical Theory, Humanism, Constructivism, Multiple Intelligences, Practical Curriculum Theory and Process Curriculum Theory, which can provide a solid theoretical foundation for the teacher – based curriculum. Learning from the above theories, the author explores the development process of the teacher – based curriculum and the relevant requirements, i. e., how to understand, design, implement and evaluate curriculum. In order to practice more rationally, combining with his own practice and the related achievements, the author summarizes some basic operation principles and methods from some predictable and full understanding aspects.

In addition to Literature Research Method and the Experience Summarization, the author conducted a questionnaire survey by Stratified Sampling and Cluster Sampling method in more than 120 schools of 5 cities in Fujian province, and Structured Interviews (including written discussion) were made to nearly 50 Chinese teachers from 36 schools of 7 cities in Fujian, Jiangxi, and Hainan provinces by Purposive Sampling and Convenience Sampling methods. Meanwhile, the author also visited and evaluated classes from first grade of primary schools to grade 2 in senior middle school, including 33 Chinese classes and 2 math classes. The survey shows that teachers' curriculum consciousness and instructional ability are improved obviously with the process of quality education discussion and the further promotion of curriculum reform. However, some problems on teaching at will also appeared. The teacher – based curriculum study aims to further highlight the advantages of it, standardize and improve the teachers' behavior in class.

Teachers are the main constructors and head of the teacher – based curriculum and their qualities have a decisive influence on the quality of the teacher – based curriculum. Enhancing the quality of the teacher – based curriculum ultimately relies on teachers' personal qualities. Therefore, teachers should try to strengthen curriculum consciousness, read up on curriculum standards, study teaching materials, and reflect on teaching so as to improve their teaching ability and teaching effect. At the same time, departments of education, education research groups, school leaders, parents and social public should provide a supportive external environment for teachers in primary and middle schools teaching activities by propagandizing curriculum policy, offering professional leading, optimizing curriculum management and reforming evaluation mechanism.

目　录

引　论

随着课程理论研究范式的时代转型、基础教育课程改革的深入推进以及教师课程权利意识的逐步觉醒，教师课程问题逐渐受到基础教育界和课程论界的关注。但是，通过文献综述可以发现，教师课程的研究成果还远远不能满足一线教学的实际需要。

一　研究背景与研究价值

（一）研究背景①

教师课程的提出并引起基础教育界和课程论界的关注有其特殊时代背景和现实依据。明了这些背景和依据有助于凸显教师课程的重要性，增强教师课程研究的责任心和紧迫感。

1. 课程改革的经验教训

受技术理性和泰勒原理等影响，现代课程一度具有"防教师"的特点。这种课程过分追求预设、控制和价值中立，认为课程是政府和专家关注的事，教师只是课程的忠实执行者而已。因为课程设计者和教师之间是单向的控制关系，使教师难以真正领会课程设计者的意图，难以将课程计划付诸实践，再完美的课程计划也只能成为空中楼阁。20世纪50年代末起，以英美为首的世界大多数国家耗费巨资发起了所谓的"新课程运动"。这场运动由享有声望的学科专家发起和领导，他们集中开发了大规模国家课程，但终因教师的缺席而宣告失败。这次无果而终的教训促使人们逐步意识到，教师是课程改革的主

---

① 廖圣河：《师定课程：内涵、价值和发展路径》，《教育学术月刊》2012年第4期。

体和关键因素，任何"防教师"的课程都不可能实现预期的改革目标；离开教师的充分理解以及在课堂上的充分支持，任何课程改革所预设的美好愿景终将难以实现，而且多半是代价高昂的失败。

受此影响，当代课程的研究范式已经发生转型，即在总体上已经超越普适性课程原理的建构，转向关注一线教师和学生的日常生活，主张在学校教育的真实情境中探问意义和寻求超越。① 课程论专家（如李子建等）指出：深入探讨教师个人因素与课程实施之间的互动关系以及课堂中师生是如何演绎和体验课程的，在未来的研究中应该引起足够的重视。② 与此接轨和呼应，我们国家的新课程改革③用课程标准取代教学大纲，不再具体规定教学的内容和时间，只是提一些原则性的教学和评价建议，而且鼓励教师形成自己的教学特色；新教材也从圣经变为资源和材料，教师不再是教科书的忠实兜售者和"传声筒"，而是课程方案的积极建构者和转化者。

2. 教师教学的失真传授

一线教师因为没有参与课程计划和教材设计，往往很难准确地把握课程计划和教材编写者的意图。加上教师的生活世界决定了其思维方式不可能同课程计划和教材编写者完全相同，因而在理解课程计划和依据教材实施教学时难免产生偏差和失误。由于在职前教育中所学的是无课程的教育学，一线教师往往有教科书意识而无课程意识。因为具备一定的主体意识和能动作用，又带着经验上路，教师一般不会完全按照课程要求被动地实施教学，而是会根据教学情况的变化以及自己的教学经验和习惯相应地调整课程内容和教学计划。有学者通过调查发现，在实际教学中，68.3%的教师会根据学生的实际情况对教学内容做出调整和改造。④ 一线教师往往以适合自己的方式来实施课

① 钟启泉等主编：《课程范式的转换：上海与香港的课程改革》，上海科技教育出版社2003年版，序。

② 陈晓波：《影响课程实施的因素：基于实施取向的探讨》载霍秉坤等《课程与教学：研究与实践的旅程》，重庆大学出版社2008年版，第101—109页。

③ 除特别说明的之外，本书所指的"新课程改革"是指我们国家2001年启动以来的第八次基础教育课程改革，"新课程标准"内含作为总纲的基础教育课程改革纲要和各学科课程标准。

④ 吴刚平：《校本课程开发》，四川教育出版社2002年版，第91、252页。

程教学，他们实际所教的内容并不全是教材要求他们教的内容，甚至不全是他们自己想教的内容。① 他们实际传授给学生的东西可能完全不同于课程标准和教材要求学生掌握的东西，即教师传授的东西可能严重失真。

吴康宁教授指出，师定课程与法定课程之间存在四种关系，即包容与被包容关系、基本吻合关系、重合关系和基本分离关系。如此复杂的关系实际上隐含着一个极易被人们忽视的客观事实：尽管国家课程具有法定权威性，但同一教育阶段同一门课程的不同教师实际是在教授不同的课程内容，他们的学生也在学习不同的课程内容，接受不同的待遇。② 一线教师的上述做法虽然有一定的合理性，但也容易产生理解有误和随意教学的问题，因为并不是每一位选手都想努力跑到终点，并不是每一位教师都有能力去承担改造法定课程的任务。所以，关注教师课程的呼声越来越高。

3. 基于标准教学的迫切要求

课程标准是教材编写、教师教学和考试评估的法定依据和底线要求，教师理应在充分理解课程标准的基础上，积极实施基于课程标准的教学，理应以实现课程标准确定的总体期望和各项目标为行动指向。但是，要将理想的课标要求转化为现实的课程实践，这中间还有很长的一段路要走。尽管课程标准早已取代教学大纲成为教师的日常用语，但课程标准似乎并没有给教师的教学实践带来任何有实质性的影响，③ 教师本人似乎也没有充分意识到自己在课程改革中到底能够发挥什么具体作用。调查发现，因为把握不准和评价机制等问题，国家课程方案在实际执行中已经普遍走样，课程改革的预期目标和实践效果之间存在不少落差。④ 国外的一项研究报告也指出，教师的行为

---

① 石鸥：《试论教师传授教学内容时的失真现象》，《上海教育科研》1995 年第 7 期。

② 吴康宁：《教育社会学》，人民教育出版社 1998 年版，第 332—333 页。

③ 崔允漷：《课程实施的新取向：基于课程标准的教学》，《教育研究》2009 年第 1 期。

④ 翟帆：《国家课程方案为何在执行中走样》，《中国教育报》2005 年 12 月 4 日第 3 版。

只有16%符合课改方案的要求。①　为此，基于课程标准的教学成为近年来备受关注的一个研究领域，其核心命题就是要提高教师基于标准教学的意识与能力。这样做的前提假设是，如果不关注一线教师的本真教学状态，不对教师课程进行研究，不主动查找课程改革在实施过程中产生异变和落差的具体原因，不在教师的个性化解读与课程标准的规范性要求之间找到一个合理的平衡点，那么基于课程标准的教学终将不能通过一线教师的实践操作而有效落实到课堂教学中去。

（二）研究价值②

我国目前的课程论研究大多偏重于正式课程方面。对于教师实际理解与实施的课程以及学生实际体验到的课程，"要么顾不上研究，要么还未察觉到这类研究的必要性。"③　实践证明，教师课程研究在凸显教师的主体地位、促进教师的专业发展、提高法定课程的实施效果、拓宽课程研究的学术视野等方面都具有非常重要的价值。

1. 拓宽课程研究的学术视野

课程实施是实现课程理想的关键环节，是课程论研究的重要课题。研究课程实施情况，有助于发现课程方案在层层落实中到底发生了哪些变化，有助于探寻影响基础教育课程改革的关键性因素是什么，有助于了解学习结果和各种影响因素之间的关系。④　加拿大学者富兰（Michael Fullan）指出："教育变革的成败取决于教师的所思所为，事实上就是如此简单，也是如此复杂。"⑤　教师是课程实施中的关键人物，影响课程的众多因素往往通过教师反映在课堂教学当中。因此，基于一线教师的立场，深入一线调查和研究教师课程实施的过程，特别是他们在具体实施过程中是如何调适课程的，是一个被许多

---

① 张华：《课程与教学论》，上海教育出版社2000年版，第334页。
② 廖圣河：《师定课程：内涵、价值和发展路径》，《教育学术月刊》2012年第4期。
③ 广东教育学院教育系编著：《现代教育理论：热点透视》，中山大学出版社2005年第2版，第52页。
④ 黄政杰：《课程设计》，（台北）东华书局1998年版，第400页。
⑤ ［加］迈克尔·富兰：《教育变革新意义》，赵中建等译，教育科学出版社2005年版，第121页。

学者认同的研究课程实施的恰当策略。①

　　然而，纵观二十几年来我国课程领域的相关研究可以发现，我们对课程理论的研究还比较薄弱，对课程实施的研究还存在认识和行动上的严重不足，导致课程实施成了课程改革过程中一个不太受重视的问题。在课程改革的"场域"中，我们"没有把作为核心人物的教师纳入视野，对教师的重视尚未提到相应的高度。"② 人们往往只关注教师呈现出来的"我所教的课"的使用价值，而忽视了背后生动丰富的"我"的存在。③ 教师课程则重点关注每一个教室中所发生的事情，关注教师在课程实施中的具体表现和诉求，同时给一线教师和课程专家提供了一次视域融合和反思性实践的机会，促使他们在真实的问题情境中来合作思考和解决课程实施的问题。这种上下结合的研究策略可以给课程研究带来新的视点和生长点。

　　2. 提高法定课程的实施效果

　　联合国教科文组织在名为《教育——财富蕴藏其中》的报告中指出："教师作为变革的因素，其作用的重要性从未像今天这样不容置疑。"课程实施的过程也就是教师重构课程的过程，教师课程的质量往往决定着课程实施的效果。实践证明，在课程体系中突出教师课程的地位和作用有利于凸显教师在课程改革中的专业主体地位，有利于优化教师的课程实施行为，进而全面提升其课程实施的水平。④ 法定课程因为强调统一性和普适性的要求，往往很难考虑到个别教师和学生的实际情况和真实需求。一线教师因为经常跟学生在一起，往往比法定课程的设计者更贴近和了解学生，更能最大限度地满足学生的兴趣和需要，更能发现和弥补法定课程的不足，实现课程资源的优化配置和调适，自然也就可以更好地提高法定课程的实施效果。

―――――――――

　　① 马云鹏：《课程实施及其在课程改革中的作用》，《课程·教材·教法》2001 年第 9 期。

　　② 钟启泉等主编：《课程范式的转换：上海与香港的课程改革》，上海科技教育出版社 2003 年版，第 359 页。

　　③ 蔡辰梅：《"我"和"我所教的课"——教师与课程的具体关系研究》，《教育理论与实践》2007 年第 3 期。

　　④ 于海波：《教师课程实施能力研究》，《当代教育科学》2011 年第 12 期。

　　教师课程的指导思想就是引导教师尽自己的最大所能去增强法定课程的适应性和有效性，最大限度地为学生的个性发展提供优质服务。好的教师课程要求教师从实践情境的特殊需要出发来设计和实施教学，在确定课程目标、选择课程内容等方面更具针对性和实效性。教师课程在尊重教师专业自治权的同时，还积极鼓励由校长、教师、学生、家长、教科书编者、课程专家、心理学家等组成的"课程集体"对教师理解、设计、实施和评价的课程进行民主审议和专业引领，以便帮助教师在各种备选方案中选择最佳而不是最正确的方案。这不仅有利于增强教师的社会责任感，提高教师课程方案的合理化程度，还有利于减少教师的职业风险和心理压力，有利于提高课程实施的实际效果和社会满意度。

3. 促进中小学教师的专业发展

　　首先，教师与课程之间是一种同生共建的互动整体，课程的发展与教师的发展具有内在统一性，因为"没有教师的发展就没有课程的发展"，而课程的发展又必然要求和带动教师的发展。心理学家马斯洛（A. H. Maslaw）的需要层次理论告诉我们：每个人都有使自身潜能得到充分发挥的权利和愿望，每个人都有自我维护、自我增值和自我实现的内驱力；当教师较低层次的需要如工资待遇、生活条件得到基本满足后，就会追求受尊重及自我实现的需要，就会希望通过教师职业提升自己的生命质量。教师课程承认教师的课程主体地位，信任教师的潜能和责任心，赋予教师开发课程的责任和权利，给教师提供了一个展示智能优势和发挥专业能力的平台，有利于调动教师的工作积极性和创造性，促使其在自我实现中更好地"成为他自己"。

　　其次，教师课程开发对于教师们来说是一项特别富有挑战性的工作，它可以使教师感觉到获得认可并被赋予责任。这些都可以作为激励因素激发教师的工作动机，让教师从中得到自主创造和专业成长的乐趣。教师课程具有情境性、生成性和发展性等特点，它必然要求教师以学者的心态置身于复杂的教育情境中，以学者的眼光审视和分析课程实施问题，要求教师是一个灵活的课程决策者而非忠实的教学执行者，要求教师必须具有丰富的实践经验和应变技能，而不能仅仅靠自己课前的所谓精心预设画地为牢。这样就迫使教师在研读课程标准、理解课程内容、整合课程资源、优化教学设计、灵活实施教学、合理评价课程、修改完善课程等方面不断开展理论学习和行动研究，把学习、研究与实践有机结合起来。这无疑有利于历练教师的问题意识和研究能力，有利于提升教师的教学智慧和专业水平。

最后，教师在理解、设计、实施和评价国家课程的过程当中往往会投入大量时间和精力，会在课程实施中渗透自己的观点和情感，会在珍惜自己劳动成果的同时，加倍投入教学实践工作。这无疑有利于发挥教师的主体性和创造性，有利于彰显教师的生命意义和独特价值，有利于教师对课程教材产生认同感和归属感，有利于教师获得工作的满足感和成就感。另外，教师课程在关注教师的生存状态、肯定教师的创造性劳动、激发教师的内在潜能、促进学生的个性化成长、鼓励学生积极参与课程计划和教学决策等方面也富有一定的意义。这些方面又会反过来促进教师的专业发展。

二　研究现状与研究趋势

（一）研究现状

文献综述是科研论文写作的基础，也是进一步开展研究的前提。只有在做好文献综述的基础上，我们才能够站在历史的高度和前人的肩膀上进行深入的研究。美国著名教育家杜威先生（John Dewey）指出："关于过去的知识是了解现在的钥匙。历史叙述过去，但是这个过去乃是现在的历史。"① 国外有资料表明，现在科研工作中出现的问题有95%—99%是可以通过查阅文献资料来解决的，只有1%—5%的问题需要创造性的科研来解决。② 为此，我们有必要通过文献综述来了解本课题研究的相关背景。

进入 CNKI 中国期刊全文数据库，在检索项为"篇名"、检索时

---

① ［美］约翰·杜威：《民主主义与教育》，王承绪译，人民教育出版社1990年版，第227页。

② 李玉花：《论文献检索与利用的重要性及实现途径》，《现代情报》2002年第7期。

间为"1915—2015 年"、来源类别为"核心期刊"和"CSSCI"进行"精确"匹配的状态下输入"教师课程"，可以检索到 216 篇相关论文（见表 1）。从年份上看，国内到 2002 年才发表相关研究成果，2010 年以后显著升温，2013 年达到顶峰。从论文数量上看，2010 年以后发表的论文占总数的 69.44%；从论文主题上看，研究较多的依次是教师课程能力、教师课程意识、教师课程实施、教师课程领导、教师课程理解和教师课程开发等。

表 1　　　　　　教师课程研究的期刊论文数量（2002—2015 年）

年份	2015	2014	2013	2012	2011	2010	2009	2008	2007	2006	2005	2004	2003	2002	总数
教师课程能力	6	1	4	0	5	4	1	3	7	0	0	3	1	0	35
教师课程意识	0	0	2	5	2	6	1	1	3	4	1	3	1	0	29
教师课程实施	1	3	4	3	2	3	1	0	0	1	1	2	0	0	21
教师课程领导	4	2	2	5	1	3	1	1	1	0	0	0	0	0	20
教师课程理解	0	1	3	5	1	2	1	1	0	0	0	0	0	1	15
教师课程开发	1	1	3	2	1	2	2	0	0	0	0	1	0	0	13
教师课程执行	5	2	3	1	1	0	0	0	0	0	0	0	0	0	12
教师课程创生	0	2	3	1	1	0	0	3	0	1	1	0	0	0	12
教师课程观念	1	0	1	0	1	0	0	0	1	0	1	0	1	0	8
教师课程决策	0	1	1	0	3	1	1	0	0	1	0	0	0	0	8
教师课程角色	0	0	0	2	2	0	0	0	1	0	1	0	1	0	7
教师课程价值取向	2	1	2	0	1	0	1	0	0	0	0	0	0	0	7
教师课程参与	0	0	0	0	0	0	0	1	0	0	0	2	0	0	3
教师课程权利	1	1	0	0	0	0	0	0	0	0	1	0	0	0	2
其　他	0	6	7	3	5	0	4	0	4	2	0	1	1	0	
汇　总	20	21	35	27	26	21	14	10	9	10	5	12	0	1	216

　　进入 CNKI 中国优秀博硕士学位论文全文数据库，在检索项为"题名"、检索时间为"1980—2015 年"进行"精确"匹配的状态下输入"教师课程"，可以查到 133 篇硕士学位论文，12 篇博士学位论文。其主题及篇目主要有：教师课程意识（硕士学位论文 16 篇，博

士学位论文1篇)、教师课程能力(硕士学位论文19篇,博士学位论文1篇)、教师课程权力(硕士学位论文9篇,博士学位论文1篇)、教师课程领导(硕士学位论文14篇,博士学位论文2篇)、教师课程角色(硕士学位论文1篇)、教师课程观(硕士学位论文7篇,博士学位论文3篇)、教师课程(资源)开发(硕士学位论文11篇,博士学位论文1篇)、教师课程理解(硕士学位论文14篇,博士学位论文2篇)、教师课程创生(硕士学位论文6篇)。

因为担心期刊网上有遗漏,笔者还根据导师的提醒和要求,花了将近一个星期的时间,仔细查阅了1983—2015年的《报刊资料索引》中教育学和中小学教育栏目里的文献篇目。现根据本课题研究的实际需要有选择性地分条综述如下。

1. 教师课程意识研究

教师的课程意识指的是教师对课程的敏感性与自觉性程度。教师专业化发展、校本课程的开发、推进研究性学习、学校文化建设等均需要教师有课程意识。① 教师的课程意识包括教师的主体参与意识、课程重建意识、反思批判意识等。郭元祥教授认为,课程观是课程意识的核心。但是,辛继湘等人通过实证调查发现,制约教师课程意识发展的最主要因素是教师的课程能力而非课程观。② 学者们认为,教师缺失课程意识的主要原因有传统的课程管理体制、应试教育压力、教师教育的现状等。教师课程意识的形成策略有:教师转变课程观念,提升课程能力,实施反思性教学;学校应赋予教师专业自主权,重建学校课程制度③;教育部门要构筑新的完善的教师教育体系。④现有研究成果尽管有待深入,但可以给我们研究教师课程的现状和对策提供参考,如姜勇把教师的消极课程意识归纳为天真意识和惯性意识就富有借鉴意义。⑤

---

① 陈天顺:《课程意识:现代教师的必备素养》,《教育发展研究》2002年第7期。

② 辛继湘、肖欣云:《中学教师课程意识发展状况与制约因素研究》,《教育科学研究》2011年第11期。

③ 郭元祥:《教师的课程意识及其生成》,《教育研究》2003年第6期。

④ 赵炳辉、熊梅:《教师课程意识的解析与重建》,《全球教育展望》2010年第9期。

⑤ 姜勇:《论教师的课程意识及其唤醒》,《教育理论与实践》2006年第9期。

2. 教师课程能力研究

提高教师的课程能力对教师自身素质发展、推进课程变革和学生发展都有重要意义。学者们普遍认为，教师课程能力主要包括课程决策能力、课程整合能力、课程实施能力、课程评价能力、课程开发能力和课程研究能力等。从表1可以看出，近五年来，学者们越来越关注教师课程的执行力问题。吴惠青教授强调，教师的课程能力发展具有动态性、发展性、生成性、社会性等特点，是一种螺旋上升，没有起点和终点的系统。① 朱超华指出，教师课程能力具有实践性、现实性、外倾性和叠加性等特点。他认为造成教师课程能力缺失的主要原因：课程管理过于僵化；受应试教育观念的影响；对教师主体性和自主性的忽视；受文化多元化和经济市场化的冲击。② 赵文平认为，当前教师的课程能力严重缺失，尤其是课程开发、课程实施、合作交往和教学反思等能力比较欠缺；提升教师的课程能力主要通过教师自我学习、改革教师教育体制、参与校本培训和开展校本教研等途径来实现。③ 这些成果为研究教师课程带来诸多启发，如教师课程的影响因素是复杂多元的，要突出同事合作的重要作用，建立教师与学科专家的沟通机制。

3. 教师课程权力研究

随着基础教育课程改革的深入推进，为教师赋权增能成为人们的广泛共识。周正认为，赋予教师权力有助于课程本身的优化，有助于激发教师的责任感与积极性，有助于促进教师的专业发展。④ 学者们认为，教师的课程权力主要包括课程决策权、课程设计权、课程实施权、课程开发权、课程评价权、课程研究权等。郝德永教授指出，学校课程的法理化品质决定了学校课程清一色地表现为认同性的课程范

---

① 吴惠青、刘迎春：《论教师课程能力》，《高等师范教育研究》2003年第2期。

② 朱超华：《新课程视角下教师课程能力的缺失与重建》，《课程·教材·教法》2004年第6期。

③ 赵文平：《教师课程能力：一个不容忽视的问题》，《江西教育科研》2007年第2期。

④ 周正：《教师课程权力研究的回顾与反思》，《教师教育研究》2008年第3期。

式，决定了教师课程权力的虚无境遇。① 导致教师课程权力虚置的主要原因有：一是传统的课程观过分强调课程的忠实取向；二是由于教师缺乏行使课程权力应具备的课程能力；三是教师自身的习惯与惰性。② 针对教师可能出现滥用或误用课程权力等现象，赵虹元从校长权力、学生权利和职业道德三个方面提出教师课程权力的制约机制。③ 这些研究成果为探索教师课程提供了借鉴和参考，但需要进一步思考的问题是，如何通过教师课程的研究帮助一线教师解决无权可用、有权难用、有权不会用等问题。

4. 教师课程领导研究

通过文献综述可以看出，教师课程领导研究有持续升温的趋势。教师课程领导是教师在课程事务上通过与同事相互影响来实现课程品质提升、教师专业发展、学生品质改善及学校组织再造的历程。许占权指出，教师课程领导是学校领导文化转型和教师专业发展的标志，是课程实施从忠实取向走向创生取向的必然要求。④ 郑东辉认为，教师课程领导的五种关键性角色是课程意识的主动生成者、课程实施与开发的引领者、学生自主学习与教师专业发展的促进者、同辈教师的帮助者、学习共同体的营造者。⑤ 正因为教师课程领导涉及多重不同角色，使教师面临着不同程度的角色冲突。⑥ 由于科层化学校管理体制还没有打破、教师们的课程意识和能力不强、教师培训制度的不完善、教师课程领导理论研究不足等原因，教师课程领导还存在认识不够、意愿不足、能力欠缺、权力缺失等问题。为此，学者们分别从创建学校共同愿景、改善学校运行机制、赋予教师课程权力、提高教师课程能力、塑造教师合作文化、建立专业学习共同体等方面提出改进建议。这些研究成果可以为我们探讨教师的课程角色以及教师课程的

---

① 郝德永、赵颖：《论教师的课程权力》，《全球教育展望》2004 年第 12 期。
② 张文桂：《课程改革中教师课程权力的虚置与改进》，《教育探索》2011 年第 6 期。
③ 赵虹元：《教师课程权力的支持、引领与制约》，《教育导刊》2011 年第 9 期。
④ 许占权：《论教师的课程领导》，《中小学教师培训》2006 年第 11 期。
⑤ 郑东辉：《教师课程领导的角色与任务探析》，《课程·教材·教法》2007 年第 4 期。
⑥ 熊鑫、康涛霞、钟兴泉：《教师课程领导的角色：冲突与调适》，《教育导刊》2011 年第 2 期。

现状和对策问题带来诸多启发。

5. 教师课程角色研究

教师课程角色是一个备受关注、尚需深入研究的课题。关于教师的课程角色，学者们分别提出自己的观点，如"教师作为课程开发的积极参与者"（康奈利和本·彼瑞兹）、"教师是制度和实践之间的调解人"（威廉姆·里德）、"教师作为课程编制者"（谢利·格兰蒂）、"教师作为课程创造者"（詹特·米勒)①、"教师作为课程执行者"（防教师课程）、"教师作为课程实践—审议—开发者"（施瓦布、佐藤学）、"教师作为课程研究者"（斯腾豪斯）、"教师作为课程决策者"（塞勒）、"教师作为课程意义建构者"（派纳）、"教师作为课程创生者"（麦克尼尔、李小红）、②"教师作为课程研制者"（黄甫全)③等。吕红日指出，实施新课程改革以来，学者们构建了众多新型的教师课程角色，但角色设定过多过滥、非此即彼的现象让一线教师普遍感到有压力。而且现有研究大都有角色设定而无转化策略，让实践者束手无策。④教师课程角色的研究成果为我们进一步思考教师与课程的关系、分析教师课程角色以及探讨教师课程的理论基础等奠定了良好的基础，但需进一步探讨的问题是，一线教师到底认同哪些课程角色？认同的理由是什么？我们能为其提供哪些建设性的操作策略？

6. 教师课程观念研究

学者们普遍认为，教师课程观是教师对课程的基本认识和看法，它决定了教师的课程价值倾向、实施方式和程度、内容选择和最终实施效果。段冰认为，拥有多元化、开放性和动态性的课程观是教师专业成长的重要前提，只有突破实用主张的课程价值观、公共视野的课程文化观、工具理性的课程知识观以及技术主义的课程教学观，构建

---

① 杨明全：《教师的课程角色：一个备受关注的课程话题》，《全球教育展望》2003 年第 1 期。

② 黄小莲：《教师之课程身份：一个尚需深入研究的课题》，《教师教育研究》2011 年第 4 期。

③ 黄甫全：《略论教师的课程研制者角色》，《教育理论与实践》1995 年第 1 期。

④ 吕红日：《教师课程角色研究的总结与反思》，《教育科学研究》2011 年第 2 期。

起基于文化—个人取向的课程观，教师才能真正实现基于课程发展视域的专业成长。① 李小强指出，当前教师较为普遍地存在三种错误的课程观：一是课程就是教学，二是课程就是单一学科，三是课程就是教材。他认为促进教师形成科学课程观的有效途径应该是加强教师的课程素养培训、推动教师参与课程事务、鼓励教师开展课程与教学研究。② 苏强认为，我国教师的课程取向主要有学术理性主义、社会责任、人文主义、技术理性、折中主义与生态整合六种取向；由于教师专业素养的欠缺、行政权力的过度干预以及学校文化的僵化等原因，教师的课程观在实践转化中逐渐发生异化。他主张，发展型课程观是未来课程价值取向的必然选择，而形塑发展型课程观的主要策略有：确立社会核心价值、发展教师的哲学思维、形构教师的专业认同、构建教学共同体、创新教师教育机制、健全教学视导机制。③ 上述研究成果至少告诉我们：教师课程有其存在的必要性和合理性，教师和学生都应该成为课程创造者和开发者，教师与专职研究人员相互合作对课程实施和教师成长大有好处。

7. 教师课程开发研究

教师课程开发主要是指教师对国家课程进行二次开发，创造性使用教材的过程。

（1）国家课程的校本化实施研究

国家课程的校本化实施是指学校根据自身的特点和条件创造性地执行国家课程，以便更好地实现国家课程预期目标的过程。如学校根据自身的实际情况，可以就课程内容、授课顺序、单元进度、教学手段等课程议题进行自主决策。④ 国家课程校本化实施的基本特征是：以国家课程标准为指导，基于课程内容和学校自身的条件，以本校教师为主体，在具体的教育教学情境中，用上下结合的方式，重构和开

① 段冰：《教师课程观的局限与突破》，《教育发展研究》2009 年第 6 期。

② 刘小强等：《教师的课程观念与高校教学质量建设》，《国家教育行政学院学报》2011 年第 7 期。

③ 苏强：《教师的课程观研究》，博士学位论文，西南大学，2011 年，第 70—75、207—216 页。

④ 吴刚平：《校本课程开发》，四川教育出版社 2002 年版，第 146 页。

发适合本校学生发展需要的国家课程。学者们认为，国家课程校本化实施的必要性在于课程教学实施的四要素（即学生、教师、环境和教材）都存在差异。① 国家课程开发的优势与局限是促使其走向校本化的内在必然；学校自身功能的凸显为国家课程开发走向校本提供了可能；我国基础教育体制的变革，给学校和教师提供了更大的弹性空间，也为国家课程开发走向校本化提供了契机。② 为了给国家课程校本化的实施创造条件，也为国家课程要给校本化课程实施留下空间和余地；地方政府需要为学校的校本化课程实施提供政策、资源和科研等方面的支持、扶持和协助；学校需要具备校本化课程实施的能力和文化氛围。③ 上述成果充分肯定了教师课程的研究价值，同时为教师课程的内涵、特点、意义以及提升策略等研究提供了帮助。

（2）创造性使用教材研究

钟启泉教授认为，优化教材是教师专业素养的重要组成部分，教师应当积极关注自己专业成长，努力使自己成为教材的主人。他同时强调，教师如何处置教材是区分新旧教学思想的重要标尺；理解和尊重儿童是优化教材的基本前提，基于儿童的差异是优化教材的基本策略；从动态发展的角度界定教材的功能，有助于拓宽优化教材的思路。④ 但是调查发现，一线教师在日常教学中相当依赖教科书，他们只是依据教科书决定教什么、怎么教以及给学生布置习题等。⑤ 学者们认为，创造性使用教材虽然是课程情境化和课程重构的过程，但必须以课程标准为依据，必须是"实"与"活"的高度统一，必须量力而行；⑥ 实践证明，教师创造性使用教材的具体方法主要有添加、

---

① 姜平主编：《学校课程开发》，首都师范大学出版社 2006 年版，第 8—39 页。
② 徐玉珍主编：《校本课程开发与校本化课程实施行动研究》，首都师范大学出版社 2006 年版，第 102—103 页。
③ 徐玉珍：《论国家课程的校本化实施》，《教育研究》2008 年第 2 期。
④ 钟启泉：《"优化教材"——教师专业成长的标尺》，《上海教育科研》2008 年第 1 期。
⑤ 姜美玲：《教师实践性知识研究》，华东师范大学出版社 2008 年版，第 132 页。
⑥ 付宜红：《创造性使用教材应注意的几个问题》，《人民教育》2003 年第 7 期。

删减、修改、简化和重新排序等。① 这些研究成果首先充分肯定了教师课程的必要性和可能性，然后在钻研教材、调适课程内容、实施基于标准的教学等方面给我们提供了思考的方向。

8. 教师课程理解研究

教师课程理解既是课程意义生成的必要条件，是教师有效实施课程的重要前提，也是教师建构个体精神和生命意义的重要途径。② 学者们已经就教师课程理解的概念、内容、取向和影响因素等展开研究。对于教师课程理解的概念和取向，学者们观点比较一致。他们认为："课程理解"不等于"理解课程"，两者不能混用；我们既要反对完全机械的复原，也要反对盲目的创生；课程改革需要教师对课改精神进行相对忠实的理解。③ 这些观点可以给教师课程的提升策略带来启发。对于教师课程理解的具体内容和影响因素，学者们的分歧相对较大。有学者将教师课程理解的具体内容归纳为课程理论、课程文本和课程行动三个方面，这种做法似乎有忽视"课程理解"和"课程实施"边界的嫌疑。我国学者喜欢套用哲学思维，将教师课程理解的影响因素划分为内部因素和外部因素。但是，内外部因素中又具体包括哪些亚因素，内外部因素之间究竟存在怎样的关联，这些问题要么还分歧较大，要么还没有引起重视。

9. 教师课程实施研究

关于课程实施取向，美国学者归纳为得过且过取向、忠实取向、相互调试取向和课程创生取向的做法获得了普遍认可。④ 我国学者对此问题同样颇有研究。李小红从课程创生（包括校本课程的开发和国家课程的建构两个方面）的视角探讨了教师与课程的普遍关系。她从以下五个方面为教师课程创生进行了合理性辩护：我国教育发展的不均衡性要求教师进行课程创生；国家课程的局限性要求教师进

① 俞红珍：《论教材的"二次开发"》，博士学位论文，华东师范大学，2006 年，第 97—101 页。

② 孙宽宁：《课程理解的理想与现实》，山东人民出版社 2010 年版，第 15—17 页。

③ 李树军：《教师课程理解：现实问题与应然取向》，《教育发展研究》2009 年第 12 期。

④ 尹弘飚、李子建：《再论课程实施取向》，《高等教育研究》2005 年第 1 期。

行课程创生；课程实践的不确定性和境域性要求教师进行课程创生；个性化教育的实现要求教师进行课程创生；教师自身的专业发展要求教师进行课程创生。她认为教师课程创生的理论基础主要有：解释或理解的思想；建构的思想；实践的思想。① 这些成果尽管不一定全面，如理论基础的归纳就略显简单，但可以给教师课程研究提供切实帮助。

关于课程实施的影响因素，有学者用表格的形式列举了国外学者的代表性研究成果（见表2）。② 施良方先生在系统地总结20世纪60年代以来的研究成果的基础上，详细分析了影响课程实施的五大要素：课程计划本身的特性，如可传播性、可操作性、和谐性和相对优越性；交流与合作，如课程编制者与实施者之间的交流、实施者之间的交流；课程实施的组织和领导。课程实施的最大障碍就是教师的惰性和习惯做法；至少要让年级组长、教研室主任、骨干教师受到比较正规的培训，使他们回到工作岗位之后能够发挥表率示范作用；各种外部因素的支持，如新闻媒介、社会团体、学生家长的理解和支持，可以成为推动课程改革的无形动力。③ 这些归纳是相对全面和合理的，非常有利于我们进一步分析和探讨教师课程的影响因素等。

关于课程实施模式，有学者在推介"研究—开发—推广"模式和兰德变革模式的基础上，提出了富有弹性的课程实施模式和协商式家长参与模式。前者强调课程实施模式的兼容特征④，后者主张将家长的资源纳入课程开发与实施的过程之中。⑤ 马云鹏教授指出，目前国外的课程实施策略基本有三种，即从上至下的策略、从下至上的策略、从中间向上的策略。这些研究给我国当前的基础教育课程改革的启示是：课程实施策略的选择要因地制宜、因时制宜，综合发展；重

① 李小红：《教师与课程：创生的视角》，广西师范大学出版社2009年版，第14—29、50页。

② 尹弘飚、李子建：《基础教育新课程实施的影响因素分析——重庆北岸实验区的个案调查》，《南京师范大学报》（社会科学版）2004年第3期。

③ 施良方：《课程理论：课程的基础、原理与问题》，教育科学出版社1996年版，第145—147页。

④ 尹弘飚、靳玉乐：《课程实施的策略与模式》，《比较教育研究》2003年第2期。

⑤ 张艳红：《协商式家长参与课程实施模式构建》，《现代教育科学》2004年第12期。

表 2　　　　　　　　　　　课程实施影响因素的分析框架

Fullan 和 Pomfrel（1977）	Snydet 等（1992）	富兰（2001）
一、革新方案的特征 1. 清晰度 2. 复杂性	一、变革的特征 1. 需要与相关性 2. 清晰度 3. 复杂性 4. 计划的质量与实用性	A. 变革特征 1. 需要 2. 清晰度 3. 复杂性 4. 质量/实用性
二、实施策略 3. 在职培训 4. 资源支持 5. 反馈机制 6. 参与	二、校区层面的因素 5. 校区的革新史 6. 采用过程 7. 管理部门的支持 8. 教师发展与参与 9. 时间与信息系统（评价） 10. 社区及委员会的特征	B. 地方特征 5. 校区 6. 社区 7. 校长 8. 教师
三、采用单位的特征 7. 采用过程 8. 组织氛围 9. 环境支持 10. 人员因素	三、学校层面的因素 11. 校长 12. 教师之间的关系 13. 教师的特点与取向	
四、宏观的社会政治特征 11. 设计 12. 激励系统 13. 评价 14. 政治复杂性	四、外部环境 14. 政府机构 15. 外部协助	C. 环境特征 9. 政府和其他机构

视对教师的培训；学校作为课程实施的基本单位，应发挥更大的作用；构建课程改革的网络状系统。[①] 这些成果对研究教师课程的特点和提升策略都有很大的借鉴意义。

　　由此可见，尽管从笔者掌握的文献资料来看，国内学者把"教师课程"作为专题进行系统研究的还是比较少见，但与此相关的研究文献还是多得可以用"汗牛充栋"一词来形容，笔者将在后面的章节中根据论文主题的实际需要再综述相关研究成果。

---

　　① 马云鹏、唐丽芳：《课程实施策略的选择》，《比较教育研究》2002 年第 1 期。

（二）研究趋势

根据现有的研究成果，可以预测教师课程研究的未来发展趋势有：

1. 理论基础研究方面

我国学者从不同的方面为课程改革和教师课程提供了种种理论基础，但也没有就此问题达成一定的共识。这给一线教师的教学实践带来非常不利的影响。所以，拓宽教师课程研究的学术视野，进一步梳理和整合教师课程的理论基础将成为今后教师课程研究的一大重任。

2. 课程设计研究方面

以生为本的课程设计理念还需要通过相关措施深入到教师内心和课堂教学层面中去。新课程理念鼓励教师根据自己的教学实际来调适课程教学内容和创造性地使用教科书。因此，如何引导教师充分认识和利用教材的空白点和弹性空间，进行个性化的课程教学设计终将在课程论界和基础教育界引起广泛关注。

3. 课程实施研究方面

课程重构将是新课程实施研究中的核心论题。以新课程的相关要求为视点，课堂的概念需要重新界定，课堂教学的活动需要重新规划，课堂教学中师生的行为方式需要重新规范。这些都为教师课程实施研究带来前所未有的机遇和挑战。比如，影响教师重构课程的因素很多，如何把握其主要因素并加以具体规范，是教师课程未来研究的一大目标和重点。

4. 课程内容研究方面

显性课程教材研究将继续深入发展，隐性课程非教材的研究也必将成为新的关注点。目前，课程内容所包含的隐蔽层面或者非教材领域的研究基本上仍然是一片有待开发的沼泽地。教师课程研究恰恰在这些方面具有得天独厚的优势，也有必要在这些方面加大研究力度。如何促使教师重构的课程内容走向科学化、系统化和有效实践，也是教师课程内容研究的重要任务之一。

5. 课程资源研究方面

课堂是课程资源开发和利用的重要场域，但以往对于这类课程资源的开发和利用并没有得到足够的重视。所以，王鉴教授认为，课程资源研究的发展趋势是关注实践和课堂，加强教学实践中课程资源的开发与利用，重视课堂教学中动态生成的课程资源。① 由此可见，教师课程研究在课程资源研究方面具有明显优势，也必将在这方面大有作为。

6. 课程评价研究方面

积极开展基于课程标准的教师课程评价研究，是时代赋予学校的具有理论和实践双重意义的新课题。因为在以往集权式课程管理体制下，学校开展课程评价的能力并没有得到充分培育，这势必使学校在开展教师课程评价时存在诸多的现实困难。如何引导一线教师合理分解课程目标，并积极实施基于课程标准的教学，积极参与到教师课程评价中来，是教师课程评价研究中急需解决的问题。

总之，随着新课程改革的逐步推行，课程实施领域中暴露出来的问题越来越多。这就要求学者们亲临实践、扎根实践、深入实践，在实践中发现问题、分析问题和解决问题，以进一步促进课改目标的实现。在这种大背景下，教师课程研究任重而道远。

三　研究思路与研究方法

（一）研究思路

思路模糊往往导致行动迷惘。本书在具体阐述教师和课程的关系的基础上，主要围绕是什么、为什么、怎么样和怎么办等基本问题展开论述，重点论述和分析教师课程的现状和对策。因为如杨启亮教授所说，"一切试图在探索中寻求'穷尽'的努力都会是徒劳的，"② 本研究只能根据笔者的现有条件和能力，重点关注教师课程的意义、内涵、特点、理论基础和提升策略，为教师课程的后续研究构建一个相对合理的分析性框架。本书试图从多学科的视角出发，本着改良和调适的务实态度，采用上下结合的研究策略来调查和分析中小学教师在新课程实施中的具体行为及其背后的原因，目的是想借此探讨一线教

---

① 王鉴主编：《课程论热点问题研究》，广西师范大学出版社 2008 年版，第 167—169 页。
② 杨启亮：《困惑与抉择——20 世纪的新教学论》，山东教育出版社 1995 年版，第113 页。

师的个人理论和实践哲学，然后从中反观课程教学理论被中小学教师吸纳的程度，给一线教师和课程专家提供一次视域融合和反思性实践的机会。为了实现上述目的，本书的主体部分采用"理论探讨＋实践样态＋落差分析"的思路进行写作。其中，理论探讨部分梳理课程标准的相关要求和课程专家的相关论述，实践样态部分叙写和解读一线教师的真实想法和实际做法，落差分析部分分析落差的原因和对策。

（二）研究方法

教师课程本身是一个复杂的系统工程，必须综合运用多种研究方法。英国学者麦克南（James McKernan）认为，进行课程行动研究的适宜方法是质的研究方法，因为这种方法最适合对自然情境的研究。[①]鉴于教师课程的实践性和情境性，我们在收集数据（包括文字材料）的过程中首先使用质的研究方法，意在通过点上的访谈和观察深入了解和解释教师课程的现状。但是，为了更好地了解面上的情况，进一步增强研究结论的说服力，笔者同时还使用了问卷调查等量化研究的方法。

1. 文献分析法

所谓文献分析法，就是从所要研究课题的历史出发，搜集与该课题有关的文献资料（包括著作、期刊、学位论文、学术报告等），从中抽取出有规律性的东西为我所用，然后在此基础上进一步调查或者比较分析，展开深层次研究的一种方法。文献的查阅与分析有利于避免重复研究和找到空白点，是任何研究的起点。有资料表明，科研工作中出现的问题有95％—99％是可以通过查阅文献资料来解决的，只有1％—5％的问题需要创造性的科研来解决。[②] 笔者采用文献分析法主要是为了实现三个目的：一是系统梳理国内外学者关于课程实施研究的成果，目的在于帮助自己厘清研究的问题，提出新的看问题的角度，提供新的可资借鉴和分析资料的思路；二是广泛汲取哲学、社会

---

① 杨明全：《革新的课程实践者——教师参与课程变革研究》，上海科技教育出版社2003年版，第151页。

② 李玉花：《论文献检索与利用的重要性及实现途径》，《现代情报》2002年第7期。

学、文化学、人类学、现象学、教育学、心理学等多学科的理论力量，这些理论或许能使自己的触角更加敏锐，更加容易捕捉问题和灵感，以求更深入地理解和诠释日常教育实践的意义，丰富从实践中建构的扎根理论；三是在阐明问题的时候，为了诠释意义的需要，适当引用一些其他研究成果中关于教师课程教学实施的经验与故事。

2. 教育调查法

没有调查就没有发言权。本研究立足实践，坚持实地调查。教育调查法是指按照一定的目的和计划，通过访谈、座谈会、问卷、测验等手段，收集研究对象有关的现状及历史材料，从而弄清事实和原因，发现、印证并分析问题，探索教育规律的一种研究方法。教育调查的方法很多，限于时间和精力，笔者主要采用问卷调查和访谈调查。问卷调查就是把要调查的问题以填空、选择、判断、问答等形式编制成调查表，分发给被调查者填写，最后收回并加以整理分析的一种教育调查手段。访谈调查就是调查者通过与调查对象面对面地交谈来了解情况、搜集资料的一种调查方法。访谈的内容可以分为三类：一是事实调查，旨在要求被访者提供确实知道的一般情况；二是意见征询，即征求被访者就某一个教育问题的看法、意见和建议；三是了解被访者的内心世界和心理动机。

3. 教育观察法

教育观察法是指学者们凭借自身的感觉器官和辅助工具，有目的有计划地对在教育活动自然状态下的研究对象进行系统连续的观察，及时做出准确、具体、详尽的记录，并进行深入的理性分析和研究的一种科研方法。按观察的方式，观察法可以分为：①直接观察法。这是指凭借人的感官，由观察人员在现场对观察对象进行直接感知，获得研究材料的一种方法。其材料具有直观、具体、鲜明等特点。②间接观察法。这是指利用一定的仪器设备或其他技术手段为中介进行观察，以获得研究资料的一种方法。这种类型的观察扩展了观察的深度和广度。

4. 叙事研究法

叙事是一种凝结经验的方式，也是一种意义生成的途径。叙事研究既是教育研究方法，也是教师专业发展的媒介。因为故事可以吸引我们的注意力，引发我们的思考，可以给我们教化和启发，测出我们理解力的深度等①，叙事研究具有明显优势。本书研究采用的叙事研究主要包括两个方面：一是指教师自己的叙事研究，即教师本人叙述和反思自己在课程教学实施中所遇到的一系列教育事件；二是学者们对教师的反思与叙述所形成的叙事材料进行述说和评论。即我们的叙事材料既指一线教师叙述的亲身经历和体验，又指笔者以叙述方式记录的观察笔记。教师课程偏向原叙事，更关注具体教学中具体人，是一种更具人文情怀的课程类型。

5. 经验总结法

经验总结法是指在不受控制的自然状态下，依据教育实践所提供的事实材料，分析概括教育现象，揭示其内在联系和规律，使之上升到教育理论高度的一种教育研究方法。学者们认为，不管哪种成果形式，写作时都要充分挖掘自己的工作经历。利瓦伊·斯特劳斯（Levi–Strauss）说："挖掘/注意你自己的经历吧，那里可能有金子！"教育研究表面上是对教育现象的研究，实质上主要是对人的认识。而"对人的认识，本质是一种自我认识。"② 本书将根据笔者自己和一线教师的实践经验来判断和分析问题，尽可能"顽强地保持自己选择的权利，探索和发现新思想"，力避"写出那些自身未曾践行也未必深信的教育空话"。③ 笔者想借助本书为一线教师做些切实有用的工作。

---

① ［加拿大］马克斯·范梅南：《生活体验研究——人文科学视野中的教育学》，李树英译，教育科学出版社 2003 年版，第 159 页。

② 转引自陈向明《质的研究方法与社会科学研究》，教育科学出版社 2001 年版，第 48 页。

③ 杨启亮：《困惑与抉择——20 世纪的新教学论》，山东教育出版社 1995 年版，第 4 页。

第一章　教师课程的内涵、特点和价值

何谓教师课程？教师课程中的教师和课程分别指什么？跟国家课程相比，教师课程有哪些特点和优势？本章试图回答这些问题。

一　教师课程的内涵

每一个课题都有自己特殊的研究对象，准确界定好自己的研究对象是进行科学研究的基础和前提，因为后续的全部工作都是围绕着研究对象而展开，所有的逻辑论证都是为了说明研究对象而进行。美国著名教育家杜威先生指出：一个界定良好的问题，等于已经解决了问题的一半。[1] 相反，"含混不清或者没有意义的概念有时就像一种在动脉中的惰性物质一样起着阻塞作用。"[2] "教师课程"作为一个复合词，其内涵必定与"教师"和"课程"的含义紧密相关。为此，我们有必要首先明确"教师"和"课程"的含义和关系，然后再界定"教师课程"的内涵。

（一）教师

从语用习惯看，"教师"一词通常有两层含义：一是指教师职业，二是指教育者。教师职业是指人们终身或较长时期从事的，并以此为主要生活资料来源的教育教学事务。[3] 教师职业是由社会劳动分工而

---

① 叶泽滨：《教师创造性行为引论》，吉林人民出版社 2003 年版，第 228 页。

② 李定仁、徐继存主编：《课程论研究二十年（1979—1999）》，人民教育出版社 2004 年版，第 14 页。

③ 胡德海：《教育学原理》，甘肃教育出版社 2006 年第 2 版，第 320 页。

形成的一种专门社会职业，是人类社会有史以来最古老的一门职业。教师职业区别于其他职业的根本特征在于其主要任务是教书育人，即教师通过有目的、有计划的教育教学活动，向学生系统地传授科学知识、发展学生智力和能力的同时，要引导学生树立正确的人生观和世界观，促进学生健康快乐地成长。而就教育者的范围而言，教师又有广义和狭义之分。广义的教师与教育者是完全对等的同义词，泛指社会上一切能给予受教育者以积极影响的人。他们既可以是父母和长辈，也可以是学校教师、行政办公人员、后勤服务人员，还泛指社会上一切可以传授知识经验的人。教育学中所讨论的教师，一般是指狭义上的教师，即是学校中传递人类科学文化知识和技能，进行思想品德教育，把受教育者培养成社会需要的人才的专业人员。[①] 本书所指的教师是指在中小学校直接从事学科教学工作且具有正式教师资格的专业技术人员，不包括学校领导、教学辅助人员、行政办公人员和后勤服务人员等；既包括个体水平的教师，也包括群体水平的教师。但我们的最终目标是想通过个体了解和研究群体。为此，我们在讨论问题和选择样本时，首先会考虑其代表性的问题。

（二）课程

课程是学生获取知识的主要源泉，是教师进行教学的基本依据，是学校教育的核心内容，学校教育蓝图的具体体现，是影响教学质量的重要因素。课程作为学校和教师服务学生、促进学生发展的主要媒体，关乎学生的学习兴趣和潜能释放，关乎学生的个性发展和教育权利。有数据显示，85％的学校活动几乎都和课程有关。[②] 教师对课程的认识和理解，将直接影响其"教什么"和"怎么教"的问题。

在英语世界里，"课程"（curriculum）一词最早出现在英国著名哲学家、教育家斯宾塞（H. Spencer）于1859年发表的《什么知识最有价值》一文，并很快被普遍采用。虽然"课程"是现代教育学中使用频率较高的一个基础性概念，但因为关于课程本质的研究还在路上，导致"课程"至今还是一个歧义丛生、没有公认定义的复杂概

---

① 顾明远主编：《教育大词典》，上海教育出版社1998年版，第700页。

② 张立昌、郝文武：《教学哲学》，中国社会科学出版社2009年版，第275页。

念。我国著名的课程论专家施良方先生曾经指出："目前已有的课程定义繁多（超过 120 种），几乎每个课程工作者都有自己的界定。"① 美国学者斯科特（R. D. V. Scotter）指出："课程是一个用得最普遍但却定义最差的教育术语。"② 由此可见，现在要寻求一个为大家广泛认同的确切定义是既不现实，也不可能的。但是，定义事物是认识事物的起点，分析课程的各种定义，有助于拓展和深化对课程的认识。所以，今天探讨课程的内涵和意蕴仍有必要。翻开教育学尤其是课程论著作可以发现，国内外目前较常见的课程定义有：

　　一是科目说，认为课程即教学科目。这被认为是出现最早、使用最普遍的课程定义。我国古代的"六艺"（即礼、乐、射、御、书、数）和欧洲中世纪的"七艺"（即文法、修辞、辩证法、算术、几何、音乐、天文学），都把课程当作教学科目。目前仍有不少学者和辞书坚持这一观点。如《中国大百科全书》的定义是："课程有广义和狭义两种。广义的课程是指所有学科（教学科目）的总和。……狭义指一门学科。"③《辞海》的课程定义是："课程即教学的科目。既可以指一个教学科目，也可以指学校的一个专业的全部教学科目，或指一组教学科目"。④ 即使是课程研究专家，也难以完全摆脱科目课程观的影响，因为国内外大多数学校还是根据不同的学科和年段来编制和实施课程的。澳大利亚课程论专家科林·马什（Colin Marsh）指出："在今天，学校文件、报刊文章、会议报告和许多学术著作所说的课程，都是指学校提供或规定的任一或所有科目。"⑤ 科目说曾经代表了国内外学者对课程的最常识化的认识。但是，其不足正如钟启泉教授所说："它把课程内容和课程过程割裂开来，把学科知识作为课

---

　　① 施良方：《课程理论：课程的基础、原理与问题》，教育科学出版社 1996 年版，第 3 页。

　　② 丁念金：《课程论》，福建教育出版社 2006 年版，第 15 页。

　　③ 董纯才主编：《中国大百科全书·教育》，中国大百科全书出版社 1985 年版，第 207 页。

　　④ 辞海编辑组主编：《辞海》（教育、心理分册），上海辞书出版社 1980 年版，第 5 页。

　　⑤ ［澳］科林·马什：《理解课程的关键概念》，徐佳、吴刚平译，教育科学出版社 2009 年第 3 版，第 3 页。

程的基础而片面强调课程内容，忽视了课程的过程性与生成性，把课程作为外在于学生的静态的东西，对学生的经验重视不够。"① 通过访谈发现，约有 1/3 的中小学语文教师认为课程就是指教学科目，约有 1/10 的中小学语文教师认为课程就是指课本内容。他们的理由是："课程是按学科设置的。""课表是按学科排的。""学生的学习主要是以课本内容为主。""结合教学实践来，我对课程的理解偏向于指具体的某一学科。""教科书上就是这么说的。""第一感觉。"这种课程定义过于强调学校向学生系统传授学科知识，把课程视为外在于学生的静态知识，是一种典型的教程，容易忽视学生的情感陶冶、个性培养和学习经验等。

二是计划说，认为课程是指有计划的教学活动。如盖伦·塞勒（J. Galen Saylor）将课程定义为一种"为受教育者提供一系列学习机会的计划"。戴维·普拉特（David Pratt）认为："课程是正规教育和（或）培训的一套有组织的打算。"② 我国学者吴杰主张："课程是指一定学科有目的、有计划的教学进程。这个进程有量和质方面的要求。它也泛指各级各类学校某级学生所应学习的学科总和及其进程和安排。"③ 这种课程定义强调课程的计划性和有序性，有助于课程的操作和管理。它把所有有计划的教学活动都纳入课程的范畴里来，扩大了课程的视域和范围。但是，它的明显局限在于：计划本身的内涵不易把握；过于重视计划容易忽视学生的参与和体验。美国学者扎豪瑞克（Zahohorik）的实验结论是：基于目标的计划可能会限制教师对学生的敏感程度。④ 在接受笔者访谈的 40 多位语文教师当中，有近50% 的教师认为课程就是指教学活动。他们的理由是："课程既需要学生积极主动学习探究，也需要教师不倦引导。""课程正是有了教与学的存在才有意义。""课程是完成某个科目教学活动的过程。""课

① 钟启泉主编：《新课程师资培训精要》，北京大学出版社 2002 年版，第 19—20 页。
② ［美］艾伦·奥恩斯坦等：《课程：基础、原理和问题》，柯森译，江苏教育出版社 2002 年版，第 12 页。
③ 吴杰编著：《教学论》，吉林教育出版社 1986 年版，第 5—6 页。
④ ［美］理查德·I. 阿兰兹：《学会教学》，丛立新译，华东师范大学出版社 2007 年版，第 73 页。

程内容最终需要通过师生的课堂教学活动来实现。"由此可见，站在一线教师的视角来看，"教学活动说"才是使用最普遍、最常识化的课程定义。

三是预期说，认为课程即预期的学习结果或目标。在西方的教育文献中，预期的学习结果和学习目标的实际所指是一样的，说课程是预期的学习结果，也就是说，课程是学习目标。以目标的维度来界定课程，源于巴比特（F. Bobbitt）、查特斯（W. Charters）的课程工学，后经泰勒（R. W. Tyler）的完善和莱顿·斯通（Leyton Soto）等的修改，发展成在课程编制中至今仍占主导地位的目标模式。在他们看来，课程不应该指向活动过程，而应直接关注预期目标，即要把重点从手段转向目标。从目标维度来界定的课程"并不关心学生在学习的情境中将要做什么，而关心的是作为其行为结果——他们将学到什么（或将能做什么）。课程关心的是结果，而不关心发生了什么事"。[①]这就要求事先制定一套有结构、有序列的学习目标，所有教学活动都是为达到这些目标服务的。"预期说"强调教育的目标性和可操作性，强调行为控制和教学效率。问题在于，预期不等于现实，过于重视目标容易忽略非预期的学习结果，忽视过程性自身的教育意义。

四是经验说，认为课程即学习经验。这种课程定义主要起源于杜威的实用主义教育理论。杜威认为："教育是经验的持续不断的改造或改组"[②]，儿童现有的经验是课程开发的起点。受达尔文进化论的影响，杜威把经验定义为有机体与环境之间相互作用的过程与结果。由此可见，杜威提倡的"经验"兼有名词和动词的两重含义，其名词含义是指经验过程造成的结果，动词含义是指相互作用的动态经验过程。杜威将学生的经验纳入到课程之中，认为学生的原初经验是教育的起点，这充分体现了对学生主体的彰显和尊重。杜威更看重"经验"的动词意义，更关注学生亲自经历和体验的过程（即学习履历），并将其作为课程本身的重要组成部分，从而确立了经验的课程

---

① 李尚卫、吴天武主编：《普通教育学》，北京师范大学出版社 2010 年版，第 131 页。

② ［美］约翰·杜威：《民主主义与教育》，王承绪译，人民教育出版社 2001 年版，第 86 页。

观。他还指出，不是所有经验都具有教育意义，"以经验为基础的教育，其中心问题是从各种现时经验中选择那种在后来的经验中能富有成效并具有创造性的经验"。① 杜威认为，教育是由于经验、为着经验和在经验中的发展过程。学校最大的浪费是儿童在学校中不能完全、自由地运用他在校外所获得的生活经验。同时，又不能把学校里所学的东西应用于日常生活。受杜威的影响，有学者将课程定义为儿童在教师指导下所获得的所有经验。② 课程经验说区别于科目说（见表1-1③），强调从学生的角度来设计和实施课程，用学生实际体验到什么来回答课程是什么的问题。它把学生的直接经验置于课程的中心地位，从而消除了课程见物不见人的不良倾向；又强调学生亲自经历和体验的过程，消解了目标与手段、内容与过程的二元对立。但令人遗憾的是，经验说并没有回答学校或其他机构到底应该给学生提供何种具体经验。而且，它因为过分注重学生的个体经验容易造成教学过程的随意性，容易忽视系统知识在儿童发展中的作用。还有学者认为，

表 1 - 1　　　　　　　　学科课程和经验课程的比较

	学科课程	经验课程
认识论	知识本位	经验本位
方法论	分析	综合
教育目的	社会本位（"教育为生活做准备"）	个人本位（"教育即生活"）
知识的性质	学术性知识（理论、间接经验）	实践有用的经验性知识（直接经验）
课程的排列	逻辑顺序	心理顺序
课程的设置	分科课程	综合课程
课程的实施	重视学习结果	重视学习过程
教学的组织	班级授课制	组织形式灵活多样
学习的方式	接受学习	发现学习
学习的结果	掌握"双基"	培养社会生活能力、态度等
课程的评价	强调终结性评价	强调过程性评价

① 丁钢：《教育经验的理论方式》，《教育研究》2003 年第 2 期。
② 张华：《课程与教学论》，上海教育出版社 2000 年版，第 68 页。
③ 苏景春主编：《教育学》，高等教育出版社 2010 年版，第 177 页。笔者做了补充。

将课程界定为"活动"或"经验"有泛化或无限扩展课程内涵的问题。① 笔者通过访谈发现，虽然课程论界有很多学者倾向经验说，但一线教师基本没有接纳这一观点。在接受笔者访谈的 40 多位中小学教师当中，只有一位教师选择和认可经验说。

除此之外，还有学者把课程定义为教育内容、社会文化的再生产、社会改造以及教学科目及其进程的总和等。所以，美国学者派纳说，课程是一个回荡着千种声音的领域，或许永远都是多种声音的交响。② 需要说明的是，关于课程的上述界定目前均不同程度地存在着。而且随着各种定义的相互借鉴和影响，还出现了"融合说"的定义，如"从狭义的角度看，课程是指在学校教育环境中，促进学生全面发展的教育性经验的计划"。③ 另外，每一种课程定义都有其合理性和局限性。对于教育工作者来说，我们不能简单地判定其对错和好坏，而是要意识到每一种课程定义所要解决的问题以及隐含在该定义背后的哲学假设和价值取向，以便根据课程实践的要求做出明智的选择。令人欣喜的是，在接受笔者访谈的 40 多位中小学语文教师当中，竟然有 10 位教师选择"综合说"，比例超过 20%。他们认为："课程的内涵相当广泛，应该包含教与学的所有内容。""课程应该是灵活，是在科目课本的框架下，在课堂中生成性的知识。""课程不是单一个体，而是一个完整的系统。""课程不是简单的知识累加，而应该综合各方面的因素。""课程既包括显性课程，也包括隐性课程。""因为在课程教学活动的过程中，学生既可以学到课本内容，又可以学到一些课本以外的东西，比如人生道理等。同时还可以积累一些学习经验。"还有一位城区小学的教导处主任得出一个新观点，认为课程就是指学习资源，"因为一切有利于学生学习的资源都可以成为课程。如低年级识字，路边的广告牌上的字也是学生可以学习的资源，应该也属于课程的范畴。"

---

① 刘家访等：《教师课程理解研究》，福建教育出版社 2014 年版，第 27 页。
② ［美］威廉·F. 派纳等：《理解课程》，张华等译，教育科学出版社 2003 年版，第 882 页和第 885 页。
③ 张相学：《学校如何管理课程——主体论视野下学校课程管理的思考》，博士学位论文，南京师范大学，2006 年，第 21 页。

现代课程理论认为："课程"不但是一个名词，而且也是一个动词，不仅包括静态的书面文件和材料，也包括动态生成的教学过程；师生之间是一种交互主体的关系，两者的相互作用是建构课程内容、生成课程意义的源泉。考虑国内外教师对课程认识的实际情况，鉴于自己的研究目标和内容，我们在吸收前人研究成果的基础上，特意从狭义课程的角度把课程的界定为：课程既是指国家和地方教育行政部门规定的学科课程计划、课程标准和教材，也包括师生在实施国家课程的课堂教学中动态生成的学科教育内容。笔者主张：课程是"跑道"和"奔跑"的统一体，是法定性与生成性的统一体，教学过程中可以动态生成课程；教材是课程内容的重要载体，是有待教师在课堂情境中加以实地检验的一套教学历程的研究假设。① 教材只有和师生相遇并进行多重对话，才能完成其从潜在状态到实际发生作用的现实状态的过渡。② 需要说明的有两点：一是限于目的、时间和精力，本书的关注对象主要是列入《义务教育课程设置实验方案》和《普通高中课程方案（实验）》的国家课程，主要指语文、数学、外语（英语、日语、俄语等）、思想品德（思想政治）、历史与社会（历史、地理）、科学（生物、物理、化学）、艺术（音乐、美术）、体育与健康（体育）等科目。二是虽然综合实践活动是国家规定的必修课，但是，因为缺乏相对统一的规范性要求，其具体内容由地方和学校根据教育部的有关要求自主开发或选用，而且其开发和实施目前还没有形成一定的课程气候。因为很难对其进行比较和分析，笔者也就没有把它纳入自己的研究视域。

（三）教师与课程

教师课程的提出有其特殊的时代背景，而且主要跟人们对课程与教师的关系、教师在课程改革中的作用等方面的认识有关。笔者认为，正是因为认识到课程与教师本来就是一体的，认识到教师在课程改革中起着至关重要的作用，而现实当中教师与课程的关系却是分化的，教师经常被排斥在课程主体之外，人们才逐步呼吁把课程还给教

---

① 钟启泉编著：《现代课程论》（新版），上海教育出版社 2003 年版，第 230 页。
② 吴永军：《课程社会学》，南京师范大学出版社 1999 年版，第 29—30 页。

师，才更多关注教师课程的问题。教师从来就是与课程打交道的人，教师与课程有着天然的联系。因为理解和实施课程是教师日常生活和工作的重要组成部分，课程也要依赖教师的理解和实施来实现自身的意义和价值。教师与课程本来就是一体的。但因为受到各种因素的影响，两者之间的关系一直处于变化之中，且在不同历史阶段呈现出不同的特点。大体来说，从古代、近代到现代，国内教师与课程之间的关系经历了"浑然一体—逐步分化—开放赋权—走向融合"的演变过程。

1. 浑然一体阶段

原始社会虽然有了教育，但还没有学校和专职教师，当然也就不可能有学校课程。尽管原始社会的教育还没有成为一种独立的社会活动形式，但原始人已经自觉意识到教育年青一代的重要性，懂得利用实践中学习和劳动外的空余时间，通过机会均等的公育方式，以老年人或妇女为主要教育者，在生产劳动和日常生活的过程中随机对未成年人进行口耳相传式的普及教育。至于教什么和怎么教，教育者有着绝对决定权。此时，教师与课程是合二为一的，课堂与生活也是紧密联系的。"原始社会的教育具有为生产劳动而教育、为生活而教育的特点，所以原始社会的课程也是生产劳动和生活的课程。"① 其教育的主要方式是成人的讲述、示范以及儿童在实践活动中的观察和模仿学习。教育的主要内容是生活所必需的最基本的生产知识和生活经验。在原始社会后期，教育也传授有关宗教仪式、风俗习惯等内容，但是与生产劳动经验的传授相比，明显处于次要的地位。随着社会生产力的发展，原始畜牧业、种植业和手工业的逐步发展，传授职业劳动经验又成为原始教育和课程的主要内容。

奴隶社会从夏代起就有了专门教育机构——学校，其目的主要是为了把奴隶主阶层的年轻人培养成为强有力的统治者。商代已经有了相当成熟的甲骨文，为学校教育的大力发展提供了可能。到西周（奴隶社会的全盛时期），我国已经有了较为齐全的学校层级设置。《礼记·学记》载："古之教者，家有塾，党有庠，术有序，国有学。"

① 陈侠：《课程论》，人民教育出版社1989年版，第27页。

学校教育的主要内容是"六艺"（即射、御、乐、礼、书、数）。由于学在官府和政教合一，此时的学校以吏为师，官师合一，老百姓无权接受教育；学校的课程设置、教学方式和考核办法等课程事务基本上完全根据官方的意愿来决定。到了春秋时期，由于社会发生大变革，加上连年战乱，官府中的文化职官四处流落，造成"天子失官，学在四夷"的文化下移现象。在这种局势下，以孔子为首的诸子百家大举兴办私学，学校教育开始独立化，并有了专职教师。与官学相比，私学具有自由办学、自由就学、自由讲学、自由竞争等鲜明特点。① 因为缺少官方控制和管理，私学盛行自由之风，教师拥有较大的课程自主权。"古代的教师参与课程发展基本上是通过苏格拉底模式进行的，教师和课程开发者没有区别。我国自专门的教师产生以后，教师就以不同的方式参与了课程发展。"② 只要没有从根本上违背统治阶级的意志，他们可以根据当时社会对人才的基本要求自行设定育人目标和课程愿景，并据此自主设置和选择课程内容，自由安排教学时间和地点。如为了培养德才兼备的忠君之士，孔子曾经删《诗》《书》，订《礼》《乐》，演《周易》，作《春秋》，这些教材后来被誉为中国第一套较为完整的教科书。荀子对"六经"的不同特点作了精辟阐述，并提出有选择地讲授诸经等观点。《荀子·劝学》云："《礼》《乐》法而不说，《诗》《书》故而不切，《春秋》约而不速。"另外，作为施教者，此时教师特别注意修身养性和榜样示范，他们自身就是课程内容中最鲜活的一部分，在无形中发挥着活的课程的功能。③ 如儒家教育特别重视弟子在与老师共同生活与做事的过程中，对教师的言行进行观察式学习。

2. 逐步分化阶段

中国漫长的封建社会开始于战国时代。秦灭六国以后，中国由诸侯割据的封建多元化国家走向统一的中央集权制国家。受"汉代孔子"董仲舒等的影响，汉武帝于公元前 136 年实行"罢黜百家，独尊

---

① 孙培青主编：《中国教育史》，华东师范大学出版社 2000 年版，第 29 页。

② 肖庆顺：《教师参与课程发展研究》，硕士学位论文，西南师范大学，2003 年，第 12 页。

③ 马莹：《教师与课程关系的历史发展及启示》，《教育评论》2012 年第 1 期。

儒术"文教政策。从此，整个封建社会官学和私学共存、中央官学和地方官学并举，逐步形成了一个以儒家经典为主要教学内容的学校教育系统。官学教材由官方统一制定并颁发，其主要产生方式有：一是以已有经典作为教材，如元明清三代以《四书》《五经》为教材；二是由皇帝诏令他人编订教材，如唐太宗令国子监祭酒孔颖达等统编教材《五经正义》；三是由皇帝亲自主持编写教材，如明太祖亲自撰写太学课程《御制大诰》。① 为了保存儒家经典的原有面目，进一步统一和禁锢人们的思想，汉代统治者规定教师传授经书必须信守师法和家法。师法是从师承角度上讲的，讲老师所传之法或先师代代相传而不变的教义；家法则是从学说本身而言的，是指大家所公认的关于某部经典的一家之说。②

606 年，隋炀帝为了吸纳优秀人才，创立科举制。此后 1300 年，科举考试成为学校教育和师生教学的指挥棒。科举考试的内容成为学校教学的内容，师生严格根据科举考试的要求来组织教学。科举考什么，教师教什么；科举怎么考，教师怎么教；科举考多难，教师教多难；教师教什么，学生学什么。虽然科举考试的科目和内容屡有变更，但儒家经典一直作为科举取士的核心内容和主要标准。明代实行八股取士，不但考试内容限定在《四书》《五经》，而且要求写文章必须代圣人立言，不允许有自己的独立见解和主张。明末清初，科举考试更是发展到"非圣人之言不言，非经中之语不用"的地步。唐宋时期的教师在教学过程中不再照本宣科，但仍不能摆脱儒家思想的控制。这样，教师只能奉行本本主义，不敢越雷池半步，逐渐丧失了对教学内容的决定权和阐释权，教师与课程的关系已经走向分化；学校教育也逐渐丧失其独立性，沦为科举的预备机关或附庸。可见，无论是课程设置、课程内容还是课程评价，封建社会的官学教育几乎由官方直接控制和统一安排，教师只能在盲目执行和消费的过程中充当既

①　赵虹元：《基础教育教师课程权力研究》，博士学位论文，西南大学，2008 年，第 58 页。

②　娄立志、广少奎主编：《中国教育史》，山东人民出版社 2008 年版，第 73 页。

定课程的传声筒，成为名副其实的课程实施的工具①。私学教育的教师虽然有较大的课程权力，但因为受科举考试的影响，也只能戴着镣铐跳舞。

需要说明的是：体制的控制和人为的干扰表面上可以把教师与课程截然分开，可以在两者之间设置种种障碍。但是，存在主义哲学理论告诉我们，"人不外是由自己造成的东西"，"是他投入存在以后，自己所志愿变成的人"。② 这些话的意思是说，人与物的根本区别在于人有主观能动性。教师就是富有主观能动性的知识分子，教师尤其是有责任心的优秀教师与课程之间往往处于"你中有我，我中有你"的关系，因为教师在课程实施的过程中不太可能完全受他者支配，严格意义上的忠实执行取向也不太容易实现。所以，分化多数是暂时和相对的，绝对的分化很少出现。

3. 相互渗透阶段

自 20 世纪初开始，中国教育发生了许多重大变革，如废科举、兴学校，改用近代的学校制度，引进西方百科全书式的学校课程，改用语体文教材，实行班级授课制等。随着教育民主化思想逐步深入人心，我国近代社会的教师课程权力有所增大，教师与课程之间的关系开始由分化走向相互渗透的阶段。其主要表现是：

首先，教师有机会参与课程决策。如为了研制《壬戌学制》，第七届全国教育会联合会 1921 年 11 月以广东提供的学制改革议案为基础制定并通过了学制系统草案，"要求各地组织讨论会，广泛听取意见；又请各报馆、杂志发表草案全文，以收集社会各界反映情况"。③这就为教师参与课程决策提供了机会。在《壬戌学制》的各类条文中，"依地方情形""视地方需要""依设科性质""以相当年限""至适当时期""酌设""酌改""酌行""酌量"等词组频繁出现，不仅体现了其"多留各地方伸缩余地"的建制原则，而且赋予教师相

---

① 蔡铁权主编：《基础教育课程改革通识培训教程》，浙江大学出版社 2004 年版，第 90 页。

② 中国科学院哲学研究所西方哲学史组编：《存在主义哲学》，商务印书馆 1963 年版，第 336—337 页。

③ 杨文海：《壬戌学制研究》，博士学位论文，南京大学，2011 年，第 53、58 页。

当的课程决策权和自主选择权。

其次，教师拥有一定的课程开发权。如《癸卯学制》规定：除规定课程外，初等小学可兼授图画及手工等随意科目，高等小学尚宜兼授农业、商业、手工等随意科目。《壬戌学制》要求：初高中除开设必修课程之外，还要开设选修课程。《普通教育暂行课程之标准》也提出，视地方情形加设一科或数科。这些加设科目、随意科目和选修课程往往因为没有统编教材一般由教师开发。因为新课程不断出现，少数教师甚至要参与开发国家课程。1931年，陶行知倡导中小教师自己开发和编写教材，同时要求"教育行政当局，从中央直到校长，该给教员们以试验或选择书本之自由。"①

最后，教师灵活施教的空间增大。这一时期不再提倡一味地灌输，而是强调教学要适合儿童的身心发展程度，赋予教师灵活施教的权力。如《奏定初等小学堂章程》提出："凡讲经者先明章指，次释文义，务须平正明显切于实用，勿令学童苦其繁难；其详略深浅视学生之年岁程度而定。尤不可务新好奇，创为异说，致启驳杂支离之弊。至于经义奥博无涯，学堂晷刻有限，止能讲其大义；若欲博综精研，可俟入大学堂后为之，此乃中小学堂讲经通例。"② 这一时期的教改政策多是从宏观层面关注课程设置、入学资格、修业年限、教学时数等事务。除了通过《课程标准》对各门课程的实施提一些原则性的要求之外，并未对教师具体该如何实施课程做出详尽的规定和要求。这样做既尊重了教师的课程主体地位，承认了教师具有实施课程的能力，又有利于教师在课程实施中发挥自主性和创造性。

需要说明的有两点：一是我国近代社会的教师课程权力因为受政府部门的控制是非常有限的，而且也出现过一些波动。如《奏定各学堂管理通则》要求："凡教员当按照各学堂科目程度，切实循序教授，

---

① 中央教育科学研究所编：《陶行知教育文选》，教育科学出版社1981年版，第130—131页。

② 璩鑫圭、唐良炎主编：《中国近代教育史资料汇编：学制演变》，上海教育出版社1991年版，第294页。

断不可专己自是，凌躐紊乱，致乖教育之实际。"① 《钦定京师大学堂章程》规定："所有学堂人等，自教习、总办、提调、学生诸人，有明倡异说、干犯国宪及与名教纲常显相违背者，查有实据，轻则斥退，重则究办。"② 二是教师与课程的关系在近代社会尽管有所改善，但仍然与社会动荡不安、政府无力监管有关。即使是政府主动顺乎民意和社会发展的需要，也多是出于巩固政权的需要而做出的一种让步和妥协而已。其实，在那样一个战争不断、民不聊生的动荡年代，教师的课程权力是很难得到有效保障和支持的。

中华人民共和国成立以后，首先，从立法上确保了广大劳动人民的受教育权，同时大力普及义务教育和提高教育质量，可谓功不可没。但因为受苏联政治模式和教育工业思想等影响，中小学课程一度由国家统一规划和制定，教师的课程权力微乎其微。"全国实行统一的课程计划（教学计划）、统一的课程标准（教学大纲），国家不仅控制着课程设置权和课程标准的制定权，而且控制着教材编写权，事实上也就控制着课程知识的解释权。"③ 但是，期间也有一些积极的变化。1958 年 8 月，中共中央发布了《关于教育事业管理权力下放问题的规定》，明确指出："各地方根据因地制宜、因校制宜的原则，可以对教育部和中央主管部门颁发的各级各类学校指导性教学计划、教学大纲和通用教材、教科书等，领导学校进行修订补充，也可以自编教材和教科书。"④ 尽管在执行过程中也出现过一些比较极端的做法，中共中央在 1959 年 5 月印发的《教育部党组关于编写普通中小学和师范学校教材的意见》中还是主张："教育部在编写通用教科书的时候，应该计算其所需要的教学时间，留出适当的课时，让地方增加适合当地需要的补充教材和乡土教材。"尤其可贵的是，该意见还要求：

---

① 璩鑫圭、唐良炎主编：《中国近代教育史资料汇编：学制演变》，上海教育出版社 1991 年版，第 476 页。

② 同上书，第 235 页。

③ 郭晓明：《论中国课程知识供应制度的调整》，《华东师范大学学报》（教育科学版）2005 年第 2 期。

④ 何东昌主编：《中华人民共和国重要教育文献（1949—1975）》，海南出版社 1998 年版，第 850 页。

"必须坚决改变过去少数人关门编写的错误做法……在方式上可以吸收教师参加编写。"①

1985 年以后，教师课程地位和课程权力大有改观。1985 年中共中央颁布的《关于教育体制改革的决定》指出："在教育体制改革中，必须紧紧地依靠教师，认真听取他们的意见，充分发挥他们的作用，有关学校自身的重大改革都必须经过教师充分讨论。"从此以后，无论是课程标准的制定还是教材的编写，教师参与课程发展的机会越来越多。如 1986 年，中小学教材由国定制改为审定制，为广大教师参与课程建设铺平了道路；1992 年，国家开始将活动课程纳入中小学的课程体系，意味着教师获得了更多的课程自主权；1996 年，课程体系由"一纲一本"转向"一纲多本"和"多纲多本"，教师又拥有了更大范围的课程选择权和灵活施教权。

4. 走向融合阶段

我国大陆地区教师与课程之间的关系从分化走向融合经历了一个漫长而艰难的过程，并以 2001 年开始正式实施的新课程改革为分水岭。三级课程管理体制的正式建立，为教师选择和改编国家、地方课程提供了合法空间，同时为教师开发校本课程提供了政策依据。新课程倡导教师积极参与课程变革，赋予教师创造性使用教科书和自主开发课程的权力，鼓励教师和课程同步发展，这些都体现了教师与课程开始走向融合的特点。在推行课程改革的过程中，教育界开始逐步关注并强调"教师即课程"的问题。湖北省沙市的袁继庆老师在这样的时代背景下提出了"站在讲台上，我就是语文"的口号，福建省著名语文特级教师陈日亮也用"我即语文"作为书名出版专著。

其实，"教师即课程"是 20 世纪 70 年代由美国实践性课程理论代表人物施瓦布（J. J. Schwab）最早提出。它的核心理念是倡导教师自身成为课程的内在构成要素，鼓励教师用自己的独特眼光去理解和体验课程，鼓励教师从自己的人生履历和独特体验开发出好的课程资源，并适时渗透到相应的课程教学之中，这样，才能创造出富有生命

---

① 何东昌主编：《中华人民共和国重要教育文献（1949—1975）》，海南出版社 1998年版，第 906—907 页。

活力的鲜活课程。"教师即课程"体现人课合一的教育理念，意味着教师不再孤立于课程之外，成为课程的附庸或工具，不再是课程的代言人或中介人，而是课程的重要组成部分，是名副其实的课程人。澳大利亚课程论学者沃尔克（D. F. Walker）认为："教师的日常生活已经与课程整合在一起，教师与课程不可分割，就像骨骼与肌肉不可分割一样。"① 吴刚平教授也指出：教师在整个课程资源中处于主导地位并具有决定意义，教师的素质状况决定了课程资源的开发和利用的水平；教师不仅是素材性课程资源的重要载体，也是课程实施的首要条件性资源。② 另外，"教师即课程"是一种基于生命立场、价值关怀、主体视野、过程取向的实践课程观。③ 它有利于提高课程的适切性，有利于教师实施个性化教学，有利于促进教师的专业发展。教师作为课程的主体和创造者，作为"课程审议的第一手的信息来源者"④，有义务和责任开发"属于自己的课程"，为自己的生命赢得意义。

"教师即课程"有三种表现形态：一是缄默的课程。教师本身就是学生感知、学习的对象，教师即使不站在讲台上也是一种实实在在的活的课程，其言行举止、人格特征和个人喜好等都会对学生产生潜移默化的影响。二是体验的课程。对于既定的课程内容，教师总是会根据自己的教育理念和经验，基于自己平时对学生的了解程度，对它进行个性化的加工和改造，从而开发出具有自身特色，属于教师自己的课程。三是生成的课程。专家预先编定的文本课程只不过是教师生成课程的一种可能性工具，教师一般会根据自己的理解对各种课程资源加以利用和即兴开发。⑤ 由此可见，"教师即课程"中的"课程"尽管有静态的成分，但更多地强调动态的生成。

笔者通过访谈发现，不少教师非常支持"教师即课程"的观点。

---

① 叶秀丹：《教师即课程：价值与可能》，硕士学位论文，华中师范大学，2007年，第24页。

② 吴刚平：《课程资源的理论构想》，《教育研究》2001年第9期。

③ 郭元祥等：《教师即课程：意蕴与条件》，《教育研究与实验》2008年第6期。

④ 施良方：《课程理论：课程的基础、原理与问题》，教育科学出版社1996年版，第205页。

⑤ 郭元祥：《教师即课程：意蕴与条件》，《教育研究与实验》2008年第6期。

其代表性的理由是："从学科教育的角度看，教师本身就是课程的一个缩影，教师的能力就是课程内容的一部分。""这种观点非常好地阐释了教师在教学中的重要性，因为狭义的课程是'死'的，而如何将这'死'的东西变活，最关键的一个要素就是教师的作用了。离开了教师的加工的课程仅仅是没有生命力的文字材料而已。""这种观点强调把教师独特的解读和体验渗透到课程实施过程中，颇有现实针对性。它告诉我们，教师不是课程的奴隶，更不能照本宣科。"但是，也有不少教师尤其是青年教师反对"教师即课程"的观点，甚至认为这是脑袋发热的人的"一厢情愿"，是个人主义者的"狂妄"之语。他们的理由是："教师不能完全等同于课程，教师只是课程的一个重要组成部分而已，完整的课程还需要其他的因素构成，如学生、教学设备等。""因为课程是教与学的共同活动，学生的参与是不容忽视的，甚至应该以学生为主角。""课程不是一个老师可以承担的，全才型的教师毕竟非常少见。一个人想代表一门课程，我想是夸大了。""这种观点不论怎样强调教师的独特解读和体验，从字面上理解还是有些以偏概全。"但是，不管赞同派还是反对派，他们似乎一致认为，"教师即课程"的观点只适合于少数经验丰富的优秀教师，真正敢说"站在讲台上，我就是语文"的语文教师还是微乎其微，甚至根本就没有。理由是："学无止境，一门课程涉及的面非常广，而且课程内容也一直在变化。而我们教师的知识毕竟是非常有限的。""它对教师以及教学环境的要求都很高，大部分教师的专业素养还不够深厚。许多老师本身素养就不高，又不善于去学习。""很多教师一上讲台，基本上都是按照教参来授课。他们更多的是在坚守'教材即课程'、'教参即课程'的观点"。由此可见，要让一线教师真正理解、接受和践行"教师即课程"的理念还有一段相当长的路要走。

　　最后需要说明两点：一是教师与课程的关系由分化走向融合是教师课程发展的必然趋势，但是这种融合与古代的浑然一体不是简单的回归和重复，而是由个别到相对普遍、由随意到相对规范、由低级到相对高级、由简单到相对复杂的持续发展和提升过程。二是上述阶段的划分只是为了认识和分析的方便，从历史长河的发展趋势中做出一种整体性判断而已，不排除每个阶段都有先进典型。教师课程的发展并非是直线式的，而是曲折前进的过程。在复杂的教育场域中，各阶段之间往往因为有较长的过渡期而存在边界模糊的问题，有时甚至会因为某些特殊的原因出现反复和共生现象。例如，相对于封建社会的状况而言，近现代社会教师与课程的关系有渐趋交融的特点。但是，不可否认，"在近一个世纪以来，在课程领域，受到科学主义课程取向和泰勒原理的影响，以技术理性为主要特征的'防教师'课程盛行一时"。① "防教师"的课程具有三大特点：①课程专家已经预先设定了课程要实现的目标、效果以及给学生带来的变化等；②课程设计者为教师制定了详细的课程实施指南，教师只要按照这些既定的要求去忠实执行即可；③标榜构成课程内容的是价值中立的课程材料。②"防教师"的课程把课程当作一种指令，把教材当作圣经，把教师视为课程的代理人和零附件，要求教师在课程实施中悬置自己的个人观点和知识经验，不允许教师根据教学场景的实际需要对课程做出任何的修改和调整，其结果必然导致课程的普遍不适应和教师的失落感。由此可见，在"防教师"的课程里，教师和课程的关系又重新回到再度分化的状态中。但要注意的是，这种反复也不完全是历史的倒退，而是有一定的历史针对性。

（四）教师课程

1. 教师课程的相关概念

通过文献梳理可以发现，国内外学者已经在课程研究尤其是课程类型研究中提出了教师课程的相关概念，如古德莱德的"教学层次的课程"、丘班的"所教的课程"、吴康宁的"师定课程"和陈佑清的"师本课程"等。值得注意的是，佐藤学和杨骞、于海波等提出了"教师的课程""教师课程"的概念。这些研究成果为我们逼近和界定教师课程提供了有效帮助。下面按时间顺序介绍一些相关研究成果。

美国学者古德莱德（J. I. Goodlad, 1979）从课程运作的纵向层面

---

① 孙宽宁：《课程理解的理想与现实》，山东人民出版社 2010 年版，第 100 页。
② 杨明全：《革新的课程实施者——教师参与课程变革研究》，上海科技教育出版社 2003 年版，第 69 页。

入手，提出五种不同层次和内涵的课程：

一是观念层次的课程，又称"理想的课程"，是指尚处于观念形态中的课程，往往由一些研究机构、学术团体和课程专家提出并倡导。这类课程常以设想、建议、规划或计划的形式表现出来。但是否产生实际影响，取决于官方采纳与否。古德莱德认为，有成千上万的观念的课程被倡导，也有同样多的课程被抛弃，但被抛弃的课程后来又可能会以某种形式复活。

二是社会层次的课程，是指由国家和地方教育行政部门规定的课程计划、课程标准和教材，也就是被列入学校课表中的课程，即通常所说的"正式的课程"。正式课程的确立是一个社会势力权力博弈的过程，国家和地方经常通过政策法规和课程指南来调控正式课程。

三是学校层次的课程。该层次的课程通常以学科的形式组织起来，每一学科在不同的年级有不同的课题和主题，而且被预先安排在固定的计划和时间里（包括学年、学期、周等）开设。这类课程大部分源于国家和地方确定的社会层次的课程，并由学校根据办学特色和教学需要修改而成。

四是教学层次的课程。这是指教师规划并在课堂上实际实施的课程。古德莱德把任课教师所理解的课程称为"理解的课程"，把教师在课堂教学中实际实施的课程称为"运作的课程"，认为教学层次的课程是理解的课程和运作的课程的有机统一。调查发现，教师理解的课程与正式的课程之间会存在一定的差距，教师理解的课程与他们实际运作的课程之间也会有一定的距离。教师要在不断提高课程素养的基础上，学会根据教学情境的变化和学生的课程反应情况对理解的课程不断做出规划和调整。需要说明的是，有的学者把"perceived curriculum"翻译成"知觉课程"，指学校教师对正式课程加以解释后所认定的课程[1]；还有的学者把"perceived curriculum"翻译成"领悟的课程"，指任课教师所领会的课程。[2]

---

[1]　钟启泉编著：《现代课程论》（新版），上海教育出版社2003年版，第229页。
[2]　施良方：《课程理论：课程的基础、原理与问题》，教育科学出版社1996年版，第9页。

五是体验层次的课程，又称"经验的课程"，是指学生实际学习和体验的课程。古德莱德认为，这是所有课程中最重要的课程，是对课程组织的最终检验。① 由于每个学生的前理解和前把握不同，他们即使听同一门课，也往往会有不同的学习体验。

美国学者丘班（Cuban，1993）也提出了一个多元课程的概念框架②：一是官方的课程。它可见于课程手册，与国家（州）的测评制度相吻合。二是所教的课程。是指个别教师侧重和挑选出来加以强调的内容，这样的选择通常体现教师的知识结构，体现教师本人所持的学科教学信念以及他们对学生的需要和兴趣的了解。三是所学的课程。它包括学生所学的一切，可以是教师事先计划的（如从教师的授课中学到的知识），也可以是教师事先没有计划的（如从其他学生那里学得的东西）。四是所考的课程。这些测验可以由教师自己提供，也可以由国家、学区或州的考试机构提供，但所测内容都是教师所教或学生所学的课程内容。

南京师大吴康宁教授（1998）从社会学的角度把课程分为两类：一是法定课程，指已获得统治阶层认可、被教育行政部门预先计划和强制规定的各种学校课程③；二是师定课程。吴教授认为，无论是从教师的意识形态与价值取向来看，还是从教师的认知水平或个体差异来看，教师都不太可能完全忠实地传递作为法定知识的课程内容，而是多少会对课程内容进行增减和加工。他将这种增减与加工称为教师的课程重构，并将教师重构后的课程称为"师定课程"。他指出，法定课程包括国家课程和地方课程，是法定文本化的规范课程。法定课程的内容能否进入且在多大程度上进入课堂，取决于教师的课程重构。只有师定课程才是课堂中实际运作的课程。法定课程实现其功能的首要前提是转化为师定课程。④

辽宁师大杨骞教授等（2001）把课程视为培养和发展人的一种载

① 张华：《课程与教学论》，上海教育出版社 2000 年版，第 332—333 页。
② ［美］帕梅拉·博洛廷·约瑟夫等：《课程文化》，余强译，浙江教育出版社 2008 年版，第 4—5 页。
③ 吴康宁：《教育社会学》，人民教育出版社 1998 年版，第 322 页。
④ 同上书，第 331—332 页。

体，认为课程可以分为如下五种形态①：一是理想的课程（也称"官方的课程"），指学术机构、研究团体、课程专家等提出的应该开设的课程；二是正式的课程（也称"专家的课程"），指国家政府部门规定的法定课程；三是学校的课程，指官方课程在学校里的具体落实；四是教师的课程，指教师实际领会、理解并付诸实践的课程；五是学生的课程，指学生实际理解和体验到的课程。

东北师范大学于海波教授（2011）认为②，所有的教师都在有意或无意地设计着个人的课程，把新课程从管理维度提出的三级课程（即国家课程、地方课程和校本课程）平移到课程实践中来并不妥当，也不符合实际；从课程实践的维度看，应该存在四级课程，即国家课程、地方课程、学校课程和教师课程。其中，国家课程和地方课程是法定文本化的规范课程，学校课程是接受的课程，教师课程是实施的课程。课程实施的过程就是教师个人课程构建、展开、调整和优化的过程，教师个人课程的质量决定着课程实践的最终质量和实际效果。他还指出，教师的个人课程多以教学设计、教案、教学反思、习题集和自编教材的形式存在，有的甚至存在于教师的大脑之中。

下面，笔者用表格的形式（见表1-2）汇总学者们提出的课程类型。

表1-2　　　　　　　　　学者眼中的课程类型③

古德莱德的课程分类	观念层次的课程（理想的课程）	社会层次的课程（正式的课程）	学校层次的课程	教学层次的课程（理解和运作的课程）	体验层次的课程（经验的课程）	
格拉索恩的课程分类	建议的课程	书面的课程	支持的课程	被教的课程	习得的课程	施测的课程
丘班的课程分类		官方课程		所教的课程	所学的课程	所考的课程

①　杨骞、马云昌：《校本课程的含义、历史、意义》，《中小学教学研究》2001年第1期。

②　于海波：《教师课程实施能力研究》，《当代教育科学》2011年第12期。

③　廖圣河：《论教师课程的内涵、特点和意义》，《教育科学研究》2013年第5期。

续表

古德莱德的课程分类	观念层次的课程（理想的课程）	社会层次的课程（正式的课程）	学校层次的课程	教学层次的课程（理解和运作的课程）	体验层次的课程（经验的课程）	
徐玉珍的课程分类		计划的课程		教的课程	学的课程	考的课程
吴康宁的课程分类		法定课程		师定课程		
钟启泉的课程分类		现成文本		教案文本课堂文本	教后文本	
杨骞的课程分类	理想的课程	正式的课程	学校的课程	教师的课程	学生的课程	
黄甫全的课程分类	理想课程	官方课程	校方课程	所教课程	所学课程所得课程	
于海波的课程分类		国家课程地方课程	学校课程	教师课程		

此外，还有下列学者提出并分析了与教师课程直接有关的概念：

一是日本学者佐藤学（Sato Manabu）提出并阐述了"教师的课程"概念。他指出，无论是作为公共框架的课程还是作为学校教育计划的课程，在课堂情境中只能靠教师的课程（即被每一个教师所理解、设计和演绎的课程）来发挥其应有的现实功能。即便是在使用教科书的场合，也要靠教师的解释和儿童的意义建构来实现其价值。[①]他进一步指出，教师的课程是立足于教师日常实践中的决策的课程，是在实践过程中变化和发展的课程。

二是华中师大陈佑清教授提出并分析了"师本课程"的概念。[②]他认为：师本课程是指经由教师的主体作用而形成的课程；凡是教师以自己的课程理念为指导，基于自己对学生的了解、对他人编制课程的转化、改造、拓展以及自主独立开发出来的课程，都属于师本课程

---

① ［日］佐藤学：《课程与教师》，钟启泉译，教育科学出版社 2003 年版，第 19 页。

② 陈佑清：《"师本课程"简论》，《湖北教育》（教学版）2007 年第 1 期。

的范畴。

三是西南大学博士生吴支奎提出了"师构课程"的概念。他指出，师构课程包括领悟课程和运作课程两种课程形态，其主体主要是教师。[①]

四是安徽师大陈家斌老师界定了"教师运作的课程"的概念。[②]他指出，教师在课程实施中，不可避免地会将自己的知识、经验、观念、情感、态度、价值观等融入其中，展现出教师主体自身生命的价值和意义。由此而产生的、带有教师个人色彩和印迹的课程就是教师运作的课程。

需要解释的是，笔者之所以如此详细地罗列相关研究成果，只是想借此说明一点：教师课程的提出有其特殊的时代背景和研究价值，是学者们经过长期思考和探讨审慎提出的一种课程形态，绝非笔者为了标新立异而有意编造或杜撰的新名词。

2. 教师课程的内涵分析

（1）内涵界定

借鉴前人的研究成果，基于国情实际和研究目的，我们把教师课程界定为任课教师对国家课程内容加以理解和设计后在课堂教学中实际实施和评价的课程。也就是说，作为一种工作现场课程，教师课程主要包括教师理解的课程、教师设计的课程、教师实施的课程和教师评价的课程。与此相对应，教师课程的文本表征形式主要有教案、教学实录、教学反思和经验总结等。我们之所以用"理解"而不用"领悟"或"领会"，一是考虑到"理解"一词作为常用词汇，其构词能力较后两者强，因为它不但可与"课程理念""课程宗旨""课程标准""课程内涵"搭配，还可以同"课程内容"组合；二是因为理解是促进课程发展的根本策略，"今天的课程领域开始为理解所占有"[③]；三是"领悟"或"领会"还有主题先行和强制理解的嫌疑。

---

① 吴支奎：《课堂中的意义建构——学生参与课程发展研究》，博士学位论文，西南大学，2009 年，第 3 页。

② 陈家斌：《论"教师运作的课程"》，《现代中小学教育》2006 年第 8 期。

③ ［美］威廉·F. 派纳等：《理解课程》，张华等译，教育科学出版社 2003 年版，第6 页。

我们之所以用"设计"而不用"规划",是因为"规划"一般是指比较全面的长远的发展计划①,如职业生涯规划、学校课程规划、专业课程规划等。这个概念与"设计"相比,离中小学教师的教学生活比较远,也不能很好地反映教师的日常教学生活。需要说明的是,我们所指的"设计"既包括教师课前设计的教学方案,也包括教师在课堂教学中根据学生的反应不断做出的现场教学设计。我们之所以用"实施"而不用"执行",主要是因为在教育领域,执行往往容易被认为是严格按照已经预先设定好的步骤机械操作,这种理解显然与新课程改革的理念和教师课程具有动态生成性和个体差异性等特点不符。

(2) 概念辨析

教师课程与生本课程的关系。生本课程是指以学生为本的课程。吴永军教授将生本课程定义为针对学生的个别差异而专门为某一类或某一个学生设计的课程。② 由此可见,生本课程是针对学生的个体差异提出来的,目的是更好地促进学生的个性发展。生本课程承认学生发展方式和层次的差异,认为人的发展是整体、复杂和非线性的,因此把确定性的传授性课程压缩至最小,在教学过程中尽量减少课程的预设和控制,以腾出更多的时空并保证学生有更多的精力投入到对自己更有意义的学习活动中去。陈佑清教授认为,好的师本课程也是一种生本课程,也要为每一个学生的发展服务。③ 同样的道理,好的教师课程产生于具体的教育情境之中,能够很好地体现不同学生的个性差异和发展需求,也是一种以学生的发展为根本目的的生本课程。因为相比国家课程(又称"国定课程")和地方课程的开发者,教师跟学生的距离最近,最了解学生的兴趣需要和已有经验,最有可能依据学生的现实状况去创构最有针对性的生本课程。所以,我们不能按照字面意思想当然地把教师课程理解成以教师为中心的定型化课程。否

---

① 中国社会科学院语言研究所词典编辑室编:《现代汉语词典》,商务印书馆 2002 年版,第 474 页。

② 杨九俊、吴永军主编:《建设新课程:从理解到行动》(通识卷),江苏教育出版社 2003 年版,第 113—114 页。

③ 陈佑清:《"师本课程"简论》,《湖北教育》(教学版)2007 年第 1 期。

则，教师课程容易背上传统守旧的骂名，其研究意义自然也会大打折扣。换句话说，教师课程不等于由教师自己完全说了算的课程，它既要体现国家课程的意志，又要凸显学生的主体地位，是师生合作共生的现场课程。

教师课程与校本课程开发的关系。吴刚平教授认为，校本课程开发是指学校根据自己的教育哲学思想、为满足学生的实际发展需要、以学校教师为主体进行的适合学校具体特点和条件的课程开发策略。校本课程开发包括两大范围：一是指校本课程的开发，即学校根据国家课程计划预留的学校自主开发的时空，开发属于学校自己的供学生选修的独特课程。这时，学校是课程的权力主体，所开发出来的课程叫校本课程（又称"校定课程"）。二是指校本的课程开发，即学校根据自己的具体情况对国家课程计划进行校本化的适应性改造。这时，国家仍然是课程计划的权力主体，学校教师更多的是课程开发的参与主体。学校教师可以根据学校的特点和条件，对既定课程的内容、授课顺序、单元进度、教学方法和考核方式等课程议题进行自主决策，从而使国家课程更加符合学校的具体教学情境。[1] 由此可见，本书所指的教师课程与"校本的课程开发"基本上属于同一概念，我们甚至可以把教师课程理解为教师个人对国家课程的班本化改造。新课程实施三级课程管理体制，鼓励教师进行校本课程开发，其目的就是强调对教师实际理解和实施之课程的关注。对于国家课程，教师既要有接受态度，更要有创造态度[2]，要善于根据教学情境、现场资源、学生经验和自身优势等因素不断进行"再开发"。

教师课程与教师教学的关系。英国学者奥利弗（P. F. Oliva）在其著作《发展课程》中将课程与教学的关系归纳为四种模式，即二元独立模式（课程与教学彼此独立又互不相干，课程和实际教学工作分离）、互相联结模式（课程与教学互相交叉，课程理论必然会考虑到课程实施问题，而教学理论肯定会涉及教学内容问题）、同心包含模式（课程与教学是一种相互依赖的同心圆的关系，包括"大课程观"

---

① 吴刚平：《校本课程开发》，四川教育出版社 2002 年版，第 40—41 页。
② 张华：《"实践的课程范式"及其应用研究》，《外国教育资料》1998 年第 5 期。

和"大教学论"两种情况)、循环联系模式（课程与教学是一种互为反馈的延续关系，二者不断地相互影响与作用)。① 笔者认为，分类只是为了研究方便，如果把课程与教学作为理论研究的对象，奥利弗的上述分法显然是合理和必要的。但是，如果从课程与教学的实际样态来看，这种分法明显带有人为色彩，必将以破坏对象的整体性为代价。有学者甚至认为，这是一种将课程与教学割裂开来的二元对立的观点。因为在教育实践中，课程与教学本来是一体的，既没有离开课程的教学，也没有离开教学的课程；二者谁也离不开谁，离开一方，另一方将根本无法存在。"课程与教学，与其说是两件事，毋宁说是一件事情的两个方面，从来没有也不可能彻底地分开。"② 课程编制者在编制课程的过程中不可能不考虑课程的实施问题，教师在实施教学的过程中也必须依据课程内容来选择教法和组织教学。为此，杜威早在 20 世纪初叶就以经验为基础，提出了将课程与教学整合为一体的思想。他说，完善的经验是物我两忘的，真正的教育是心理与逻辑、方法与教材、教学与课程彼此间水乳交融、相互作用、动态统一的。鉴于课程与教学之间的密切联系，美国学者韦迪（R. Weade）创立的"课程教学"一词开始逐渐得到人们的认同。课程教学涵盖了教学作为课程开发过程的理念，认为教师在课堂情境中充分发挥主体性的过程就是教师创生课程的过程。"在这个意义上，教师像课程的其他作者一样在'创作'课程，只不过教师是现场'创作'，而其他作者则是其作品在被阅读。"③ 美国学者多伊尔（W. Doyle）将课程分为体制层次的课程、项目层次的课程和课堂层次的课程，认为在课堂层次，课程与教学实际上是交融在一起的。④ 受上述观点启发，鉴于自己研究对象的特殊性，笔者在研究教师课程时坚持将课程与教学整合为一体并体现在教师身上的观点，即把课程和教学作为一个有机、共生的

---

① 李子建、尹弘飚：《反思课程与教学的关系：从理论到实践》，《全球教育展望》2005 年第 1 期。

② 丛立新：《课程论问题》，教育科学出版社 2000 年版，第 319 页。

③ 张华：《课程与教学整合论》，《教育研究》2000 年第 2 期。

④ 于泽元、靳玉乐：《探寻课程与教学的复杂关系》，《课程·教材·教法》2010 年第 2 期。

统一整体来看待，认为教师教学既是教师课程的具体实施过程，也是教师课程的动态生成过程；教师教学不只是忠实于国家课程和教学方案的运作，也是师生在复杂的教学情境中共同开发、修正、丰富和创生课程的过程。课程与教学的整合观对教师的素质提出了更高的要求，它要求教师不再是被动传递课程内容的教书匠，而是要和自己的学生密切合作，在教学过程中做课程的积极开发者和建设者。

二　教师课程的特点[①]

特点是指人或事物所具有的独特的地方。[②] 分析事物的特点是认识事物的捷径，是把握事物的本质、洞察事物现象的关键环节。分析教师课程的特点，有助于认识教师课程的内涵和价值等问题。下面我们从应然和可能的视角分析教师课程的特点。需要说明的是：本质是一，特点是多，特点是本质的多方面的表现；如此多的特点很难用一条清晰的逻辑主线梳理出来，并保证其全面性。

（一）预设性

教师从事的课程教学活动是一项有目的、有计划、系统化和规模化的教育活动。为了把国家课程有效落到实处，教师在课程实施前一般都以国家课程标准为指导，预先对课程教学的目标、内容、过程和方法做一些前瞻性的精心准备工作，并最终用教学设计的形式表现出来。"预设是必要的，凡事预则立，不预则废。……预设是课堂教学的基本特性，是保证教学质量的基本要求。教师在课前必须对教学目的、任务和过程有一个清晰、理性的思考和安排。"[③] 没有预设的课堂教学是教师对教育和学生不负责任的表现，从某种意义上说，也是一种教学事故。这种教学要么容易变成自由发挥的表演，要么容易导致混乱无序的放羊，最终会因为虚置光阴而难以全面有效地实现预期的

---

① 廖圣河：《论教师课程的内涵、特点和意义》，《教育科学研究》2013 年第 5 期。

② 中国社会科学院语言研究所词典编辑室编：《现代汉语词典》，商务印书馆 2005 年第 5 版，第 1335 页。

③ 余文森：《论教学中的预设与生成》，《课程·教材·教法》2007 年第 5 期。

课程目标。英国著名的教育哲学家怀特海非常重视自由、创造和灵活，但他仍然强调纪律和预设的重要性。怀特海认为："用有序的方式掌握的知识，对正在发育的大脑来说则是天然的食品。"① 为此，优秀教师备课时一般特别注意计划性，包括目标和内容的确定、时间和步骤的安排、课型和方法的选择等，都会根据自己对学生身心发展特点、知识本身固有的逻辑以及学生的认知规律等的理解做出相对科学、合理和有序的安排。他们在备课时一般都突出教材的基础地位和主干作用，都会通过深入钻研教材弄清楚教材的本义和价值取向，然后从学生的实际需要出发来设计教学。课堂情境变幻莫测，优秀教师在备课时还应尽可能预见到课堂教学中的各种有利和不利因素，预见到各种可能出现的变故，并准备多种应变措施。一旦出现意外，教师可以灵活面对而不至于手忙脚乱。

（二）生成性

存在主义认为，世界的本质以无序为主导，所有的存在（包括人的存在）都是偶然产生的，我们没有任何理由事先决定人或事物应该这样而不应该那样。"实践活动有一个内在而不能排除的显著特征，那就是与它俱在的不确定性。"② "今日主导教育领域的线性的、序列性的、易于量化的秩序系统——侧重于清晰的起点和明确的终点——将让位于更为复杂的、多元的、不可预测的系统或网络。这一复杂的网络，像生活本身一样，永远处于转化和过程之中。"③ 因为人是生成性的存在，多变的教育教学环境不断改变学生的内心世界，每个学生都是带着不同的经验背景来到课堂的，无形中也都会按照自己的知识和经验来建构知识，所以不管再完美的教学预设也无法完全算度每位学生的课堂即时反应。因为有多种声音相遇，课堂是一个平常、普通而又充满变数的地方。"不管老师如何精心地准备一堂课或一个情境，

---

① ［英］怀特海：《教育目的》，徐汝舟译，生活·读书·新知三联书店2002年版，第55页。

② ［美］约翰·杜威：《确定性的寻求：关于知行关系的研究》，傅统先译，上海人民出版社2004年版，第4页。

③ ［美］小威廉姆·E. 多尔：《后现代课程观》，王红宇译，教育科学出版社2000年版，第5页。

似乎任何一个教学情境都总是会出现某种不确定性。"① 这种不确定性要求教师坚持教学就是即席创作的课程理念，要求教师和学生一起现场编导、创作和活化课程，学会在意外中造就无法预设的美丽。教师课程的生成性贯穿于课程教学的全过程。其中，课前生成指的是教师往往带着经验上路，会根据自己的前有、前见和前设来个性化地解读文本，在教学设计时有"空白"意识，给教学活动腾出拓展和发挥的时空。许多优秀教师倡导和实施粗线条的板块设计，也正是基于这样的目的考虑的。课中生成指的是教学活动离开或超越了原有的思路和教案。课后生成表现在学生获得了非预期的发展，教师课后再度设计教学方案。② 教师课程的生成性给教师提供了很大的创造空间，同时也对教师的综合素质提出了很大的挑战。优秀教师的课堂往往能适时生成既在意料之外又在情理之中的有创新、有价值、有意义的课程内容。

总之，教师课程是一种兼具预设性与生成性的矛盾统一体。预设性重视和追求的是显性和结果性的目标，生成性重视和追求的是隐性和过程性的目标；预设性体现教师课程的科学性、计划性和封闭性，生成性体现教师课程的艺术性、动态性和开放性；预设性体现对课程文本的尊重，强调的是自上而下地反映成人社会的要求；生成性体现对学生主体的尊重，强调的是自下而上地反映学生个体的兴趣和需要。预设和生成又是相辅相成、不可偏废的关系，两者具有统一性的一面。因为预设是生成的起点、基础和保障，生成是预设的补充、提高与超越；预设预留着、预示着、期待着生成，生成包含着、指示着、表达着预设③；没有预设的生成是盲目和低效的，而没有生成的预设又是缺乏生气和活力的。新课程呼唤高水平的弹性预设与高效率的动态生成。教师既不可因为固守预设不放而错失良好的生成机会，把课堂变成演绎教案剧的舞台，把学生变成自己赚取名利的工具，也不能因为盲目追求生成而导致目标失落和课堂失控，最终使生成沦为

① ［英］马克斯·范梅南：《教学机智：教育智慧的意蕴》，李树英译，教育科学出版社2001年版，第207页。

② 余文森：《论教学中的预设与生成》，《课程·教材·教法》2007年第5期。

③ 靖国平：《"生成性课堂"何以可能》，《湖北教育》2005年第7—8期。

乱成或无成。

（三）自主性

虽然国家教育主管部门为学校正式课程制订了课程计划和课程标准，也提供了具体实施建议和评价要求，虽然教育教学理论的专家建构了一系列的教育教学原则，学校的课程领导尤其是校长和教务处主任也不断地向教师发出这样或那样的指令，但面对具体的课堂教学和学生个体，具体如何落实上述目的和要求，则基本上全由教师自己做出决定。这正如列宁指出的："学校的真正性质和方向并不是由地方组织和良好愿望决定，不由学生委员会的决议决定，也不由'教学大纲'等决定，而是由教学人员决定的。"① 为此，1993 年 10 月通过的《教师法》和 1995 年 3 月颁发的《教育法》，用法律条文的形式规定教师拥有教育教学自主权，其中包括②：教师可以依据国家制定的课程计划和课程标准，依据其所在学校的教学计划、教学工作量等具体要求，结合自身的教学特点和学生的实际，自主地组织教育教学活动；按照课程计划和课程标准的要求确定教学内容和进度，制定其受聘课程的教学计划，并在反思性实践的过程中不断完善教育教学；针对不同的教育教学对象，实行因材施教，在教育教学的形式、方法和具体内容等方面自主地进行教育教学改革和实验。

教师的服务对象是活生生的人，是正在成长和发展变化中的儿童和青少年。他们具有主观能动性，而且千差万别和各有所长。"社会职业中没有任何职业的对象能像教师职业的这种对象有如此的复杂性。"③ 教学对象的复杂性和教学过程的不确定性决定了教师职业渗透了比较多的人格化因素和非技术性因素，决定了教师课程有比较突出的自主性特点。"教室实际上是教师的地盘"（古德莱德语），教室里发生的一切问题主要依靠教师个人去独立面对和解决。无论是课程目标的制定、课程内容的选择，还是教学过程的安排、教学方法的选择等，主要由教师个人独立完成。学校里的每一间教室好比一个独立王

---

① 《列宁全集》第 15 卷，人民出版社 1959 年版，第 441 页。
② 刘捷：《专业化：挑战 21 世纪的教师》，教育科学出版社 2002 年版，第 290 页。
③ 顾明远：《教师的职业特点与教师专业化》，《教师教育研究》2004 年第 6 期。

国，教师像是每一个独立王国的国王，每一个王国里面发生的事情与其他王国之间既没有多少相似性，也没有必然的联系。所谓"教无定法，贵在得法"，教师与教师之间以及课程与课程之间很难就学科课程的目标和内容、步骤和方法以及课程评价等达成所谓的一致意见。①由于缺少公有技术文化的支持，教师之间相互分享具有普遍意义的教学经验和知识体系变得非常困难。"教师不愿意观察和干预别人的工作，也不愿意被观察和被干预；他们独立自主地处理其教学事务，很少有人过问其行事的方式，教师与教师之间也很少相互干涉。"② 教师课程的自主性有利于培养教师独立思考和自主抉择的能力，有利于促进教师形成独特个性和专业特色。但是，如果教师过于追求自主，则容易把教学工作私事化，使自身陷入独自为战和各行其是的境地。为此，日本学者佐藤学指出，如果不是所有的教师都打开教室的大门，那么，学校的改革是不可能实现的。③ 由此可见，教师课程的自主性也应该有限度，教师不能以自主为由拒绝教育管理部门对教学活动的监督和管理。教师素养是实现教学权利的前提和保障，教师课程的自主性要求教师必须具有较高的思想政治素质和科学文化素质，必须具有高度的自觉性和责任感。

（四）创造性

存在主义理论认为，每个人都是独一无二的主观性存在，每个人的气质、兴趣、需要等都各不相同，让每个学生都接受同样的教育，那简直是不可思议的事情；用统一的知识来泯灭学生的独特个性，那可是教育的最大悲哀；教师的主要作用是生产性而不是复制性，无论课程教学的目标、内容还是方法，都应该有很大的灵活性和创造性。在存在主义者看来，教师是一个自由活动的主体，应当充分调动自己的主观能动性，学会自己决定"为什么教"和"怎样教"的问题。"凡是不再能以全副精神决定有所为和有所不为，并对这种决定负责

---

①　鲍传友：《个人主义与合作主义：教师专业发展中的文化冲突》，《教育学术月刊》2008 年第 4 期。

②　杨明全：《革新的课程实践者——教师参与课程变革研究》，上海科技教育出版社2003 年版，第 188—189 页。

③　〔日〕佐藤学：《静悄悄的革命》，李季湄译，长春出版社 2003 年版，第 51 页。

的人，就会变成一个心灵空虚的人。而一个心灵空虚的人立刻就不能称其为人了。"① 后现代主义则从过程性的角度出发界定课程，认为课程不再是那种预先设定的内容或材料，而是通过参与者的行为和相互作用来建构的，是经过协商不断生成和创造出来的。② 它们把课程当作可以多元诠释的文本，把文本当作需要修改的材料，认为"课程需要由课堂社区来创造（自组织），而不是由课本作者来决定"。③ 日本学者佐藤学指出，课程教学工作是不确定的，这种不确定性体现了课程的语境依存性、价值多元性和理论复杂性，并为教师提供了课程实践的创造性和探究性的道路。④ 美国学者波拉克（Henry N. Pollack）也认为："不确定性远非前进的障碍，它实际上是创造性的强烈刺激因素和重要组成部分。"⑤ 为此，教师不应过于屈从外在压力，而要按照课改精神创造性地开展工作，为学生选择和创造最适合的教师课程，并通过这一课程敞亮自我的存在，同时对自己、他人和社会负责。教师课程的创造性会给教师带来许多苦恼和焦虑，但这种担当是一种不可推卸的专业责任，是教师主动介入生活的一种境界追求和奉献精神。那种不愿意自己塑造自己，不愿意体验存在痛苦的人，往往是通过被人模造来适应生活⑥，从而把自己泯灭在常人之中，或者把自己沦为集体的奴隶。

首先，教师课程的创造性体现在教师创造性理解和选用课程内容。优秀教师在充分了解和把握课程标准、学科特点、学生实际、教学目标以及教材编写意图的基础上，一般会根据自己的知识经验和教学的现实需求创造性地理解和加工课程教材的内容，其中包括增减教

---

① 华东师范大学教育系、杭州大学教育系编译：《现代西方资产阶级教育思想流派论著选》，人民教育出版社 1980 年版，第 312 页。

② 吴永军：《再论后现代主义对于我国课程改革的价值》，《教育发展研究》2010 年第 18 期。

③ ［美］小威廉姆·E. 多尔：《后现代课程观》，王红宇译，教育科学出版社 2000 年版，第 256 页。

④ ［日］佐藤学：《课程与教师》，钟启泉译，教育科学出版社 2003 年版，第 211 页。

⑤ ［美］亨利·N. 波拉克：《不确定的科学与不确定的世界》，李萍萍译，上海科技教育出版社 2005 年版，第 3 页。

⑥ 陈友松主编：《当代西方教育哲学》，教育科学出版社 1982 年版，第 103 页。

学内容、调整教学顺序、重组教学单元和开发课程资源等。课程内容尽管多为课程标准和教科书所规定，但怎样把这些静态、抽象的课本知识通过教学活动变成形象、具体且易于被学生接受的东西，需要教师根据学生经验等进行合理地分析、综合和取舍。这个过程本身就如同导演对剧本进行再创造一样，也是一次艺术加工的过程。

其次，教师课程的创造性还体现在因材施教的过程中。"教师的创造性的最重要特征之一是他工作的对象——儿童经常在变化，永远是新的，今天同昨天就不一样。"[①] 教育对象的这一特殊性决定了教师必须创造性地开展教学工作，决定了教师的每一次教学活动都具有不可复制的特点。优秀教师往往会根据学生的个性特点和学历基础，分层次给学生提出合理的课程目标和教学要求。课程教学有很多现成的原则可循，但无具体的框框可套。在什么情况下运用什么原则以及怎样运用这些原则等，则大多取决于教师自己的理解和创造；同样，课程教学有规律性的方法可依，但无具体的定法可抄，无万能的教学方法可用。教师必须根据教学内容和教学情境的实际需要，创造性地选用和开发适合自己的课程的教学方法，千万不能完全按照教科书和教师用书上规定好的路子来开展教学工作。有学者对改革开放以后全国涌现的教学方法进行统计和分析后发现，由中小学教师倡导的新教学方法占总数的69.2%。[②] 由此可见，一线教师是创新教学方法的主力军。另外，在复杂多变的教学过程中，经常会出现一些突发事件。富有创造性的教师常常能巧妙地化消极因素为积极因素，变事故课为故事课，变教学意外为喜出望外。

创造乃人之天性，每个人都是创造性的存在，都体现了创造性的能量。"只有用创造的态度去对待工作的人，才能在完整意义上懂得工作的意义和享受工作的快乐。"[③] 教师本是"更富有求知精神、不

① ［苏联］B. A. 苏霍姆林斯基：《给教师的一百条建议》，周蕖等译，天津人民出版社1981年版，第4页。

② 叶泽滨：《教师创造性行为引论》，吉林人民出版社2003年版，第194页。

③ 叶澜主编：《新编教育学教程》，华东师范大学出版社1991年版，第15页。

满足现状、更充满创造思想的人"①,几乎每位教师身上"都有一种创造性地对待自己工作的思想的火花"。② 有些教师之所以对自己的教学工作感到厌烦,其主要原因多为课务繁重或因循守旧,没有体验到创造性教学的乐趣。教师课程的创造性要求教师必须成为课程教学的研究者,必须在坚持终身学习的过程中不断提升自己的创造性素养和专业化水平。教育管理者在允许和鼓励教师创生课程、给教师营造宽松独立的工作环境的同时,要赋予教师更多的时空自由和教学自主权,因为任何创造都是以自由和主体性的充分发挥为前提条件的。

(五)情境性

"情境"一词在《现代汉语词典》的解释是"情景;境地",是指由人、事、物等因素构成的某种具体境地。一般教育理论认为,最早在教学中提出"情境"这一概念的是美国著名教育家约翰·杜威。杜威先生认为,有意识的教育就是一种特别选择的环境,这种环境就是和个人的需要、愿望、意图、能力等发生交互作用,以创造所要的经验的种种情况。③ 由此可见,杜威的情境主要是指能引发主体情感体验的环境。在我国,将"情境"概念引入教育教学领域的首推著名特级教师李吉林。李老师将情境界定为人性化的教育环境,是指特别适应儿童作为一个完整的人,全身心地活动其中的教育环境。④ 著名课程论专家施瓦布先生也特别重视教学情境的作用。他指出:"仅凭课程理论和教学理论,并不能指导我们该教什么和如何教,因为一方面,教什么和怎样教是出现在由具体时间、地点、人物和环境等因素构成的具体情境中的;另一方面,理论几乎没有包含这些具体细

---

① [苏联] B. A. 苏霍姆林斯基:《给教师的一百条建议》,周蕖等译,天津人民出版社 1981 年版,第 1 页。

② [苏] Л. B. 赞科夫:《和教师的谈话》,杜殿坤译,教育科学出版社 1980 年版,第 238 页。

③ [美] 约翰·杜威:《杜威教育名篇》,赵祥麟、王承绪编译,教育科学出版社 2006 年版,第 258 页。

④ 教育部师范教育司:《李吉林与情境教育》,北京师范大学出版社 2005 年版,第 113 页。

节。"① 人本主义心理学家库姆斯（A. Comes）也强调：好教师在教学中会注重具体的、特定的情境，不可能以既定的方法行动，好教师应当是艺术家。② 笔者认为，教师的课程教学活动不可能在真空中发生，它必须依赖或借助于一定的教学情境。教学情境不仅是教师课程的决策依据和背景因素，也是教师课程本身的重要组成部分。有学者估计，教师平均每分钟就要做一个决定。③ 这就意味着教师要在不断变化的教学情境中采取行动。

教师课程的情境性包括两层含义：

第一层含义是指教师课程存在于特定的情境当中，其中包括自然环境（如光线、温度和空气新鲜度等）、物质设施（如教室大小、教学设备等）、主体条件（如师生的精神状况和投入程度）和教学氛围（主要指师生在教学过程中产生的情感气氛和融洽程度）等。教师课程在特定情境（即特定的时间和教室）中进行，以特定对象（即特定的内容和学生）作为服务对象，处理的是属于在那儿的问题，所以具有情境性特点。情境化是教学过程的基本特征，课堂教学最大的特点就是场景性。课堂里发生的一切都因为是特定情境（即此时此地此人此事）的产物而不能被复制和重现。这正如杜威所说："情境，是一定的有机体与环境不断相互作用而出现的，它们是不平衡、不稳定、不均衡、不统一、干扰、失常、故障之类的情况或经历。"④ 教学情境的易变性要求教师的课程教学行为要根据教学情境的不同和变化做出相应的预设和调整，教师在不同的时期走进相同或不同的班级，即使教授同样的内容，其课程行为与教学策略应该是不一样的。教学情境的不确定性要求教师用自己丰富的实践智慧（一种不可让渡的情境性知识）来灵活应对课堂情境的变化。加拿大著名教育学专家范梅

---

① ［美］韦斯特伯里、威尔科夫主编：《科学、课程与通识教育：施瓦布选集》，郭元祥等译，中国轻工业出版社 2008 年版，第 263 页。

② 施良方、崔允漷：《教学理论：课堂教学的原理、策略与研究》，华东师范大学出版社 1999 年版，第 429 页。

③ ［英］马克斯·范梅南：《教学机智：教育智慧的意蕴》，李树英译，教育科学出版社 2001 年版，第 145 页。

④ 于世华：《论教学情境的三个层次》，《教育理论与实践》2008 年第 20 期。

南指出："教育情境总是具有唯一性的，因此我们所应掌握的是那些非概括化理论。这样，我们在实际应用或应付多变的情境时就不至于手忙脚乱。这种具有唯一性的理论明显适用于特殊教育情境、学校、儿童，或年纪小的儿童，采取因地因人施教。"①

教师课程的情境性的第二层含义是指教师课程中存在教学情境，提倡情境教学。知识具有情境性，任何脱离一定情境的知识，严格说来只是一种符号而已。因此，课堂教学应该尽量在真实或类似真实的情境中进行。去情境的教学因为在知识的讲授过程中将知识与产生知识的情境分割开来，将教学的方法手段与具体的教学内容和教学情境分隔开来，将课堂教学、校园环境与学生生活于其中的社会情境分割开来等原因，逐渐受到人们的质疑和否定。② 而合理生动的教学情境有利于激发学生的学习兴趣，有利于增进学生对教学内容的理解，有利于培养学生的问题意识和责任意识，有助于营造和谐融洽的教学氛围等。教师要及时发挥支架的作用，要善于依据课程目标、教材内容以及师生自身的能力条件与兴趣倾向等，给学生创设与其现实生活相类似的或真实的教学情境，要善于根据具体的教学情境创造和选择相应的教学手段。教师创设教学情境的途径有：联系生活展示情境；运用实物演示情境；借助图画再现情境；播放音乐渲染情境；扮演角色体会情境；锤炼语言描绘情境③；动手实验复原情境。

（六）差异性

教育情境中的每一位学生都是在差异中、通过差异建立起来的独特自我，教师只有结合既定课程内容，充分尊重学生之间的个性差异，才能创生出真正符合学生实际需要、使学生得以最优发展的教师课程，才能通过教师自己的课程培养"符合学生自己的特质和他生活

---

① ［加拿大］马克斯·范梅南：《生活体验研究——人文科学视野中的教育学》，李树英译，教育科学出版社 2003 年版，第 201 页。

② 罗祖兵：《从"预成"到"生成"——境遇性教学导论》，博士学位论文，华中师范大学，2007 年，第 43 页。

③ 教育部师范教育司：《李吉林与情境教育》，北京师范大学出版社 2005 年版，第 44 页。

中的特殊性的人"。① 为此，建构主义理论强调："不能对学生作共同起点、共同背景、通过共同过程达到共同目标的假设。"② 但是，受制式学校理念和传统智力测验等的影响，传统学校通常实施一元化教育（即设置统一的课程内容，采用统一的教学方式）和唯一机会的教育（即只重视语言智能和数理智能，忽略了其他智能的培养），结果造成许多儿童失去自信，认为自己不是读书的料。③ 传统教育在同一时空传授同样内容，然后用统一的标准衡量所有学生，其最终目的是达到先前预设的同一标准。这种同质的平等在追求表面平等的同时泯灭了丰富多彩的个性，并使教育活动变得更加简单化和模式化。后现代主义珍视存异重于求同，极力倡导异质的平等，强调根据不同的对象实施差异性教学，根据不同的要求评价不同的对象。利奥塔在批判同一性的同时，提出了"纷争哲学"的概念，其目的就是探讨规则的差异性，就是要保存和表达差异，让少数派话语发言。④ 而理性主义和决定论的错误就在于忽视了人的各种可能性，忽视了人与人之间客观存在的个别差别。另外，教师课程的情境性证明了传统刚性教学计划的有限性，证明了不存在唯一正确同时又适用于所有教学情境的通用教学设计，同时也说明教师课程具有具体性、多元化、个体性和差异性等特点。

教师课程不仅有学科差异（即领域特殊性）和地域差异之分，还有个体差异和群体差异之别。造成教师课程之间存在诸多差异的主要原因有五个方面：

一是学生差异。学生之间的差异是客观存在的，不仅学生个体之间在兴趣爱好、能力倾向、智力类型和学习方式等方面存在差异，而且学生群体之间因为处于不同的地域、学校和班级，也存在较大的差异。随着社会生活日趋多元化，学生之间的差异也有日趋扩大和加剧

---

① 顾明远、孟繁华主编：《国际教育新理念》，海南出版社2001年版，第68—169页。

② 邹艳春：《建构主义学习理论的发展根源与逻辑起点》，《外国教育研究》2002年第5期。

③ 李留江、张晓峰：《课程与教学的改革：多元智能的视角》，《教育科学研究》2003年第1期。

④ 江怡主编：《走向新世纪的西方哲学》，中国社会科学出版社1981年版，第524页。

的发展态势。教学的效率不仅取决于教师课程给学生提供了什么，而且还取决于学生给教师课程带来了什么。范梅南指出："儿童不是空空的容器，他们来到学校不只是让教师通过特别的方法给他们灌输课程内容。而且，来上学的儿童必定来自某个地方。教师需要了解孩子们带来了些什么，他们目前的理解程度、心境、情绪状况如何，他们是否已准备好了应付学科学习和学校世界。"① 学生的差异既是教学的起点也是教学的终点，教师课程应承认、尊重并服务于学生的差异。虽然教师个人很难为每一位学生量身定做有针对性的个别化课程，但至少可以把学习者作为类来研究和区别对待，以学生的差异性作为课程的不同切入点，提供和实施差异而有效的教师课程。与国家课程注重基础性和统一性的特点相比较，教师课程的最大价值和生命活力就在于通过差异化的教学提高国家课程的适切性和通达性，把在差异中通过差异建立起来的，并充满了矛盾的学生培养成多向度的人。②

二是教师差异。每位教师都有与众不同的兴趣爱好、学识能力和生活背景，教师自身的独特性决定不同的教师会形成各自不同的教学风格，会有与众不同的课堂教学行为和处理教学问题的独特方式。从课程决策、课程设计到课程实施和课程评价，从教师的备课、上课、作业布置到课外辅导，我们都能感受到教师差异的存在。即使同属于智慧型的教师，面对相同的问题时也往往有不同的处理方式，从而给人以异曲同工之妙的感觉。

三是教材差异。顺应课程差异化的发展趋势，我们国家早在 1986 年就把中小学的教材制度由国定制改为审定制，实行编审分开、"一纲多本"的政策。目前，教育部还审核通过了适应不同地区、不同教学水平需要的若干套中小学教材，由高等院校、科研单位以及教师个人编写的教材有逐渐增多的趋势。这些教材因其形式灵活、特点鲜明而各有千秋。但是不可否认，各教材之间的差异性还是比较大的，如有的比较灵活和开放，有的比较拘谨和传统，教师只有创造性地使用

---

① ［英］马克斯·范梅南：《教学机智：教育智慧的意蕴》，李树英译，教育科学出版社 2001 年版，第 10 页。

② 李定恒：《论课程差异化》，硕士学位论文，河南大学，2007 年，第 4 页。

教材，才能最大限度地促进学生的发展。

四是时空差异。教师课程具有时间特性和空间特性。时间特性指教师课程的价值判断会随着时间的推移发生很大的变化，昨天深受学生及其家长喜欢的课程也许在今天看来就变得不那么切合实际了，因为今天的价值观、教育观和师生观等跟以往相比发生了很大的改变。空间特性是指适用于不同地域（如发达地区和欠发达地区；城市学校和农村学校）的所谓普适性课程是根本不存在的。① 我们国家幅员辽阔，地区之间、城乡之间、校际之间的地理环境和办学条件相差比较大，因此，教师既不能完全忠实地实施课程，也不能完全脱离教材搞随意教学，而应根据教学环境的实际情况创造性实施国家课程。

五是文化差异。美国学者斯蒂格勒（J. Stigler）1999 年出版的《教学的差异》一书通过比较日本、德国、美国三国教学环节上的差异，揭示了不同国家之间由于文化背景的不同，教师在课堂交流、布置作业等方面都存在很大差异。② 日本的数学教师经常给学生出一些尚未见过的题目，且先让学生自己尝试性地做题，然后再给予必要的帮助和指导。美国的数学教师先教学生学习怎样解决问题，然后再进行相应的练习。在数学教学的内容方面，日本的难度相对较大，德国的难度相对较小；美国有很多的项目或课题，但缺乏深入的思考等。

三　教师课程的价值③

学校教育产生于家庭教育和社会教育之后，是教育发展的高级形态。作为一种有目的、有计划、有组织的系统活动，学校教育在促进个体和社会发展方面较其他教育形态具有更高效率，因此在整个教育体系中一直居于主体和主导的地位。教师和课程作为学校教育的两个基本要素，一直在学校教育中居于至关重要的作用。课程是学校教育

---

① 姜勇、蒋凯：《后现代主义视点下课程编制问题》，《比较教育研究》2001 年第 8 期。

② 万伟：《课程变革中的教师文化》，南京师范大学出版社 2010 年版，第 8 页。

③ 廖圣河：《论教师课程的内涵、特点和意义》，《教育科学研究》2013 年第 5 期。

的核心内容，学校教育的目标和价值主要通过课程实施得以实现。而教师是学校教育活动的主要承担者，是办好学校教育、提高教育质量的基础性力量。课堂是学校教育的主阵地，对于教室中究竟应该有何种课程，教师需要也理应具有决定性的作用。列宁曾经指出："学校的真正性质和方向不是由地方组织的良好愿望决定的，不是由学生'委员会'的决议决定的，也不是由'教学大纲'等决定的，而是由教学人员来决定的。"① 由此可见，教师课程在学校教育和课程改革中具有非常重要的价值。

（一）教师课程理解的价值

首先，教师对课程的理解有助于教师更好地实施课程。"不断变革是现代教育的本性和存在形式。"② 因为教师始终站在课程改革的第一线，是课程改革最直接的实施者，他们可以让课程改革走向更好的发展道路，所以每一次课程改革都把教师推向风口浪尖的重要位置。教师对课程的理解是生成课程意义、促进课程发展的必要条件，是有效实施课程的重要前提。多元化的理论基础需要教师的理解，否则教师们往往不知所措；自上而下的课程改革模式以及理解与建构的课程发展范式更需要教师加强对课程的理解，否则课程精神和课程内容往往容易在执行过程中失真或变形，甚至根本就不可能被一线教师接受和采用；课程计划"不可能也不应该事先规定精确的实施程序，而应该让不同的实施者自己来决定，因为唯有对实际情况了解的人，才有可能做出恰当的选择。"③ 课程实施过程是课程计划和课程实践相互调适的过程，教师必然会根据自己对课程的理解以及本地本校的实际情况来不断修正、调整或变革国家课程，必然会根据自己的知识经验和观念来解释课程内容，以便提高课程对地方、学校及学生的适切性，获得更好的教学效果。教师在课堂中实际实施的课程一般是自己理解之中的课程，教师对课程的理解决定着教师的教育理念，并进而影响

---

① ［苏联］列宁：《列宁论国民教育：论文和讲演》，人民教育出版社 1958 年版，第 114、116 页。

② 黄济、王策三主编：《现代教育论》，人民教育出版社 2004 年版，第 150—151 页。

③ 李定仁、徐继存主编：《课程论研究二十年（1979—1999）》，人民教育出版社 2004 年版，第 93 页。

其课程实施取向。教师对课程的理解会影响到其教学思路的设计、教学方法的选择、课程资源的开发等，从而最终决定课程改革的实际成效。如果教师对新课程的理解还停留在过去的基准上，那么新一轮的课程改革必将陷入"上有政策，下有对策"的境地。

其次，教师对课程的理解有助于培养学生的能力。现在的学生了解信息的渠道比较多，知识面较以往的学生宽广，自然对教师的课程理解能力要求更高。教师只有对课程理念、课程目标、课程内容、自身地位以及授课学生等有正确、深入的理解，才能够满足学生的学习需要，才能够成为学生学习活动的组织者和引导者。如果教师视课程为教程或跑道，那么课程自然是一套外在于学生的静态课程，学生自然处于被灌输和被决定的地位；如果教师视课程为学程或跑的过程，自然更凸显学生的课程主体地位，更关注课程的动态生成性和个体情境性，更主张为学生设计不同的课程。在课程理解范式的视域下，课堂不再只是教师向学生单向传递知识的固定场所，而是师生以课程文本为中介开展平等交往与对话、共同开发和创生课程、彰显生命意义的地方；学生也不再是知识的容器和教师的控制对象，而是课程的主体和创生者，是具有独立人格和个性、需要充分尊重、充满生命活力的特殊个体。新课程要求教师充分关注学生的已有生活经验和兴趣爱好，并根据课程目标、学生的发展水平和教学情境的实际需要来理解课程。这种基于学生和教学场域的课程理解自然更有利于促进学生的课程学习和能力培养。

再次，教师对课程的理解有助于教师的专业发展。没有教师的发展就没有课程的发展。"任何课程改革，都在一定程度上否定或修正教师以前的做法，所以，改革的过程也就是教师学习和发展的过程。只有改变教师的信念、知识和技能，使之与改革的要求相吻合，才能确保改革的成功。"[①] 教师对新课程的理解不仅影响课程实施的实际成效，而且影响教师的专业发展和自我实现。课程能力是教师专业能力的重要组成部分，教师职业的专业化需要教师提升自身的课程能力。

---

① 冯生尧、李子建：《香港课程实施影响因素之分析》，《全球教育展望》2001 年第 5 期。

而在众多的课程能力当中，教师的课程理解能力又具有不可动摇的基础性地位。因为课程理解是教师进行课程教学活动的前提和基础。教师对课程问题的思考与理解，如课程的本质是什么，具有哪些价值和作用，教师和学生在课程中分别处于什么地位等，对更新教师的课程理念和改进教师的教学行为都具有非常重要的作用。苏联著名教育家赞科夫（Л. В. Эанков）指出："教学，有了正确的理解，会推动教师去进行探索。"① 教师在课程理解的过程中既可以不断提高对话和反思的能力，又可以在相互敞开和互助中加深对课程的理解，从而不断提升和强化自己的专业能力。另外，"真正好的教学来自教师的身份认同与自身完整"。② 理解是理解者和理解对象进行多重对话和视域融合的过程，每个人在理解对象的同时都进行着自我理解。教师在理解课程的过程中，不但可以更好地认同课程，还可以唤醒自身的课程意识，认同新课程赋予教师的课程身份。

最后，教师对课程的理解还有助于厘清课程本身的复杂性，有助于促进课程认识与课程行动的良性循环，有助于涵养教师的课程实践智慧，促进课程管理的民主化等。

（二）教师课程设计的价值

课程设计是将课程基本理念转化为课程实践活动的关键环节，是影响教育教学质量的重要因素。"课程设计绝不只是少数专家和个别权威机构的事，而应该是一个开放的、民主的和科学的决策过程，是所有利益群体特别是广大中小学教师、校长、教研员乃至社会各界集思广益、共同建设课程的过程。"③ 教师是课程教学的直接实践者，在整个教育系统中起承上启下的作用，所以教师具有参与课程设计的必要性和可能性。但是，在以往的课程设计模式中，往往认为专家是知识的持有者和垄断者，是真理的权威发布者，而教师仅仅是课程的忠实执行者，是传递他人思想的工具而已。新课程积极鼓励教师参与课

---

① 雷玲主编：《名师教学机智例谈》（语文卷），华东师范大学出版社 2007 年版，第45 页。

② ［美］帕克·帕尔默：《教学勇气：漫步教师心灵》，吴国珍等译，华东师范大学出版社 2005 年版，第10 页。

③ 吴刚平：《教学改革需要强化课程意识》，《教育发展研究》2002 年第7—8 期。

程设计，认为教师参与课程设计既是专业自主的权力，也是专业职责所在。因为教师最清楚学生需要学习什么以及能够学些什么，最了解真实的课程究竟是怎样的一种状态①，所以往往可以在课程设计中发挥重要的作用。

首先，教师参与课程设计有利于密切课程与生活的联系。学生的生活经验是学生接受教育的基础和前提，也是课程设计的主要依据之一。很多学生在课程学习中体会不到快乐，觉得课程内容繁、难、偏、旧，这与课程设计脱离学生生活有很大关系。课程专家或学科专家在进行课程设计时往往喜欢以挑剔的眼光批判现实的教育。受知识背景等的影响，他们在课程设计中往往喜欢强调知识的系统、连贯和完整性，不经意间会把学生局限在理性的科学世界里，学生自己的生活世界和精神世界容易成为课程设计中被遗忘的角落。英国著名课程专家斯基尔贝克（M. Skilbeck）说过："设计课程的最佳场所在学生和教师相处的地方。"② 教师从学生的生活中走来，他们了解学生的现实生活，知晓学生的喜怒哀乐，教师参与课程设计能使课程更多地关注学生的生活世界，从而使课程充满对学生的人文关怀。

其次，教师参与课程设计有利于增强课程内容的适切性。专家设计的课程有利于保证学科知识的科学性和严密性，有利于体现课程的社会价值与需求，但这种社会代言人开发出来的正式课程却很难获得学生的普遍认可。不可否认，专家在设计课程时也可能有实践关怀的倾向，但长期的学院派生活和书斋研究使他们很少有机会走进中小学校园，所以很难真正了解中小学的教学实践，了解中小学生的兴趣需要及实际能力，结果导致其设计的课程很难实施。因为再完美的课程计划，如果偏离了学生特点与实际需要，是很难有效实施的。教师接触学生的机会最多，相对了解学生的发展情况，知道何种知识需要通过何种途径才容易被学生接受，知道何种学生需要通过何种策略才能

---

① 代建军：《课程运作中的教师权利》，《教育理论与实践》2001 年第 6 期。
② 李汉云：《课程改革与教师教育》，《上海师范大学学报》（基础教育版）2005 年第2 期。

促其最大发展。① 所以，教师是最重要的课程资源，教师参与设计的课程内容自然更容易被学生接受。

再次，教师参与课程设计有利于促进教师主动采用和有效实施课程。实践证明，教师参与课程设计可以使教师更好地实施其参与设计的课程。参与课程设计的教师发现，自己能够比原来教给学生更多东西，而且可以教得更好，在课堂教学中更能指导学生使用学习材料和指导小组学习，对学生的期望也有所变化。另有研究发现，教师参与课程设计与实施其参与设计的课程之间存在正相关；教师参与课程设计，可以使教师对所教内容有更为充分的准备，也更为自信。其次，教师参与课程设计有利于增强课程的理解度和吸引力。杨（Young，1989）认为，如果学校的课程发展有一线教师参与，可能会更吸引其他教师使用开发出来的课程和教材。与此同时，因为有一线教师的参与，课程和教材可能会更为清晰易懂，更容易被其他教师所理解。②

最后，教师参与课程设计还有利于降低课程设计的成本，提高课程设计的针对性；有利于教师领会课改动机，明确所需解决的问题；有利于形成民主合作的氛围，促进教师的专业发展。

（三） 教师课程实施的价值

教师是课程实施成效的决定性力量，在课程实施中扮演着非常重要的角色。首先，教师是课堂教学的第一责任人。课堂教学是课程实施的基本途径，再好的课程方案如果不被教师认可和实施，也只能是了无生气的死板课程。只有通过教师的努力将其落实到课堂教学中去，才能变成富有生机和活力的鲜活课程。③ 作为课程实践的直接参与者和主要承担者，一线教师最清楚学生的实际需要是什么，最了解学生的最近发展区在哪里，知道何种课程知识需要通过何种教学策略才容易被学生所接受。在具体的教学中，他们一般会主动根据课程计

① 王双兰、张传燧：《教师参与课程设计的价值及实现》，《教育科学研究》2006 年第 10 期。

② 王建军：《教师参与课程发展：理念、效果与局限》，《课程·教材·教法》2000 年第 5 期。

③ ［美］约翰·D. 麦克尼尔：《课程：教师的创新》，徐斌艳、陈家刚主译，教育科学出版社 2008 年第 3 版，第 15 页。

划和课程目标，从学生兴趣和教学情境的实际需要出发来选择和组织课程内容。教师在自己的课堂里拥有相当大的自主决策权，他是一个将现有课程材料转变为课堂里具体教学计划的设计者。任何课程要进入教师的自留地——教室，势必先经过教师的选择和重组。其次，教师是课程潜能意义的发现者和创造者。传统的课程改革模式导致课程决策者和课程实施者两相脱节。因为无法了解课程决策者的真实课改意图，无法清楚课程目标中具体的革新因素，无法理解课程理念中隐含的基本假设和价值取向，教师一般只能被动适应或消极抵抗课改，有的甚至采取置之不理的态度来面对新课程。其实，教师是具有知识技能的专业技术人员。他们既有自己独特的人生观、价值观和道德情操，同时也拥有自己独特的知识经验、个性品质和人格魅力。每一位教师都知道自己的工作职责是教书育人。为了实现教学目标，他们往往会依据教学任务和自己的知识经验，对课程予以接受、理解、选择和再创造。教师在课程实施中不只是遵照别人的规定，简单读取和执行课程内容，而是会在开发、探究课程潜能意义的基础上，利用现有的教学媒体和手段，依据具体的教学情境需要来灵活组织教学活动。最后，教师是在实践中不断反思的行动研究者。行动研究是以解决教师在课程实施过程中遇见的问题为目标、以教师对课程实践活动的反思为中介的一种课程研究方法。教师参与课程行动研究是教师参与课程实施的重要途径。课程行动研究彰显教师在课程变革中的探究角色，它要求教师对教育的理论和实践持有一种健康的怀疑精神，在教育教学实践的过程中关注理论的构建和实践的反思。在课程实施中，教师要学会将自己的教学活动和课堂情境作为研究对象，对教学行为和教学过程进行批判的、有意识的分析与总结，从而不断改进教学工作。教师要充分利用自己所在的课堂情境，充分利用教室这块试验田，利用学生反馈给自己的意见和自己对课程内容的独特理解和感受进行个性化教学，运用课程理论知识对自己的教学实践经验进行多层次、多角度、多学科的分析，从而使自己成为一名有头脑、善思考的研究型教师。总之，教师作为课程实施的主体，是课程方案付诸实践的关键所在。"不管怎样，没有教师的协助及其积极参与，任何改革都不能成功。"① 从某种意义上讲，课程方案最终都要通过教师的努力才能得到具体落实。所以，新课程鼓励教师参与课程实施具有非常重要的理论意义和实践价值。

首先，教师参与课程实施有利于发现课程实施中的问题。实践证明，多数课程方案付诸实践以后，总会因为这样和那样的问题，难以获得教师的普遍认可和有效实施。美国课程论专家比彻姆（G. A. Beauchamp）告诫我们："许多课程虽已规划，但几乎没有系统地实施。我们都很熟悉这样的情况，一旦课程已编出，就堆积在布满灰尘的书架上或归档在教师书桌右手抽屉的底层。与此同时，教师又回到课程规划以前所用过的相同的教学模式。在这样的情况下，拟订课程规划除了对规划者有些教育的效益外，简直是人力、物力的极大浪费。"② 国外的一项研究报告指出，一套课程方案被采用后，研究者将方案所要求的行为模式分解为 12 种具体行为，然后用测量工具对教师的这些行为进行观察和测量，结果发现：教师的行为只有 16% 符合课程方案行为模式的要求。③ 但是，如果教师和研究者没有亲自参与课程实施，没有对课程实施的情况进行深入细致的调查和研究，就不可能及时发现课程实施过程中的具体问题，自然也难以对课程实施提出有针对性的反馈意见，从而为课程实施的健康运行提供保障。

其次，教师参与课程实施有利于检验课程方案的成效。研究表明，学生的学习成绩跟课程实施的程度有关。④ 但是，课程方案对学生发展的价值到底有多大，为什么会产生这样大的价值，这应该让教师通过课程实施来得到验证。过去，人们经常将采用新课程方案后学生取得优异的考试成绩的原因简单归于新课程方案本身，而没有对教师实施新方案的过程和结果做出科学恰当的考量。其实，这是片面和

---

① 联合国教科文组织编：《教育：财富蕴藏其中》，联合国教科文组织总部中文科译，教育科学出版社 1996 年版，第 15 页。

② ［美］乔治·A. 比彻姆：《课程理论》，黄明皖译，人民教育出版社 1989 年版，第 155 页。

③ 张华：《论课程实施的涵义与基本取向》，《外国教育资料》1999 年第 2 期。

④ 施良方：《课程理论：课程的基础、原理与问题》，教育科学出版社 1996 年版，第 131 页。

不合理的。因为一种好的考试成绩，绝非仅仅是来自好的课程方案，即使面对不太成熟的课程方案，对于高水平的教师来说，也可以通过自身努力取得较为理想的教学效果。有研究估计，即使运用了同一方案的不同学校或班级的学生，其成绩的差异也有可能达到35%，这种差异就是来自实施过程的差异。① 如果不重视教师参与课程实施的具体过程，就很容易错误估计课程方案的实际价值。

最后，教师参与课程实施有利于完善课程实施理论。课程实施是一个非常复杂的问题，需要进行专门研究。但是，迄今为止，我国学者专门研究课程实施的成果相对较少。"我国课程实施研究仍然是尚待开发的'西部'。"② 课程实施在课程领域中仍未受到重视，是因为人们认为：第一，课程实施是一个自然而然的过程，它几乎等同于教学，无须进行专门研究；第二，课程计划和教学之间不会产生任何问题，只要课程方案完善就可以自然在课程实施过程中实现预期目标。我们国家的课程研究只有短短二十几年的历史，课程理论研究尤其是课程实施理论研究非常薄弱，有的甚至属于理论盲区。由于理论界对课程实施关注不够，即使教师自发地注意到课程实施中的一些特殊情况，也可能因为缺乏科学有效的课程实施理论的指导而无可奈何。没有理论指导的实践是盲目的，缺少理论支撑的课程改革是无生命力的。随着一线教师参与课程实施的空间日益增大，课程实施理论在广泛的实践基础上必将日趋完善。

（四）　教师课程评价的价值

无论从课程评价的理论还是课程评价的实践来看，教师都应该是课程评价的主体。但在现实生活中，教师经常被拒在课程评价之外。在课程评价主体中，教师几乎成了被遗忘的角落。因此，新课程倡导教师参与课程评价具有非常重要的意义。

首先，教师参与课程评价有利于提高课程评价的质量。人们常说："鞋合不合脚，只有脚知道。"教师作为课程的实际运作者，对课程的价值问题体察最深，也最有发言权。他们更清楚课程在实际运作

---

① 张华：《论课程实施的涵义与基本取向》，《外国教育资料》1999 年第 2 期。
② 李臣之：《课程实施：意义与本质》，《课程·教材·教法》2001 年第 9 期。

中具体遭遇到哪些问题，产生这些问题的真正原因是什么。所以，他们对课程实践的了解程度具有外部评价者所不能比的优势。让教师参与课程评价，可以听到实践者的真实声音，更能揭示外部评价所感受不到的一些间接而隐性的问题，更能突出课程评价的真实性和可信度。为此，中国台湾学者陈美如认为，除外部的专家外，教师最了解也最适合课程评价工作。① 大陆学者丛立新教授也指出："课程评价的发展，应该特别强化教师的参与，从而既帮助教师通过评价认识和提高自身的教育教学水平，又有效地提高课程评价本身的质量和水平。"②

　　其次，教师参与课程评价有利于促进课程改革顺利进行。课程改革的顺利实施离不开教师课程意识的觉醒。教师如果对课程计划缺乏应有的了解，不明白课程改革的真实意图，就不太可能主动和正确地实施课程，甚至对课程产生抵触情绪。如果让教师亲自参与课程评价，并在评价过程中与课程的决策者和设计者尤其是课程专家进行有效对话，那么教师"对于为什么进行调整和改革就会心中有数，改革的措施也就会更灵活、更适当地落实"。③ 另外，"教师对课程与学生的适切程度、课程的可行性、课程的可教性等会有更确切的理解，对课程的优点与长处也有更深的体会，甚至对课程应该怎样改也会有一些更现实的思考"。④ 所以，让教师参与课程评价，能更好地发现现行课程的问题所在，能及时获得课程教学方面的各种反馈信息，能为课程改革提出切实可行的合理化建议，从而保证课程决策的正确性，推动课程改革的顺利进行。而且，一线教师作为课程的实践者，他们的评价结论更能引起课程决策者和设计者的注意⑤，更能为进一步修订课程的目标、内容和实施办法等提供决策依据。

---

① 陈美如：《教师作为课程评价者：理念到实践的历程》，《课程与教学》（中国台湾）2001 年第 4 期。

② 丛立新：《课程论问题》，教育科学出版社 2000 年版，第 300 页。

③ 林智中、马云鹏：《课程评价模式及对课程改革的启示》，《教育研究》1997 年第 9 期。

④ 蔡铁权主编：《基础教育课程改革通识培训教程》，浙江大学出版社 2004 年版，第 94 页。

⑤ 吴晓蓉、刘要悟：《论教师与课程评价》，《教育科学》2000 年第 1 期。

最后，教师参与课程评价有利于促进教师的专业发展。教师自身的专业发展水平是决定教育教学质量的关键因素。课程评价本身是教师的专业技能之一，也是教师专业发展的必要历程。教师参与课程评价有利于刺激教师关注课程议题，激发教师的课程主体意识。因为教师参与课程评价的过程，需要及时收集很多外部资料，需要积极倾听学生的声音，这正是促进教师开展专业反思的好机会。中国台湾学者陈美如指出："教师真诚参与课程评价，进行反省与改进，经由该过程，较能自然而然地变得'自我理解、自我教育与自我专业'。当教师感觉到课程评价对自己专业的成长，并察觉到'今天的我与过去的我不同'时，课程评价将不再只是别人交代的功课或作业，而是专业成长的必要过程。"[1] 杨小微教授也认为："当改革者就是评价者（至少是评价的参与者之一）的时候，评价不仅成为一种自我评价和自主构建，而且真正成为一种自我反思和自我重建。"[2] 可见，教师参与课程评价有利于提高教师自身的专业素养。

---

　①　陈美如：《评价犹如一趟永无止境的旅程——教师面对课程评价的思考》，《教师天地》2003 年第 122 期。

　②　杨小微：《在评价过程中重建对话机制》，《课程·教材·教法》2004 年第 5 期。

第二章　教师课程的理论基础

要想真正理解教师课程的内涵和特点，把握其精神实质和优势所在，有必要对教师课程的理论基础做一个相对全面的归纳和梳理。教师课程之所以成为当代国内外学者备受关注的对象的一个重要原因，就是因为它有相对厚实的理论基础。

一　教师课程的哲学基础

哲学思想往往会对教育产生影响。存在主义、实用主义、后现代主义等哲学理论可以给教师课程提供有力支撑和启发意义。如关注学生的个体差异，实施个性化教学；坚持教师主导地位，鼓励教师选择和创生课程；课程教材心理化，在活动中实施教学。

（一）存在主义

存在主义是现代西方哲学思潮的主要代表，产生于 19 世纪下半叶，流行于 20 世纪 20 年代。其主要代表人物有德国的海德格尔（Martin Heidegger）、雅斯贝尔斯（Karl Jaspers），法国的萨特（Jean - Paul Sartre）以及奥地利的布伯（Martin Buber）等。第二次世界大战后，德国的博尔诺夫（Otto Friedrich Bollnow）、美国的尼勒（Gerg Kneller）把存在主义哲学应用于教育理论。

1. 存在主义的主要观点

（1）存在先于本质

存在主义认为，人的本质并非是预先给定的，而是人出生以后通过自身的露面、出场、选择和活动建构及完成的。萨特指出："首先是人存在、露面、出场，后来才说明自身"，"这是因为人之初，是空无所有；只在后来人要变成某种东西，于是人就按照自己的意志而造成他自身。"① 存在主义的第一原理主张，人不外是由自己造成的东西②，人与物的根本区别在于人有主观性。

（2）存在是偶然和荒诞的

存在主义认为，所有存在都是没有理由，没有原因，没有必然性的。③ 人是无缘无故地被抛到这个世界上来的，所以更具偶然性和不确定性，我们没有任何理由事先决定人或事物应该这样而不应该那样；理性主义和决定论的错误在于忽视了人的各种可能性，忽视了人与人之间的差别。他们建议，人应该积极行动起来创造属于自己的价值，为自己的生命赢得意义。

（3）强调自由、选择和责任

存在主义认为，人是绝对自由的，自由是人的唯一最高价值；"所谓自由，就是选择，就是行动，就是对个人的行动负责"。④ 因为人只有通过自己选择的行动才能认识到自由，人的绝对自由迫使人必须为自己的行为负责。萨特指出："存在主义的核心思想是什么呢？是自由承担责任的绝对性质。"⑤ 因为每个人都是在他人在场的情况下生活着，人存在于众人和世界之中，所以个人不仅要对自己的行为负责，而且还要对他人和社会负责。

（4）关注人与人的关系

海德格尔和萨特等认为，个人与他人的关系是对立的，是一种主体—客体或人—物的关系。克尔凯郭尔（Soren Kierkegaard）认为，人的主观性是独一无二的，他和别人是无法沟通的。而布伯则认为，人与人之间应该是我—你（I－You）的关系，我是通过你而成为我

---

① 中国科学院哲学研究所西方哲学史组编：《存在主义哲学》，商务印书馆 1963 年版，第 337 页。

② 同上书，第 336—337 页。

③ 黄济：《教育哲学通论》，山西教育出版社 2009 年版，第 244 页。

④ 陈友松主编：《当代西方教育哲学》，教育科学出版社 1982 年版，第 231 页。

⑤ ［法］让—保罗·萨特：《存在主义是一种人道主义》，周煦良等译，上海译文出版社 1988 年版，第 23 页。

的①，我与你之间是真正平等的对话关系，彼此在相互信任中敞亮其存在。

2. 存在主义给教师课程的启示

（1）根据学生需要选择课程内容

存在主义认为，课程设置的一个重要前提就是承认学生本人也能够为自己的存在负责。所以，确定课程的依据不是客观的知识体系，而是最终由学生的需要和态度来决定。"课程本身并没有价值，只有那些符合学生需要的课程才有意义。"② 一门（节）课具体学什么、学多少和怎么学，要像魏书生老师那样，用转向他人的对话精神，多倾听学生的意见，多和学生协商课程教学事宜。教育成功的秘密在于尊重学生，存在主义强调根据学生的生活经验和兴趣来选择课程内容，因为只有学生感兴趣的课程内容才能调动起学生的学习热情和参与精神，增强学生的情感体验。在存在主义者看来，理想的教材应承认个人在经验上的差异，以学生的兴趣和即时需要作为教学计划与活动的根据，让"学生在分组和个人单独活动中有完全自由"。③ 在实施国家课程的过程中，教师要借助适当的解说给学生提供更多的生活经验，要多关注课程内容和学生现实生活的联系。

（2）根据学生差异实施个性化教学

存在主义认为，每个人都是独一无二的主观性存在，每个人的气质、兴趣、需要等都各不相同，让每个学生都接受同样教育，那简直是不可思议的事情。而且，用统一的知识来泯灭学生的独特个性，那是教育的最大悲哀。但是在传统教育中，"我们的儿童像羊群一样被赶进教育加工厂，在那里无视他们独特的个性，而把他们按同一个模样加工和塑造。我们的教师们被迫或自认为是被迫按照别人给他们规定好的路线去教学。这种教育制度既使学生异化，也使教师异化

---

① ［德］马丁·布伯：《我与你》，陈维纲译，生活·读书·新知三联书店1986年版，第44页。

② 陈晓端、郝文武主编：《西方教育哲学流派课程与教学思想》，中国轻工业出版社2008年版，第122页。

③ 陈友松主编：《当代西方教育哲学》，教育科学出版社1982年版，第228—229页。

了。"① 在他们看来，教育的主要目的是为每一个具体的个人服务，所有的教育方式都应该以个性化的方式来开展；教学的出发点不应该是知识，而是作为独特自我的师生；教师的主要作用应该是生产性而不是复制性，无论教学内容、方法还是进度，都应该有很大的灵活性和创造性。

（3）教师要敢于选择和担当责任

存在主义认为，个体是自由的主观性存在，人的本质是由自己选择决定的。教师首先要意识到自己是一切事物中想要影响整个人的唯一实体，并从而产生责任感②，帮助学生学会抉择。其次，教师应该有所为，又有所不为。有所为是指教师要努力维护自己的主观性，学会选择"为什么教"和"怎样教"。在存在主义者看来，人既能超越他自己，又能超越他的文化。③ 教师不应该过于屈从外在的压力，而要按照课改的精神和自己的理念创造性地开展工作，积极开发和建构属于自己同时也最适合学生的课程，并通过这样的课程体认到自我的存在，对自己、他人和社会负责。这既是教师不可推卸的专业责任，也是教师主动介入生活的表现。有所不为是指教师不能认为自己只是一个传道授业者，把自己贬值为传递知识和灌输道德的工具，更不能忽视学生的主体性和选择权，把学生当作获取名利的物来看待，实施所谓的强迫教育和盯人教育。教学是师生人生中的一段重要历程和存在方式，教师应该基于自己的职业良心凸显教育爱。

（二）实用主义

实用主义是 20 世纪影响较大的一种哲学流派，其主要代表人物是美国的查理·桑德斯·皮尔士（Charles Sanders Peirce）、威廉·詹姆斯（William James）和约翰·杜威（John Dewey）。实用主义哲学强调哲学应立足于现实生活，主张把确定信念作为出发点，把采取行动

---

① 陈友松主编：《当代西方教育哲学》，教育科学出版社 1982 年版，第 119 页。
② 华东师范大学教育系、杭州大学教育系编译：《现代西方资产阶级教育思想流派论著选》，人民教育出版社 1980 年版，第 302 页。
③ 陆有铨：《躁动的百年——20 世纪的教育历程》，山东教育出版社 1997 年版，第 1116 页。

当作主要手段，把获得效果当作最高目的。① 实用主义的英文名是
Pragmatism，该词源出希腊文 Pragma，原意是"行为、行动"，因此实
用主义哲学又被称作是"行动的哲学"或"实践的哲学"。

1. 实用主义的主要观点

实用主义有两大基本见解：一是事实与价值相互渗透的思想，认
为任何事实判断都是一种价值判断，离不开判断者的价值取向，因此
不可能有纯粹的事实判断和价值判断。二是把真理看作是一种意见，
而不是通常认为的一种知识②。实用主义的核心概念是"经验"，它
宣扬经验而且仅仅宣扬经验③，把经验看作是世界的基础。实用主义
是一种经验主义的态度，它趋向于具体事实与切实可行，反对那独
断、人为和假冒的最后真理④。杜威是实用主义的集大成者，他把实
用主义和教育思想进行有机结合，创造性地提出了经验主义课程理论
的四个具体主张。

（1）教育即生活

杜威认为，"教育和人的生活有极大的关系，没有教育即不能生
活"⑤；教育应该就是生活本身，教育应该与儿童的眼前生活融为一
体，儿童的生活与成人的生活具有内在的一致性、连续性和等价性；
而且，教育本身应该是一种美好的生活，教育应该成为促进美好生活
的积极手段。为此，教育需要了解和同情儿童时代的真正本能和需
要，并且探求使这些本能和需要获得满足的条件。在杜威看来，最好
的教育就是从生活中学习，学校课程不应该着眼于文字科目，而应该
从儿童现有的生活经验开始，注重培养儿童对现实社会的适应能力。

（2）学校即社会

杜威认为："教育既然是一种社会过程，学校就是社会生活的一

---

① 刘放桐等编著：《新编现代西方哲学》，人民出版社 2000 年版，第 106 页。

② 江怡：《美国实用主义哲学的现状及其分析》，《哲学动态》2004 年第 1 期。

③ 《列宁选集》第二卷，中共马列著作编译局译，人民出版社 1972 年版，第 349 页。

④ ［美］威廉·詹姆斯：《实用主义：一些旧思想方法的新名称》，陈羽纶等译，商务
印书馆 1979 年版，第 29 页。

⑤ 单中惠：《现代教育的探索：杜威与实用主义教育思想》，人民出版社 2002 年版，
第 281 页。

种形式。"① 学校本身就是一种社会生活，应该具有社会生活的全部含义。但是学校不是现实社会的简单重现，而应该是经过过滤、优选和条理化的组织。作为一种特殊的社会组织，学校应该发挥三重功能：简化和整理代表发展倾向的各种因素；把现存社会风俗纯化和理想化；创造一个适合青少年接触的更为广阔和美好的平衡环境。② 杜威主张，理想的学校应该成为"一个雏形的社会"，应该按照民主社会的要求加以组织，让师生在自由平等的相互交往和合作中实现经验的改造。

（3）教育即生长

杜威认为："因为生长是生活的特征，所以教育就是不断生长。"在他看来，教育过程就是促进儿童的身体、智力和道德等方面积极生长的过程，"学校教育的价值和标准，就看它创造继续生长的愿望到什么程度，看它为实现这种愿望提供方法到什么程度。"③ 杜威强调，要使儿童健康生长，就要尊重儿童，一切教育和教学都要合乎儿童的经验和发展需求。"教育即生长"的根本的目的在于"将儿童从被动的、被压抑的状态下解放出来"。但尊重不等于放纵，"如果只是放纵儿童的兴趣，让他无休止地继续下去，那就没有'生长'。"④

（4）教育即经验的不断改造或改组

杜威认为，教育是由于经验、为着经验和在经验中的发展过程；"教育是经验的改造或改组，这种改造或改组，既能增加经验的意义，又能提高后来经验生长的能力"。⑤ 杜威提倡的"经验"是指机体与环境之间相互作用的过程与结果，兼有名词和动词的两重含义。杜威

---

① 〔美〕约翰·杜威：《杜威教育名篇》，赵祥麟、王承绪编译，教育科学出版社2006年版，第3—4页。

② 田继忠、支爱玲：《谈杜威的教育思想及其启示》，《宁夏教育科研》2006年第2期。

③ 〔美〕约翰·杜威：《民主主义与教育》，王承绪译，人民教育出版社1990年版，第57页。

④ 〔美〕约翰·杜威：《杜威教育论著选》，赵祥麟、王承绪编译，华东师范大学出版社1981年版，第9页。

⑤ 〔美〕约翰·杜威：《民主主义与教育》，王承绪译，人民教育出版社1990年版，第87页。

将学生经验纳入课程之中，认为学生的原初经验是教育的起点。他认为学校最大的浪费是儿童在学校中不能完全、自由地运用他在校外所获得的生活经验。杜威更看重"经验"的动词意义，更强调学生亲自体验的过程，并将其作为课程本身的重要组成部分。

2. 实用主义给教师课程的启示

（1）坚持教师的主导地位

杜威认为：在教育过程中，"教师是一名向导和指导者"①；教师的指导是调和儿童与课程之间矛盾的正当解决方法。作为指导者，教师首先应提供一个能促成儿童生长和发展的教育情境。其次要给予儿童本能和冲动以适当的刺激，并引导儿童亲自进行生动、独特的体验。教师比儿童具有更成熟和丰富的经验，也最了解儿童的需要和可能，更清楚法定课程设计中继续发展的种种可能性，所以教师应该依靠自己广博、深刻的知识和成熟的经验，在课程与教学过程中做一个明智的领导者。他反对教师的放任行为，认为这是放弃他的指导责任的表现。② 但为了避免滥用职权，教师一方面要充分认识学生的经验、能力和需要，另一方面要多听学生建议，把学生的合理化建议整合到课程和教学中去。

（2）实现课程教材的心理化

传统的教材往往只考虑学科知识的逻辑体系而容易脱离学生的实际。为了克服这种弊病，杜威主张课程教材心理化，即按照学生的心理发展特点来安排课程教材的内容，进一步强化课程教材与学生心理之间的联系。杜威认为，教师的指导是实现课程教材心理化的重要因素。为了充分利用儿童的现有经验，教师必须站在儿童的立场上，以儿童为出发点来选择和安排课程内容，因为"儿童是起点，是中心，而且是目的。儿童的发展、儿童的生长，就是理想所在。只有儿童提供了标准。对于儿童的生长来说，一切科目只是处于从属的地位，它

---

① ［美］约翰·杜威：《民主主义与教育》，王承绪译，人民教育出版社 1990 年版，第 55 页。

② ［美］约翰·杜威：《杜威教育论著选》，赵祥麟、王承绪编译，华东师范大学出版社 1981 年版，第 324 页。

们是工具，它们以服务于生长的各种需要衡量其价值。"① 在杜威看来，知识不再是凝固不变的东西，教材内容必须接近儿童的世界，依循时代和社会的需要而变化。

（3）尽可能在活动中实施教学

杜威指出，做事和工作是儿童的天然欲望，使儿童认识社会遗产的唯一方法是让他去实践。② 针对传统教育只是从听中学的特点，杜威提出从做中学的原则。他认为，从做中学实际上就是从经验中学、从活动中学，它有助于儿童的整体发展，有助于密切教育与生活、学校与社会的联系。当然活动本身必须同儿童的经验和需要相联系，具有呼唤他去做的性质。鉴于不同年龄的儿童对活动有不同的需求，杜威把活动的具体内容归纳为三个方面，即艺术活动（如绘画、唱歌等）、手工训练（如烹饪、纺织等）和科学研究。③ 对于教师来说，他们的任务就是指导儿童学会选择自己所要从事的活动，在儿童活动的时候给予必要的帮助，并尽可能为儿童提供一个从做中学的环境。

（三）后现代主义

后现代主义是现代哲学的一个重要流派，它用逆向思维方法批判和否定了现代主义及现代性的合理性。后现代主义分为两个学派：一派是以福柯（M. Foucault）、利奥塔（J. F. Lyotard）、德里达（J. Derrida）为代表的解构性的后现代主义，它以怀疑、否定和摧毁为特征，又被称为"激进的后现代主义"；另一派是以罗蒂（R. M. Rorty）、伯恩斯坦（R. Bernstein）和格里芬（D. R. Griffin）为代表的建设性的后现代主义，强调在前人的基础上进行思想重建。

1. 后现代主义的主要观点

（1）反基础主义

基础主义认为，基础是独立于人的所谓绝对中立、纯客观的东

① ［美］约翰·杜威：《杜威教育名篇》，赵祥麟、王承绪编译，教育科学出版社2006年版，第67页。

② ［美］约翰·杜威：《杜威教育论著选》，赵祥麟、王承绪编译，华东师范大学出版社1981年版，第7页。

③ 单中惠：《现代教育的探索：杜威与实用主义教育思想》，人民出版社2002年版，第328—342页。

西，它决定了知识和文化的真假或可靠性程度；只要基础找到了，知识和文化的确定性和统一性就有了可靠保障。后现代主义者反对这种依靠某个第一原理推导出一切的方式和做法，主张用差异性和多元性反对统一性，用不确定性和模糊性取代确定性，意在将人们从对基础的沉迷中解放出来。在后现代主义者看来，所有那些被奉为神圣的所谓基础的东西，从根本上说都是出于某种主观、任意的虚构而已。他们不承认有一种具有特权的、可用作评判其他话语的元话语。

（2）反本质主义

本质主义有三种主要观点：一是绝对主义，认为每一类事物都有唯一不变的普遍本质，而且只有一类方法能够揭示这种本质；二是原子主义，认为语言和世界都可以分解和还原为最终的成分；三是科学主义，强调一切都可以用科学方法来处理，科学的任务就是要去发现和描述事物的本质。① 后现代主义反对本质与现象、主体与客体的二元对立，反对以牺牲事物的丰富性为代价，将所有复杂现象都万中取一地抽取本质，反对在认识论中简单套用规律、原则、模式等人为概念，反对使用简单化的科学方法，注意关注、理解和把握具体复杂的个别现象。

（3）反理性主义

理性主义认为：人是理性的动物，只有理性才是人的本质，人类在尘世中生活的目的就是理性地把各种社会关系安排得井然有序，因而理性具有至高无上的权威地位；社会不是由教皇和国王决定，而是由理性决定的；理想的社会应该由不对任何人负责的、不具有任何感情色彩的科学技术精英来统治。后现代主义认为，这种追求普遍性的做法是极其迂腐的，因为"只有个人的情感、体验和想象才是真实的，才是创造的泉源"。② 后现代主义强调人的本能、信仰、情感、意欲、直觉和意志等非理性因素，认为非理性因素在人的本性中是起决定作用的。

---

① 王治河主编：《后现代主义辞典》，中央编译出版社 2003 年版，第 110 页。
② 刘啸霆：《后现代认识论述评》，《外国哲学》1998 年第 8 期。

（4）反中心主义

现代主义把人视为宇宙的中心，强调人是世界的主人和万物的主宰。他们高扬人的主体性，认为人只要发挥自己的主体性，就可以认识和控制世界。后现代主义抨击这种人类中心主义的观点，反对人类对自然的独裁和霸权，主张用人与自然的和谐相处来消除人对自然的占有欲。后现代主义强调人是一种关系存在，认为人与人之间应该是一种相互交流、平等对话的主体间性的关系，不存在谁支配谁、谁主导谁和谁服从谁、谁围绕谁的问题。后现代主义反对大一统的话语霸权，反对任何方式、任何领域的统一化，尊重每一个人或团体的差异和意愿，真正捍卫民主原则。

2. 后现代主义给教师课程的启示

后现代主义倡导的是"复杂""变化""多元""不确定""模糊""偶然""混沌""开放""选择""非线性"等理念。后现代主义反对权威和中心，关注小型叙事和来自边缘及本土的声音，提倡课程回归个人意义和地方真理，强调每一个实践者都是课程的创造者和开发者，这为教师课程提供了合法性和理论基础。此外，后现代主义给教师课程的启示有：

（1）尊重学生个体差异

后现代主义认为，每个人对事物的解读都存在差异。随着时空的延展和视野的改变，人们的认识是会发生变化的。后现代主义珍视存异重于求同，反对独裁、霸权的话语方式。利奥塔在批判同一性时提出了"纷争哲学"，其目的就是探讨规则的差异性，就是想保存和表达差异，让少数派话语发言。[1] 传统教育是在同一时空传授同样的内容，然后用统一的标准衡量所有学生，其最终目的是达到先前预设的同一标准。后现代主义认为，这种做法在追求表面平等的同时泯灭了丰富多彩的个性，使教育活动变得更加简单化和模式化。为了体现对个体与个体间差异的尊重，后现代主义者极力倡导异质的平等，强调根据不同的对象实施差异性教学，根据不同的要求评价不同的对象。

---

[1] 江怡主编：《走向新世纪的西方哲学》，中国社会科学出版社1981年版，第524页。

（2）鼓励教师创生课程

后现代主义从过程性的角度界定课程，认为课程不再是那种预先设定的内容，而是通过参与者的行为和相互作用来建构的，是经过协商不断生成、创造出来的。① 后现代主义把课程当作可以多元诠释的文本，又把"文本"当作需要修改的材料，认为课程需要由课堂社区来创造（自组织），而不是由课本作者来决定。② 多尔（W. E. Doll）主张教师是课程领导者，是平等者中的首席（first among equals）。他认为"创造者"和"开发者"比"实施者"更适合于讨论后现代教师的作用。多尔提出的"舞蹈型课程"对教师课程也富有启发意义。国家课程犹如他所说的"舞步"，是模式化的，但却可以通过"两个舞伴之间——教师与课本、教师与学生、学生与课本——交互作用"③，创造出属于自己的独特课程。

二　教师课程的社会学基础④

诠释学、符号互动论、批判理论等社会学理论可以给教师理解、设计和实施课程提供有力的理论支撑和丰富的启发意义，如充分肯定师生的能动作用，视师生为课程创生的主体；特别关注情境定义和主观解释，视师生为课程意义的创造者；积极鼓励师生根据自身的经验和智慧，对课程文本做出相对合理的解读；非常强调教学回归学生的生活世界，视教学为教学相长和动态生成的过程。

（一）诠释学理论

诠释学又称"解释学"或"释义学"，是一门以文本意义的理解和解释为主要内容的方法论学科。诠释学起源于神学对圣经的注释，

① 吴永军：《再论后现代主义对于我国课程改革的价值》，《教育发展研究》2010 年第18 期。

② ［美］小威廉姆·E. 多尔：《后现代课程观》，王红宇译，教育科学出版社2000 年版，第256 页。

③ 同上书，第149 页。

④ 廖圣河：《论教师课程的社会学基础》，《江西社会科学》2013 年第3 期。

大体经历了局部诠释学、一般诠释学和哲学诠释学等发展阶段，代表人物有施莱尔马赫（F. Schleiermacher）、狄尔泰（W. Dilthey）、海德格尔（M. Heidegger）、伽达默尔（H. Gadamer）等。

1. 诠释学理论的基本观点

（1）理解是一个语言和对话的过程

诠释学理论认为，语言是存在之家，能够被理解的存在是语言。语言不仅规定了理解对象，而且也规定了理解活动本身。世界在语言和对话中得到表述和理解。一方面，历史和传统通过语言文字进入教育通道，"流传物的本质通过语言性而得到标志"①，又因为文字的历史间距产生陌生性，从而给我们提出理解和诠释的历史性任务。另一方面，语言就是理解本身得以进行的普遍媒介②，理解活动从根本上来讲乃是语言性的，是理解者和理解对象之间的相互对话过程。伽达默尔指出："理解对象的意义是依赖于理解者的，是在与理解者的对话中出现的。"③ 只有从对话中才能理解语言的奥秘。施莱尔马赫认为，理解应该通过对话来完成，对话的基础是开放和宽容。对话意味着双方的共同在场和交互主体性，意味着彼此敞开与相互接纳。

（2）理解是一个体验的过程

施莱尔马赫认为，理解就是在语言分析和心理移情中，重新体验他人心理或精神的过程。他试图通过心理移情的方法来弥合读者与作者之间因历史间距而造成的裂痕。狄尔泰认为："自然界需要解释说明，对人则必须去理解。"④ 自然科学把对象当作一个客体，主要通过观察和实验去发现和说明现象与本质之间的因果联系；人文科学则把对象当成一个主体，当成一个可以和他推心置腹进行对话的"你"，要求用人所特有的同情心去理解和体验对方的所思所想。狄尔泰指出，理解是在"你"中重新发现"我"⑤，理解的本质和真实过程是

---

① ［德］H. G. 伽达默尔：《真理与方法》，洪汉鼎译，上海译文出版社 2004 年版，第 503 页。

② 同上书，第 502 页。

③ 张法：《作为后现代思想的解释学》，《中国人民大学学报》2000 年第 5 期。

④ 殷鼎：《理解的命运》，生活·读书·新知三联书店 1988 年版，第 240 页。

⑤ 同上书，第 240 页。

在他人生命表现的引导下，在自我意识中重新体验他人的体验。体验在本质上是内省，它能跨越时空进入他者或历史的视域。主观体验可能带来理解的多义性，但因人和人之间的生命体验存在共通性，理解也就存在某种客观性。

（3）理解是一个历史性的存在

诠释学理论认为，人总是历史地存在着，总有历史的特殊性和局限性。无论是理解者还是文本，都内在镶嵌于历史之中。理解的历史性包括四层含义：一是理解总是处在某一特定的历史之中，超历史的、先验的和绝对永恒的理解是不存在的；二是理解乃至整个人的存在都是在不断变化，都是不完全和不完满的；三是人因为是历史的存在，不可能作超越历史的理解；四是理解是一个历史、现在和未来同时展开的过程。① 海德格尔认为，人是被抛在历史和传统中的，历史和传统通过语言、文化和习惯等构成了理解的"前结构"。不管我们是否意识到，我们只有在历史和传统中去理解。伽达默尔指出："理解甚至根本不能被认为是一种主体性行为，而是一种置自身于传统过程中的行动。在这过程中，过去和现在经常地得以中介。"② 一切理解都必然包含某种前见，解释者无须丢弃他已有的前见而直接地接触文本，而是只要明确地考察这种前见的正当性。

（4）理解是一个视域融合的过程

伽达默尔认为，理解者总是带着一定的前见和预期跟理解对象相遇，这种前见和预期构成了某个现在的视域不断地向理解对象发问，而理解对象自身的原初的视域不断在回答和校正我们的前见和预期，就像理解的循环一样，双方在这种对话和往来中达成一定的共识，即视域融合。不同的理解者有各自不同的视域，不同的理解对象也有自己不同的视域。"理解其实总是这样一些被误认为是独立存在的视域的融合过程。"③ 但是，这种主体间的视域融合并不是简单的合二为一，而是在保持和而不同基础上，形成一个包含自己前见在内的新视

① 殷鼎：《理解的命运》，生活·读书·新知三联书店1988年版，第115—116页。
② ［德］H. G. 伽达默尔：《真理与方法》，洪汉鼎译，上海译文出版社2004年版，第375页。
③ 同上书，第396页。

域，是一个生产性的创造活动。"理解就不只是一种复制的行为，而始终是一种创造性的行为。"① 在伽达默尔看来，"真正的历史对象根本就不是对象，而是自己和他者的统一体。"② 一切理解都是阐释，历史也不是完全客观的东西，而是解释者理解历史事件的产物。

2. 诠释学理论给教师课程的启示

诠释学理论认为，每个学生都是带着各自不同的前见进入课堂的，都只能从某个特定的视域对课程内容做出自己的独特理解。学生个人的知识经验作为重要的课程资源，是理解课程内容的基础条件和出发点。教师的首要任务就是要尽可能熟悉和了解学生，积极关注学生对课程文本的原初想法，并根据影响学生理解课程内容的诸多因素来设计和调整教学。而且，任何理解都是发生在具体境遇中，都不能被具体文化和社会情境所悬置；任何课程文本都是文化文本，都是有情境、经验和现实味道的文本。③ 为此，教师要关注和现实相互作用的知识，要担当起文化调解人的角色，选择贴近学生生活的课程内容。其次，要在丰富学生相关经验的基础上，创设有利于学生理解课程内容的教学情境，要紧密结合学生的实际经验来帮助学生理解课程内容，要让学生从自我经验出发，去和现实情境及课程知识进行对话。

诠释学的目的在于创造意义，而不仅仅是报道意义。④ 诠释学理论认为，课程是一种富有意义的开放性文本，拥有大量可以刺激读者创造性参与的缝隙，我们每一个人都可以根据自己的前见做出相对合理的理解和解释。诠释学理论高扬理解与解释的理念，赋予广大师生理解和解读文本的权利。作为教师，首先应该恢复"个人真理"，要敢于根据自己的实践经验和智慧，对课程文本的意义做出相对合理的解读。"诠释学应用在课程研究时，倾向于将课程界定为经验，并且着重于学生知觉到的'心理课程'上。将课程视为交互作用的结果，

---

① [德] H. G. 伽达默尔：《真理与方法》，洪汉鼎译，上海译文出版社 2004 年版，第 383 页。

② 同上书，第 387 页。

③ 李小红：《教师与课程：创生的视角》，广西师范大学出版社 2009 年版，第 66 页。

④ [加] 大卫·杰弗里·史密斯：《全球化与后现代教育学》，郭洋生译，教育科学出版社 2000 年版，第 131 页。

重视学习环境的安排和学习活动中学生的地位。"① 诠释学理论认为，教学活动是师生双方在对话与理解的基础上，不断创造和生成新意义的过程。教师在教学活动中不能视教材为圣旨，不能完全按照事先准备好的教学计划实施教学，不能用强制灌输的方法去教给学生知识，更不能要求学生完全按照教师的方式去理解文本。

现代诠释学理论主张，理解是人作为主体性存在的一种生活方式，任何无视人的理解的做法都是漠视人的主体性存在、忽视人的生命价值的不良表现。由于前理解的存在和不同，即使面对同一文本，每个人都有可能做出完全不同的理解。但是，理解没有高低和贵贱之分，每一种理解都有其合理性和价值。教师既要视学生为学习和理解的主体，尊重学生的言说权利和表达方式，大胆承认学生理解的合理性，又要尊重学生之间的理解差异，对学生的见解保持开放和宽容的态度，通过移情和对话实现精神共享。教师可以对学生的理解加以引导和点拨，但要防止专制、独断和要权威，"应避免用一种意义掩盖另一种意义，更不能用一种意义来代替其他意义"。②

（二）符号互动论

符号互动论的鼻祖是著名社会学家米德（G. H. Mead），集大成者是其学生布鲁默（M. Blumer）。托马斯（W. L. Thomas）、库利（C. H. Cooley）等也对符号互动论做出了重要贡献。符号互动论的基本假设是，人们依据事物对他们所具有的意义来行动，而事物的意义产生于个人与他人的社会互动中，是经过个人的诠释过程而确定的。③

1. 符号互动论的基本观点

（1）语言符号是社会互动的媒介

符号互动论极力强调人类制造和使用符号的能力，认为复杂的人类社会需要并且依赖作为沟通符号的语言生活，语言符号是社会生活

---

① 林进材：《教育理论与实务：课程与教学》，（台北）商鼎文化出版社 1995 年版，第 9 页。

② 王治河：《扑朔迷离的游戏——后现代哲学思潮研究》，社会科学文献出版社 1993 年版，第 224 页。

③ 黎民、张小山主编：《西方社会学理论》，华中科技大学出版社 2005 年版，第 202 页。

的基础。人与动物的主要区别在于，动物只能通过姿势即记号进行互动，而人能使用语言符号系统，通过语言来认识自我、他人和社会。与人类相比，动物运用符号的能力是非常有限的，甚至根本不存在；而"人类和人所创造的社会最本质的特征来源于人用符号表示彼此、客体、思想和生活中各种体验的能力。如果没有这种创造和运用符号的能力，人类社会的组织模式就不能产生、持续和变化。"① 米德将符号分为姿态、有声姿态和表意姿态（即语言）三种类型，认为人类主要通过语言进行交流互动。而且，语言因为具有约定俗成性，只能在一定的群体中发挥沟通媒介的作用。布鲁默也指出，人不仅生存在一个自然的物质世界中，也生活在一个人造的符号世界中，人类互动是以符号为基础和媒介的。

（2）自我心灵是社会互动的产物

米德将自我分为主我和客我两个部分，认为人的心灵即人类的反思智能，是个体通过自我互动和社会互动内化和创造社会规则的结果。其中，主我是主动行动者，指有机体对他人态度做出的反应；客我是自我的社会方面，指个人从他人的态度和视角出发观察和评价自己；自我互动是指人把自己当作客体加以反思，从而形成自我定义的过程；社会互动是指人在发展过程中会不断地与其他人产生互动，是在社会互动中诠释世界和创建行为方式的。米德指出："心灵与自我本质上是社会的产物，是人类经验的社会性的产物或现象。"② "心灵在本质上却是一种社会的现象，甚至它的生物学功能也首先是社会的。……心灵是在社会过程中、在社会相互作用这个经验母体中产生出来的。"③ 库利则用"镜中我"来形容自我的社会性，认为自我是以群体为背景，在社会互动中产生的。

（3）角色扮演是社会互动的机制

符号互动论认为，人类社会的组织基础是交往；在交往活动中，

---

① ［美］乔纳森·H. 特纳：《社会学理论的结构》，吴曲辉等译，浙江人民出版社1987年版，第403页。

② ［美］乔治·H. 米德：《心灵、自我与社会》，赵月瑟译，上海译文出版社1992年版，第2页。

③ 同上书，第118—119页。

人类主要通过角色扮演来理解意义。角色扮演又称"角色领会"或"换位思考"，是一种视他人态度和意向而行动的能力，是产生社会互动的基本途径。① 在符号互动论者看来，"社会代表着个体之间的有组织的、模式化的互动，而这种互动既有赖于个体扮演角色和想象演习各种方案的精神能力（否则个体就难以协调相互间的行动），也有赖于从他人的观点来评价自身的自我能力。"② 米德指出，心灵不是一个事物或结构，而是一个社会现象或行动过程。在任何互动场合中，参与者都要通过角色扮演来预期对方的反应和调整自己的行为。布鲁默也强调，人能够设想他人或群体如何评价个人，即能够通过扮演他人角色来决定自己的行为。

（4）个体行为是自主建构的结果

符号互动论认为，个体的行为是受他自身对情境的定义的影响。人不停地解释自己的所见所闻，并根据其赋予它的意义做出行动安排。在符号互动论者看来，自我是具有创造性的行动者，行动是个体自己选择和建构的结果，个体完全可以根据自己的目的行事。而且，个体在符号互动中逐渐内化了社会规则，学会了在社会允许的限度内行动。布鲁默指出："人们不仅对彼此的行动作出反应，还理解或'确定'彼此的行动。他们不是对别人的行动直接作出反应，而是根据他们赋予这些行动的意义作出反应。因此，人的互动是以使用符号、通过理解或确定彼此行动意义作为媒介的。这种媒介等于在人类行动的刺激与反应之间插进了一个解释过程。"③ 由此可见，人的行为并非如行为主义者所言，是对外界刺激的机械反应，而是自我指涉性的。在"刺激—反应"过程中，人有能力选择、诠释和变更刺激，并在这些过程中体现其主观能动性和创造性。

2. 符号互动论给教师课程的启示

尽管符号互动论诞生于社会学领域，但是其基本观点可以给教师

---

① ［美］乔纳森·H. 特纳：《社会学理论的结构》，吴曲辉等译，浙江人民出版社1987年版，第404页。

② 周晓虹：《现代社会心理学史》，中国人民大学出版社1993年版，第138页。

③ ［美］伊恩·罗伯逊：《社会学》上册，黄育馥译，商务印书馆1990年版，第178页。

课程提供强有力的理论支撑。符号互动论认为，课堂是一个由表达一定社会意义的各种符号所组成的符号世界，课堂教学实际上是教师和学生运用教材等符号媒介进行理解、表达和交流的社会互动过程。①在这种互动过程中，来自教师的语言符号、来自学生的语言符号和来自教材的语言符号共同构成了一种具体的不可重复的教学情境。加上教师、学生和教科书编者在文化背景、教育观念、权限地位、角色意识等方面存在差异，"人在他（她）的世界中是不可预测和具有'主动性'的"②，课堂教学本身就是一种教学相长和动态生成的过程。作为课堂互动的重要媒介，教材一方面制约师生之间的互动效果，另一方面又赋予师生不同的意义内涵和创造空间。

符号互动论认为，人类对符号的理解不是一个简单的刺激—反应过程，而是在"刺激"和"反应"之间有一个情境定义和主观解释的过程。因为这个定义和解释是个人意义的表达，因此对相同的刺激可能会产生不同的反应，而且这种反应不存在客观和标准答案的问题。布卢默指出，人的认识对象即客体本身并没有固定的意义，意义是在符号互动中形成和变化的。在符号互动中，客体被创造、被肯定、被改变、被抛弃。③ 符号互动论者把教育现象看成是一种创造性的事实，把师生视为课程意义的创造者。在他们看来，知识是通过个人理解和社会互动建构的，学生只有认识到课程的意义和价值才会产生主动学习的欲望，教师教学的重心应该从知识灌输转移到丰富课程意义和增强教学互动上来，应该通过对学生来说比较有意义的、重要的、接近其生活世界的课程内容来提高学生的学习兴趣。

另外，库利有一句名言："人们彼此都是一面镜子，映照着对方。"④ 这句话的意思是说，我们每个人其实都是以他人的看法为镜子来认识自己的，每个人的自我形象都是在他人的评价中形成的。为了使学生从"镜中我"上获得自信和良好感觉，教师要通过关爱的方式

---

① 靳玉乐、黄清：《课程研究方法论》，西南师范大学出版社 2000 年版，第 200 页。
② 邹贵福：《符号互动论视角下的国家间互动》，硕士学位论文，南京大学，2011 年，第 32 页。
③ 宋林飞：《西方社会学理论》，南京大学出版社 1997 年版，第 277 页。
④ 同上书，第 252 页。

认可学生的符号表达，要学会用规范的语言激励和评价学生。同时，学生也要客观合理地评价教师，让教师在"你"中发现"我"，形成正确的自我认识。教师自己要定期通过学生的反馈意见合理地评价自己的课程教学效果。

（三）批判理论

批判理论是 20 世纪 30 年代由德国法兰克福学派创立的。批判理论前后分为两代。第一代以霍克海默（M. Horkheimer）、阿道尔诺（T. W. Adorno）、马尔库塞（H. Marcuse）为代表，属于批判理论左翼；第二代以哈贝马斯（J. Habermas）、施密斯（A. Schmidt）为代表，属于批判理论右翼。但不管哪一代，都把社会问题作为研究的中心，都把意识形态作为批判的重点，都反对实证主义和技术理性等。

1. 批判理论的基本观点

（1）反对实证主义

实证主义认为，事实是价值中立和客观的，可以被经验证实、证伪或量化。受其影响，人们过度迷信和依赖科学研究结果，科学研究范式甚至达到登峰造极的程度。法兰克福学派一直把实证主义及其社会科学作为主要批判和质疑的对象。霍克海默认为，以唯科学主义与肯定主义为核心的实证主义将经验科学看成是人类知识的唯一形态是一种彻头彻尾的霸权思想。因为经验事实不是纯粹客观和可以被给予的，它实际上和人的主观活动紧密联系在一起，是人类全部感性活动的产物。他甚至指出："在文明的更高阶段，有意识的人类实践不仅无意识地决定着知觉的主观方面，而且在很大程度上决定着对象。"[1]阿道尔诺强调，把自然科学的模式移植到社会科学，企图使社会学变成价值中立的科学，这完全是欺人之谈。马尔库塞指出，纯粹的定量分析是做不到的，追求无主体因素干扰的客观性结论和中立性方法也是不可能实现的幻想。哈贝马斯也认为，任何认识活动都以满足主体需要为目的，都内含价值倾向和主观判断，客观主义是不符合实际的。

---

[1] 金玉梅：《社会批判课程理论研究》，博士学位论文，西南大学，2007 年，第 20—21 页。

（2）批判技术理性

技术理性又称"工具理性"，它把世界理解为工具或手段，追求知识、效率和对各种行动方案的正确选择，关心各种实用和功利的目的。技术理性在给人类带来解放能力的同时，又演化为统治自然和人的工具。它把自然和人视同为客体，核心目的是对自然和人进行有效的控制。法兰克福学派认为，恶性膨胀的技术理性是社会弊端和各种冲突的根本原因，是人性异化的罪魁祸首。霍克海默和阿道尔诺在其合著的《启蒙的辩证法》一书中指出："随着现代科学技术的发展，不是人类的幸福和进步的增长，而是统治者对被统治者的统治力量的增长，以及对人性的压制和异化的增长。"① 马尔库塞提出："科学技术的发展＝不断扩大的物质财富＝日益加深的奴役与异化"。② 他认为，当科学技术变成一种统治力量和新型意识形态时，会排除人的思维的批判性与否定性，从而把社会沦为单向度的社会，把人沦为单向度的人。哈贝马斯也强调，理性在现代社会中最大的病态就是它的工具化。批判理论的思想家们主张采取意识革命或本能革命，以唤醒人们的批判意识和反抗精神。

（3）重建交往理性

哈贝马斯将人类的认识兴趣分为三种，即通过技术占有或支配外部世界的技术兴趣，维护人际间的相互理解以及确保人的共同性的实践兴趣，追求自我反省和批判意识的解放兴趣。哈贝马斯在其兴趣理论的基础上，重建了交往理性。交往理性强调的是相互理解和沟通，具有语言性、主体间性、开放性、可误性、反思性和可批判性等特点。③ 它作为一种与生命和自然和谐相处的生活方式，强调通过对现实批判和超越来谋求人的自由和解放。哈贝马斯认为，认识兴趣植根于人类劳动和其相互作用的基础条件之中，只有通过交往互动才能促进思考和重建理性。他进一步指出，语言是人类解放的希望所在，它构成了主体性和交互主体性的联系；通过民主对话，通过构建真实、

---

① 夏基松：《现代西方哲学教程》，上海人民出版社1985年版，第377页。

② ［德］赫伯特·马尔库塞：《反革命与反叛》，高志仁译，（台北）立绪文化事业有限公司2001年版，第4页。

③ 江怡主编：《走向新世纪的西方哲学》，中国社会科学出版社1981年版，第490页。

正确、真诚和可理解的语言环境，可以为不受限制的交往行为创造条件，从而再生产出生活世界，形成交往能力并重建交往理性。① 哈贝马斯倡导通过教育来完善交往理性，进而达到社会改良的目的。

2. 批判理论给教师课程的启示

批判论者反对知识的价值中立论，反对将课程看成是一种静态的产品。他们发现，教师与学生因为具有批判精神和创造意识，不会完全被动地按照课程计划实施教学，而是会根据教学情境的变化相应地调整课程内容和教学计划。因此，在学校文化和教学过程中，在意识形态的霸权面前，师生是具有能动作用的。广大教师和学生具有创造课程的能力，他们理应是自己课程的主体。阿普尔指出："早期有影响的依附理论和新近有影响的批判理论，证实了学生和一些教授创造自己的课程，公开反对官方倡导的合法知识的传统。"② 由此可见，批判论者把课程教学看成是师生在相互作用的教育情境中，通过行动和反思而建构意义的一种动态发展的生成过程。

批判论者认为，课程本质上也是一种反思性实践。课程作为反思性实践的基本内涵是：首先，作为一种反思性实践，课程本身是通过行动和反思的动态相互作用的过程而开发的；课程不只是一套要实施的预期计划和学科内容，还包括一系列师生相互作用的行动过程。其次，反思性实践是在相互作用的真实世界中发生的，课程的建构必须放在真实而非虚假的学校情境中，不能与课程实施的行为以及广大师生的实际情况相脱节；必须把学习环境构建为一种社会性环境，把师生间关系看成是一种对话而非权威的关系。再次，反思性实践把知识和意义看成一种社会性建构，鼓励广大师生成为自我知识建构中的积极参与者，鼓励他们对其教学的知识进行批判性反思。③ 最后，反思性实践是一种意义创造的过程，所以要让班级情境中的师生运用自

① 张华：《经验课程论》，上海教育出版社 2000 年版，第 152—153 页。

② ［美］迈克尔·W. 阿普尔：《国家权力与法定知识的政治学》，马和民译，《华东师范大学学报》（教育科学版）1992 年第 2 期。

③ 张华：《经验课程论》，上海教育出版社 2000 年版，第 167—169 页。

己的权能①去发展具体的内容和策略。

三　教师课程的心理学基础②

人本主义心理学、建构主义理论、多元智能理论等心理学理论可以给教师课程提供理论支撑和诸多启示。如鼓励教师参与课程开发，鼓励师生大胆解读文本，重视学生的知识经验，创设良好的教学情境，营造合作的教学文化，采用多元化的教学方法等。

（一）人本主义心理学

人本主义心理学兴起于 20 世纪 60 年代，代表人物有马斯洛（A. H. Maslaw）、罗杰斯（C. R. Rogers）和罗洛·梅（Rollo May）等。它尊重、相信和关心人，重视研究人的本性、动机、潜能、经验、价值、尊严和独特性，被誉为是心理学的"第三思潮"。

1. 人本主义心理学的基本观点

（1）潜能论

人本主义心理学认为，人不同于动物的本质特点在于人的先天潜能是无比优秀的，每个人都有一种天生的、积极合理的、巨大的内在优秀潜能，人生来就具有掌握知识、形成品德的可能性。马斯洛指出，教育的根本目的就在于开发人类个体和共性的潜能。每个人都有发挥内在潜能、超越现实的愿望和要求，都有使自己的潜能得到发挥的条件和权利；每个人首先必须依靠自身的努力，为自身潜能的实现负最终的责任。"健康的儿童是乐于发展、前进的，乐于提高技巧和能力的，乐于增强力量的。"③ 教育应该促进学生潜能的充分发展，社会必须为此提供理解、支持和宽松的外部环境。

---

① 周佩仪：《从社会批判到后现代：季胡课程理论之研究》，（台北）师大书苑 1999年版，第 120 页。

② 廖圣河：《论教师课程的心理学基础》，《漳州师范学院学报》（哲学社会科学版）2013 年第 2 期。

③ ［美］弗兰克·戈布尔：《第三思潮：马斯洛心理学》，吕明等译，上海译文出版社1987 年版，第 72 页。

（2）动机论

马斯洛根据自己的临床经验，提出需求层级理论。他指出，低层次需要主要通过外部条件使人得到满足，如借助于工资收入满足生理需要，借助于法律保障满足安全需要等。高层次的需要以低层次需要的满足为前提，而且永远不会使人感到完全满足。但高层次的需要比低层次的需要更具价值和激励作用。如果要激发人的持久动力，就要从人的内部引发其高层次的需要。美国心理学家赫兹伯格（Fredrick Herzberg）指出[1]：保健因素（如工作环境和福利待遇等）的改善能够满足职工的基本生理需求。但要想持久地激发其工作积极性，就必须给他们提供更多的包括认可、升迁和个人成长在内的激励因素。

（3）自我实现论

"自我实现"一词最早由人本主义心理学家戈尔德斯坦（Kurt Goldstein）提出。他认为，每个人与生俱来就有实现其自身性向、潜能和禀赋的倾向。孔曼斯（A. W. Combs）和史尼格（D. Snygg）也指出，每个人都有一种自我维护、自我增值和寻求圆满自我的内驱力。马斯洛认为，自我实现是完满人性和个人潜能的有机统一，教育的最高目标就是达到人的自我实现。一个人要想成功地实现自我，除外界提供必要的客观条件（如自由、公平、正义、诚实的环境氛围）外，主要需要通过自身的主观努力才能完成。他认为，自我实现者具有准确认知现实、悦纳自己和他人、不受文化环境的约束、富有问题意识和创造精神等 15 种人格特征。[2]

2. 人本主义心理学给教师课程的启示

（1）鼓励教师参与课程开发

人本主义心理学相信教师有能力处理自己的教学事务，积极鼓励教师参与课程开发。他们认为，课程开发不但给教师提供了专业发展的空间，提供了参与课程决策的可能，还给教师提供了自我实现的机

---

[1] 白云霞：《学校本位课程发展理论、模式》，（台北）高等教育文化事业有限公司 2003 年版，第 34—35 页。

[2] 车文博：《人本主义心理学》，浙江教育出版社 2003 年版，第 133—138 页。

会。当教师低层次的需要（如工资待遇、工作条件等）得到基本满足之后，一定会希望通过创造属于自己的课程来提升自己的生命质量。课程开发有利于教师在自我实现中更好地成为他自己。而且，对于一线教师来说，课程开发是一项极富挑战的专业性工作。它一方面承认教师的课程主体地位，另一方面赋予教师开发课程的专业责任。这些都可以作为激励因素激发教师的工作积极性，让教师从中获得专业发展和自主创造的乐趣，并因此受到学校、学生及社会的尊重和认可。

（2）增强课程内容的适切性

为了培养自我实现的人，人本主义学者在课程内容方面提出了倾向于学习者中心的适切性原则，要求课程内容既要适应全体学生的共同需要，又要适应每个学生的内在需求。罗杰斯认为，课程内容只有对学生具有个人意义或价值时才能促进学生的学习，教师要设法使课程内容同学生的生活经验及其自身目的发生关系。因为只有这样，学生才会产生强烈的学习动机，才会全身心投入到学习中去，开展有意义的学习，从而大大提高学习效率，减少各门科目的学习时间。罗杰斯指出："如果想要学生学做自由和负责任的人，我们就必须愿意让他们直面生活，面对难题。"[1] 他主张师生共同参与和制订课程计划，让学生有选择学习内容的自由。传统教育因为过多传授书本知识而脱离学生的生活实际，最终使学生丧失了学习兴趣和自我实现的机会。

（3）争做学生学习的促进者

罗杰斯反对将教师视为"教导者"或"训练者"，反对通过讲演、考试甚至嘲弄等方式来支配学生的学习的做法。他认为，教学不是让学生学习而是促进学生学习，主张用"Facilitator"（促进者）而不是"Teacher"（教员）来称谓教师，认为教师仅是一个方便学生学习的"Servant"（侍者）而已。教师的主要职责是为学生提供丰富的学习资源，帮助学生发现所学东西的个人意义，创设理解、信任、温暖和愉悦的教学氛围。在他看来，衡量一个教师优秀与否的主要标准是看他（她）有多大的创造性以促进学习，以保持或激发学生对学习

---

① 　江光荣：《人性的迷失与复归：罗杰斯的人本心理学》，湖北教育出版社 2000 年版，第 195 页。

的热爱。① 为了促进学生的发展，教师首先必须无条件地接纳学生，充分尊重学生的独立人格和个体经验，充分相信学生能够发展自己的潜能，然后通过多种途径全面了解学生的内心世界，用真诚、关心、理解的态度对待学生的情感和兴趣，设身处地为学生着想。

（二）建构主义理论

建构主义理论兴起于 20 世纪 80 年代，最早由瑞士心理学家皮亚杰（Jean Piaget）提出。建构主义理论是学习理论在行为主义发展到认知主义之后的进一步发展，被学者喻为是当代教育心理学中的一场"革命"。②

1. 建构主义理论的基本观点

建构主义理论认为，不能对学生作共同起点和背景、通过共同过程达到共同目标的假设，不能对学生掌握知识作典型、结构化和非情境化的假设。③ 从这两点出发，建构主义理论提出如下基本主张：

（1）知识观

建构主义理论认为，知识是个体经验合理化的产物，是个体创建而非发现了世界的意义。知识并不是对现实世界的准确表征，而只是一种较为可靠的解释和假设。而且，这种解释和假设也不是绝对和唯一的，更不是问题的最终答案，它会随着人类的进步产生新的解释和假设。格根（Kenneth Gergen）指出："那些被我们认为是知识的东西就是对话空间中的暂时定位。……更具体一点地说，知识是随着对话的继续而被不停地生产出来的东西。"④ 其次，知识不可能以实体的形式存在于个体之外，因为每个人都是基于自己的经验背景来建构知识的，每个人对知识的理解都会存在个体差异性。再者，个体或集体的经验毕竟十分有限，知识并不能全面准确地概括世界的法则，也不能

---

① 江光荣：《人性的迷失与复归：罗杰斯的人本心理学》，湖北教育出版社 2000 年版，第 193 页。

② 张建伟、陈琦：《从认知主义到建构主义》，《北京师范大学学报》（社会科学版）1996 年第 4 期。

③ 邹艳春：《建构主义学习理论的发展根源与逻辑起点》，《外国教育研究》2002 年第 5 期。

④ ［美］莱斯利·P. 斯特弗等主编：《教育中的建构主义》，高文等译，华东师范大学出版社 2002 版，第 24 页。

提供适用任何活动的万能方法。而且，知识不是绝对现实的东西。我们在解决问题的过程中，要根据问题情境的实际需要创造性地使用知识。

（2）学习观

建构主义理论认为，学习不是由教师向学生传递和灌输知识，而是个体根据自己的经验背景和认知结构主动建构知识和意义的过程。"学习者并不是把知识从外界搬到记忆中，而是以已有的经验为基础，通过与外界的相互作用来建构新的理解"。① 但是，知识的建构也不是主观随意的，而是个体与他人反复磋商并达成一致，再不断加以修正的结果；意义的获得必须经由新旧知识的相互作用或主体间的协同努力才能最终完成。为此，建构主义理论强调通过学习共同体和随机通达教学来丰富学生对复杂概念和知识的理解。知识不可能脱离具体活动情境而抽象存在，学习应该与情境化的社会实践活动紧密结合，教师应该通过真实性任务让学生解决现实生活中的问题。

（3）学生观。建构主义理论认为，学生并不是空着脑袋走进教室的。他们在以往的日常生活中已经形成了广泛而丰富的实践性知识。有些问题即便他们还没有接触过，也没有现成的经验可以借鉴，可是一旦把问题呈现在他们面前，他们往往也能够从自己的知识经验出发，做出相对合理的解释和推理。教师不能无视学生的经验积累搞一切从零教起，而要把儿童已有的知识经验作为新知识的生长点。由于经验背景的不同，学生对问题的看法和理解常常存在较大差异。教师要通过学习共同体和对话教学等途径，把学生之间的个体差异作为一种宝贵的课程资源加以利用和开发。教师要重视学生自己对各种现象的理解，要在认真倾听学生的意见并且洞见其由来的基础上，不断引导学生丰富或调整自己的理解。

2. 建构主义理论给教师课程的启发

（1）鼓励师生大胆解读文本

建构主义者认为，知识是个体与环境交互作用过程中依赖自身经

---

① 张建伟、陈琦：《从认知主义到建构主义》，《北京师范大学学报》（社会科学版）1996年第4期。

验主动建构的结果，每一位师生都可能因为知识储备和所处情境的不同，会对课程内容做出不同的个性化解读。不管你承认与否，每一位师生都不大可能完全忠实地接受课程内容，都或多或少会对课程的内容进行增减和加工，都在有意或无意地建构着属于自己的课程。而且，课程本身是一种未定型的、由师生在教学互动中逐渐生成和建构的经验系统。教师和正式课程之间是一种合作共生的对话关系。这种关系意味着教师和学生可以大胆行使自己的话语权力，可以根据自己的知识经验去解读和创生课程内容。

（2）突出学生的主体地位

建构主义理论认为，学生是学习的主体和关键，离开学生积极主动参与，任何学习都是低效或无效的。为此，教师要鼓励学生主动参与教学和探究问题，鼓励他们根据自己的经验和方式来建构知识和意义。"教师的职责现在已经越来越少地传递知识，而越来越多地激励思考；除了他的正式职能以外，他将越来越成为一位顾问，一位交换意见的参加者，一位帮助发现矛盾论点而不是拿出现成真理的人。"[①]教师不能把课本知识作为预先决定的东西硬塞给学生，不能强行要求学生按照教师规定的方式来学习和理解知识，更不能为了升学考试的需要而一味要求学生死记课本内容。

（3）重视学生的知识经验

在建构主义者看来，学习是学生在已有经验的基础上主动建构知识和意义的过程。不管你如何定义"知识"，它都是学生基于自己的经验所主动建构的。奥苏伯尔（D. P. Ausubel）认为："影响学生学习的首要因素，是他的先备知识。"[②]学生原有的知识经验是产生学习的先决条件，是教学的出发点和生长点。杜威指出："学校的最大浪费是由于儿童在学校中不能完全地、自由地运用他在校外所获得的经

---

① 联合国教科文组织国际教育发展委员会编著：《学会生存：教育世界的今天和明天》，教育科学出版社1996年版，第108页。

② ［美］D. P. 奥苏伯尔等：《教育心理学：认知观点》，佘星南等译，人民教育出版社1994年版，扉页。

验。"① 教学不是知识的传递和灌输，而是知识的处理和转换。教师首先要了解学生，清楚学生的先备知识和个性差异，并据此设计和实施有差异的教学，帮助学生进行高效学习。

（4）创设良好的教学情境

传统的教学因为坚持去情境的知识观，往往把概括化的书本知识作为教学的核心内容。但是，因为情境总是具体、独特和千变万化的，学生难以用学校中学得的知识来解决现实生活中实际遇到的问题，难以积极有效地参与社会实践活动。建构主义理论认为，只有在真实世界情境中才能使学生的学习变得更加有效，教学应该尽量在真实或类似真实的情境中进行。教师在教学中不但要创设与学生的生活经验相关的学习情境，而且要把所学的知识与真实性的任务挂起钩来。教师要及时发挥支架的作用，教会学生根据具体情境的所给条件来创造性地分析和解决问题。

（5）营造合作的教学文化

建构主义理论认为，每个人都在用自己的经验和方式建构对事物的理解，都只能看到和理解事物的某些方面。而且，即使是相同的方面，也会存在较大的差异。所以，世上不存在唯一正确的理解，教师要尽可能多地给学生创造合作学习的机会，让学生在团结互助中完成知识建构和意义生成的任务，学会全面辩证地看待问题。要鼓励学生通过自我协商（即自己和自己商量什么是比较合理的）和相互协商（指学习小组内部之间的商讨和辩论）来全面分析和解决问题。同时，教师自身要设法通过专业引领和同伴互助来丰富和深化自己对课程内容的理解。

（三）多元智能理论

多元智能理论最早由美国哈佛大学的加德纳（H. Gardner）教授在1983年出版的《智能的结构》一书提出。该理论一经面世，便很快得到教育界的广泛认可，成为诸多国家课程改革的指导思想。

---

① ［美］约翰·杜威：《杜威教育论著选》，赵祥麟、王承绪编译，华东师范大学出版社1981年版，第52页。

1. 多元智能理论的基本观点

（1）智能具有多元性和差异性

多元智能理论认为，每个人都同时拥有九种甚至更多的智能，每一种智能都有其独特的表现形式，每个人都有各自独特的智能组合和优势，都能对世界做出自己的贡献。加德纳指出："我们每一个人都是不相同的，我们并没有相类似的心智（也就是说，我们并不只是在一个钟形曲线上的不同点）；如果我们能把这些个别差异列入考虑，而不是不承认或忽略这些个别差异，教育将会更有效率。"① 而且，我们不但在智能强项上存在差异，而且在认知方式上也各不相同。

（2）智能具有独立性和协同性

多元智能理论认为，各种智能在相当程度上是彼此独立存在的。它们有各自不同的神经系统和操作策略，有各自独立的发展历程和符号系统，有各种不同的发生年龄和高峰期。加德纳指出，各种智能之间的相关度是很低的，它们各自的优缺点是很难相互迁移的。② 这就意味着，即使一个人拥有很高的某一种智能，却并不一定拥有同样程度的其他智能。但是，生存环境和现实问题的复杂多样性，决定了我们每个人都要同时拥有多种智能，决定了各种智能需要共同发挥作用。

（3）智能具有重要性和平等性

加德纳认为，每一种智能都同等重要，应该有相同的地位。因为它们都是生命的心理潜能，理应受到同等重视和开发。他指出："将其中有些叫作才能，有些叫作智能，就是偏见。如果你愿意，可以把他们全部叫作才能，或者全部叫作智能。"③ 多元智能理论认为，各种智能之间没有等级和优劣之分，每一种智能都可以在人类认识和改造世界的过程中发挥同等重要的作用。每个学生都有自己的智能优势，教师应当关注的问题不是这个学生聪明与否，或哪一个学生更聪明，

---

① ［美］霍华德·加德纳：《再建多元智能》，李心莹译，（台北）远流出版事业股份有限公司 2000 年版，第 128—129 页。

② 顾明远、孟繁华主编：《国际教育新理念》，海南出版社 2001 年版，第 109 页。

③ ［美］霍华德·加德纳：《多元智能》，沈致隆译，新华出版社 1999 年版，第 38—39 页。

而是一个学生在哪些方面更聪明，怎样帮助学生发现其聪明之处，使他变得更聪明。

（4）智能具有文化性和情境性

多元智能理论认为，人类智能不仅存在于个体大脑之中，还存在于社会文化之中，受历史背景的影响较大。加德纳指出："某一领域的进步并不完全依赖于单一个体在这个世界中的行为。……因为确定个体成就的阶段及固定个体成就限度的是文化。"① 受社会需求等影响，不同的历史时期往往强调不同的智能。如为了生存和发展的需要，古代社会更重视运动智能和空间智能，近现代社会更关注语言智能和数理智能，当代社会则更重视交往智能和内省智能。

（5）智能具有实践性和创造性

加德纳认为，智能主要包括两个方面的能力，即解决问题的能力和创造产品的能力。他指出："一个人的智能必定会带来一套解决难题的技巧，它使个体能解决自己所遇到的真正难题。如果必要的话，还使个体能创造出一种有效应的产品。"② 在加德纳看来，一个人智能的高低应以能否解决现实生活中的实际问题或创造出社会需要的作品为衡量标准。发展多元智能的目的，就是要培养人在新环境下创造性解决问题的能力，从而促使其更好地适应和改造环境。

2. 多元智能理论给教师课程的启示

（1）倡导多元化的课程设计

传统的学校课程通常为一两种核心智能（即语言智能和数理智能）而教。这样培养出来的学生不仅素质片面，而且缺乏个性和创造性。加德纳强烈反对这种只注重语言智能或数理逻辑智能的教育，认为这是唯一机会的教育，容易造成许多儿童由此失去自信，认为自己不是读书的料。③ 多元智能理论倡导多元化、创新性的课程设计观。其课程设计思路可以简单概括为两点：一是为多元智能而教，强调以

---

① ［美］霍华德·加德纳：《智能的结构》，兰余仁译，光明日报出版社1990年版，第29页。

② 同上书，第69页。

③ 李留江、张晓峰：《课程与教学的改革：多元智能的视角》，《教育科学研究》2003年第1期。

多元智能为目的，充分发展每位学生的各种智能，尤其是使其智能强项得到充分发展；二是通过多元智能来教，强调以多元智能为手段和方式，充分发挥多元智能在教育教学活动中的作用。① 由此可见，智能既是教学的内容，又是教学的手段。作为学生课程的代理人，教师一方面要通过二次开发增强国家课程的适切性，另一方面要为学生准备范围广泛、可供他们选择的课程。

（2）采用多元化的教学方法

多元智能理论认为，每个人都同时拥有九种甚至更多的智能，每一种智能都有自己独特的发展过程和符号系统。"如果我们忽略这些差异，坚持要所有的学生用同样的方法学习相同的内容，就破坏了多元智能理论的全部基础。"② 因此，教师课程的实施方法应根据学生智能和教学内容的特点而有所不同。无论面对什么样的学生和内容都使用同一种教学方法（如教师讲学生听）是违反教育规律的。因为这样不仅忽视了教学对象的特殊性，还忽视了教学媒体的组合效应。尽管无论多么优秀的教师都不可能找到一种适合所有学生的教学方法，但是千篇一律的教学方法肯定导致部分学生的某些智能因为得不到及时有效的培养而逐渐萎缩，从而给个人和社会造成巨大的浪费。教育是高度个性化的工作，多元智能理论要求教师从学生的个体差异出发，全方位实施有差异的教学。

（3）实施多元化的课程评价

加德纳认为，每个人的智能都各具特点，每一种智能又都有多种表现方式，所以，我们很难找到一个适用于任何人的、统一的评价标准来评价一个人聪明与否。多元智能理论相信每个学生都是潜在的天才，要求教师坚持智能公平的原则，用多元的内容、形式和主体来评价学生，根据教学对象的不同特点来选择和优化课程评价，并通过评价帮助学生发现自己的潜在优势，为学生的积极变化提供支持，促进学生的个性发展。因为智能主要表现为解决问题和创造产品的能力，所以，教师在对

---

① ［美］拉齐尔：《多元智能教学的艺术：八种教学方式》，吕良环等译，中国轻工业出版社2004年版，第7—8页。

② ［美］霍华德·加德纳：《多元智能》，沈致隆译，新华出版社1999年版，第211页。

学生的智能进行评价时，应该多从学生的日常表现中获取信息，多使用真实性评价和情境化评价，如采用多种器材、物质和途径来设置问题情境，在解决问题或创造产品的过程中考察学生的能力。

由此可见，上述三种心理学理论对教师课程的影响既有共性，又有差异。

四 教师课程的课程论基础

（一）实践性课程理论

实践性课程理论的首倡者是美国著名的课程论专家施瓦布（J. J. Schwab）。他在 1969 年美国教育研究学会上宣读的论文《实践：课程的语言》被公认为是对传统课程理论的最有影响的挑战之一。1971年、1973 年和 1983 年，他又先后发表了《实践：折中的艺术》、《实践 3：转换成课程》、《实践 4：课程教授要做的事情》等论文，系统地阐述了他的实践性课程理论，并发起和组织了课程领域的"走向实践的运动"。

1. 实践性课程理论的基本观点

（1）课程价值论

著名哲学家哈贝马斯区分了人类的三种认知兴趣，即技术兴趣、实践兴趣与解放兴趣。技术兴趣是指通过符合规律的行为而对环境加以控制的认知兴趣，它指向于外在目标，属于结果取向，其核心是把环境作为客体加以人为控制。以泰勒目标模式为主体的传统课程理论指向于获得知识与技能，注重目标、效率、结果和行为控制。它通过事先制定好的课程目标来控制学生的学习行为和教师的教学过程，追求的课程价值取向是技术兴趣。世界著名课程论专家派纳（William F. Pinar）在一次私人通信中也曾指出，以泰勒原理为主要代表的课程开发范式具有程序主义的倾向。[①] 相反，实践兴趣是指建立在对意义

---

① ［美］威廉·F. 派纳等：《理解课程》，张华等译，教育科学出版社 2003 年版，译者前言。

的一致性解释的基础上，通过与环境的相互作用而理解环境的认知兴趣，它指向于行为自身的目的，属于过程取向，其核心是理解环境以便能与环境相互作用。① 施瓦布的实践性课程理论把课程看作是由教师、学生、教材和环境之间的交互作用而构成的一个有机"生态系统"。它关注的是课程主体的兴趣需要是否得到满足，能力和德行是否得到提高。它指向课程实践过程本身，注重师生间的相互作用和理解，体现的是实践兴趣。

（2）课程主体论

传统的国家课程一般由学科专家负责编制，而且规定教师必须按照既定的目标和教材来组织教学。这种"防教师"的课程把教师和学生排斥在课程之外，他们只能充当课程的执行者和接受者，无法发挥其应有的主动性和创造性。施瓦布的实践性课程理论主张教师和学生是课程的积极主体和创造者，强调师生之间是一种交互主体的关系，两者的相互作用是生成课程意义的源泉。施瓦布认为，教师是课程的主要设计者和创造者，教师可以根据不同学习情境的实际需要，对课程内容进行适度的增删、调整和加工，以更好地适应学生的学习。因为跟教材相比，"学习情境的问题、需要和兴趣具有优先性。"② 而且，教师经常和学生在一起，他们最了解学生的兴趣和需要，可以较好地预测课程实践中可能出现的问题。同时，学生也是课程设计的重要主体，他们有权利对教师提供的课程内容进行选择，有权利对学习内容的价值及学法等问题向教师提出质疑并要求解答。让学生参与课程设计和开发，将创造课程和接受课程变为同一过程，有利于了解和利用学生的知识基础和生活经验，有利于提高课程的适切性和有效性，有利于促进学生的知识增长和身心发展。

（3）课程决策论

施瓦布认为，最有效的课程决策方略是集体审议，即由校长、教师、学生、家长、社区代表、教科书编者、课程专家、心理学家和

---

① 张华、石伟平、马庆发：《课程流派研究》，山东教育出版社 2000 年版，第 75—76 页。

② 张华：《课程与教学论》，上海教育出版社 2000 年版，第 20—21 页。

社会学家等组成课程集体，对学校具体教育实践情境中出现的课程问题进行民主讨论和反复权衡，最终做出恰当的、相对一致的课程行动决策过程。课程审议的重点是谋求课程的四要素（即教材、教师、学生和环境）之间的动态平衡，在各种备选方案中选择最佳而不是最正确的方案。课程内容只有通过集体审议才能成为最终的课程资源。施瓦布提出了三种课程审议的艺术①：一是实践的艺术，是针对个体所感知的各种个别的、具体的、特定的情境而言的，包括感知的艺术、问题形成的艺术和问题解决的艺术；二是准实践的艺术，是针对由相互联系、多样的个别情境所组成的复杂情境而言的，包括准实践决策过程的艺术和准实践决策表达的艺术；三是折中的艺术，是指针对具体教育情境的特殊性，对各种理论进行折中和调和，使之符合课程决策的实际需要的艺术。

2. 实践性课程理论给教师课程的启示

实践性课程理论为班级本位的教师课程开发奠定了直接的理论基础。如施瓦布因为认识到师生与课程是内在统一的，提出了教师即课程和学生即课程等观点，认为教师和学生不是孤立于课程之外，而是课程的有机构成部分，是课程的主体和创造者。施瓦布非常重视教师的课程地位和作用，认为教师是"课程审议的第一手的信息来源"②，教师的课程实践是实现课程价值、体现教育意义的基础。他倡导的"集体审议"扩大了课程设计的参与主体队伍，能够为教师课程提供质量保障。他把教材定位在教学媒体的位置上，认为教材是师生对话和折中的对象而不是僵化的统治者，是充满各种意义的文本而不是僵死的学习材料。教师和学生可以时刻以自己的独特眼光来理解和体验课程。而且，教材只有在和课程主体相互作用的过程中成为积极因素时，只有满足特定教学情境的实际需要时，才具有课程的意义和价值。

实践性课程理论还告诉我们：第一，课程本身是动态和变化的，

---

① 史学正、徐来群：《施瓦布的课程理论述评》，《外国教育研究》2005 年第 1 期。

② 施良方：《课程理论：课程的基础、原理与问题》，教育科学出版社 1996 年版，第9 页。

是课程要素相互作用的生态系统，教师和学生要发挥课程主体的能动作用，将自己独特的人生履历和生活体验渗透在课程实施的过程之中，并通过对话与讨论等途径，不断丰富和生成课程意义。"每一所学校、每一个班级的教师和学生不应当只局限于接受法定的官方课程，要把课程开发视为一个永无休止的过程，对官方课程既要有接受态度，更要有创造态度，要善于对官方课程进行不断的再开发。"① 第二，教师必须根据自己的教学经验，自主判断和灵活选用各种教育理论。施瓦布反对过分依赖借来的理论，认为课程领域之所以走到穷途末路的地步，主要原因在于习惯性地、不加思考地、错误地依赖理论。② 他还指出："仅凭课程理论和教学理论，并不能指导我们该教什么和如何教，因为一方面，教什么和怎样教是出现在由具体时间、地点、人物和环境等因素构成的具体情境中的；另一方面，理论几乎没有包含这些具体细节。"③ 实践性课程理论并没有致力于寻求普遍的课程原理，而是关注具体课程实践情境中迫切需要解决的问题。集体审议的课程制度消解了专家学者的话语霸权，使教师的课程经验与实践知识重新受到关注和重视。实践性课程理论充分肯定教师个人理论的合理性，主张教师有选择地将理论运用于具体的教育情境。

（二）过程性课程理论

基于对目标模式的批判性思考，英国著名课程论专家、课程改革家斯腾豪斯（Lawrence Stenhouse）在 1975 年出版的代表作《课程研究与开发导论》一书中首次明确提出了课程开发的过程模式。这一模式体现了新的课程理念，学界将其称为"过程性课程理论"。斯腾豪斯认为，目标模式的最大特点就是它的条理性和简易性，但它并不是一种普适、有效的课程开发模式，因为它误解了知识的性质和改进实践过程的性质，把知识和技能本身作为目的，从而把广大师生束缚在预定的目标框架内，忽略了他们在教学实践中的能动性和创造性，忽视了他们原有的知识储备和经验背景。而且，目标模式不仅忽视了知

---

① 张华：《"实践的课程范式"及其应用研究》，《外国教育资料》1998 年第 5 期。
② 丛立新：《课程论问题》，教育科学出版社 2000 年版，第 53 页。
③ ［美］韦斯特伯里、威尔科夫主编：《科学、课程与通识教育：施瓦布选集》，郭元祥等译，中国轻工业出版社 2008 年版，第 263 页。

识的内在价值，也无益于教师专业能力的发展和提高。

1. 过程性课程理论的基本观点

（1）强调一般目标和程序原则

过程模式反对目标模式提前预设的原子化目标，主张确立总体教育过程的一般性的、宽泛的目标。而且，这个目标是非行为性的，不作为最后的评价依据。如过程模式的代表人物布鲁纳（J. S. Bruner）用三个基本问题归纳美国的社会科学课程《人：一门学习之课》的一般目标："人何以为人？""他们怎样成为人的？""他们怎样才能被培养得更富有人性？"① 所谓程序原则，是指课程研制的指导性规则或总要求，目的是使教师借此明确教学过程的价值标准和总体要求，而不指向于对课程实施及其最后结果的控制。如斯腾豪斯把拉思（J. D. Rath）的12条鉴别标准作为选择活动内容的总要求。这样，既可以使教师的课程行为有所参照，又给教师提供了一个良好的创造空间。

（2）强调教育过程本身的价值

过程模式的核心概念是过程而非目标。它主张把教育过程交给教师和学生自己去设计或调试，强调把讨论而不是传递作为课程活动的核心，认为学生在教育过程中会自然地成长和发展。在人文学科计划中，斯腾豪斯要求教师遵守五项过程原则②：教师应该与学生一起在课堂上讨论和研究有争议性的问题；在处理有争议性的问题时，教师有必要保持中立，使课堂成为学生的论坛；探究争议性问题的主要方式是讨论，而不是灌输式的讲授；讨论应尊重参与者的不同观点，不能试图达成一致意见；教师作为讨论主持人，应该对学习的质量和标准负责。斯腾豪斯指出，教学过程是师生共同研讨的过程，教师作为和学生一起学习的高级学习者，应积极关注学生个人的独特理解和判断。

（3）强调课程系统的开放性

唐尼（Downey）认为，课程设计有开放系统和封闭系统两种

---

① ［英］劳伦斯·斯腾豪斯·宾特雷伊：《课程研究与课程编制入门》，诸平等译，春秋出版社1989年版，第113页。

② 张华：《课程与教学论》，上海教育出版社2000年版，第119页。

典范。① 封闭系统以泰勒的目标模式为代表，主张根据学习者自身实际和校外当代生活以及学科专家的建议确定学校教育目标，然后选择和组织有助于达到教育目标的课程内容，再让学生通过课程内容的学习逐步达到预定目标。过程模式主张课程设计是一个必须立足于课堂实际的开放系统，强调学生的学习是一个主动参与和探究的过程，目标和内容不必预先加以明确规定，因为儿童的兴趣在学习过程中会经常发生变化，而且教学过程中又经常出现意外和偶发事件；斯腾豪斯认为，课程内容的选择必须立足于各种教育教学原理和方法的详细分析，从具有内在价值的知识形式及学科结构中选择基本概念、原理及方法作为课程内容。

（4）强调教师在课程开发中的作用

斯腾豪斯认为，知识总是临时性和试验性的，因而"必须将课程视为某种假设，而且是永远有缺漏的假设"②；专家设计的课程是有待教师在教室情境中加以检验的研究假设，教师有权利根据自己的实践经验作出专业判断，然后决定是否接受、修正或拒绝课程。吸取人文学科课程计划的经验教训，斯腾豪斯提出了"教师作为研究者"和"没有教师的发展就没有课程的发展"的著名论断，并和教师合作编写教材。在他看来，课程是发展教育思想并进行验证的媒介，课堂是检验教育理论的理想实验室，教学是课程探究的实验过程；课程研究的最佳途径是教师与专职研究人员相互合作。③ 教师的研究角色不在于提出一种技术规则作为实现预期目标的方法，而是在具体教学情境中研究课程适应学生的策略，从而有效地将课程内容转化为学生容易接受的知识。

2. 过程性课程理论给教师课程的启示

过程性课程理论从教师的角度看待课程开发，体现了教师与课程的有机联系和统一。斯腾豪斯认为，真实课堂上发生的事件难以预

---

① 沈剑平：《课程编制的目标模式和过程模式述评》，《外国教育研究》1989 年第 4 期。

② 刘良华：《行动研究的史与思》，博士学位论文，华东师范大学，2001 年，第 12 页。

③ 张华、石伟平、马庆发：《课程流派研究》，山东教育出版社 2000 年版，第 535 页。

料，加上各个学校的情况不同，教师和学生的能力存在差异，课程编制者不可能事先提供解决一切实践问题的妙方。因此，教师必须参与到课程研究与编制中来。过程性课程理论注重课程实践的展开过程，尊重教师的课程主体地位和课程自主权，认为教师应当成为课程的研发者而不仅是接受者和消费者。吴永军教授指出："这就为当今世界课程改革中重视教师主体作用的（课程）编制模式提供了理论基础。"① 此外，过程性课程理论给教师课程的启示还有：

（1）弹性设计课程教学方案

传统的课程教学设计往往遵循"目标—达成"模式，教师必须忠实于预成性教材。但是，"典型的教学是一个机会主义者的过程。也就是说，无论教师还是学生都不能精确而肯定地预料下一步将发生的事。各种计划总是出差错，而出人意料地达到教育目的的机会则不断出现。能随机应变的教师往往抓住这些机会并将它们用于促进自己和学生的进步。"② 因此，为应对各种不可预测的可能，教师必须弹性设计课程教学方案。过程性课程理论认为，课程开发的过程是在具体的情境中，通过反思性实践进行理解和对话的过程；教材内容只是一种课程说明和研究假设而已，教师可以根据教学的实际进展情况作出相应的调整和重构。

（2）创造性使用教材和教案

传统的课程教学遵循"以纲为纲，以本为本"的原则，强调一切教学活动都要紧扣教学大纲和教材内容进行。斯腾豪斯认为，课程的研究和开发是一个动态和持续的过程，课程教学的改进取决于教师对课程实践问题的创造性工作。课程文本因为书面语言的简练性、概括性和模糊性，一般都留下很多未定性和空白点，这给广大师生留下了自由发挥和创新教学的空间。因此，"在对待教材文本方面，不要把它看作是一种普适性的真理，而应利用好'空白'，使其成为不断激发师生去想象与创造的源泉。"③ 教师在教学中要发挥主动性和创造

① 钟启泉主编：《课程论》，教育科学出版社 2007 年版，第 266 页。
② ［英］劳伦斯·斯腾豪斯·宾特雷伊：《课程研究与课程编制入门》，诸平等译，春秋出版社 1989 年版，第 43 页。
③ 许锋华：《过程课程观的实践诉求》，《教育导刊》2008 年第 3 期。

性，要根据新课程标准的要求，创造性地使用教材①，把教案当作暂时性的体系。

（3）允许教师个性化解读课程意义

传统课程观把课程视为事先由官方制定和专家编写的法定文本，教师的中心工作就是严格按照既定的课程计划，忠实有效地向学生传递课程内容。斯腾豪斯反对教师与教材的人为分离，主张把课程研究和教材开发的权力交给教师。过程性课程理论认为，课程不仅是文本课程，更应是体验课程。课程教材中所包含的任何知识，只有与广大师生的个人体验融化在一起时，才具有真正的课程意义。而且，"课程的内容和意义在本质上并不是对所有人都是相同的。在特定的教育情境中，每一位师生对给定的内容都有其自身的理解，对给定内容的意义都有其自身的解读，从而对给定的内容不断进行变革与创新，以使给定的内容不断转化为自己的课程。"② 在过程性课程中，教师的解读成为课程意义的重要来源。教师可根据具体的教育情境，对课程意义做出自己的独特理解。

最后，需要说明的是，我们国家关于教师课程的思想资源也是比较丰厚的，一切从实际出发、具体问题具体分析、实事求是的思想路线，就是其中的典型代表和精华所在。但是，限于时间和精力，笔者只好忍痛割爱，就此结束本章内容。

---

① 教育部：《义务教育语文课程标准》（2011 年版），北京师范大学出版社 2012 年版，第 19 页。

② 王敏勤：《课程与教学的关系与整合》，《中国教育学刊》2003 年第 8 期。

第三章　教师课程的开发
过程和要求

　　教师课程开发要经历哪些过程？其操作要领是什么？本章试图探索这些问题。为使教师课程的实践过程不再是让人惊异的黑箱，本章将结合自身的教学经验和已有的科研成果，就某些能够预料和有充分认识的方面，归纳了一些基本原则和操作方法。一线教师之所以不能按照课改的要求理解、设计、实施和评价课程，主要是因为理论专家没有给他们提供如何理解、设计、实施和评价课程的操作程序和具体建议。

一　教师课程理解

　　课程理解是指理解者与课程相遇时，通过和课程进行对话和交流，从而理解和生成课程意义的过程。[①] 根据理解者的不同，课程理解可以分为课程设计者的课程理解、课程管理者的课程理解、教师的课程理解以及学生的课程理解等。虽然不同的课程理解具有不同的意义，但因为教师是最主要的课程实施者，教师的课程理解问题自然成了课程理解研究的核心命题。关于教师课程理解的内容构成，学者一般根据课程的基本要素来进行归纳。如果把课程要素划分为课程目标、课程内容、课程实施与课程评价，那么教师课程理解的内容就由对课程目标的理解、对课程内容的理解、对课程实施的理解、对课程评价的理解组成。如果把课程要素划分为学生、教师、教材与环境，

---

　　① 孙宽宁：《课程理解的理想与现实》，山东人民出版社 2010 年版，第 47 页。

教师课程理解的内容就由教师对学生的理解、教师对教材的理解、教师对环境的理解以及教师的自我理解组成。① 教师课程理解的基本方式通常有三种：一是自上而下式的理解，指教师在进行教学实践前，通过知识或理论学习，形成对课程的先验理解；二是自下而上式的理解，是指教师通过教学实践和经验总结逐渐理解课程的方式；三是相互作用式的理解，指教师上下结合，循环往复，螺旋上升，逐渐加深对课程的理解。影响教师课程理解的主要因素可以从内外两个维度进行归纳。② 其中，内部因素主要指教师既有的知识基础、个体能力、教学经验和态度等，外部因素主要包括时间、财务和环境因素以及课程文本的呈现和表述方式、课程设计者与教师之间的沟通等。

诠释学是关于理解的学说，教师课程理解自然要受诠释学理论的影响。"诠释学"的词根源自古希腊神话中向人类传达诸神旨意的信使赫尔墨斯（Hermes）的名字，意思是弄清词句或文本的确切含义。③ 受其影响，传统诠释学的代表人物施莱尔马赫（F. Schleiermacher）将诠释学视为避免误解的艺术，认为理解的本质在于通过心理移情的办法来复原作者所要表达的意义。为了追寻文本的客观意义，他要求理解者放弃自己的个性化意识和主观前见。狄尔泰（W. Dilthey）认为，理解就是再现文本的原意和他人内心世界的过程，我们必须从某个时代自身来理解该时代，而不能按照某个对它来说是陌生的当代标准来衡量它。受其影响，教师对课程的理解通常被诠释为教师能在多大程度上理解和反映课程设计者的原始意图。这种镜式反映论和意义复原说的教师课程理解观认为，由专家学者和教育行政部门制订的课程计划、课程标准、教材等课程文本的意义是客观存在、价值中立和不可更改的，教师理解课程的目的就是在完全排除教师个人的先知、先见、先识的基础上，完全恢复和理解专家学者与教育行政部门在课程计划、课程标准、教材等课程文本中所表达的

① 陈丽华：《教师课程理解：意蕴与转向》，《全球教育展望》2012 年第 3 期。
② 李冲锋：《教师课程理解及其影响因素探析》，《全球教育展望》2002 年第 11 期。
③ 王治河：《扑朔迷离的游戏——后现代哲学思潮研究》，社会科学文献出版社 1993 年版，第 199—200 页。

最初本意，并在课程实践中忠实加以执行。① 这种教师课程理解观无视教师的课程主体地位，无视教师主体的能动性和创造性，无视课程意义的主观性和生成性，无视教师自我发展和自我实现的需要与可能，具有明显的局限性。

现代诠释学的代表人物海德格尔（M. Heidegger）认为，人是被抛在历史和传统中的，历史和传统通过语言、文化和习惯等，构成了理解的前结构。不管我们是否意识到，我们只有在历史和传统中去理解。伽达默尔（H. Gadamer）指出：“理解甚至根本不能被认为是一种主体性行为，而是被认为是一种置自身于传统过程中的行动。在这过程中，过去和现在经常得以中介。”② 由此可见，任何理解都镶嵌在某一特定的历史、文化和前见之中，超历史的、先验的和绝对永恒的理解是不存在的。“解释者无须丢弃他内心已有的前见解而直接地接触文本，而是只要明确地考察他内心所有的前见解的正当性。”③ 理解者总是带着自己的前见跟理解对象相遇，这种前见构成了某个现在的视域不断地向理解对象发问，而理解对象自身的原初的视域不断在回答和校正我们的前见，就像理解的循环一样，双方在这种对话和往来中达成一定的共识，即视域融合。换句话说，不同的理解者有各自不同的视域，不同的理解对象也有各自不同的视域，“理解其实总是这样一些被误认为是独立存在的视域的融合过程。”④ 但是，这种主体间的视域融合并不是简单的合二为一，而是在保持和而不同的基础上，形成一个包含自己前见在内的新视域，是一个生产性的创造活动。所以，“理解不只是一种复制的行为，而是一种创造性的行为。”⑤ 受其影响，教师对课程的理解通常被诠释为教师基于自己的前见对课程进行意义创生的过程。这种积极建构论和意义创生说的教师课程理解观认为：课程本身是一种未定型的经验系统，拥有大量可以刺激读者创

---

① 陈丽华：《教师课程理解：意蕴与转向》，《全球教育展望》2012 年第 3 期。

② ［德］H. G. 伽达默尔：《真理与方法》，洪汉鼎译，上海译文出版社 2004 年版，第 375 页。

③ 同上书，第 346 页。

④ 同上书，第 396 页。

⑤ 同上书，第 383 页。

造性参与的缝隙，每个人都有权利根据自己的前见做出相对合理的理解；每一位师生都是一个具体的、独特的历史性存在，他们的先知、先见和先识是其课程理解的背景和前提；教师不能视教材为圣旨，不能完全照搬教参上的理解，而要根据自己的实践智慧对课程文本做出相对合理的个性化解读。另外，现代诠释学认为，理解是人作为主体性存在的一种生活方式，任何无视人的理解的做法都是漠视人的主体性存在和忽视人的生命价值的不良表现。由于前结构的存在和不同，即使面对同一文本，每个人都有可能做出完全不同的理解。但是，理解没有高低和贵贱之分，每一种理解都有其合理性和价值。教师既要视学生为学习和理解的主体，尊重学生的言说权利和表达方式，大胆承认学生理解的合理性，又要尊重学生之间的理解差异，对学生的见解保持开放和宽容的态度。教师可以对学生的理解加以引导和点拨，但要防止独断和专制，不能要求学生完全按照自己的方式去理解文本。由此可见，意义创生说的教师课程理解观有利于彰显师生的主体性和创造性。

上述两种课程理解观表面上看似乎是矛盾和对立的，意义复原说强调教师对课程设计者意图的精确把握，意义创生说则强调教师对课程文本的个性化解读。但是，从辩证法的角度来看，上述两种课程理解观还是有重合和统一的地方。因为多元有界，个性化解读不能脱离课程文本随意发挥。"纵使一千个读者就有一千个哈姆雷特，但仍然是而且也只能是哈姆雷特，不会是李尔王或奥赛罗。"① 而且在课程理解实践中，绝对的意义复原和绝对的意义创生都是很少见的，也是不太可能的。因为作为在世存在的教师，他总是以自己的全部历史和具体经验和课程在某个特定的教学情境中相遇，生活经历、文化背景和教学情境的不同决定了教师的视域不可能和课程设计者的视域完全融合，教师对课程的理解只能通过自己的努力在相对中无限接近绝对，却永远也不可能精确地把握课程设计者的意图。同时，课程文本作为课程改革的蓝图，总是负载着一定的文化使命和社会责任，课程设计者总要通过课程文本预设一些需要广大师生共同理解和把握的基本含

---

① 　钱梦龙：《一个哈姆雷特还是一千个哈姆雷特》，《中学语文教学》2004 年第 10 期。

义。① 如果缺乏一定的规约和预设，课程本身将失去存在的价值，课程理解也将陷入相对主义的自由化泥潭，课程改革最终将在随意和无序中走向失败。最后，教师作为社会的代表，学生作为被社会化的对象，其文本的理解总有复制的一面。基于这样的理解和相关研究成果，笔者认为，教师在理解课程内容的时候要注意把握如下几条基本原则：

一是忠实与创造相统一原则。绝对忠实的课程理解观无视教师的独特个性和主体意识，无形中禁锢了教师的创造性，矮化了教师的专业形象。它把教师及其生活经验排除在课程之外，阻断了课程回归生活世界的道路，扼杀了课程教学应有的生命活力。与其相反，盲目创生的课程理解观无限扩大教师的课程权利，认为教师可以随意肢解课程文本，从而使课程理解失去应有的客观性。这两种课程理解观无疑都与新课程改革的基本理念背道而驰。② 新课程鼓励教师在忠实于课程精神的基础上理解和创生课程。如《语文课程标准》强调"在理解课文的基础上，提倡多角度、有创意的阅读"③，强调阅读是学生的个性化行为，教师不能用自己的分析来代替学生的阅读，不能用模式化解读和集体讨论来代替学生的个性化体验。

二是自由与规范相统一原则。这条原则其实是上一条原则的自然延伸。新课程强调教师对课程文本特别是教科书的自我理解和个性化解读，这有利于避免教学出现千人一面的问题，切实提高课程的适切性。但也有学者指出："在我国，课程改革对教师课程的自我理解的容忍度是极低的。"④ 另外，就教育现实而言，我们的很多教师尤其是新任教师因为时间、精力和职前教育等方面的问题，其文本解读的能力是非常有限的。如果没有规范性理解的要求，他们可能会因为自己

---

① 郑志辉等：《教师课程理解的内涵、现状及其社会文化影响因素》，《学前教育研究》2010 年第 5 期。

② 李树军：《教师课程理解：现实问题与应然取向》，《教育发展研究》2009 年第 12 期。

③ 教育部：《义务教育语文课程标准》（2011 年版），北京师范大学出版社 2012 年版，第 22 页。

④ 刘家访等：《教师课程理解研究》，福建教育出版社 2014 年版，第 61 页。

的错误理解向学生传达错误信息。① 而且，"作为一部优秀的教材、文本，它的创作本身就考虑到了认知的定规与思想变通的关系，是作为一个既自成体系，具有不容置疑的真理性知识系统，又作为一个容许解读者思考、批判、发挥的开放性理论体系，出现在解读者面前"。②因此，教师课程理解就应该充分利用课程文本的这一特点，在课程规范和个性自由之间找到一个恰当的平衡点，做到既尊重和理解课程文本，又教出自己的个性和特色。

三是自在与他在相统一原则。教师的课程理解首先是教师个体的自我意识和体验的活动。但是作为群体中的一员，教师的课程理解总是在通过外显行为影响其同事，同时也受到同事的影响。教师在课程理解中如果过分关注自我而忽视群体和他人，则容易走入自我中心而封闭自己；但如果反过来，又可能导致教师陷入没有自我的麻木状态和痛苦境地。为此，教师对课程的理解应该致力于寻求自在与他在的相通之处。③ 决定文本意义的主要因素有四个：作者意图、文本、读者和语境。与此相对应，文本意义的生成途径也有四种：作者赋予、文本自我呈现、读者创造和语境决定。④ 所以，把主体间性作为有效理解的评判标准是相对合理和可行的。

四是多角度理解相融合原则。这条原则其实是第三条原则的自然延伸。首先，教师要用普通读者的视角对课程文本进行陌生化阅读，即把阅读对象（哪怕是读过多次的文本）当作全新的文本对待，用心读出自己的独特理解。其次，教师要站在课程文本设计者的角度，把握文本自身的价值取向和编辑意图，理解国家课程政策的相关理念，这是教师理解课程的基础。再次，教师理解课程的终极意义是为学生理解课程服务，所以教师要学会站在学生的立场上，用学生的心灵去亲近课程文本，用学生的眼光去发现课程文本中疑难点。最后，教师要在正确理解课程本意的基础上，根据学生发展的实际需要，对课程

---

① 杜尚荣：《教师理解课程：误区与重构》，《课程教学研究》2012 年第 3 期。

② 胡潇：《教学解释方式的认识论思考》，《教育研究》2002 年第 11 期。

③ 孙宽宁：《教师课程理解的动态复合性评价研究》，《现代教育管理》2011 年第 1期。

④ 周险峰：《教育文本理解论》，广东高等教育出版社 2007 年版，第 314 页。

文本进行有个性化解读。

五是根据文本特点选用理解策略原则。课程文本可以分为自然文本、人文文本与人际文本（自我理解与相互理解的对象文本）等，不同文本因为其特殊性需要使用不同的理解策略。对自然文本的理解应以科学理解论为主，这种理解以解读客观事物为己任，以正确性即科学真理为标准，是一种典型的理性认识活动；对人文文本的理解应以人文理解论为主，这种理解以解读人文作品进而解读人性为己任，认同人们普遍接受的所谓共识性标准；对人际文本的理解应以实践理解论为主，这种理解把实践中接纳理解对象的情况作为评价理解的标准。[1] 需要说明的是，上述分类和理解策略只是相对而言的。其实，理科课程中也存在不同理解的问题。[2] 对于同样的理科内容，有的只看到知识本身的意义，有的看到其方法论的意义，有的却从中看到科学精神和态度，还有的甚至从中产生人生感悟。

下面结合课程理解的四项内容来梳理教师课程理解的应然要求。

（一）对课程理念的理解

课程理念是指人们对于课程的理性认识、理想追求以及在此基础上形成的课程价值取向和课程观念体系。课程理念既是课程的灵魂和支点，也是教师课程素质的核心和关键。它决定着教师教学工作的方向，是塑造教师课程行为的基础。新课程对传统课程理念进行了近乎颠覆性的变革，新旧课程的最大区别就是理念不同。新课程的核心理念是"为了中华民族的伟大复兴，为了每一位学生的发展"。围绕这种元理念，新课程提出了一系列的基本理念：

1. 课程要面向学生的生活世界和社会实践

杜威先生认为，教育即生活，学校课程不应该着眼于文字科目，而应该从儿童现有的生活经验开始，注重培养儿童对现实社会的适应能力。陶行知先生也指出："没有生活做中心的教育是死教育。没有生活做中心的学校是死学校。没有生活做中心的书本是死书本。在死

---

① 熊川武、江玲：《理解教育论》，教育科学出版社 2005 年版，总序第 6—7 页。
② 孙宽宁：《教师课程理解的动态复合性评价研究》，《现代教育管理》2011 年第 1期。

教育、死学校、死书本里鬼混的人是死人。"① 课程内容只有面向学生的生活世界，反映社会和科技的发展水平，教学过程只有讲清知识在现实生活中的实际用途，才能更好地激发学生的学习兴趣，提升他们的学习效果和生活质量。国家课程的意义主要是由课程专家、学科专家以及教育行政人员赋予的，与学生对其生活世界所赋予的意义相差甚远。这种远离学生生活世界的意义是学生难以接受和感兴趣的，教师要借助适当的解说给学生提供更多的生活经验，多关注课程内容和学生现实生活的联系。

2. 教学活动必须尊重学生已有的知识经验

著名认知心理学家奥苏伯尔（D. P. Ausubel）指出："如果要我只用一句话说明教育心理学的要义，我认为影响学生学习的首要因素是他的先备知识；研究并了解学生学习新知识之前具有的先备知识，进而配合设计教学，以产生有效的学习，就是教育心理学的任务。"② 学习是学生在已有的知识经验的基础上主动建构的过程。知识的学习只能建立在学生已有知识经验的基础上，通过学习活动由学生自主构建完成。教师在教学过程中要充分了解和研究学生，充分利用学生已有的知识经验，珍视学生独特的感受、体验和理解。

3. 教师是课程的创生者与开发者

课程在本质上是由教师、学生、教材和环境交互作用构成的一系列教学事件，教学在本质上是一种课程开发和课程创生的过程。③ 实践课程论的代表人物施瓦布指出，教师是课程的主要设计者和创生者，教师可以根据不同学习情境的实际需要，对课程内容进行适度的增删、调整和加工，以便更好地适应学生的学习。因为与教材相比，学习情境的问题、需要和兴趣具有优先性。④ 而且，教师经常和学生

---

① 华中师范学院教育科学研究所主编：《陶行知全集》第二卷，湖南教育出版社1985年版，第289页。

② ［美］D. P. 奥苏伯尔等：《教育心理学：认知观点》，佘星南等译，人民教育出版社1994年版，扉页。

③ 关文信：《新课程理念与课堂教学行动策略》，首都师范大学出版社2003年版，第8页。

④ 张华：《课程与教学论》，上海教育出版社2000年版，第20—21页。

在一起，他们最了解学生的兴趣和需要，可以较好地预测课程实践中可能出现的各种问题。

4. 倡导自主、合作、探究的学习方式

学生是学习的主体，学习是个体主动建构知识及其意义的过程，教师在教学过程中要鼓励学生主动发现和探究问题，鼓励他们以自己特有的经验和方式来建构具有个人意义的知识。教师不能把课本知识作为预先决定了的东西硬塞给学生，不能硬性要求学生按照教师指定的方式来学习和理解知识，更不能为了升学考试逼学生死记某些知识点。另外，每个人都在用自己的经验和方式建构对事物的理解，每个人都只能看到和理解事物的某些方面。即使是相同的方面，也会存在很大的差异。因此，教师要鼓励学生在合作学习和对话协商中开阔自己的视野，学会全面、辩证地看待问题。自主学习意味着学生能够自己确定学习目标、自己选择学习方法、自己调控学习过程、自己评价和优化学习结果。合作学习是指学生在小组或团队中为了完成共同的任务，有明确责任分工的互助性的学习。[①] 探究学习重在通过学生独立自主地发现问题，发展学生的探索精神和创新能力。

（二）对课程目标的理解

课程目标是指课程运作要实现的具体要求，是学习者经过一定阶段的学习之后所应达到的期望程度，也是编写教材、组织和评估教学的主要依据。课程目标反映了时代发展和社会生活的要求、课程自身发展的规律以及学生的身心发展特点，同时也体现了课程设计者和开发者的意图，为师生的课程教学活动指明了方向。着眼于全人发展的课程价值取向，当前国内外基础教育改革的课程目标表现出一些新特点：第一，从国家目标与地方目标来看，注意课程目标的统一性与多样性、灵活性的结合。统一课程目标有利于统一要求和内容，有利于保证基础教育的质量，课程目标的多样性和灵活性有利于联系地方和学生的实际，有利于调动地方和学校的积极性。第二，从课程目标自身来看，注重课程目标的完整性。"新旧课程的最大区别在于课程目

---

① 钟启泉、崔允漷、张华主编：《为了中华民族的复兴　为了每位学生的发展　基础教育课程改革纲要（试行）解读》，华东师范大学出版社 2001 年版，第 261 页。

标从单维到多维的转变。"① 针对传统课程教学过于强调接受学习、死记硬背、机械训练的现状，新课程从知识与能力、过程与方法、情感态度与价值观三个维度设计课程目标，简称"三维一体目标"。第三，从课程目标所包含的内容来看，新课程在重视提高基础知识和基本技能的基础上，非常注重学生创新精神和实践能力的培养，强调个性发展和道德品质、国际意识的养成。

对课程目标的理解通常包括三个方面的内容：一是对表述课程目标的文字材料的理解；二是对课程设计者的思想、意图和主旨的理解；三是对课程目标的创造性理解。教师是课程的创生者与开发者，真正有生命力的课程目标应该是动态变化的。教师在理解设计者真实意图的基础上，应该依据教学情境的实际需要进一步拓展、创造和生成新的课程目标。"倘若没有教师个体对课程目标的创造性理解，教师就容易犯教条主义的毛病，生搬硬套地传授课程内容。"② 有学者采用内容分析法对 2001 年版的 18 科课程标准进行了文本分析，发现过程与方法目标共涉及 8 个维度 44 个项目（见表 3 - 1），而情感态度与价值观目标涉及 13 个维度 80 个项目（见表 3 - 2）。③ 教师可以结合课程内容的具体特点和学生的实际需要，灵活选择和综合设计教学目标。

表 3 - 1　　　　　　　　　　　过程与方法目标的内容体系

维度	项目
把握方法 43	运用具体的方法 22　形成自己的方法 8　获取和反思方法 5　认识方法的价值 5　运用工具 3
交流合作 41	表达自己 13　交流与合作的方法 10　与他人交流 9　与他人合作 9
参与探究 22	进行探究活动 10　进行探究性学习 5　学会探究的方法 3　了解探究活动的意义与过程 2　知道探究涉及的活动 1　理解科学探究的基本特征 1
经历过程 21	体验的过程 4　观察的过程 3　感知的过程 3　描述的过程 2　创造的过程 2　推断的过程 1　猜想的过程 1　实验的过程 1　证明的过程 1　理解的过程 1　审美的过程 1　想象的过程 1

① 林华民：《新课程下我们怎样当教师》，华语教学出版社 2007 年版，第 45 页。
② 杜尚荣：《教师理解课程：误区与重构》，《课程教学研究》2012 年第 3 期。
③ 蔡铁权主编：《基础教育课程改革通识培训教程》，浙江大学出版社 2004 年版，第 72 页。

续表

维度	项目
把握信息 19	利用学习资源 7　收集、处理、利用信息的方法 6 收集、处理、利用信息的能力 5　对信息的判断 1
处理问题 18	在学习过程中发现问题 4　解决问题的能力 4　提问题的意识与能力 4 在日常生活中发现问题 3　解决问题的策略 2　解决问题的意识 1
拟订计划 12	探究计划 3　实验设计 3　学习计划 3　实践活动计划 3
评价反思 12	评价与反思的能力 5　评价与反思的意识 4　评价与反思的方法 3

注：表中的数字代表各维度及相关项目出现的频数。

表 3 - 2　　　　　　情感态度与价值观目标的内容体系

维度	项目
乐群合作 47	合作 17　相互帮助 3　人际沟通 2　交流与分享 11　友善 3　集体主义 2 尊重他人 6　社会交往 3
热爱祖国 34	祖国 7　民族 6　社会主义 4　文化传统 6　祖国的命运 4　人民 1 祖国的自然风光与文化特色 6
好奇求知 34	相应学科 17　终身学习 2　外国文化习俗 1　科学领域 5　生活 2 新的经验 1　自然界 5　世界 1
自信独立 32	自信心 8　独立见解 7　不迷信权威 2　自己的学习策略与方法 8 自我管理 5　自尊 2
关切社会 29	社会问题 11　家乡与周围的人 3　人类的命运 1　社会责任感 7 社会进步 3　当代文化生活 1　社会生活 3
尊重多元 24	不同的文化和传统 12　尊重多元文化 3　国际合作的价值 1　世界意识 6 跨文化理解意识 2
主动进取 22	积极参与 6　创新 5　主动请教 2　扩展和利用学习资源 5　探究 4
健康高雅 20	审美情趣 7　高尚的情操 2　健康的生活方式 1　健康的生活态度 3 珍爱生命 2　健全的人格 1　文化品位 3　生活情趣 1
珍爱自然 19	热爱大自然 5　与大自然和谐相处 4　资源的保护意识 1　爱护环境 5 可持续发展的意识 4
崇尚科学 16	科学的价值 5　科学服务于人类意识 2　科学技术的发展意识 1　科学事 实与原理 3　辩证唯物主义观点 2　科学技术的消极影响 1　反对迷信 2
严谨求实 14	实事求是 10　对待自己的错误观点 2　勤于思考 2
持之以恒 13	克服困难 6　适应生存环境 2　善始善终 1　坚强的意志 3　承受挫折 1
热情乐观 9	乐观向上的人生态度 4　活动的乐趣 1　生活的乐趣 1　成功的乐趣 1 对美好事物的挚爱之情 1　身心和谐与愉悦 1

注：表中的数字代表各维度及相关项目出现的频数。

（三） 对课程内容的理解

课程内容是指根据课程目标，有目的地从人类文化中选择出来并按照一定的逻辑顺序组织而成的知识和经验体系。[①] 课程内容是课程的核心要素，是课程的有机组成部分，是影响学生发展和教师教学的主要材料。对课程内容的理解包括对课程内容的意义、价值、地位的领会，它将直接影响教师教学内容的选择、教学方法的采用以及课程实施的效果。[②] 教师对课程内容的理解主要体现在对教科书（即课本）内容的正确理解和把握上。受诠释学和建构主义等理论的影响，新课程提出如下主张：教材是一个预设系统，而不是既定系统，教师可以在充分理解教材的基础上，大胆地将自身的经验、体悟纳入到对教材的解读中去；课程内容不再是绝对客观和稳定的知识体系，教师应该以开放的心态和全新的视角来理解课程内容；课程方案不是某种必须实施的计划，课程知识也不是某种必须接受的真理性知识，而是在实践中有待验证的一种假设而已，而且是永远有缺漏的假设[③]；那些被奉为神圣的所谓基础的东西，从根本上说，都是出于某种主观、任意的虚构而已。为此，本着忠实与创造相统一等原则，教师可以大胆行使解读教材的权利。教材是课程内容的物质载体，是师生实施教学、实现课程目标的主要凭借。但是作为一种书面材料，教材容易脱离学生的生活实际，并不一定能引起学生的学习兴趣。为此，教师要担当起调解人的角色，要通过自己的努力调和儿童与课程之间的矛盾。俄罗斯教育家波拉夫采夫曾经指出："学校经常碰到教学大纲和教科书存在缺点的现象。但我们认为，全部工作都取决于教师。一个知识渊博的、热爱自己工作的、生机勃勃的、精力充沛的教师，一定会使任何教学大纲变活，并补正最差的教科书。"[④] 为此，新课程视教材为教学用的例子和材料，要求教师在认真钻研教材，正确理解、把

---

① 钟启泉主编：《课程论》，教育科学出版社 2007 年版，第 141 页。
② 王守纪：《教师的课程理解对课程实施的影响》，《教学与管理》2002 年第 4 期。
③ 刘良华：《行动研究的史与思》，博士学位论文，华东师范大学，2001 年，第 12 页。
④ 转引自王文彦、蔡明主编《语文课程与教学论》，高等教育出版社 2006 年版，第 119 页。

握教材内容的基础上创造性地使用教材而不是教教材。① 因为教教材以知识传递为本位，实质上是一种只对教材负责的固本教学。而用教材的立足点是育人，是一种以促进学生的全面发展为己任的人本教学。

教师对课程内容的理解还体现在加工和处理教材内容上。教师和课程之间是一种平等、合作的对话关系②，教师在课标精神的引领下，可以大胆加工和处理教材内容。教师加工和处理教材内容的六大理由是：教材编写者的偏执和短视，教材不能很好地体现课程标准的基本思想；教材内容存在疏漏，需要教师正本清源；教材缺乏灵活性，无法照顾到每一个学生的经验、兴趣和能力；教材本身存在许多空白点，为教师加工和处理教材预留了空间；教材无非是个例子，教师可以对其进行适度引申和发挥③；学生情况复杂，因材施教的需要。

教师加工和处理教材内容的具体策略有：

1. 添补

科学技术迅速发展，社会事件层出不穷，但是受编写周期的影响和制约，教材内容永远具有陈旧性和滞后性的问题。为了弥补教材选材的不足，使教学内容更加贴近本班学生的生活实际，更加符合他们的学习兴趣和心理需求，教师要根据教学达标的实际需要和本班学生的接受能力，适时添加和补充教材内容。如果发现课程标准要求学生必须掌握的内容在教材中没有得到体现或体现得还不够好，教材内容浓缩过多不足以让学生充分理解和掌握所学的知识，或者最新的科技成果、近期发生的重大事件与教材内容和学生的生活实际联系密切，以及学生在某方面的天资比较高，其能力和水平超过了课程标准或教材的相关要求，教师就要及时对教材内容进行适度的延伸与扩展。需要注意的是，这种补充要基于课程标准和学科思想，要符合学生的年龄特征和思维水平。即补充的内容不宜过多或过难，更不能纯粹为了应试的需要而随意增加教学内容或教学难度，以免喧宾夺主，给学生

---

① 赵国忠主编：《备课最需要什么：中外优秀教师给教师最有价值的建议》，南京大学出版社 2009 年版，第 17 页。

② 杜志强：《领悟课程研究》，光明日报出版社 2010 年版，第 27 页。

③ 同上书，第 57—59 页。

带来不必要的学习负担。

2. 删减

教材无非是个例子，不是学生必须完全接受的对象。教师没有必要把教材当作圣经来教，抑或把课本视为钦定的文件。相反，对于教材（包括课本），教师要有一种"吾爱吾师，吾更爱真理"的批判勇气和质疑精神。如果发现教材内容偏难（离学生的现实生活很远，大大超出学生的现有认知水平，在规定的教学时间内根本无法完成）、过时（几乎没有现实意义，训练价值不大）、过浅（活动内容过于简单，全班学生基本上已经掌握这部分内容）、重复（同一内容在不同科目反复出现，操练项目前后大同小异，同类练习明显偏多）或者超出课程标准的要求，教师可以根据本班学生的实际情况适度整合或删减部分内容，有的甚至可以完全放弃不讲。对于多科出现内容重复的问题，教师要注意同其他科目做好衔接和配合工作。但是，删减教材需要谨慎操作。教师不能无视课程标准的底线要求，仅凭自己的喜好和能力随意删减教材。而且，删减幅度不能过大，不能因此破坏教材结构的系统性和完整性。

3. 修改

计划永远赶不上变化，教材内容的诸多方面都可以根据课程标准的相关要求用多种可行的方式进行适当修改。绝对忠实的课程实施取向是不存在的。为了使既定的教材内容更适合教学情境的实际需要，使学生更容易理解和掌握所学内容，教师往往会根据自身能力、学生水平、班级规模、教学设施、教学课时等实际情况对辅助学生学习、实现教育目标的最经济有效的工具即教材内容进行不同程度的修改。修改在本质上是一种样式变化，它主要体现在教学内容的呈现方式以及活动过程和方式方法的变化上。英国学者麦克多诺（McDonough）和肖（Shaw）认为，修改可以分为改写和重组两种类型。其中，前者往往发生在有些语言内容需要修改的时候，后者则通常用于课堂组织管理方面。[1] 如教师可以将教学内容和学生的知识背景结合起来，创

---

① 俞红珍：《论教材的"二次开发"——以英语学科为例》，博士学位论文，华东师范大学，2006年，第99页。

设更具启发性和挑战性且符合本班学生实际的问题情境，也可因为班级规模过大将教材上的两人练习活动改为小组讨论活动。当学生出现一问三不知或三答无一对时，教师可以通过增设台阶式提问给学生提供更多脚手架，将学生的思维步步引向深入。

4. 简化

即把繁杂的变成简单的。[①] 教师如果发现教材内容太难，明显不符合学生实际，或者教材呈现方式偏烦琐，就应该简化其内容或程序。

5. 替换

教师如果发现教材内容不贴近生活实际，有些观点不适合学生学习，活动项目不符合学生兴趣，语言材料不够规范、新颖或真实，案例和习题不够典型和有说服力，实验设计不够经济和环保，实验步骤不够合理或有操作性，实验现象不够明显和有效等，就要根据实际情况和社会需要设法替换这些内容、活动或办法。所替换的内容可以是教师自己设计的，也可以从其他版本的教材（包括老教材）中选取。教师平时要养成翻阅同科目其他版本教材的职业习惯，以便比较分析、取长补短和拓展思路，为替换教材内容积累大量经典性素材。但替换要尽量避免偏见和随意，要注意维护教材的原有功能，为教材的训练要点和课程目标服务，要保证知识的系统性和联系性。

6. 重新排序

教材内容的先后顺序是教材编写者为了完成教学任务，更好地体现知识的系统性和完整性，根据学科知识的逻辑顺序、学生主体的认知规律以及课程教学论的原理等，人为地摸索和构造出来的。这种顺序只是教材编写者提供的一种思路、参考和范例而已，不存在什么绝对标准和硬性规定的唯一顺序。到罗马的道路不止一条，教材的先后顺序也允许变动。作为具有主观能动性的教材使用者和开发者，教师可以根据教学需要适当调整教材内容的先后顺序。

调整教材顺序的情况通常有几种：

———————

① 中国社会科学院语言研究所词典编辑室编：《现代汉语词典》，商务印书馆 2005 年第 5 版，第 668 页。

　　一是因时令差异调整顺序。教材中反映时令特点的内容（如朱自清的《春》）不一定契合教学现场的当下时令，教师有权在当地时令到来的时候再教学这个内容。

　　二是调整单元与单元之间的顺序。例如，为了方便教学，有教师提出，人教版七年级数学课本的单元顺序可以做如下调整：第一、第二、第三、第八、第九章为一个系列，放在七年级上册；第四、第五、第六、第七、第十章为一个系列，放在七年级下册。①

　　三是调整单元内部各板块之间的顺序。如语文教材的单元内容一般是先安排阅读，再进行口语交际和习作训练。但如果口语交际和习作训练的素材和主题直接源自第一篇课文，那么教师也可以在教学完第一篇课文之后趁热打铁，马上安排口语交际和习作训练。

　　四是调整单元内课与课之间的顺序。如教科版语文教科书五年级上册"解放战争"单元按照先精读后略读的顺序安排了四篇课文，即《千里跃进大别山》《开国大典》《顽强的战士》和《淮海战役的支前大军》。但是，教师也可以把《开国大典》作为第四篇课文来教，以更好地体现中国人民解放军推翻反动统治、建立新中国的历史进程。②

　　此外，还可以通过先学后教等途径调整每一篇课文的板块设计。需要注意的是，调序应该控制在一定的幅度内，过多则可能会破坏教材的训练体系，给学生带来不利影响。

　　需要说明的是，上述策略既可以单独使用，也可以综合运用。如语文特级教师洪镇涛就综合采用如下办法训练学生的语感能力③：加一加（在原文上增加标点、字词、句子或段落）、减一减（与前面相反）、换一换（置换课文的标点、字词、句子或段落）、调一调（调整原文的词序、句序、段序）、联一联（联系前后的词语、句子或段落）、改一改（修改标点、句子或段落）和读一读（朗读）。

　　教师教学用书原称"教学指导书"，是按照每册教科书的内容编

　　① 刘家访等：《教师课程理解研究》，福建教育出版社2014年版，第107页。
　　② 唐宏建：《发挥教师的创造性，灵活使用教科书》，《基础教育课程》2008年第5期。
　　③ 马鹏举：《教海弄潮：洪镇涛语文教学改革历程描述》，武汉出版社1998年版，第337—343页。

写的辅导教师教学的用书。① 为减少教学指导书的羁绊作用，更好地发挥教师的教学创造性，后来将其改称为"教学参考书"，简称"教参"。教参是专家、学者和一线优秀教师集体智慧的结晶，可以帮助教师更好地理解教材和领会教科书编者的意图，让教师在最短的时间内，对教材内容有一个相对全面、完整的认识。正是因为这样，中小学教师课前读得最多、研究得最仔细的可能就是教参了。调查显示，90%以上的中小学教师在阅读和使用教参②，有的甚至同时看几套教参。但是，教参是面向所有教师编写的一种参考性资料，很难满足具体教学情境的特殊需要。如果教师完全按照别人给他们规定好的路线去教学，则容易使自己异化为教书匠。而任何好的教学方案都是教师根据教学的目标、内容和对象而设计的，所以教师应该在充分理解教材的基础上，以学生的学习需要为本，有选择地使用教参资料。教师在理解教材、设计教法之前最好不要去翻阅教参，以免先入为主，形成思维定式。另外，"使用教参的过程是教师和教参平等对话的过程。"③ 教师在使用教参时要有敢于批判和质疑的精神，要有"尽信书，不如无书"的意识，要有敢于纠正教参的欠妥说法和错误分析的勇气。对于教学中必须跟学生讲清楚而教参中又没有的内容，教师应该通过勤查多问加以补充。

（四）对课程主体的理解

现代课程理论认为，学科专家或课程专家不再是课程开发的唯一主体，校长、教师、学生、家长、社区代表以及政府官员、心理学家和社会学家等都可以参与课程开发中来。课程不再被某一课程主体所独占，而是课程集体的共有产品。在课程共有中，不同的课程主体有着不同的课程权利，担负不同的课程责任。尤其是自美国学者施瓦布提出"教师即课程"和"学生即课程"的观点之后，教师和学生的

① 董纯才主编：《中国大百科全书·教育》，中国大百科全书出版社 1985 年版，第156 页。

② 臧爱珍编著：《中小学教学参考书调查问卷分析》，人民教育出版社 2006 年版，第4 页。

③ 谈永康：《不可惟教参独尊》，《天津师范大学学报》（基础教育版）2001 年第 4期。

课程主体地位日益引起人们的关注和认可。教师是教师课程的主要设计者，学生是教师课程的重要参与者，教师对课程主体的理解主要是指对教师和学生的理解。

1. 对教师的理解

对教师的理解主要指对教师的地位、作用、劳动特点和价值等的理解。这里主要谈对教师课程角色的理解。新课程在课程功能、课程结构、课程内容、课程实施、课程评价以及课程管理方面都发生了重大的变革。教师作为课程改革的实践主体，只有及时完成一系列的角色转型，才能使新课程改革顺利、有效地运行。钟启泉教授指出："新课程改革的成败取决于课堂教学的改革，而课堂教学改革的成败归根结底取决于教师角色的转型。"[①] 台湾学者蔡清田认为，教师的课程专业角色包括三个层次：在教室层次，教师是课程潜能的创造者、课程探究的发现者、行动研究的行动者、教室层次的课程设计者；在学校层次，教师是正式课程的转化者、非正式课程的设计者、潜在课程的处理者、悬缺课程的弥补者、学校层次的课程发展者；在国家层次，教师是国家课程改革的实施者、课程改革的研究者及适性设计者。[②] 新课程要求教师从消费者转变为建构者，从传递者转变为促进者，从独白者转变为对话者，从教书匠转变为研究者，从独奏者转变为合作者等。

（1）课程内容的建构者

新课程由专制走向民主，由封闭走向开放，由专家统编走向教师开发，由学科内容走向学生经验，课程不再只是文本课程（教学计划、课程标准、教科书等），更是体验课程（即被师生实实在在地体验到的课程）。[③] 这就意味着：第一，课程在本质上不是对所有使用者都给定相同的、一刀切的内容，身处特定情境中的每一位师生对给定的课程内容及其意义都可以有其独特的理解和诠释；课程文本往往是多重意义的集合体，它的召唤结构鼓励师生从不同的层面进行意义建

---

① 钟启泉：《义无反顾奏响改革进行曲》，《中国教育报》2006 年 12 月 15 日第 5 版。

② 转引自周淑卿《课程发展与教师专业》，九州出版社 2006 年版，第 97 页。

③ 钟启泉、崔允漷、张华：《为了中华民族的复兴　为了每位学生的发展　基础教育课程改革纲要（试行）解读》，华东师范大学出版社 2001 年版，第 270—271 页。

构。第二，教师可以根据教育情境的实际需要，对课程内容进行适度的加工和处理，以便更好地促进学生的发展。第三，教师不再孤立于课程之外，而是课程的有机构成部分（教师本身就是一部活的、有影响力的教材），是课程的创生者和开发者。教师最了解学生的身心发展状况，对学生的学习需要也最有发言权，他们最应该积极参与到课程开发中来。后现代课程论专家多尔认为，创造者和开发者比实施者更适合于讨论后现代教师的作用。他还倡导"舞蹈型课程"，"其中的舞步是模式化的，但却是独特的，是两个舞伴之间（教师与课本、教师与学生、学生与课本）交互作用的结果。"①

（2）学生学习的促进者

科技发展日新月异，知识的无限增长使学校想在几年内把所有知识都传授给学生既没有可能也没有必要。特别是在网络发达的信息时代，教师不再是唯一的知识源和信息源。而且，时代需要更多既有知识又有批判精神和创新能力的学生个体。为此，联合国教科文组织在其编写的《学会生存——教育世界的今天和明天》一书中强调："教师的职责现在已经越来越少地传递知识，而越来越多地激励思考；除了他的正式职能以外，他将越来越成为一位顾问，一位交换意见的参加者，一位帮助发现矛盾论点而不是拿出现成真理的人。他必须集中更多的时间和精力去从事那些有效果和有创造性的活动：互相影响、讨论、激励、了解、鼓舞。"② 新课程主张学生的学习方式由传统的接受式学习向探究式学习转变，因此教师必须减少教导，增加促进，成为学生学习的侍者和促进者（又称"方便学习的人"）。这是教师最明显、最直接、最富有时代性的角色特征。③ 人本主义心理学家罗杰斯（C. R. Rogers）指出，衡量一个教师优秀与否的标准是"看他

---

① ［美］小威廉姆·E. 多尔：《后现代课程观》，王红宇译，教育科学出版社 2000 年版，第 23、149 页。

② 联合国教科文组织国际教育发展委员会编著：《学会生存——教育世界的今天和明天》，华东师范大学比较教育研究所译，教育科学出版社 1996 年版，第 108 页。

③ 朱慕菊主编：《走进新课程：与课程实施者对话》，北京师范大学出版社 2002 年版，第 125 页。

（她）有多大的创造性以促进学习，以保持或激发学生对学习的热爱"①。作为学生学习的促进者，教师的主要职责是：积极地旁观，适时地引导，教学生学会学习；为学生提供丰富的学习资源，帮助他们发现所学知识的个人意义；给学生心理上的支持，营造理解、信任、温暖、愉悦的学习氛围，和学生一起创建教学共同体；培养学生的自律能力，教育学生遵守纪律②；及时反馈和有效激励，让学生享受成功的喜悦，帮助学生形成自我反思的习惯。

（3）课堂教学的对话者

新课程坚持以学生的发展为本的核心理念，将课堂教学看作一种师生平等对话与双向互动的过程。在对话教学中，师生双方都反对那独断、人为和假冒的最后真理，而是持一种介入和商谈的态度主动生活在我们之中；教师不再视学生为可利用的对象和工具，而是以一种敞开的方式去面对学生，以一种伙伴的态度去关照学生，③ 以一种对话人的身份去尊重同样作为对话人的学生，从对话者各自的前结构和前见出发，通过在场的相互对话和精神相遇活动，达成一种视域融合。"通过对话，教师的学生及学生的教师等字眼不复存在，新的术语随之出现：教师学生及学生教师。教师不再仅仅是授业者，在与学生的对话中，教师本身也得到教益，学生在被教的同时反过来也在教育教师，他们合作起来共同成长。"④

（4）教育活动的研究者

教育科学研究可以给教师增添职业幸福感和成就感，促进教师的专业成长。苏霍姆林斯基说过："如果你想让教师的劳动能够给教师一些乐趣，使天天上课不致变成一种单调乏味的义务，那你就应当引导每一位教师走上从事一些研究的这条幸福的道路上来。……凡是感

---

① 江光荣：《人性的迷失与复归：罗杰斯的人本心理学》，湖北教育出版社 2000 年版，第 193 页。

② 李建平：《课程改革对教师提出全新挑战》，《教育发展研究》2002 年第 1 期。

③ 蔡春、扈中平：《从"独白"到"对话"——论教育交往中的对话》，《教育研究》2002 年第 2 期。

④ ［巴西］保罗·弗莱雷：《被压迫者教育学》，顾建新等译，华东师范大学出版社 2001 年版，第 31 页。

到自己是一个研究者的教师，则最有可能变成教育工作的能手。"① 中小学教师长期工作在教育教学第一线，对教育教学中存在的问题最为了解，也最能进入学生的内心世界，具有从事教育科学研究尤其是深入研究和反复实验的最佳条件和特优势。20 世纪 70 年代，英国学者斯腾豪斯从课程实施的角度，提出"教师作为研究者"和"没有教师的发展就没有课程的发展"的著名论断。他认为："教师是教室的负责人，而从实验主义者的角度来看，教室正好是检验教育理论的理想实验室。对那些钟情于自然观察的研究者而言，教师是当之无愧的有效的实际观察者。无论从何种角度来理解教育研究，都不得不承认教师充满了丰富的研究机会。"② 在他看来，课程是发展教育思想并进行验证的媒介，教学是课程探究的实验过程；而课程教学研究的最佳途径是教师与专职研究人员进行相互合作。③ 工作对象的特殊性、教学情境的复杂性以及教学过程的不确定性要求教师做一名改进课程实践的行动研究者。教师要学会以研究者的心态置身于教学情境之中，以研究者的眼光来审视和分析课程教学实践中的问题，并把这些问题当作一个个课题来进行研究。

此外，新课程还要求教师成为教学合作者、终身学习者、课程领导者等。

2. 对学生的理解

学生通常指在学校专门从事学习活动的人。教师对学生的理解主要体现在其学生观里。所谓学生观，即是对学生的认识和看法，是一个人的教育思想观念在对待、认识和评价学生上的集中体现。从具体构成上看，教师的学生观可以分为三个层次：一是观念、法制水准的学生观，它从原则层面告诉我们应当怎样培养学生；二是一般水准的学生观，即教师在接触学生时具体反映出来的学生观；三是真心实意的具体学生观，即教师心底对每个学生的个别印象、形象、想法或期

---

① ［苏联］B. A. 苏霍姆林斯基：《给教师的建议》（修订版），杜殿坤译，教育科学出版社 1984 年版，第 494—495 页。

② 宁虹：《"教师成为研究者"的理解与可行途径》，《比较教育研究》2002 年第 1 期。

③ 张华、石伟平、马庆发：《课程流派研究》，山东教育出版社 2000 年版，第 535 页。

待等。① 学生观是直接影响教育活动的目的、方式和效果的重要因素，它通过影响教师的职业情感和教育行为影响学生的发展质量和教师自我价值的实现。"许多教育中存在的误区、偏差乃至错误，都与教师的学生观的偏差有着内在的关系。"② 因此，树立正确科学的学生观，是做好教育工作的基本前提，是转变教育观念的核心体现，是教改成功的关键因素。美国杰出心理学家和教育学家布卢姆（Benjamin Bloom）在 1976 年出版的专著《人类特性和学校学习》中指出，解决当今美国教育问题的办法"不在于额外的拨款、追求时髦或者对教育体制的组织形式进行较大的、彻底的改变。就我所知识，解决的办法在于我们对学习者及其学习的看法。"③ 因为如果教师认为学生是发展变化中的人，可以通过努力促进学生的良性发展，那么就会对自己的工作充满信心，对学生充满关爱。反之，就可能灰心、丧气甚至离开教师岗位。

现代学生观的具体内容主要包括：

第一，学生是活生生的人。学生是一个积极能动的主体，具有发展自身的动力机能，具有参与教学活动的自觉性；学生是一个具有思想情感的个体，有自己独立的且应当得到正当满足和尊重的需要、愿望和人格尊严；学生具有独特的创造价值，可以对人类社会做出积极的贡献；教师应当关注学生的学习需求，设法让学生成为学习的主体。

第二，学生是独特的人。多元智能理论认为，每个人都同时拥有九种甚至更多的智能，只是其组合方式、所占比重及发挥的程度不同而已。而且，即使是同一种智能，也有多种不同的表现形式。这就决定了每个人都是独一无二的。教育的对象是一个个具体而有差异的人，每个学生都有自己独特的个性，而且其不同程度远远超过了我们的想象和认识。"如果我们能把这些个别差异列入考虑，而不是不承

① 傅道春编著：《情境教育学》，黑龙江教育出版社 1996 年版，第 52 页。
② 叶澜主编：《教育学原理》，人民教育出版社 2007 年版，第 114 页。
③ 钟启泉、黄志成主编：《美国教学论流派》，陕西人民教育出版社 1993 年版，第 57 页。

认或忽略这些个别差异，教育将会更有效率。"①

第三，学生是生活中的人。生活是学生生存的现实背景，每个学生都是在生活中被文化和人化的。每个学生都有他自己的历史，这个历史是不能和任何别人的历史混淆的。② 教育必须面向学生的生活，必须联系学生已有的经验。

第四，学生是发展中的人。学生尚处于发展过程中，具有与成人不同的身心特点；学生是早晨八九点钟的太阳，具有巨大的发展潜力；教师要用发展的眼光看待学生，给尚未成熟的学生提供必要的关怀和帮助；而且，教师时刻不要忘记，你曾经也是个孩子。

第五，学生是完整的人。学生不单需要学习知识，还需要完善人格。作为一个生命整体，学生有着多方面的发展需求；教师在让学生获得知识和能力的同时，还应该关注其情感、态度和价值观的培养。《学会生存》一书中指出："把一个人在体力、智力、情绪、伦理各方面的因素综合起来，使他成为一个完善的人，这就是对教育基本目的的一个广义的界说。"③

第六，学生是以学习为主要任务的人。学生的主要职能是学习，学生参加的是一种规范化学习；学生的学习是在教师指导下进行的，学校教育区别于个人自学的主要特点在于有教师的指导和帮助。④

第七，学生是未来社会的主人。"任何强权专制只能使学生形成顺从意识和奴性人格，自然也就做不了社会的主人。"⑤ 现代教育要通过人道的教师和民主的教育，培养学生具有未来社会需要的责任意识和主体能力。

诠释学理论告诉我们，每个学生都是带着各自不同的前见进入课

① ［美］霍华德·加德纳：《再建多元智能》，李心莹译，（台北）远流出版事业股份有限公司2000年版，第128—129页。

② 联合国教科文组织国际教育发展委员会编著：《学会生存：教育世界的今天和明天》，教育科学出版社1996年版，第195—196页。

③ 联合国教科文组织国际教育发展委员会编著：《学会生存：教育世界的今天和明天》，教育科学出版社1996年版，第195页。

④ 南京师范大学教育系组编：《教育学》，人民教育出版社1984年版，第127—130页。

⑤ 李秉德主编：《教学论》，人民教育出版社2001年版，第116页。

堂的，都只能从某个特定的视域对课程内容做出自己的理解。学生个人的知识经验作为重要的课程资源，是理解课程内容的基础条件和出发点。教师的首要任务就是通过实证调查尽可能全面地了解学生，尽快发现学生的兴趣、需要和兴奋点，积极关注学生对课程文本的原初想法，并根据影响学生理解课程内容的诸多因素来设计和调整教学。多元智能理论指出，每个学生都有各自不同的智能结构，都有自己的优势智能领域。而且，各种智能之间没有高低之分，理应受到同等的重视。但是，各种智能之间的相关度很低，各自的优势和特点很难相互迁移。上述理论为我们分析学生的差异并通过教师课程正确呼应这种差异提供了坚实的基础。"学校教育的宗旨应该是开发多种智能并帮助学生发现适合其智能特点的职业和业余爱好。"① 教师充分了解和洞见学生的个体差异，并根据这些差异实施个性化教学，尽可能培养和发展学生的优势智能。教师了解学生的基本途径有：一是教学观察。教师可以通过观察学生在课堂教学中的参与状态、交往状态、思维状态、学习达成状态以及批改学生的作业等途径直接了解学生，为后续备课提供有效参考。二是查阅学生档案。学生档案记录了学生的兴趣特长、学习及奖惩情况，可以帮助教师了解学生的学习基础及行为习惯等。三是向前任教师了解。前后任教师要搞好交接班工作，后任教师要主动向前任教师尤其是班主任了解学生的学习状况，但又不能因此对学生产生偏见。四是直接与学生进行面对面的谈话，进一步了解学生的真实情况和想法。教师备课前，应该了解哪些内容是学生不知道的，哪些内容是学生想知道的，哪些内容是学生能知道的。五是问卷调查。既可以是抽样调查，也可以是全员调查。调查的内容可以是学生的学习需求，也可以是学生最近关注的事件等。六是家校交流。教师可以通过家访、家长会、班级网页等平台了解学生的家庭背景、在家表现、兴趣爱好、性格特点等。

---

① ［美］霍华德·加德纳：《多元智能》，沈致隆译，新华出版社1999年版，第10页。

二 教师课程设计

课程设计是指根据一定的价值取向和课程理念，在整体优化课程要素的基础上，编制具体的课程方案、课程标准、教材以及设计教学方案的过程。由此可见，课程设计通常可以分为宏观、中观和微观三个层面。宏观层面的课程设计通常由教育部组织专家学者进行总体规划，主要解决课程的价值取向、基本理念、主要任务、基本结构等问题。它通常用课程计划的形式规定各类课程的比例、开设顺序及时间分配等。中观层面的课程设计是针对一门具体学科所进行的设计，目标在于制定关于具体学科的课程标准、教科书以及其他形式的文本。它以宏观的课程设计为基础和前提，通常又称为科目设计或学科设计。中小学教师应该参与到国家课程的设计过程中去，与课程设计专家一起就课程的价值取向、目标确定、内容选择、课程实施和评价等方面进行真正平等的对话。① 在对话过程中，"每一位参与者都应该真正心怀对方或他人的当下和特殊的存在，并带着在他自己与他们之间建立一种活生生的相互关系的动机而转向他们。"② 彼此要在相互信任和作用中敞亮其存在，并将各自对课程设计的意见摆出来一起交流，通过深入讨论达成共识。为此，教师在对话过程中要敢于对课程设计提出自己的真实想法和改进意见，并通过各种方式与课程设计专家进行沟通和交流，使课程设计专家更好地明白自己对该问题的看法；课程设计专家也要开诚布公地说出课程改革的真实意图和创新之处。对话需要双方的真诚投入，需要双方在自我反省的基础上建立一种民主、平等与合作的关系。微观层面的课程设计主要是指在接受和认可现有课程目标的前提下，教师根据课程目标、教学资源、学生特征等具体情况，对已有课程内容进行重新组织和设计，以使课程更好地服

---

① 李瑾瑜等编：《课程改革与教师角色转换》，中国人事出版社2002年版，第25页。
② ［德］马丁·布伯：《人与人》，张见、韦海英译，作家出版社1992年版，第30页。

务于现实教学的需要。即使在实行课程大一统的国家，微观课程设计仍然因为自身优势而客观存在。① 微观课程设计的主要内容包括：一是课程目标设计。课程标准所规定的课程目标是面向全国所有青少年的一种普适性目标，教师在进行课程教学设计的时候，要根据学生的认知特点、学习基础以及自身的观念态度、知识结构和能力水平等对这些目标作进一步的具体化和细化。新课程按学段而非年级提出阶段目标，目的是为学校、教师、教科书编者细分年级、学期要求以适应具体对象和创造性发展课程留下空间。② 二是课程内容设计。课程内容主要包括学科知识和学习经验两方面，课程内容的选择必须突出学科基本结构（即学科的基本概念和原理等），必须有利于达成学科课程目标，适合学生学习并满足学生需求，符合社会现实并与社会生活密切相关。③ 教材是课程标准的主要载体，也是师生双边活动的主要课程资源。但是，教材在进入课堂之前，教师需要对教材内容进行筛选。教师要用自己的专业眼光赋予教材内容以价值，要在兼顾单元主题的前提下，根据课程标准的总目标和学段性要求，对教材内容进行二次开发和教学化处理。当教材内容真正进入课堂时，已经不是它的原形，而是经过教师加工和处理之后，变成了教学情境和教学问题。美国学者波斯纳把这种经教师再开发的课程称为"操作的课程"。三是活动方式设计。活动方式主要体现在教学方法的选择和教学活动的安排上。活动方式设计既要有一定的顺序性和逻辑性，又要体现多样性和创造性。著名教育家杜威先生认为，做事和工作是儿童的天然欲望，生长中的儿童的兴趣主要是活动，所以，教学过程应该坚持从做中学而非从听中学的教学原则。

中小学教师主要参与微观层面的课程设计，即通常所说的教学设计。成功的教学始于优良的教学设计。教学设计是完成教学任务、提高教学效果、促进教师专业发展的必要手段和前提保障。教学设计要

---

① 丛立新：《课程论问题》，教育科学出版社2000年版，第259页。
② 教育部基础教育司组织编：《全日制义务教育语文课程标准（实验稿）解读》，湖北教育出版社2002年版，第8页。
③ 黄光雄、蔡清田：《课程设计——理论与实际》，南京师范大学出版社2005年版，第90页。

解决教什么、怎么教以及如何优化教学过程的问题。从本质上讲，教师进行教学设计的过程其实就是教师二次开发或加工教材，以便使教材更好地服务于自己的教学的过程。① 从教学设计的时间上看，教学设计可以分为课前的预想设计（即通常所说的备课，指教师在课前规划教学活动、制定教学方案的过程）、课中的现场设计（指教师根据课堂教学的实际情况不断调整和完善教学方案的过程）和课后的反思设计（指教师在课堂教学结束之后对原有教学设计进行深入反思和再教设计）。由此可见，教学设计贯穿于课堂教学的始终，是一个动态、持续的发展过程。另外，根据教学设计的具体指导思想，教学设计又可以分为客观主义教学设计和建构主义教学设计。客观主义将外在世界看成是独立于人之外的、不随人之意志而转移的一个刚性、客观与给予的世界；知识应该像镜子一样反映外部现实，这样才能跟现实保持一致；人基本上是外在世界的旁观者角色，只能采取顺从和中立的态度，按照客观、刚性、公式化、可以重复的规则、方法与步骤去获得外在世界刚性、客观的知识；人的自由意志与创造空间不复存在，人只是机械、被动的社会存在物。如表3-3②所示，受客观主义思潮的影响，传统教学设计通常用程序化、线性的方式简化和设计教学过程，往往只关注如何按照固定程序和规定的要求完成法定课程的既定任务。客观主义教学设计模式坚持认为：复杂知识可以分解和还原为简单、部分知识，因此可以对知识教学进行缜密的程序设计；教学过程是作为知识权威和化身的教师忠实地向被塑造的对象即学生传递、复制以分门别类的学科形式体现的客观知识和绝对真理的过程；教学过程具有客观性和规律性，其结果是完全可以预测和重复的，所以教学及其设计应遵循客观规律和固定的程序。

20世纪80年代以来，建构主义理论逐渐兴起，对客观主义教学设计模式及其理论基础提出了严峻的挑战。建构主义理论将外在世界看成是随人的意志而发生改变的一个柔性、主观和建构的世界，认为每个人都会基于自身的经验基础对外在世界做出独特的解释。"知识

---

① 刘家访等：《教师课程理解研究》，福建教育出版社2014年版，第88页。
② 钟志贤：《论客观主义教学设计范型》，《外国教育研究》2004年第11期。

表 3 - 3　　　　　　　　客观主义教学设计模式的基本特点

特点	阐释
1. 过程是序列化的和线性的	设计过程是序列化的、客观的，主要依赖于有专门知识的教学设计专家
2. 设计是自上而下的和"系统的"	设计从一个有精确的行为目标计划开始，继而是以一种系统的、有序的、有计划的方式来设计教学过程
3. 目标导向的开发	精确的行为目标是根本的。在教学设计中，应当尽最大的努力去创建教学目标和目标评价工具
4. 对教学设计工作来说，具有专门知识的专家是必不可少的	专家特别是教学设计专家知晓大量普遍的教学设计应用原则，可以用于指导或产生成功的教学
5. 精心的教学顺序和教学技巧相当重要	把复杂的任务分解成子任务，并分开施以教学。应特别注意教学技巧操作和教学事件安排的顺序
6. 目的是传授选定的知识	重点是传授专家选定的"事实"和提高专家指定的技能，偏重于操练和练习、指导和其他直接的教学方法
7. 总结性评价必不可少	教学评价的方式主要是总结性评价，以验证教学材料等是否有效用

被认为是由个体所建构出来的，是个体创建了有关世界的意义，而不是从世界中发现意义。"① 建构主义理论的知识观主要强调三点：第一，知识不可能以实体的形式存在于个体之外，因为每个人都是基于自己的经验背景来建构知识，每个人对知识的理解都会存在个体差异性。第二，知识并不是对现实的准确表征，它只不过是人们目前对现实世界的一种较为可靠的解释、假设或约定而已，不是解释现实的模板。而且，这种解释也不是绝对和唯一的，更不是问题的最终答案，它会随着人类的进步产生新的解释。建构论者肯尼思·格根（Kenneth Gergen）指出："那些被我们认为是知识的东西就是对话空间中的暂时定位。……更具体一点说，知识是随着对话的继续而被不停地

---

① ［美］莱斯利·P. 斯特弗等主编：《教育中的建构主义》，高文等译，华东师范大学出版社 2002 年版，第 1—2 页。

生产出来的东西。"① 第三，知识不能全面准确地概括世界的法则，也不能提供适用任何活动的具体方法。在解决具体问题的过程中，我们要针对问题情境的实际需要进行再加工和再创造。建构主义的知识观决定了他们把学习视为一种个体主动建构的过程。在建构主义者看来，学习活动不是由教师向学生传递和灌输知识，而是学生根据自己的经验背景主动建构知识和生成意义的过程；知识不可能脱离具体的活动情境而抽象存在，我们"不能对学生掌握知识作典型的、结构化的、非情境化的假设"。② 为此，建构主义理论指导下的教学设计由教学活动设计转向学习活动设计，由分科、分单元教授转向学科整合的知识导向。而且，特别强调情境学习和学习者经验的重要性，鼓励学习者主动参与学习，教师由知识的传授者转变为学习的促进者。建构主义教学设计模式的共同主张是：教学设计是递归的、非线性的，有时甚至是混沌的过程，应该根据教学情境的变化反复做出调整；教学设计是有机、发展、反思和协作的过程，教师应该根据共同愿景等不断充实或变更其具体细节③；教学设计的重心应该从怎么教转向怎么学，重点是促进学习者在有意义情境中获得必要的理解和帮助。

如表 3 - 4 所示④，上述两种设计模式各有不同的优势和适应阶段。客观主义教学设计有利于分析、量化和评价学习结果，有利于学生系统地掌握基础知识，能最大限度地发挥教师的主导作用，且有操作性强等优势。初级阶段的教学因为重视基础知识的掌握与积累，学生学习的内容也主要是结构良好的知识，所以特别适合选用客观主义教学设计。尽管客观主义教学设计曾经遭到这样或那样的批判，但目前仍然是广大教师运用最为广泛的教学设计模式，而且有长期存在的价值，因为教学设计是以有目的的学习而不是偶然的学习为目的，最

---

① ［美］莱斯利·P. 斯特弗等主编：《教育中的建构主义》，高文等译，华东师范大学出版社 2002 年版，第 24 页。

② 邹艳春：《建构主义学习理论的发展根源与逻辑起点》，《外国教育研究》2002 年第 5 期。

③ 钟志贤：《面向知识时代的教学设计框架》，中国社会科学出版社 2006 年版，第 19—20 页。

④ 陈建军：《基于知识管理的教学设计》，《中国远程教育》2007 年第 11 期。

终的课程目标与预期的学习结果仍是指导学习活动设计的重要依据。①
建构主义教学设计在建构真实教学情境，调动学习者的积极主动性，
增强师生互动方面具有明显优势。因为重视知识的主观建构和综合运
用，这种设计模式更适合高级学习阶段选用。

表3-4　　　客观主义教学设计与建构主义教学设计的比较

	客观主义教学设计	建构主义教学设计
时代或理论	工业时代或客观主义	知识时代或建构主义
教学目标	促进学习	促进学习者发展
内容偏向	以课程为中心	以学习者为中心
教师角色	知识源	帮促者
学生角色	被动接受者	运用工具的主动探索者
师生关系	顺从关系	平等合作关系
设计重心	教学程式	学习环境设计
技术应用	从技术中学习	用技术学习

实践证明，任何教学设计都有意无意带有某种理论倾向，但纯粹
的客观主义设计或建构主义设计都是不存在的。现代教学设计理论认
为，教学设计是一个理性与创造性、科学与艺术有机融合的过程。
"直觉、创造力和逻辑思维都在设计者的思考中发挥了作用。"② 设计
者在对各种设想进行选择和评价时，依据的都是目标定向的逻辑思
维。但是，因为人在他（她）的世界中是不可预测和具有主动性
的③，教学设计必须通过师生互动和多元对话对变化中的教学情境做
出创造性的反应。因此，在教学设计过程中，客观主义和建构主义之
间的关系是对立统一的，任何厚此薄彼、机械使用的做法都是有害无

---

① ［美］R. M. 加涅等：《教学设计原理》，王小明等译，华东师范大学出版社2007年
版，第4页。

② ［美］戈登·罗伦德：《设计与教学设计》，高文编译，《外国教育资料》1997年第
2期。

③ 邹贵福：《符号互动论视角下的国家间互动》，硕士学位论文，南京大学，2011年，
第32页。

益的。教学中既存在客观主义一端的教学需求，也存在建构主义一端的教学必然，教师应该从教学设计的实际需要出发，合理选用教学设计模式。如此看来，表3-4尽管因为抓住了教学设计的发展态势具有独特和创新之处，但是把现代教学设计的理论基础简单归纳为建构主义理论的做法似乎也有值得商榷之处。

现代教学设计的核心理念是教育心理学家加涅（R. M. Gagne）提出的"为学习而设计教学"。它意味着教师在设计教学时应把学习者的学习作为关注的焦点，应全面考虑学生的学习需求、认知规律和个体经验，把"为学习者的学习服务"作为教学设计的出发点和最终目的。尽管有多少设计者与设计情境就有多少设计模型，每一种教学设计都渗透了教师个人对学习理论及优化教学的理解，但现代教学设计仍有一些基本的共同假设：第一，教学设计的目的在于为学生的有效学习服务。尽管学生常常组成团体，但学习发生在团体的每一个成员身上。如果不考虑学习者的动机及其能力倾向，就不可能有高质量的教学。第二，系统设计的教学能极大地影响个人的发展。教学设计的基本目的是要确保没有一个人是教育上的不利者，确保所有学生都有充分发挥自己潜能的平等机会。第三，教学设计本身由一些可识别的相关子过程组成。如确定预期的学习结果、开发一些将学习者置于真实任务中的活动、设计备用的练习形式、评价与反馈等。第四，教学设计有许多阶段，既有短期的，也有长期的。前者指教师在教学之前的备课时所做的事；后者关心的是一门教程或教程系列甚至一个完整的学校教学系统。第五，教学设计应该以系统的方式进行。[1] 教学设计的每一步骤都成为下一步骤的奠基阶段，每一步骤都要根据下一步骤的反馈信息予以检验。第六，教学设计是一个反复修改的过程。使用会导致改变，教师必须利用学习者的反馈来修改教学并使其更有效。[2] 第七，教学设计必须基于人们尤其是学生是如何学习的理论。不同类型的学习需要不同类型的教学，教学设计应该充分考虑学生学

---

[1]　［美］R. M. 加涅等：《教学设计原理》，王小明等译，华东师范大学出版社2007年版，第4—6页。

[2]　同上书，第4—5页。

习的条件和结果，内含学生的学习行为和预期反应等基本内容。

现代教学设计的基本原则：

一是发展性原则。学生是发展着的独立主体，他们都以自己的方式建构世界。① 教师在设计教学时要充分考虑学生个体的具体情况，为多元智能而教，让他们在每节课上都有实实在在的收获。教学设计应围绕学生的主体性发展而展开，设计重心也应随着学生发展阶段的不同有所变化。

二是科学性原则。教学设计要符合课程标准的基本理念，符合教学过程的客观规律，符合儿童的身心发展特点，坚持实事求是的科学态度②；教学内容必须合乎科学，不能出现知识性错误。教师要利用系统理论、传播理论、教学理论的方法与技术提高教学策略的合理性和教学设计的科学性，善于通过多元智能来教。③

三是系统性原则。教学活动是由多种教学要素组成的复杂系统，教学设计要从教学系统的整体功能出发，综合考虑教师、学生、教材、媒体等各个要素在教学中的地位和作用，使之相辅相成，相互促进，产生整体效应。要利用系统分析技术研究教学对象、确定教学目标，然后围绕既定目标选择教学内容、设计教学环节和进行课堂教学，从而确保目标、内容、实施和评价组成一个有机优化的整体。

四是预见性原则。教师要对学生就所学内容可能达到的程度有一个预期的展望，并将这种展望通过假设的情况蕴含在教案当中。④ 因为学生的知识经验不同，课堂教学的不确定因素非常多。教学设计要尽量预见各种有利和不利因素，预见学生学习时可能提出哪些问题，可能发生哪些偶发事件，并预先准备处理方案和应变措施。

五是针对性原则。教学活动是一项目标性很强的主体性行为，需要根据教学目标和对象的具体特点确定教学策略。教学设计是为了解决教学中的具体问题而发展起来的理论和技术，它的每一个环节的工

① 胡波：《基于新课程理念的现代教学设计》，《中国教育学刊》2007 年第 3 期。
② 袁金华主编：《课堂教学论》，江苏教育出版社 1996 年版，第 105 页。
③ ［美］拉齐尔：《多元智能教学的艺术：八种教学方式》，吕良环等译，中国轻工业出版社 2004 年版，第 7—8 页。
④ 吴永军主编：《新课程备课新思维》，教育科学出版社 2004 年版，第 26 页。

作都是相当具体和有针对性的。教学设计应从分析学生的学习需要入手，有针对性地制定教学目标和设计教学活动。[①]

六是灵活性原则。虽然教学设计有一些既定的模式和流程，但在实际操作时往往没有必要也不可能完全按照线性程序开展工作。广大教师应该根据实际的教学情况和要求，围绕关键环节和重点需要解决的问题开展设计工作。教学目标的确定、教学内容的处理、教学方法的选择、教学过程的组织、评价方法的选用等，都需要教师因地制宜、因人而异、随机应变地做出安排。

七是创造性原则。教材是死的，教法是活的，如何把课本内容变成胸中教案，把教案内容转换成学生的基本素养，需要教师创造性地开展工作。课堂教学是一个动态变化的过程，教学设计是一项极富创造性的工作，教师要针对课堂教学的具体情况创造性地设计教学，要根据现实生活中的具体问题创造性地运用、改造和发展教学设计理论。教师只有充分发挥自己的聪明才智，他设计的教学才能保持旺盛的生命力。

八是生成性原则。教学就是即席创作。[②]"教育的技巧并不在于能预见到课堂的所有细节，而在于根据当时的具体情况，巧妙地在学生不知不觉中做出相应的变动。"[③] 教师要根据课堂教学中学生涌现的各种信息，及时做好教学现场设计。

九是可行性原则。教学设想要变为现实，必须具备两个可行性条件。第一，要符合主客观条件。主观条件主要指学生的年龄特点、知识经验和师资水平；客观条件主要指地区差异和教学设备。第二，要具备可操作性，能成为教师教学的基本依据。[④] 教师在课前进行教学设计时，要从教学情境的实际需要出发，全面提高教学方案的可行性。

十是反思性原则。教学设计构思于课前，展开于课堂，调整于课

---

① 蔡敏：《教学设计：从原理到操作》，辽宁师范大学出版社 2006 年版，第 4—6 页。

② ［英］马克斯·范梅南：《教学机智：教育智慧的意蕴》，李树英译，教育科学出版社 2001 年版，第 209 页。

③ ［苏联］B. A. 苏霍姆林斯基：《给教师的建议》（修订版），杜殿坤译，教育科学出版社 1984 年版，第 222 页。

④ 马会梅、张平海：《教师教学行为设计的最优化原则》，《远程教育杂志》2006 年第 5 期。

中，完善于课后，是不断反思、改进和提高的过程。① 教师要根据课堂教学的效果，及时对教学设计进行反思和优化。

著名课程论专家泰勒（R. W. Tyler）指出，制订任何课程教学计划都必须回答四个基本问题：学校应力求达到何种教育目标？提供什么教育经验最有可能达到这些目标？怎样有效组织这些教育经验？如何确定这些目标正在得以实现？② 这四个基本问题可以进一步归纳为确定教育目标、选择教育经验、组织教育经验、评价教育计划。这就是泰勒原理的基本内容，这四个问题被称为课程开发的永恒的分析范畴。下面结合课程教学设计的基本内容谈教师课程设计的基本要求。

（一）课程教学目标设计

中小学教师主要是在接受和认可现有课程目标的前提下进行微观层面的课程设计，所以这里重点探讨教学目标的设计问题。教学目标是学生在具体教学活动中所要达到的预期学习结果。教学目标是教学过程的出发点和归宿，是教师落实课标要求、选择教学内容、确定教学方法、安排教学过程、评价教学结果的重要依据，在教学活动中发挥着指导、定向、激励、评价和聚合等多种功能。美国的 W. 迪克等人认为："在教学设计过程中，最为关键的工作或许就是确定教学目标。如果教学目标确定得不恰当，再好的教学也可能无法满足组织或者学习者的真正需求。没有准确的教学目标，教学设计者会冒这样的风险：基于根本不存在的需要去进行教学。"③ 教学目标分学校培养目标、课程教学目标、单元教学目标和课时教学目标等不同层级。其中，上一级目标是下一级目标的指导，下一级目标是上一级目标的具体化。新课程三维目标的实现时间是不同的。知识目标可能在一节课就可落实，能力和方法目标则需要反复训练，情感态度价值观目标需要长期的熏染才能实现。

由于学校培养目标、课程教学目标是由国家教育主管部门设计

---

① 张晓辉编著：《精彩教学设计》，东北师范大学出版社 2010 年版，第 19—20 页。

② ［美］拉尔夫·泰勒：《课程与教学的基本原理》，罗康等译，中国轻工业出版社 2008 年版，第 1 页。

③ ［美］沃尔特·迪克美等：《系统化教学设计》，庞维国等译，华东师范大学出版社 2007 年版，第 15—16 页。

的，中小学教师主要参与单元教学目标和课时教学目标的设计。教学目标设计的基本要求是全面（全面落实三维目标）、具体（有针对性和可操作性）、适宜（符合课标要求和学生实际），体现层次性和差异性（区别对待，弹性要求）。还有，教学目标在教学前只是一种"试验性的草图"，跟复杂的教学情境难免有出入。教师在教学中可以根据实际情况，适当地增减或修正课前预设的目标。换句话说，教学目标是可以在师生互动和协作开发的过程中逐渐显现和明晰的。[1] 杜威先生曾经指出："目标必须是灵活的；它必须可以更改以符合情况的要求。"[2] 另外，如表3－5所示[3]，传统教学目标和现代教学目标的区别还是比较明显的。传统教学目标以教师为主体，着眼于教师的讲授。现代教学目标以新课程标准为依据，从根本上确立了学生的主体地位。教师要在明确课标要求、充分了解学生、反复钻研教材的基础上确定和生成课堂教学目标。

表3－5　　　　　　　传统教学目标和现代教学目标的比较

项目	传统教学目标	现代教学目标
主体	以教师为主体，着眼于教师讲授的愿望，反映教师对教学活动的希望	以学生为主体，着眼于学生的学习结果，是对学生学习行为结果的一种规定
可测量性	描述语句比较抽象、笼统，教学目标是否达到，不易测量	用行为动词表达，具体、明确，可操作性强。教学目标是否达到，易于检测
作用对象	对教师的"教"有直接指向作用，有利于教师作用的发挥	对"教"与"学"都有直接的指向作用，能把教和学两方面的积极性统一起来
结构层次	教学目标往往是孤立的、单一的结构，缺乏明确的层次序列，课堂教学深广度的确定，只能取决于教师本人的业务素质，有较大的主观随意性	教学目标由一系列不同层次的子目标组成。不但规定了教学活动应当达到的最终结果，而且提出了达到最终结果的程序，对教学活动的深广度有具体明确的指导作用

---

[1] 钟志贤：《面向知识时代的教学设计框架》，中国社会科学出版社2006年版，第19—20页。

[2] ［美］约翰·杜威：《民主主义与教育》，王承绪译，人民教育出版社1990年版，第115—116页。

[3] 李龙编著：《教学设计》，高等教育出版社2010年版，第141页。

规范完整的教学目标一般包含五个要素，即行为主体、行为动词、行为对象、行为条件、行为标准。如"学生（行为主体）在通读完全文后（行为条件），至少找出（行为动词）三种（行为标准）课文中所应用的修辞手法（行为对象）。"为了陈述简便，在不引起误解或歧义的情况下，有时会省略行为主体或（和）行为条件，如"在通读课文的基础上（行为条件）理解（行为动词）主要内容（行为对象）。"教学目标的表述要注意以下几点：一是行为主体必须是学生而非教师。因为学生是学习的主体，规范的教学目标应该以"学生能……"或"学生应该……"开头。课程论专家泰勒指出："教育的真正目的不在于教师完成某种活动，而在于在学生的行为范型中引起某种重要的变化。"① 二是行为动词要尽可能是可测量、可评价和可理解的，最好要有质和量的具体规定。三是行为对象要具体明确，让师生一看就明白自己在教学过程中究竟要做什么。如"在反复朗读中感受演讲语言感情丰富、富有鼓动性的特点。"四是必要时附上行为条件，主要说明学生在何种情境下完成指定的学习行为。如"借助汉语拼音……""结合上下文……""课堂讨论时……"② 五是要有具体的行为标准，用以评估学生学习结果所达到的程度。行为标准通常用完成行为的时间（如"3 分钟内读完"）、完成行为的准确率（如"准确无误"）和完成行为的成功特征（如"80％的学生"）来表述。

（二）课程教学内容设计

课程内容是学生认识和掌握的主要对象，是师生开展教学活动的重要凭借。选择课程内容必须遵循三条原则：一是注意基础性。课程内容主要阐述某一学科的基本概念、基本原理和基本技能，为学生今后的生活和学习打下良好基础。二是贴近社会生活。课程内容应该反映社会生活，多让学生了解和接触社会，学习并掌握一些能够解决社会问题的基本能力。"即使在选择学术性学科的内容时，也应该尽可能地联系社会需要，以便学生所掌握的知识技能可以较好地发挥社会

---

① 钟启泉编著：《现代课程论》（新版），上海教育出版社 2003 年版，第 347—348 页。

② 王文彦、蔡明主编：《语文课程与教学论》，高等教育出版社 2006 年第 2 版，第132—135 页。

效用。"① 三是符合学生实际。课程内容是特定年段学生课堂学习的主要对象，理当符合以学习者为中心的适切性原则。课程内容既要满足全体学生的共同需要，与他们的知识经验和生活环境建立联系，又要照顾个别学生的特殊需求，适应学生的个体差异。② 人本主义心理学家罗杰斯（C. R. Rogers）指出，课程内容只有对学生具有个人意义或价值时才能促进学生的学习；学校课程只有直面学生生活，让他们接触与生存有关的真实性任务，才能使学生产生强烈的学习动机和责任感，进行有意义、高效率的学习。③ "课程本身并没有什么价值，只有那些符合学生需要的课程才有意义。"④ 一节课具体学什么、学多少和怎么学，教师应该发挥什么作用，要像魏书生老师那样，用转向他人的对话精神，多倾听学生的意见。学生有选择和决策学习内容的权利，教师应该以理解和关怀的态度对待学生，多和学生协商课程教学事宜。

钟启泉教授指出："教学内容不仅包括教材内容（素材内容），而且包括了引导作用、动机作用、方法论指示、价值判断、规范概念等。"⑤ 所以，如图3 - 1所示，从设计阶段和结构层次上看，广义的教学内容由教学设计前的静态教材内容、教师教案中的能动教学内容和教学过程中师生共同创造的教学内容三大部分组成。教学内容始于教材内容的演绎，终于教材内容的创生。⑥ 教材内容是教科书编者对文本内容的教学化处理，内含教科书编者对课程纲要和课程目标等的理解。它虽然是教学内容的重要组成部分，但也仅是教学内容的一个组成部分而已。教材不可能提供一个普适性的方案，教师要根据教学

---

① 施良方：《课程理论：课程的基础、原理与问题》，教育科学出版社1996年版，第112—113页。

② 肖庆顺：《罗杰斯人本主义课程观概说》，《沈阳师范大学学报》（社会科学版）2003年第2期。

③ 江光荣：《人性的迷失与复归：罗杰斯的人本心理学》，湖北教育出版社2000年版，第195页。

④ 陈晓端、郝文武主编：《西方教育哲学流派课程与教学思想》，中国轻工业出版社2008年版，第122页。

⑤ 钟启泉编译：《现代学科教育学论析》，陕西人民教育出版社1993年版，第187页。

⑥ 于世华：《教学内容的灵活结构性》，《当代教育科学》2004年第17期。

目标和学生差异等对教材内容进行二次开发，如调整教材内容的顺序或难易程度，在教材内容与学生生活之间搭建桥梁，充分调动每一个学生的学习积极性。符号互动理论指出：人们往往依据事物对他们所具有的意义来行动，而这一意义的获得又是通过互动来完成的；人们对符号的理解不是一个简单的刺激—反应过程，期间有一个自我指涉性的问题，即在刺激和反应之间有一个情境定义和主观解释的过程，个体往往根据这个定义和诠释做出行动安排。知识及其意义也是通过个人理解和社会互动建构的，学生只有认识到课程的意义和价值才会产生主动学习的欲望，教师教学的重心应该从知识灌输转移到丰富课程意义和增加师生互动上来，应该通过对学生来说比较有意义的、重要的、接近生活实际的教学内容来提高学生的学习兴趣。

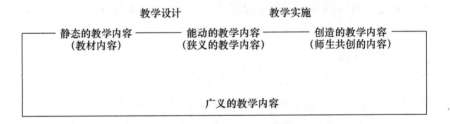

图 3 - 1　广义教学内容的构成

　　教学内容设计要符合下列基本要求：一是教学内容要恰当。教学内容应该为学生生活和教学目标服务，应该根据教学目标和学生在生活中遇到的普遍性问题来选择和安排教学内容。有的语文教师在讲徐志摩的《再别康桥》时喜欢大讲特讲一个男人和三个女人之间的爱情故事，这似乎背离了教书育人的宗旨和诗歌教学的要点，可能会给未成年学生的健康成长带来负面影响。二是教学内容要充实。内容不足需要补充，内容冗杂则需删减。如果学生在课前已经初步掌握教学内容，则需及时调整教学内容。例如，某小学数学教师在教学"十几减六"时，发现自己刚出示例题，几位学生就脱口说出了答案。该教师马上意识到学生已经有十几减八、十几减七的知识基础和生活经验，基本上能独立学会今天的内容，所以就及时调整教学方案，改教师引导学生共同学习为让学生自由发言。同学们有的说答案理由，有的出题目互考，有的甚至直接向老师发出挑战，主动参与学习的程度相当高。[1] 三是教学内容要做到突出重点和突破难点。教学重点是学生在学习中要重点理解或掌握的教学内容，主要指学科的基础知识与基本技能，以及在整个教材中应用频率高、与相关科目联系密切的内容。教学难点是指学生在学习中比较难理解或掌握的教学内容，主要根据学生的知识水平和教学内容的复杂程度来确定。有学者用表格的形式分析了教学重点和教学难点的联系与区别。如表3-6所示[2]，教学重点和教学难点有时很像甚至难以区分，但它们毕竟是两个不同的范畴，存在诸多不同之处（见表3-7）。[3]

表3-6　　　　　　　　　教学重点与教学难点的共同点

视角	教学重点和教学难点的共同处
教师关注度	需要同样的重视
对任务影响	处理不好都会影响教学任务的完成
时间的分配	都需要花费较多的教学时间
表述的内容	表述内容、方式有时很相像

表3-7　　　　　　　　　教学重点与教学难点的区别

区别的视角	教学重点	教学难点
技术性质	是技术群中的关键技术	是学生最难适应的技术
主客观性	相对客观	相对主观
共性个性	教学重点针对每个学生	教学难点不针对每个学生
教学任务	教学任务性强	教学策略性强
教学方法	主要采用常规的教学方法	常规教法和特殊教法相结合

关于教学重点，课程标准和教材本身一般都有比较明确的说明。教师通过仔细阅读课程标准的相关要求和教材中的编写说明、单元提

---

[1]　吴小玲编著：《教师如何做好课堂教学设计》，吉林大学出版社2008年版，第93页。

[2]　毛振明、杨帆：《论"教学重点"与"教学难点"》，《中国学校体育》2010年第4期。

[3]　同上。

示、课后练习，就可以在较短时间内准确有效地把握教学重点。如果还有困难的话，教师可以参考和借鉴教师用书上的单元说明、单元要点、本课要点、问题研究、教学建议以及同题教案来确定教学重点。但需要注意的是，课标制订者和教材教参的编写者因为很少接触一线教学，往往只能站在知识本身的立场上来认定教学重点。即使他们在认定重点时考虑了师生和情境因素，也仅仅具有统计学上的一般性意义，与一线教学的实际情况难免有些出入。[①] 所以，尽管课程标准和教材教参上认定的教学重点具有重要的参考价值，但教师绝对不能照搬照抄课程标准和教材教参上认定的教学重点。教师应该根据师生的实际状况和教材内容的特点来确定教学重点，并对不太符合实际的重点做出适当调整。教学难点的确定也不能随意，教师确定教学难点的常规途径有：一是通过自己的备课体验来确定教学难点，自己在备课中发现的难点往往也是学生学习的难点；二是通过学生的预习情况来确定教学难点，学生预习时感到困难的部分，往往就是难点所在；三是借鉴过去的教学经验尤其是老教师的经验，了解他们在备课过程中是如何确定难点的。教学重难点是密切相关的，有时甚至是重合的。教师要学会根据教材内容和学生实际确定教学重难点，而且教学重难点的确定必须符合课程特点和教学目标。

（三）课程教学过程设计

教学过程是教师和学生以课堂为主渠道的教学交往过程。[②] 教学过程设计必须首先为教学目标服务，每一个教学步骤都应该指向本课时的教学目标。如果教学目标要求较低，教学环节的数量可以相对少些；反之，则可以相对多些，以免给学生乏味感。其次，教学过程设计要凸显学生的主体地位，要根据学生的特点和需求来安排教学环节。如小学生还没有独立学习的能力，教学过程设计可以多强调教师的引导和示范作用；相反，中学教师在设计教学过程时，要多安排学生自主完成的活动项目。最后，教学过程设计还要和教学内容的特点和不同课型的要求相适应。而且，教学环节之间要注意前后照应和过

---

① 李森主编：《教师职业技能训练教程》，高等教育出版社2009年版，第138页。
② 张华：《课程与教学论》，上海教育出版社2000年版，第358页。

渡，有适当的梯度和衔接；要用一条合适的教学主线把各教学内容串联起来，使整个教学过程在循序渐进中达到行云流水的效果。另外，虽然教学过程有一些基本的教学环节，如加涅归纳的九大步骤（即引起注意、告诉学习者目标、回忆先前学习、呈现刺激、提供学习指导、引发业绩、评估业绩、增强保持和迁移）① 和黄甫全小结的六大环节（即激发学习动机、感知教学材料、理解教学材料、巩固教学材料、运用知识经验、测评教学效果)②，但教师可以根据情况变化作出灵活安排。加涅和布里格斯在讨论教学环节时曾经指出："在开始时就应该认识到，这些教学环节并不是一成不变地、严格地按上述次序出现的，尽管这是它们最可能出现的顺序。更重要的是，绝不是说要为每一节课的教学都设计这些环节。"③ 还有，课堂教学活动有严格的时间限制，教学过程设计要考虑时间分配的合理性问题。学生在课堂上的注意力前后经历注意转移（收神）、注意集中（持久）、注意再转移（走神）等阶段。教师在上课前的 3—5 分钟，要通过导入环节尽快把学生的注意力集中起来。然后，将重点内容和主要步骤安排在最佳时域（即第 5—20 分钟）内完成。在下课前的几分钟，安排一个相对全面的小结，效果应该会更好。

（四）课程教学方法设计

教学方法指教师和学生为实现教学目标、完成教学任务所采用的方式、手段和途径的总和，包括教师的教法、学生的学法、教与学的方法。教学方法的设计对于提高教学质量具有十分重要的作用。从某种意义上说，"教学的成败在很大程度上取决于教师是否能妥善地选择教学方法。知识的明确性、具体根据性、有效性、可靠性，有赖于对教学方法的有效利用。"④ 教学方法具有多样性（教学方法至少有

---

① ［美］R. M. 加涅等：《教学设计原理》，皮连生等译，华东师范大学出版社 1999 年版，第 201 页。

② 黄甫全、王本陆主编：《现代教学论学程》（修订版），教育科学出版社 2003 年版，第 77 页。

③ 张祖忻等编著：《教学设计：原理与应用》，高等教育出版社 2011 年版，第 174—175 页。

④ ［苏联］A. Л. 孔德拉秋克：《教学论》，李子卓译，人民教育出版社 1984 年版，第 57 页。

两三百种）、层次性（分原理性教学方法、学科性教学方法、专题性教学方法等）、两重性（每一种教学方法都有自己的优势和不足，不存在通用的、万能的教学方法）、规范性（任何教学法都有一套操作规则和要领）、适应性（教学方法必须与教学主体的素质和教学科目、教学情境等的要求相适应）、发展性（新方法不断涌现，传统方法被赋予新内容）[①]、合目的性（教学方法必须为教学目标服务并被教学目标所决定）等特点。"最有价值的知识是关于方法的知识。"优秀教师不仅会用好的教法提高教学效率，而且还会授人以渔，设法引导学生掌握好的学法。需要注意的是：新课程提出的过程与方法目标中的"方法"不能简单理解为教学方法（如讨论法、探究法等），还指学生通过本课的学习，需要掌握的学习方法。

"教亦多术矣，运用在乎人。"教师应当综合考虑下列各种因素灵活选择教学方法：一是教学目标。如表 3 - 8 所示[②]，目的决定手段，教师要选择与教学目标相适应、能够有利于实现教学目标的教学方法。二是教学内容。如表 3 -9 所示[③]，方法为内容服务，不同的教学科目，不同的课程内容，要选用不同的教学方法。即使是教学同样的内容，也应该依据学生的智能特点实施分类教学。新课程标准指出：

表 3 - 8　　　　　　　　　　教学方法与教学目标的关系

教学方法＼教学目标	记忆事实	记忆概念	记忆程序	记忆原理	运用概念	运用程序	运用原理	发现概念	发现程序	发现原理
讲授	△	☆	○	☆	☆	○	□	□	○	☆
演示	☆	○	○	□	○	□	○	○	☆	○
谈话	△	☆	□	□	☆	□	○	○	□	□
讨论	□	△	△	□	☆	□	☆	○	△	○
练习	○	□	☆	☆	□	□	□	△	△	△
实验	☆	△	□	○	△	☆	○	○	○	☆

注：☆：最好　□：较好　△：一般　○：不定。

---

① 蔡明、王立英、张聪慧：《语文课程教学设计与实施》，高等教育出版社 2008 年版，第82—83 页。

② 赵才欣、韩艳梅等编著：《如何备课》，华东师范大学出版社 2009 年版，第50 页。

③ 陈晓慧主编：《教学设计》，电子工业出版社 2005 年版，第146 页。

表 3 - 9　　　　　　　　　教学方法与教学科目的关系

教学方法 ＼ 教学科目	数学	物理	化学	生物	体育	艺术	哲学	教育学	建筑	机械
讲授	☆	△	△	△	×	×	☆	☆	□	□
演示	×	△	△	△	☆	☆	×	×	☆	☆
谈话	△	△	△	△	×	△	□	□	×	×
讨论	□	△	△	△	×	□	☆	☆	△	△
练习	☆	□	□	□	☆	☆	△	△	□	×
实验	×	☆	☆	☆	×	×	×	×	□	□

注：☆：最好　　□：较好　　△：一般　　×：较差。

"学生生理、心理以及语言能力的发展具有阶段性特征，不同内容的教学也有各自的规律，应该根据不同学段学生的特点和不同的教学内容，采取合适的教学策略。"[1] 多元智能理论告诉我们，每个学生都有各自不同的智能特点和发展方向，无论多么优秀的教师，都很难找到一种适合所有学生和内容、让所有学生满意的教学方法。而且，千篇一律的教学方法必然使课堂失去生命活力，不利于学生多元智能的发展。无论什么内容都采用教师讲学生听的方式是违背教育规律的。三是学生特点。建构主义理论认为，学生并不是空着脑袋走进教室的。他们在以往的学习活动、日常生活中已经形成了广泛而丰富的知识经验。有些问题即便他们还没有接触，也没有现成的经验可以借鉴，可是一旦把问题呈现在他们面前，他们往往也能够从自己的经验背景出发，做出合乎逻辑的判断、解释或推理。所以，教师不能无视学生的知识经验从零教起，而要把学生已有的知识经验作为新知识的生长点。[2] 教师要充分了解学生的知识水平和能力倾向，要根据学生的基础条件和个性特征来选择教学方法，充分关注学生的主体参与。另外，由于经验背景不同，学生对问题的看法和理解常常存在很大差异。教师要通过学习共同体和随机通达教学等，把学生经验世界的差

———————

① 教育部：《义务教育语文课程标准》（2011 年版），北京师范大学出版社 2012 年版，第 21 页。

② 莫雷主编：《教育心理学》，教育科学出版社 2007 年版，第 64 页。

异作为一种宝贵的课程资源加以开发和利用。四是教师素质。适合自己的方法才是最好的方法，教师要根据自己的优势、特长和使用某种方法的实际可能性来选择教学方法。五是时空设备。有些教学方法需要相应的时空和设备做保证，教师需要根据教学时间的多少和教学条件的实际情况选择教学方法，要力求用最少的时间和代价获取最佳的教学效果，要运用多种媒体和方法实现耳、眼、口、鼻、脑全频道接收，多功能协调，立体化渗透。① 六是教学规律。教学方法的选择必须符合教学规律，必须把启发式教学思想作为运用各种教学方法的指导思想。教学方法的优劣跟教师是否理解和把握教学规律有关。

三　教师课程实施

　　课程实施指把课程计划和预定方案付诸实践的过程，是达到预期课程目标的基本途径。② 由于教师是课程方案的主要执行者，课程计划最终要通过教师的辛勤工作才能得到贯彻和落实，所以课程实施通常特指教师将新规划的课程方案付诸实际教学行动，亦即将书面的课程转化为课堂情境中具体教学实践的整个过程。③ 教师的课程实施指教师从采纳和拿到课程文本，解读和领会文本，到运用文本在课堂上实际教学的完整过程，前后至少包含采纳课程文本、领悟课程文本和运作课程文本（即通常所说的课堂教学）三个阶段。④ 由此看来，广义的教师课程实施几乎是教师课程的同义词，甚至比教师课程还要大。而狭义的教师课程实施通常是指课堂教学活动。根据教师对教材的认识程度和处理方式，教师的课程实施水平通常可以分为三种：一是记忆水

---

① 谢利民主编：《教学设计应用指导》，华东师范大学出版社2007年版，第120—128页。

② 施良方：《课程理论：课程的基础、原理与问题》，教育科学出版社1996年版，第128页。

③ 钟启泉编著：《现代课程论（新版）》，上海教育出版社2003年版，第498页。

④ 夏雪梅：《我们为什么要检测教师的课程实施程度》，《当代教育科学》2010年第2期。

平的课程实施，即通常将教学内容限制在教材的范围内，把讲授教材作为组织教学的中心；二是理解水平的课程实施，即教师能够在一定范围内对教材内容进行调整和补充，师生会根据自己的理解发表不同的看法；三是创造水平的课程实施，要求教师创造性地使用教材，强调教师是传统文化的改造者和新文化的设计者，强调学生在掌握教材知识的基础上进一步形成创造的态度和能力。[①] 美国学者霍尔（Hall）和劳克斯（Locks）根据教师在课程实施中的行为变化，把教师的课程实施水平分为不实施、定位、准备、机械实施、常规化、精致加工、整合和更新八个层次。其中，在前五个层次，教师因为对新课程的相关要求还不很熟悉，只能机械被动地实施新课程；从第六个层次开始，教师反思和修订课程的意识开始增强，逐渐成为课程实施的主体。他们还指出，不实施层次的群体，绝大部分都出现在所谓的教改实验学校中。[②] 受其影响，众多学者应用 LOU 问卷去测量课程实施的程度，并将教师的课程实施程度分为八个水平层次（见表 3－10）。[③]

表 3－10　　　　　　　　　教师课程实施的水平层次

使用水平	具体表现
1. 不实施	实施者对课程改革缺乏了解或了解甚少，未参与课程改革工作，也未准备参与
2. 定位	实施者已经得到课程改革资料，且已经探讨或正在探讨课程改革的价值取向以及其对使用者的要求
3. 准备	实施者正为第一次使用新课程做准备
4. 机械实施	实施者关注改革的短程使用或日常使用，但是缺乏反思的时间。旨在符合使用者的需求而非学生的需求，结果常是肤浅地且不连贯地使用
5. 常规化	在使用过程中已经形成习惯，但很少考虑对改革方案加以修订，很少思考如何提高新课程的实施效果
6. 精致加工	依据使用结果，进行适当的修订，以提高改革的效果
7. 整合	实施者与同事配合，共同为学生的发展而努力
8. 更新	实施者对方案进行再评价，提出修正方案

① 靳玉乐：《现代课程论》，西南大学出版社 1995 年版，第 411—414 页。

② ［美］吉纳·E. 霍尔等：《实施变革：模式、原则与困境》，吴晓玲译，浙江教育出版社 2004 年版，第 100—105 页。

③ 周小山主编：《教师教学究竟靠什么——谈新课程的教学观》，北京大学出版社 2002 年版，第 5 页。笔者做了部分修改。

　　因为课堂教学是课程实施的基本途径，课程改革的理念主要通过课堂教学来体现和落实。为了避免前后重复和符合教师实际，下面我们重点探讨课堂教学的问题。以往的课堂教学长期处于简单性思维的控制之下。简单性思维并非日常生活中所指的简单处理问题，而是指运用还原论的观点来认识和处理问题的一种线性思维方式。在 20 世纪 60 年代以前，简单性被当作客观世界和普遍真理的基本属性，一度成为科学家的科学信念和指导原则，而复杂性反而被认为是能力不足和难以处理的代名词。古希腊著名的哲学家、科学家亚里士多德（Aristotle）曾言："所包含原理越少的学术比那些包含更多附加原理的学术更有益。"① 相对论的创立者爱因斯坦（Albert Einstein）也认为："一切科学的伟大目标，即要从尽可能少的假设或者公理出发，通过逻辑的演绎，概括尽可能多的经验事实。"② 简单性思维在处理和解决问题时所持的主要观点有：一是还原主义方法论，认为任何事物都是部分的集合，事物的性质和本质寓于部分之中，只要把事物的部分性质和运动规律弄清楚，就可以对事物的种种现象作出科学解释与说明。因此，应当努力把复杂的事物用简化的方法还原出它的组成部分，把对总体或系统的认识"化简"为对它们的简单组成部分或基本单元的认识。二是线性思维方式，认为事物的各部分之间只是简单的线性关系，彼此保持着各自的性质特点和运动规律。因此，可以割断联系来研究部分，可以把部分的性质和规律叠加起来作为整体的性质和规律。三是因果性原则，认为事物的变化必然服从机械因果律，即一个原因必然决定一个结果，而这个结果作为原因又必然决定下一个结果，如此环环相扣，形成一条平滑的直线因果链。其初始原因乃是外力的第一次推动，在变化过程中无任何偶然性发生，随机性只是由于无知而产生的表面现象。四是可逆时间观，认为事物的运动过程是可逆的，亦即不存在着时间之矢的问题，运动方程对时间的反演是对

---

　　① ［古希腊］亚里士多德：《形而上学》，吴寿彭译，商务印书馆 1959 年版，第 18 页。

　　② ［德］爱因斯坦：《爱因斯坦文集》第一卷，许良英等译，商务印书馆 1976 年版，第 262 页。

称的，事物不会有演化发展的历史。① 五是封闭性问题，认为事物是孤立或脱离环境的，不考虑环境因素的影响。六是机械决定论，认为形式逻辑作为理论的真理标准是绝对可靠的，任何矛盾的出现都必然意味着错误。

简单性思维指导下的传统课堂教学具有如下几个特点：一是教学目标的知识化。简单性思维习惯于化归或还原，在认识客观世界时趋向于从无序中寻找有序，从动态中寻找稳定，从偶然中寻找必然，即把由多种因素综合而成的对象化归为一两种决定性因素。简单性思维指导下的教育必然聚焦于知识点的分析和累加，课堂教学被视为知识点的传输过程。学校领导和教师们甚至天真而乐观地认为，学习时间越长，学生学到的知识就越多，学生的智慧自然也就更多。为此，他们利用军事化管理等方式争分夺秒地向学生灌输考试知识点，对话和探究的教学法被认为是一种奢侈和浪费，最多成为一种应景的形式。② 二是教学过程的程序化。简单性思维依赖和崇拜程序，通过程序，"人们竭力强化对每一短暂时刻的使用。似乎每一片刻的时间都是用之不竭的，似乎通过一种更细致的内在安排，人们就能逼近一个使人保持最高速和最大效率的理想极限。"③ 程序化教学有助于教师顺利展开教学过程，有利于发挥教师的核心作用和提高课堂教学效率，但是程序化具有不识时务的固执和按部就班的惯习，容易在导致课堂教学死气沉沉的同时，忽视或压制课堂中偶然、随机性的价值和魔力，正如法国学者埃德加·莫兰（Edgar Morin）所说，"我们的任何教育都是导向程序，而生活向我们要求策略，如果可能的话甚至是发现意外珍奇事物的本领和艺术，这确实是为了准备迎接不确定性的时代而必须实行的一个观念的颠倒。"④ 三是师生关系的对立化。按照简单性思

---

① 陈昌曙主编：《自然辩证法概论新编》，东北大学出版社 2001 年版，第 156—157 页。

② 刘徽：《简单性与复杂性：思考课堂教学的新维度》，《全球教育展望》2005 年第 3 期。

③ ［法］米歇尔·福柯：《规训与惩罚》，刘北成、杨远婴译，生活·读书·新知三联书店 2003 年版，第 174 页。

④ ［法］埃德加·莫兰：《复杂思想：自觉的科学》，陈一壮译，北京大学出版社 2001 年版，第 148 页。

维的逻辑，人们一般使用主客体二元对立模式来处理人与自然、人与人之间的关系。在理解师生关系上，则认为学生的发展是要靠外力推动的，教师无论在年龄、学识还是社会阅历上都比学生有优势，所以他们理当是课堂教学的主体和权威，处于绝对统治和控制的地位，而学生则因为无知被看成是课堂教学的客体和外塑对象，只能处于一种被统治、被控制的地位。教师有什么意见和要求，学生必须无条件地理解和执行，除此之外，最好是静止不动。长期下去，学生的主体性逐渐消磨甚至完全被忽略，他们见到老师就像老鼠见到猫一样紧张。

简单性思维方式在特定的时空条件下发挥过一定的作用。但随着科学理论的发展，特别是近 30 年来，随着相对论、量子力学以及系统论、信息论、控制论、耗散结构理论、协同学、超循环论、突变论和混沌学等科学理论的相继诞生，以线性、还原、封闭、静态为特征的简单性思维方式因为日显局限性最终被复杂性思维方式所超越和替代。复杂性思维的基本特点有：一是整体性。莫兰认为，整体性有两个基本特征：其一，整体大于部分之和，在整体层次上不仅会产生宏观统一性，还会产生突现性，产生新的品质或特性。其二，整体大于整体，因为整体作为整体会反馈作用于部分，而部分也会反馈作用于整体。[①] 复杂性思维主张，事物是有机的系统整体，具有其构成要素在各种孤立状态下所不具有的性质。因此，不能直接用构成要素代替整体，不能用局部说明整体。二是非线性。非线性是指两个变量之间没有正比例那样的直线关系。复杂性思维认为，世界在本质上是非线性的，非线性是复杂性之源，是系统无限多样性、不可预测性和差异性的根本原因，我们必须用非线性思维来思考现实世界。非线性思维告诉我们，对事物任一时刻的变化做出精确的预测几乎都是不可能的，我们必须从不同的角度和途径来认识事物。三是关联性，认为复杂系统有太多的偶然性和不确定性，任何一个微小变化都可能对其他部分乃至整个系统产生影响；复杂系统对初始条件具有敏感性，初始条件的任何变化都有可能引起惊人的蝴蝶效应。复杂性思维还认为，

---

① ［法］埃德加·莫兰：《复杂思想：自觉的科学》，陈一壮译，北京大学出版社 2001 年版，第 209—210 页。

事物的变化服从复杂因果性原则，即不同的原因可以导致同一结果，不同结果可能有同一原因，彼此互为因果和联系。四是自组织性，认为系统内部具有变无序为有序的自我调节、自我更新和自我适应的能力倾向，它能够在随机涨落的机遇中把偶然性和必然性统一起来。换言之，系统的运动过程没有任何人为的控制、策划和组织，而是由于系统内部的子系统与个体因素相互作用的结果。五是不可逆性，认为任何事物都有其演化发展的历程，而且其发展的过程是不可逆的。事物不仅以系统的方式存在着，而且还不断生成着和消逝着；事物不仅具有空间展开的多样性，而且有时间延续的历史性，"人们只能根据其历史和过程来理解一个复杂系统。"① 六是开放性，认为系统是一个开放的、远离平衡态的系统，时刻与其运行环境进行物质、信息、能量交换，强调事物与环境是不可分离和相互依存的，两者不断地相互作用和相互影响，并能不断向更好地适应环境的方向发展变化。② "复杂性的方法要求我们在思维时永远不要使概念封闭起来，要粉碎封闭的疆界，在被分割的东西之间重建联系。"③ 七是过程性和生成性，认为世界一种动态生成的、持续不断的绵延存在，始终处于不断演化和创造中，具有不可预测性和不可重复性，我们要用一种动态和过程的观念来考察这个世界。

复杂性思维指导下的现代课堂教学具有如下特点：一是教学目标的整体性。复杂性思维认为，课堂教学是一个多维交错的复杂系统，必须以整体性的思维来思考教学目标和实现目标的可能性。因为学生作为教学活动的主体，是一个拥有各种发展潜能的整体，课堂教学既要体现出对学生生命的整体关注，又要突出学生个性的培养，而不能仅仅盯着某方面素质的培养，不能用统一目标抹杀学生的个性特长。二是教学过程的生成性。复杂性思维认为，教学的对象是活生生的、

---

① 刘敏：《论经典科学与系统科学的不同认识论模式》，《科学技术与辩证法》2006 年第 2 期。

② 王耀东：《略论简单性思维与复杂性思维》，《沈阳师范大学学报》（社会科学版）2003 年第 2 期。

③ ［法］埃德加·莫兰：《复杂思想：自觉的科学》，陈一壮译，北京大学出版社 2001 年版，第 151 页。

具有不同个性且有独立思维的人，教学进程并不是必然地、确定性地趋近某一目标，而是具有多种发展的可能性。教师在课堂教学中不必拘泥于预设的教学方案，而要根据教学目标和教学情境的实际需要调整教学内容和教学策略。有研究者指出：即使是最好的教学计划，也不能（也不应该）预料和控制课堂中的每一件事。在实际教学中，优秀教师一般都把自己的教学计划看作是指导课堂行动的可变性构架。[①]三是师生关系的平等性。复杂性思维的开放性原理告诉我们，学生在被教的同时也会反哺教师，课堂教学是师生在平等对话和多重互动中实现共同成长的过程。这正如吴康宁教授所言，"学生是具有超越性的受教育者，在师生互动的具体教育场景中，学生常常会在实际上变为非受教育者，并有可能在实际上充当教育者。师生之间由静态的师教生学关系转变为动态的共生互学关系。"[②] 教学相长，教师可以从自己学生那里获益不少。

下面我们再从课程实施的取向、课堂组织和管理、课堂交往和对话、课堂变化和应变四个方面来探讨教师课程实施的基本要求。

（一）课程实施的取向

教师的课程实施取向在课程实施过程中起着非常重要的作用，它往往直接决定教师在课程实施过程中的行为倾向，也必然会影响教师课程实施的实际成效。关于课程实施取向的分类，美国学者辛德尔（J. Snyder）、波林（F. Bolin）和扎姆沃（K. Zumwalt）的研究结论得到了普遍认同。他们将课程实施的取向分为忠实取向、相互调试取向和课程创生取向。课程专家富兰（M. Fullan）、庞弗雷特（A. Pomfret）和利思伍德（K. A. Leithwood）等根据课程改革的实际情况，还提出了得过且过取向。下面我们具体阐述这四种实施取向。

1. 得过且过取向

"得过且过"的字面意思是只要能够过得去，就这样过下去，通常用来指工作马马虎虎、敷衍了事。这种取向的教师因为对课程变革

---

① 陈琦、刘儒德主编：《当代教育心理学》，北京师范大学出版社 2003 年版，第 225 页。

② 吴康宁：《学生仅仅是"受教育者"吗？——兼谈师生关系观的转换》，《教育研究》2003 年第 4 期。

的预期效果持悲观、失望和冷漠的态度，往往把课程实施当作一种讨价还价的过程。他们在任何时候哪怕做一些需要付出一丁点儿努力的事情，也会因为担心考核评价、老想着自身的实际利益而裹足不前。一旦在短期内看不到立竿见影的成效，便会对新课程持全盘否定的态度。面对轰轰烈烈的课改，他们把自己摆在旁观者的位置。在他们看来，教师的职责就是把专家编制的教材内容尽可能全面地传授给学生；而且，这仅凭自身的教学经验就足以完成教学任务，根本不需要关注课改问题。为了使自己免受变革的伤害，他们经常主动回避或远离课程改革。这种取向对学生的发展不利，也违背了教师职业道德，是一种最为保守、最不可取的做法。

2. 忠实执行取向

又称"程序化取向"，是课程实施研究最初的也是国家统一课程实施的主流取向。"在我国长期的教育教学实践中，课程实施以忠实取向为主，其内含的是一种课程与教师之间的单向控制关系：课程犹如教育活动的施工蓝图，教师的职责是尽可能地按照课程蓝图施工，教师的工作越忠实于课程就越受称道。"[①] 忠实执行取向认为，课程是由课程专家（通常由教育行政官员和学科专家等组成）在课堂之外、用他们认为最好的方法设计好的一套现成的、预定的、一成不变的有待教师消费和执行的材料，教师实施课程的过程就是按照专家对课程的使用说明忠实地执行课程方案的线性过程。预定课程方案的实现程度如何，是判断课程实施成功与否的最终标准。如果两者的吻合程度很高，实施的课程越接近预定课程方案，则说明课程实施很成功。若与预定课程方案差距很大，就说明课程实施是低效或失败的。忠实执行取向是建立在如下几条理论假设的基础上的：其一，课程是预定的、不能更改且有待实施的材料，它独立于实施过程之外，产生于课程实施之前；其二，这种预定课程方案适合于任何学校、任何班级的任何师生；其三，课程实施是预定课程方案的顺序展开过程，它排斥教师对课程方案做出任何细微的变动；其四，课程实施的过程和自然

---

① 刘宇：《课程与教师：变革时代的关系重建》，《教育发展研究》2008 年第 5—6 期。

现象一样，也可以进行精确测量和严密控制。① 忠实执行取向在本质上是受技术理性支配的，是现代主义实体性思维的逻辑体现。它凸显课程专家在课程变革中的作用，强调课程设计的重要性，有利于保证公民的基本素养。但因构想与执行的分离，忠实执行取向容易使教师丧失课程意识和主体价值。"而事实上，没有什么比失去对工作的支配更容易引起异化和失落感的了。"② 值得庆幸的是，从学理上分析，因为师生都是活生生的人，严格意义上的忠实执行取向是不太可能存在的。

3. 相互调适取向

20 世纪 70 年代，美国学者伯曼（P. Berman）和麦克劳林（M. Mclaughlin）提出相互调适取向。他们通过研究发现，课程方案的实施过程是课程规划者和课程实施者之间的互动过程，是应用者与学校情境之间相互适应的过程。相互调适取向信奉富兰的名言："变革是一种过程，而非一个事件"。③ 其基本假设是：我们不可能也不应该事先完全确定课程并规定精确的实施程序，而应该让不同的实施者根据自己的实际情境来决定，因为唯有对实际情况最了解的教师，才有可能作出相对合理的选择；课程方案仅仅是教师进行教学的一种资源，教师有权对课程方案进行修订；与忠实取向把课程变革看作是预期目标与课程方案的线性演绎过程不同，相互调适取向把课程变革视为一种持续改进的过程，重视教师在课程实施中的作用。它把教师看作是课程变革的关键变量和课程方案的主动消费者，认为教师创造的课程知识与专家创造的课程知识同等重要。这种取向凸显课程变革的复杂性、非线性和不可预知性，强调课程设计者和实施者之间的沟通和互动。它把具体学校和社区情境因素纳入课程实施研究中，大大增加了课程实施的灵活性和变通性。这种取向受实践理性支配，兼具前后两种取向的优点，有折中主义的色彩。

---

① 李子建、尹弘飚：《后现代视野中的课程实施》，《华东师范大学学报》（教育科学版）2003 年第 1 期。

② 施良方：《课程理论：课程的基础、原理与问题》，教育科学出版社 1996 年版，第133 页。

③ 张华：《课程与教学论》，上海教育出版社 2000 年版，第 338 页。

4. 课程创生取向

又称"课程缔造取向",是课程实施研究中的一种新兴取向。这种取向认为：课程是情境化、经验性和人格化的，不是在实施前就预先决定和固定下来的，而是教师与学生在具体教学情境中开发和建构自己的课程的过程；师生是课程的开发者和设计者，他们可以根据教学的实际需要来确定课程目标和选择课程内容。师生教学实践的过程也就是修正和创生课程的过程。课程创生取向有四个基本理念：其一，信任我，即相信教师和学生能够理解课程，相信他们具有基于教学实践的缔造才能；其二，展示给我看，即认为每个教学情境都是独特的，需要师生在确定教学方案时发挥创造才能；其三，做我需要做的事，即不受预定计划和目标的限制，把既定的课程方案当作供师生选择的一个参考工具而已，认为课程创生过程是师生持续成长和发展的过程；其四，与你在一起，即强调完整的教育经验是在互动合作、交流沟通中形成的，师生借助对话、交流、沟通建构出的实际经验才是课程。[①] 课程创生取向强调师生在课程变革中的主体性和创造性，强调个性自由与主体解放，在本质上是受解放理性支配的。但是，这种取向有其特定的适用范围（适用于经验课程），如果把它运用于一切课程，则可能造成教学质量的下降。而且，它对师生的创造才能要求极高，具有浓厚的理想主义色彩，不一定符合教育的实际情况。

由此可见，除得过且过取向外，其余三种取向均有其优势、不足和适应范围。教师不能片面地断定哪种取向更有价值，而应在整合三者合理处的基础上综合运用。笔者认为，理想的课程实施取向应当是在忠实于课标理念的基础上调适和创生课程。

（二）课堂组织和管理

课堂组织和管理是指教师在教学过程中通过协调课堂内的各种教学因素组织学生注意、管理课堂纪律和调控教学过程，从而有效实现预定教学目标的过程。[②] 课堂教学是一个动态、变化和发展的过程，

---

① 钟启泉、汪霞、王文静编著：《课程与教学论》，华东师范大学出版社 2008 年版，第 170 页。

② 田慧生、李如密：《教学论》，河北教育出版社 1996 年版，第 332 页。

课堂组织和管理作为课堂教学的基本环节，贯穿于课堂教学的始终，是课堂教学得以顺利进行的重要保证。美国学者班尼（Bany）通过实验得出结论："在教师从事的一切任务中，没有比管理技巧更为重要的了。"① 有效组织和管理课堂教学有利于激发学生的学习兴趣，集中学生的注意力，营造良好的教学氛围，维持正常的课堂秩序，形成良好的行为规范等。新课程理念认为，课堂组织和管理的根本目的不是为了控制学生的行为，而是为了弘扬人的主体性，促进学生的可持续发展。"管理日渐从注重控制演变为关注生长，被誉为是任何组织的一个生长功能，是知识社会的一个生长器官。"② 课堂组织和管理要牢固树立以生为本的思想，要通过角色扮演（又称"换位思考"）来预见学生的反应和调整自己的行为。其次，课堂教学具有目的性和计划性等特点，教师在上课之前一定要在分析教材和研究学生的基础上，根据学生的身心发展特点灵活选用教学方式，要对学生的各种课堂反应提前做好准备。但因为师生是具有主观能动性的人，教学过程本身是一个动态生成的过程，课堂的组织和管理也就必然具有不可预测性和不确定性。因此，课堂教学的组织和管理要超越纯粹的确定性，适度扩张不确定性，实现确定性和不确定性的辩证统一。③ 另外，课堂纪律是开展课堂教学的基本保证。新课堂的组织和管理不再仅仅是抑制混乱、维持秩序以及教师对学生错误行为的管教，而应在解放与规范、自由与严格中求得平衡。现代纪律观强调，课堂纪律不能只看形式热闹或安静与否，而应追求学生思维的活跃和自由；好的课堂纪律不会完全依赖课堂规则和惩罚，而是来自师生间的互相信任和尊重；④良好课堂纪律的基本标志是学生在认同和接纳课堂纪律的基础上形成自我管理、约束和负责的品质。

---

① ［美］班尼、约翰逊：《教育社会心理学》，邵瑞珍等译，云南教育出版社 1986 年版，第 488 页。

② ［美］达尔·尼夫主编：《知识经济》，樊春良等译，珠海出版社 1998 年版，第 58 页。

③ 冉隆锋：《课堂管理的走向：超越纯粹的确定性》，《现代教育管理》2009 年第 7 期。

④ 宋秋前：《当代课堂管理的变革走向》，《教育发展研究》2005 年第 8 期。

（三）课堂交往和对话

课堂交往和对话是指师生在课堂教学情境中通过语言和非语言媒介相互交流信息、思想和情感并产生相互影响和作用的人际沟通活动。① 课堂交往和对话是一个复合概念，可以从多种角度对它进行分类。按照交往和对话主体的不同，课堂交往和对话分为两大类：一是师生间的交往和对话，包括教师与学生个体、教师与学生小组、教师与全班学生的交往和对话；二是学生间的交往和对话，包括学生个体与学生个体、学生个体与学生小组、学生个体与全班学生、学生小组与学生小组、学生小组与全班学生的交往和对话。"人类的教育活动起源于交往，在一定意义上，教育是人类一种特殊的交往活动。"② 教师作为最了解学生的人之一，最容易跟学生进行沟通和交流。有效课堂交往和对话有利于促进学生的知识内化和能力发展，有利于培养学生的健康心理和道德品质，有利于提升学生的交往技能和责任感，有利于培养学生的民主意识和现代人格。而且，还能够吸引学生积极参与到课堂教学活动中来，给学生就教学内容的难易、教学进度的快慢、教学时间的多少等问题提供选择和建议的机会，能够让学生和教师一起设计教学方法和评估教学效果，帮助学生真正成为课堂教学的主体。③ 另外，课堂交往和对话还有利于师生正确认识和评价自己。美国著名社会学家库利（C. H. Cooley）指出："人们彼此都是一面镜子，映照着对方。"④ 这句话的意思是，我们每个人其实都是以其他人的看法为镜子来认识自己的，每个人的自我形象都是在其他人的评价中形成的。为了使学生从"镜中我"上获得自信和良好感觉，优秀教师往往会通过关爱的方式认可学生的符号表达，会用相对规范的语言激励和评价学生。同时，学生也会及时给教师提供课堂教学的反馈意见，并相对客观、合理地评价教师，让教师在"你"中发现"我"，对自己和自己的课程形成正确的认识。

---

① 陈时见：《课堂管理论》，广西师范大学出版社 2002 年版，第 259 页。

② 叶澜主编：《新编教育学教程》，华东师范大学出版社 1991 年版，第 32 页。

③ 张希希：《论有效的课堂交往》，博士学位论文，西南师范大学，2001 年，第 12 页。

④ 宋林飞：《西方社会学理论》，南京大学出版社 1997 年版，第 252 页。

有效课堂交往和对话的基本特征有：

一是促进发展。真正的教学活动永远具有目的性，课堂交往和对话必须以课程内容为中介，围绕特定的教学目标来选择、设计交往和对话的话题和内容，其最终目的在于促进学生全面和谐的发展。那种目的不明确或者无目的的交往和对话甚至把交往和对话异化为目的的做法都是不可取的。

二是相互尊重。师生都是独立的个体，在人格上是绝对平等的。师生在交往和对话中必须彼此敞亮和相互接纳，尽量站在对方的角度设身处地地思考问题，尊重彼此的内心体验和情感。

三是平等对话。后现代主义认为，人是一种关系存在，人与人之间应该是一种相互交流、平等对话的关系，不存在谁支配谁、谁主导谁和谁服从谁、谁围绕谁的问题。教学交往和对话的前提是主体间的真正平等，师生双方应该享有同等的言说权利，教师既不能使一部分学生成为课堂交往和对话的贵族和常客，也不能使一部分学生沦落为课堂交往和对话的奴隶和边缘。①

四是互动合作。交往和对话的本质是一种主体间的互动过程，师生在课堂交往和对话中必须暂时放弃单干和独立，走进彼此合作的关系世界，在多向交往和对话中实现视域融合。

五是创造生成。有效课堂交往和对话具有重新建构新知识、生成新意义的功能。与传统的独白式教学和传话式教学相比，坦诚开放的对话式教学的整个过程充满了创造色彩。

六是互惠共享。师生都是重要的课程资源，可以成为课程的建设者和创生者，可以在彼此沟通和对话中实现教学相长。教师作为教学活动的组织者和引导者，完全可以为学生的健康发展创造良好的环境和条件。同样，学生的智慧和创造也会反过来引导教师不断调整自己的教学。课堂教学交往和对话实际上也是师生共享知识的过程。

七是价值引领。作为课堂上师生互动的重要媒介，教材一方面制约师生之间的互动效果，另一方面又赋予师生不同的意义内涵和创造

---

① 郑金洲主编：《基于新课程的课堂教学改革》，福建教育出版社 2003 年版，第 41—45 页。

空间。学生不可能完全被动地接受教材预设或教师灌输的意义，而会在多元对话、视域融合和角色扮演的基础上，根据自己的经验和理解主动建构和创造意义。为此，教师在教学中要多关注学生的实际，珍视学生独特的感受、体验和理解。但是，受知识水平和人生阅历等影响，学生的创造往往需要教师的引领。否则，就有可能在自由散漫中失去前进的方向。作为"平等者中的首席"，教师要在充分尊重学生意愿的基础上发挥价值引领的作用。那种"怎么说都行"和过度表扬的做法其实是教师放弃责任、隐性怠工的表现。但是，这种引领又不能打压或过于限制学生。

（四）课堂变化和应变

课堂变化和应变是指教师在课堂教学实践中，敏锐观察学生的细微变化，并根据教育教学的规律和学生的身心发展特点，及时准确地做出积极教育影响的一种临场发挥能力。课堂教学活动是特定的教师，以特定的教材为媒介，在特定的目的和意图下，以特定的儿童为对象，创造特定事件的一次性经验的过程。[①] 课堂教学总是处于动态发展的流变状态，教师无法以确定的方法和僵化的程序去规约教学过程，而只能在提高自身思变、应变、善变和导变能力的基础上，根据变化了的教学情境即兴调整和创造自己的教学行为。教师不但要善于变化各种刺激，吸引学生注意，激活学生思维，启迪学生智慧，化解师生矛盾，融洽师生关系，还要善于因势利导，变不利因素为积极因素，使教学活动始终指向教学目标。英国著名的课程论专家斯腾豪斯指出："典型的教学是一个机会主义者的过程。也就是说，无论教师还是学生都不能精确而肯定地意料下一步将发生的事。教学计划难免会出差错，但出人意料地达到教育目的的机会则不断出现。能随机应变的教师往往抓住这些机会并将它们用于促进自己和学生的进步。"[②]美国学者奥凯（Aoki）则主张用课程的即兴演奏来代替课程实施。因为实施更多地意味着对预定方案的忠实执行，而即兴演奏则更多强调

---

① ［日］佐藤学：《学习的快乐——走向对话》，钟启泉译，教育科学出版社 2004 年版，第 145 页。

② ［英］劳伦斯·斯腾豪斯·宾特雷伊：《课程研究与课程编制入门》，诸平等译，春秋出版社 1989 年版，第 43 页。

课程教学的创意。① 在他们看来，课堂教学的行进状态及最终结果，更多的是由具体真实的教学情境和教师当时处理情境状态的方式决定的。

课堂变化和应变能力是教师教育文化素质和教学技能水平的综合反应，其核心是教师捕捉教育时机、优化教学结构、处理突发事件的机智能力。加拿大著名教育家范梅南（Max Van Manen）指出："机智由一系列的品质和能力构成。

第一，一个富有机智的人具有敏感的能力，能从间接的线索如手势、神态、表情等体态语来理解他人内心的思想、感情和愿望。机智也能迅速地看穿动机或因果关系。一个富有机智的人，可以说，能够读懂他人的内心生活。

第二，机智还在于具有理解这种内心生活的心理和社会意义。因此，机智知道如何理解在具体的情况下具体的人的诸如害羞、敌意、气馁、鲁莽、高兴、愤怒、温柔、悲痛等情感。

第三，一个富有机智的人表现得具有良好的分寸和尺度感，因而能够本能地知道应该进入情境多深和在具体的情境中保持多大的距离。

第四，机智还有道德直觉的特点。一个富有机智的人似乎能感受到什么才是最恰当的行动。"② 首先，教学机智的养成必须以教师热爱教育事业和学生为前提。没有爱就没有教育，机智意味着关心他人。教师只有满腔热忱地对待自己的教学工作和学生，注意力才能高度集中，思维才能异常活跃，教学时才能迸发智慧的火花。否则，当学生在教学活动中提问或诘难时，则可能认为是节外生枝或故意捣乱，只能简单粗暴地处理问题。其次，教学机智必然要求教师加强知识尤其是教育理论知识的学习。学生思维活跃，经常会提一些稀奇古怪的问题，教师要想快速、正确地做出反应，除要有丰富的学科专业知识外，还要有系统的教育理论知识和广博的科学文化知识。苏联著名教

---

① 钟启泉、刘徽：《教学机智新论》，《教育研究》2008 年第 9 期。

② ［英］马克斯·范梅南：《教学机智：教育智慧的意蕴》，李树英译，教育科学出版社 2001 年版，第 166 页。

育家马卡连柯（Makarenko）认为："只有在学会用十五种至二十种声调来说'到这里来'的时候，只有学会在脸色、姿态和声音的运用上能够作出二十种风格韵调的时候，我就变成一个真正有技巧的人了。"① 最后，教学机智并非与生俱来，而是教师在教育理论指导下不断实践、思考和总结经验的结果。"他山之石，可以攻玉。"教师应该主动争取机会，多深入优秀教师的课堂听课，学习他们运用教学机智的方法和技巧。这样既可以减少或避免运用教学机智时出现某些明显失误，又可以博采众长，促进自身教学机智水平的提高。

　　课堂变化和应变虽然没有固定的规则，但也要遵循一些基本要求：一是目的明确。每节课都有具体明确的教学目标和任务，教师课堂上的变不能是一种随意的即兴表演，不能让课堂成为没有方向的航船，而是必须符合实际需要，解决实际问题，服务于课堂教学任务和学科教学目标的达成。课程内容的丰富性和教学过程的复杂性使课堂教学具有多种生成可能性。但是，课堂生成不能游离文本和教学目标，不是学生提出的所有问题都值得花大量时间来讨论和处理，关键是看它是不是从本节课的教学重点中生发出来的。二是适度有节。教师课堂上的变一定要注意适度性，要根据教学内容和学生情绪而适度运用变的技能。教学媒体过度频繁地变化，教师不停地在教室里来回移动，结果只能使教师忙得不亦乐乎，使学生感到眼花缭乱。教师处理偶发事件尤其是惩戒学生的时候，一定要掌握分寸，宽严适度，注意把严肃、善意的批评和积极的鼓励、信任结合起来，把具体明确的要求和尽可能多的尊重结合起来。对那些故意为之且性质比较恶劣的重犯应当给予关爱性质的重罚，反之则可以轻罚或免罚。当自己的尊严受到挑战和威胁时，教师首先要想到生来就想跟老师作对的学生是没有的，学生因为涉世未深、自控能力差等原因，犯点儿错误既是正常的，也是可以理解和原谅的。

---

① ［苏联］安·谢·马卡连柯：《论共产主义教育》，人民教育出版社 1979 年版，第443 页。

四　教师课程评价

课程评价是指运用一定的方法和标准，系统收集有关信息资料，对课程的产物（如课程方案、课程标准和教科书等）和实施过程（如课程理解、课程设计和课程实施等）做出价值判断的过程。[①] 课程评价因为具有预测教育需求（了解社会、学生和学科发展的实际需要，为课程设计提供决策性依据）、诊断修正课程（找出课程的优缺点及成因，为改进课程提供建议）、比较选择课程（比较不同课程方案的优劣，从整体上判断其价值，为课程选择服务）、确定目标达成度（将实施结果与预设目标进行比照，鉴定评价对象是否达到评价指标所规定的要求）、判断课程实施成效（从整体上对课程方案实施后具体收到哪些实际效果做出全面判断）等多重功能[②]，被学者誉为是整个课程系统工程登高临远的有力支点。[③] 周卫勇教授指出，课程评价除了上述功能之外，还具有导向功能（被评价所肯定的东西容易成为教师的前进方向，而被评价所否定的东西往往被教师所舍弃）、调节功能（将评价结果用科学、恰当、具有建设性的方式反馈给师生，可以促进师生调整好自己的教学行为）、激励功能（评价给师生提供了一个展示自我的机会和平台，通过评价可以激励先进和鞭策后进，进一步增强教学活力）、反思功能（评价可以促使师生养成自我反思和总结的习惯，让他们通过评价正确认识自己的优势和不足）、记录功能（通过成长记录袋等媒介，评价可以清晰、全面地记录个体成长的点点滴滴）、选拔功能（评价结果可以为选拔优秀、淘汰不合格者提供依据）。[④] 此外，课程评价还可以为课程管理等提供服务。

自美国学者泰勒在"八年研究"（1934—1942 年）期间提出"课

---

① 钟启泉主编：《课程论》，教育科学出版社 2007 年版，第 299 页。
② 李雁冰：《课程评价论》，上海教育出版社 2002 年版，第 7—8 页。
③ 靳玉乐：《现代课程论》，西南大学出版社 1995 年版，第 173 页。
④ 周卫勇主编：《走向发展性课程评价——谈新课程的评价改革》，北京大学出版社 2002 年版，第 4—6 页。

程评价"的概念以来，课程评价先后经历了四个历史发展时期：第一代评价时期称"测验和测量时期"，盛行于 19 世纪末到 20 世纪 30 年代。这一代评价认为，评价在本质上就是以测验或测量的方式测定学生对知识的记忆状况或某项特质，评价者的工作就是测量技术员的工作，即选择测量工具（如各种量表等）、组织测量工作、提供测量数据等。第二代评价时期称"描述时期"，从 20 世纪 30 年代一直持续到 50 年代。这一代评价的基本主张是：评价过程是将教育结果与预定教育目标相对照的过程，是根据预定教育目标对教育结果进行客观描述的过程；评价的关键是确定清晰的、可操作的行为目标，以便客观描述教育目标和教育结果的一致性程度；尽管考试和测验是评价的一部分，但评价不等于考试和测验。第三代评价时期称"判断时期"，从 20 世纪 60 年代末持续到 70 年代。这一代评价把评价视为价值判断的过程，认为预定目标和评价过程本身也需要进行价值判断，也应当是评价的有机构成部分。第四代评价时期称"建构时期"，是西方国家课程评价的现实样态。这一代评价打破前三代评价的管理主义倾向，把评价视为评价者和被评价者通过民主协商和主体参与共同进行心理建构的过程。它坚持多元主义的价值观，强调通过质性研究的方法和各种形式的对话让各方人士（学生也是评价的主体和参与者）达成共识。[1] 我们国家的课程评价研究始于 20 世纪 80 年代末，至今才有 20 多年的历史。从我国学者对课程评价的理解和定义中可以看出，我们国家的课程评价基本上还处于从客观描述到价值判断的过渡时期。

课程评价的未来发展趋势表现在：

一是评价功能由侧重甄别转向侧重发展。传统课程评价认为，一个群体中只有极少数的个体属于先进典型，评价的目的就是要通过检查、评比和排序等，把这些少数的先进典型从群体中挑选出来。现代课程评价则认为："评价最重要的意图不是为了证明，而是为了改进。"[2] 为此，它强调以人为本和促进学生发展、教师提高以及改进课

---

① 张华：《课程与教学论》，上海教育出版社 2000 年版，第 383—391 页。
② 瞿葆奎主编：《教育评价》，人民教育出版社 1989 年版，第 298 页。

程和教学，是一种面向未来的发展性评价。它认为评价对象之间存在个体差异是正常的，评价的目的不是为了给出个体在群体中所处的具体位置，而是要关注个体的处境和需要，尊重和体现个体差异，并从这些差异中找到促进其发展的有效方法。

二是评价主体由单一转向多元。传统课程评价往往是学生被动接受教师的评价、教师被动接受学校的评价、学校被动接受上级主管部门的评价。这种单一主体的评价不但容易使评价结果出现主观、片面等问题，而且容易使被评价者产生对立、反感和抵触的情绪，不利于被评价者最大限度地接受和认可评价结果。现代课程评价则强调多元主体（包括教师、学生、家长、管理者和专家等）在平等互惠的关系中彼此理解和互动。这样一来，既可以丰富评价信息的来源，使评价结果更加全面和客观，又可以在相互协商和对话的过程中增进双方的理解和合作，提升被评价者自我反思和发展的能力。

三是评价内容由片面转向全面。传统课程评价的范围比较狭窄，往往只对评价对象的某个方面（如学生的考试成绩等）进行评价，容易犯以偏概全的错误。现代课程评价则突出评价内容的全面性和综合性，强调从知识与能力、过程与方法、情感态度与价值观等维度对评价对象进行全面评价。

四是评价方法由单一量化转向质化与量化相结合。量化评价具有简明、精确和客观等特点，而且还可以使用现代统计工具（如光学扫描仪）对数据进行快速处理。因此，量化评价一度成为课程评价的主要方法和手段。但是，对于教育而言，量化评价容易把复杂的教育现象简单化和表面化，或者只能评价简单的教育现象。于是，20 世纪中后期，质性评价（如行为观察、情境测验、学生日记和成长记录袋等）以其全面、深入、真实再现评价对象的特点等优势受到教育界的普遍欢迎，成为近年来世界各国课程改革积极倡导的评价方法。[①] 需要注意的是，量化评价和质性评价各有其优势和适应范围，因此有必要将两者结合起来使用。

---

① 周卫勇主编：《走向发展性课程评价——谈新课程的评价改革》，北京大学出版社2002 年版，第9—14 页。

五是评价重心由过分关注结果转向侧重关注过程。传统课程评价往往只关注课程教学结果，属于面向过去的终结性评价。现代课程评价认为，评价不是为了完成某种可以敷衍的任务，而是一个动态、持续、系统的过程；"它是教学主要的、本质的、综合的组成部分，贯穿于教学活动的每一个环节。"① 现代课程评价不仅关注结果，更关注这一结果的形成过程，关注学生、教师和课程在发展过程中所遭遇到的现场性问题、所做出的实际努力以及获得进步的具体情况，并希望通过关注过程来促进结果的最终实现和提高。

课程评价的基本原则有：

一是目的性原则。这是由课程教学活动本身的性质决定的。课程教学是一种有计划、有目的的活动。课程评价作为课程教学的重要组成部分，也必须做到有计划、有目的地进行。每一次具体的评价活动都有各自不同的评价目的和重点，评价者不能随心所欲，想评什么就评什么，也不能主观臆断，想怎么评就怎么评，而要根据国家制定的方针政策、法律法规尤其是学校教育总目标和学科课程标准进行。课程评价的目的必须与学校教育的总目标相一致，课程评价的标准必须与课程标准相一致，必须反映教育教学规律和评价思想。

二是科学性原则。这是任何课程评价都必须遵循的一个最基本的原则。它要求课程评价活动自始至终都要有充分的科学依据，严格按照评价活动本身的客观规律办事。评价者要以正确的教育价值观为指导，通过构建科学合理的评价指标体系，采用科学可行的评价手段以及科学规范的评价程序，本着实事求是、严谨认真的态度，克服先入为主对评价活动的干扰，全面、真实地反映评价对象的实际情况，并据此做出准确可靠、符合实际、令人信服的价值判断和结论。另外，根据"在同一系统中，高度复杂性与高度精确性不能并存"② 的原理，我们在课程评价中不能过分追求评价结果的精确性，反馈结论时也要充分尊重和考虑到评价对象的个体差异和独特感受。

---

① 钟启泉、崔允漷、张华主编：《为了中华民族的复兴　为了每位学生的发展　基础教育课程改革纲要（试行）解读》，华东师范大学出版社2001年版，第303页。

② 霍力岩：《学前教育评价》，北京师范大学出版社2000年版，第65页。

三是民主性原则。评价者要以民主平等、友好协商的态度对待评价对象，要积极寻求被评价者的理解、支持与配合。如在制定评价方案时要广泛征求被评价者的意见，实施评价时要积极引导被评价者参与到评价活动中来，拟定评价结论时要充分听取被评价者的个人意见。① 在他评之前，要鼓励被评价者积极进行自评。自评不但有利于被评价者积极参与评价活动，还有利于达到自我教育和调节的目的。

四是促进性原则。这是现代课程评价的指导思想的直接反映。现代课程评价的主要目的是通过评价活动促进学生、教师和课程的同步发展。评价者首先应该充分尊重和信任评价对象，树立为评价对象服务的意识，确实通过专业引领和形成性评价等途径帮助评价对象不断改进和提高。② 找准问题和对策是改进和提高的基础和前提。评价者要设法通过评价活动帮助评价对象正确认识自己的优势和不足，并为其今后的发展指明前进的方向。需要注意的是，这种促进要给评价对象留有思考和选择的余地，不能搞强迫命令和一刀切。

五是动态性原则。因为评价对象总是处于发展变化之中，人们对课程及其要素的认识和要求也在不断变化，所以，评价者要学会用发展变化的观点看待评价对象，既要对评价对象过去的发展变化的结果进行评价，又要对评价对象未来的发展变化的趋势做出估计，还要对课程评价自身不断进行反思、修订和完善。③ 动态评价要求看基础、发展和提高的幅度，有利于发现评价对象的发展历程和进步情况，有利于激励评价对象反思和改进自己。

教师作为课程评价的主体和对象，可以在课程评价中发挥非常重要的作用。课程评价的范围十分广泛，几乎囊括了课程理解、设计、实施和评价的所有方面。本书从教师参与课程评价的实际出发，重点探讨教师对教科书、教师教学和学生学习的评价。

（一）对教科书的评价

教科书（即通常所说的课本）是课程内容的主要载体，是师生进

① 张秉平、郝普耀主编：《活动课程的评价研究》，东北师范大学出版社1999年版，第59—60页。
② 刘淑兰主编：《教育评估和督导》，华东师范大学出版社2000年版，第57页。
③ 季明明主编：《中小学教育评估》，北京师范大学出版社2001年版，第39页。

行教学活动的主要凭借。教科书评价是指对教科书能否满足学生和社会发展的需要以及满足需要的程度如何做出价值判断的过程。教科书评价是课程评价的重要内容，其主要目的在于检视教科书对特定学校和师生的适用程度，以便为教科书的评审、选用和改进提供有效的参考性依据。[①] 作为教科书的实际使用者，教师对教科书具有不容置疑的评价权和优先权。而且，与教科书编者进行的技术性评价和教育管理部门进行的官方性评价相比，教师对教科书的评价具有独特的优势和价值。教师参与教科书评价，可以做到评、选、用相结合，可以最大限度地发挥和增加教科书的使用价值。因为教师熟知任教学科的特点，了解学生的发展需要和接受程度，又在长期的工作中深入钻研过教材，也接触过不同版本的教科书，所以，教师对教科书的适用性等做出的评价，乃是对教科书最真实、最有效的评价。[②] 随着教师课程权力的增大，教科书评价的能力既是教师专业素养的重要组成部分，也是教师专业发展的必要条件。教师具体如何评价教科书以及评价的质量如何，会直接影响到教师理解、设计和实施课程的信心和水平。

教师一般可以通过深入钻研教材、让学生反馈信息、与同行交流意见、与教科书编者进行对话等途径对教科书的科学性和适切性进行批判性反思。教科书评价的常用方法有：

一是内容分析法。即教师依据自身的教学经验对教科书进行整体分析，并据此判断教科书在设计和编制方面的质量。如分析教科书的整体结构是否合理，各单元之间的衔接是否密切；分析教科书的选文是否合适，例题是否典型；分析课后习题有没有体现层次性、开放性和趣味性等原则，学生对练习的态度如何。内容分析法是一种发展相对成熟的方法，用得也比较普遍，但容易受到评价者主观因素的影响。

二是指标体系法。即在内容分析的基础上，确定一套教科书评价的指标体系，采用综合分析的手段对教科书的各个部分及其整体做出量化评价的方法。这种方法有利于克服教科书评价的经验性、主观

---

① 丁朝蓬：《新课程评价的理念与方法》，人民教育出版社 2003 年版，第 93—94 页。
② 张瑞、刘志军：《教师：不可或缺的课程评价主体》，《课程·教材·教法》2008 年第 8 期。

性、随意性等问题，但因为评价指标体系经常处于研讨和争议之中，目前大都只是作为一种辅助的方法。

三是访谈法。即通过个别、小组或集体访谈的形式，了解师生真实想法的评价方法。这种方法有利于深入了解对方，但对访谈者的个人素质要求较高，且需耗费相对较多的时间和精力，不宜过多使用。

四是观察法。即通过课堂观察了解教学过程中师生与教科书相互作用的情况，以判断教科书的设计是否合理和可行。这种方法从一线师生的课堂活动中直接了解教科书的使用情况，可以为教科书评价提供相对真实、可信的第一手资料。但是，跟访谈法一样，它同样需要较多的时间和精力，同样依赖于研究者自身的素质。而且，如果观察的样本数量有限、缺乏典型性和代表性的话，评价结论容易出现偏差和片面等问题。

五是问卷法。即用书面提问的方式了解师生对教科书的意见和看法。问卷法可以大面积地使用，具有省时省力、便于量化等优点，是评价者比较喜欢采用的一种研究方法。① 因为评价者与教科书使用者是合一的，问卷法有利于了解教科书是否符合师生的需要等。但是，用问卷法收集的信息往往比较表面，而且难辨真假。需要说明的是，方法应该随目的和内容而变，上述方法常常综合使用。

确定相对统一的评价维度和标准是进行教科书评价的基础和前提。但是，笔者收集一些国内外教科书评价标准后发现，其参照系和评价维度并不一致。国内学者一般采纳华南师范大学高凌飚教授的观点，主张从以下五个维度来衡量教科书的质量：

一是知识维度：教科书内容对学生素质发展的必要性和典型性；教科书内容反映学科基本结构和发展方向的水平；教科书内容与学生生活环境的联系程度；教科书内容及组织、表达方式的科学性；教科书内容与其他学科的配合协调程度。

二是思想品德和文化内涵维度：教科书所体现的辩证唯物主义和历史唯物主义思想；教科书所体现的价值观、人生观和道德观；教科

---

① 高凌飚主编：《基础教育教材评价：理论与工具》，人民教育出版社2002年版，第102—103页。

书在激励学生的探索精神、创造精神和实践能力方面的水平；教科书对科学精神和科学态度的倡导水平；教科书对中华文化和人类文化的认识。

三是学生发展维度：教科书能否调动学生的兴趣，激发学生的求知欲；教科书能否从多方面来强化学生的感知，多角度呈现知识的发生过程；教科书能否引导学生主动建构新知识；教科书对学生的起始程度要求和预定发展目标是否合适；教科书是否符合学生心理发展的成熟程度，是否遵循学生心理发展的规律。

四是编制水平维度：教科书文字的编制水平；教科书插图与文字的配合程度及制作水平；教科书编写形式的丰富程度和相互配合水平；教科书的版式设计水平；教科书的印刷工艺质量。五是可行性与效果维度：教科书与学生水平的适应程度；教科书与教师水平的适应程度；教科书与学校资源环境的适应程度；教科书与使用教科书的地区的经济与社会发展的适应程度；教科书的教学设计与实际使用情况的符合程度；教科书预定的教学目标在实际中的达成情况。①

需要指出的是，高教授研制的上述标准虽然充分体现出理论高度和实践智慧，但在评价维度的划分上和其他教科书评价标准一样，也存在指称不周、分类标准不一等问题。笔者认为，为了有利于素质教育目标的最终实现，有利于师生创造性地实施基于课程标准的教学，我们可以根据基础教育课程改革的具体目标，尝试从课程功能、课程结构、课程内容、课程实施、课程评价和课程管理等维度来研制教科书的评价指标体系。而且，不同学科有不同的特点，具体的评价标准最好分学科而定；因为任何教科书评价都是具体和有时限的，所以其衡量标准也应该与时俱进和动态变化。

（二）对教师教学的评价

在教师课程视域中，对教师教学的评价即是对教师课堂教学的评价。与课堂教学评价略有不同，对教师教学的评价是指根据一定的课程目标和评价标准，采用科学、可行的评价手段，主要对教师在课堂

---

① 钟启泉、崔允漷、张华主编：《为了中华民族的复兴　为了每位学生的发展　基础教育课程改革纲要（试行）解读》，华东师范大学出版社 2001 年版，第 334—337 页。

教学中的行为表现及其效果进行一系列价值判断的过程。虽然对教师教学的评价也需要评价学生的学，但其最终目的和落脚点在于以学评教。对教师教学的评价是课程评价尤其是教师评价的重要组成部分，是促进学生发展、教师提高和改进教学实践的有力手段。"评价能完成的最大贡献是确定教程需要改进的方面。"① 对教师教学的评价可以通过评价指标体系的导向作用和监控功能，进一步增强教师在教学中的反思意识和自律作用，进一步规范和改善教师的课程教学行为；可以通过评价提供的反馈信息，促使教师及时、全面地了解和反思自己在课堂教学中的优缺点，并据此确定今后努力的方向和重点。"教学是一个带有反馈通道的信息传递系统，而课堂教学评价在该系统的运行中，通过信息反馈，进行自身调节，从而使教学系统处于良性循环状态。"② 另外，对教师教学的评价还可以促使教师学习课程教学理论和更新课程教学观念，促使教师在相互学习和交流中取长补短，不断提升自己的专业素养和教学水平。

现代教育评价倡导发展性教师评价，主张通过对教师教学及其效果的评价促进教师的专业发展。发展性教师评价的基本假设是：对于受过高层次教育的教师来讲，内部动机比外部压力更具有激励作用，因为外部压力虽然可以迫使他们达到最低标准，却很难使他们达到优良水平；受过师范教育的教师具备根据教学情境的变化和要求调节自身教学行为的能力，所以，只要给他们提供足够的信息、有用的建议以及可供选择的机会，他们就能够实现课程标准制订的预期目标；作为专业工作者，教师往往对其自身的教学工作具有高度的热情，所以只要给他们提供必要的教学条件，他们一般会用极大的工作热情和创造力来改进和完善自己的教学工作。③ 与传统教师评价相比（见表3-11④），发展性教师评价充分体现了如下基本理念：

①　瞿葆奎主编：《教育评价》，人民教育出版社1989年版，第164页。
②　刘克兰主编：《现代教学论》，西南师范大学出版社2001年版，第345页。
③　陈玉琨：《教育评价学》，人民教育出版社1999年版，第105页。
④　张祥明：《对教师专业发展评价的重新审视》，《教育评论》2002年第1期。笔者作了修改。

表 3 – 11　　　　　　　传统教师评价与发展性教师评价的比较

特征＼类型	传统教师评价	发展性教师评价
评价类型	行政性、控制性评价	教育性评价
评价目的	对教师进行选拔、分等	促进教师专业发展
评价指标	高度标准化	具有层次性、区别性和开放性
评价内容	单维度：教育者	多维度：教育者、学习者、创造者
评价方向	侧重回顾、面向过去	面向未来、注重发展
评价动力	靠外在的行政压力	依靠激励和内在动机
评价过程	终结性、静态评价	形成性、动态评价
评价主客体	自上而下、他评为主	自评和他评相结合
评价方法	统一步骤、统一量表	面谈为主、相互交流
评价手段	量化为主	质性评价和量化评价相结合
评价结果	结论：概括性，与奖惩挂钩	结论：分析性，反馈改进、促进教师成长

一是主张评价以促进教师的专业发展为目的。发展性教师评价是一种面向未来和促进发展的形成性评价，覆盖教师教学的全过程。它把教师工作看成是专门职业，认为每位教师都有专业发展的内在需求和可能性。它不仅关注教师当前或过去的工作表现，更希望通过这一表现帮助教师找到自己专业发展的目标和方向。教师评价的目的不是给教师打分或排名，更不能将评价结果与奖惩制度和教师的各种利益挂钩，而是要给教师提供课堂教学的反馈信息和专业支持（包括提供专业进修的机会和条件），帮助他们总结反思教育教学的经验和教训，分析取得成就和产生问题的具体原因，借此提高教师的专业发展水平。

二是强调教师在评价中的主体地位。与外在的评价者相比，教师最了解自己的教学环境和实际需要，最清楚自己的优势和不足，对自己的工作对象和教学效果也最有发言权和评价权。现代教师评价非常重视教师主体作用的发挥，积极鼓励教师主动而富有热情地参与到评价中来。为此，在教师评价的初始阶段，评价者应该在平等、信任、尊重和理解的基础上和被评教师进行协商对话和交流，并根据教师本人的真实情况和实际意愿，确定个性化的教师评价目标和方法；在收集信息阶段，评价者要鼓励被评教师大胆表现和自我评价，主动为评价者提供收集资料的机会和途径，主动上交评价所需的相关资料；在拟写评价报告之前，评价者还要和被评教师一起充分讨论其优势、不足及成因，并找到改进其教学实践的具体方法和策略，让被评教师最大限度地接受评价结果。

三是重视教师的个体差异。每一位教师的成长经历、学科背景以及专业特长等都存在较大差异，用绝对统一和固定的标准评价不同学科和基础的教师的教学，容易挫伤教师的积极性。发展性教师评价不仅考虑学科课程标准的底线要求，而且还承认和尊重教师的个体差异，力争通过个性化评价给每位教师提出有针对性的改进建议和发展方向。[①] 它允许教师在专业发展的目标、速度和方式等方面有所不同，而且鼓励他们根据自身的特点和条件，发挥优势和特长，努力形成自己的教学特色和艺术风格。

四是把交流、协商和研讨贯穿于评价的全过程。没有交流的评价不但使教师丧失了一个了解和发展自己的机会，而且还剥夺了教师发表意见和看法、进行反思和申辩的权利。这种评价因为侵害了教师的知情权和申诉权，容易使教师产生焦虑不安和有意回避评价等情绪。发展性教师评价提倡学校领导、教师及其同事、学生及其家长等共同参与评价，鼓励他们在对话交流和民主协商中相互学习和取长补短，多渠道为被评教师提供反馈信息和改进策略。对教师教学的评价作为教师评价的重要组成部分，理当遵循发展性教师评价的上述理念。

通过文献资料和实证调查可以发现，国内学者以及中小学校和教师目前一般从教师的教学行为（或称"教师的导"）和学生的学习状态（或称"学生的学"）两个方面来衡量教师的课堂教学水平。如表3-12所示，教师的教学行为通常从教学目标、教学内容、教学过程、教学方法、教学效果、教学特色等项目进行评价，学生的学习状

---

① 周卫勇主编：《走向发展性课程评价——谈新课程的评价改革》，北京大学出版社2002年版，第108—112页。

表 3 - 12　　　　　　　　中小学教师课堂教学评价表

评价维度	评价项目	评价要点	符合程度		
			完全符合	基本符合	不符合
教师教学行为	教学目标	教学目标明确、具体，符合课程标准、教材要求及学生实际，教学重难点的提出和处理得当			
	教学内容	准确理解教材内容，无科学性错误；创造性处理和运用教材；教学内容贴近学生实际，教学容量合理			
	教学过程	教学过程设计科学，时间分配合理，学生的主体地位得以充分体现，教师的主导作用得以有效发挥			
	教学方法	教学方法灵活多样，媒体选用合理适时，师生之间多边互动，教学信息反馈及时，学法指导规范有效			
	教学效果	基本实现既定教学目标，大部分学生能正确理解和运用所学知识，学习兴趣得到有效激发和保护			
	教学特色	教学基本功方面有自己的特长。教学设计和实施方面有自己的个性特色，能灵活调控和驾驭课堂			
学生学习状态	注意状态	学生的目光随师生而动；学生的回答是针对所问；学生的倾听是全神贯注			
	参与状态	全员全程参与学习；积极投入思考或踊跃发言；兴致勃勃地学习讨论；自觉进行练习			
	交往状态	同学之间有真诚、友好的合作；交流时语言流畅、得体；有民主、和谐、融洽的课堂学习氛围			
	思维状态	敢于质疑和提出有价值的问题；善于用自己的语言说明问题；发表见解时有自己的思考或创意			
	情绪状态	有适度的紧张感和愉悦感，有积极的探求欲望和投入心态，善于自我控制与调节学习情绪			
	生成状态	掌握了必要的知识和技能，有较强的创新精神和实践能力，对后续学习更有信心和实力			
评价等级		A　　　　　　　B　　　　　　　C		D	
评语					

态则一般从注意状态、参与状态、交往状态、思维状态、情绪状态、生成状态等方面进行分析。笔者曾经撰文指出，在教师教学评价中单纯地评教或评学甚至将二者中和的做法都是与事实相违背的，也是根本行不通的。将课堂教学活动分为教师的导与学生的学，并分别进行评价的做法，也有人为分割和二元对立的问题。因为大量存在的师生互动行为是很难被归入二者中的某一范畴的；即使被简单、硬性地归入，也可能出现重复或遗漏等现象，导致评价出现偏差。而且，教师教学评价也有一个因时、因地、因人制宜的问题。面对不同地区、学校、年级、学科的教师实施的不同课型的教学，我们很难有一个通用、万能的评价标准。而且，每次评课的具体目的和任务也不完全一样，我们不能用一个固定的标准去统评所有的课堂。为此，笔者以新课程改革的教育教学理念为基础，以教育部《关于积极推进中小学评价与考试制度改革的通知》的精神为指针，以中小学生的身心发展特点和语文课程的教学规律为依据，以语文课程标准五大块教学内容的教学和评价建议为抓手，结合中小学语文课程教学的现状，从系统、整体的观点出发，分别从教育学层面、语文课程层面、语文课型层面和语文学段层面构建了个性化语文评课标准体系。[①] 笔者认为，这样建构多层面的语文评课标准，既有利于彰显语文课程的个性特点，又有利于实现课改与评价的直接对接，有利于评课时聚焦问题和交流互动。

（三）对学生学习的评价

对学生学习的评价是指对学生的学习进展和行为变化做出价值判断的过程。学生是教师课程的主要服务对象，学生的主要任务是学科课程的学习，教师课程的质量和水平如何最终主要通过学生学习的成效得以体现。所以，对学生学习的评价往往成为教师课程评价中最为关注的内容。学习评价对学生的成长和教师的教学等具有非常重要的作用。

首先，学习评价有利于促进学生的发展。学习评价一方面通过激励性评价让学生看到自己的成绩和进步；另一方面通过客观分析和横向比较让学生认识到自己的差距和不足，并及时给学生提供必要的支

---

① 廖圣河：《个性化语文评课标准初探》，《漳州师范学院学报》（哲学社会科学版）2006 年第 2 期。

持与帮助。学生自身有渴望发展和自我实现的需要，也希望利用学习评价的机会来了解和监督自己。他们一般会通过学习评价提供的反馈信息，及时对自己的行为和表现进行认真反思，然后在此基础上采取有针对性的措施，不断调整和改善自己的学习行为。

其次，学习评价有利于了解学生实际。学生学习新知识需要相应的知识和能力作为基础，需要一定的学习兴趣和自信心。教师在课程教学的过程中，可以通过课前谈话、课堂提问、课后作业及测验等方式，对学生学习本课内容时的知识经验、能力基础、学习心向、学习方法和习惯以及学习成效等情况有一个大致的了解。[①]

最后，学习评价有利于改进教学和完善课程。学习评价可以让教师获得诸多反馈信息和实践资料，教师借此可以及时调整教学内容的容量和难易度，并通过改进教学方法和思考再教设计等途径来更好地满足学生的学习需要，同时可以给教材修订等提供有说服力的依据。

教师因为经常跟学生在一起，又是教学活动的组织者和引导者，相对了解学生的具体情况和个性特点，学生因为向师性等原因也更看重教师对自己的评价，所以，教师参与学生的学习评价具有相对明显的优势。

第一，教师参与学生的学习评价可以把教学目标与评价目标有机统一起来。教学要服从评价导向，评价也要符合课标要求和教学规律。让教师直接参与学生的学习评价，可以使课程标准的先进理念通过学习评价直接作用于教师的导和学生的学，有利于实施基于课程标准的教学和评价。

第二，教师参与学生的学习评价可以使评价方式和结论更符合学生实际。教师既是执教者，又是评价者。这种双重身份促使教师在日常教学中更加关注和思考学生在课程教学中可能会出现哪些具体困难和个体差异，自己应该采取哪些措施来有针对性地帮助学生解决实际问题。教师凭借其丰富的实践经验，可以给学生的学习行为做出相对客观和公正的评价。

第三，教师因为熟悉、了解学生的个性特点，可以在评价中更有

---

① 沈玉顺主编：《现代教育评价》，华东师范大学出版社2002年版，第52—54页。

针对性地做好学生的诱导和鼓励工作，最大限度地发挥评价的促进功能。教师对学生学习的评价也是教师激励和教育学生进行自我反思、自我发展、自我提高和自我完善的过程，可以给学生留下深刻印象。

第四，教师参与学生的学习评价可以更好地改进教学。教师通过精心备课和日常观察等，不但了解每一个知识点的教学重难点，也了解学生在学习这些内容时可能出现哪些实际问题。教师在教学过程中适当地运用评价机制，可以较好地预防各种学习弊病的发生。[①] 而且，教师可以通过学习评价反馈的信息来检验教学效果，使教学成为一个自我纠正的系统。

现代教育评价倡导发展性学生评价，主张通过评价关心和促进学生的发展。发展性学生评价既要考虑学生的过去，又要重视学生的现在，更要着眼于学生的未来。它强调教师用发展的眼光看待和评价学生，并通过为了学习的评价创造适合学生发展的教育，给学生更多的人文性关怀和同情性理解。与传统的选拔性学生评价相比，发展性学生评价特别关注如下内容：

一是关注全体学生的全面发展。这是素质教育的"两全意识"的根本体现。现代教育评价要求学生评价要面向全体学生，使各个层次的学生通过评价都在原有基础上有所提高和发展。教师既不能为了少数优秀学生随意拔高评价标准，也不能一味地迁就学困生而无视课程标准的底线要求。而且，发展性学生评价将"三维目标"纳入学习评价的范围，不仅重视知识与能力目标的完成情况，而且也非常重视过程与方法目标、情感态度与价值观目标的落实程度。

二是关注学生的个体差异和个性发展。每个学生都有与众不同的先天素质和成长环境，都有与众不同的兴趣爱好和个性特长。每个学生不仅在智能优势和考试成绩等方面存在差异，而且在生理特点和心理特征等方面存在不同。严格说来，每个学生都只有适合自己的发展目标、发展速度和发展轨迹。发展性学生评价积极关注学生的个别差异，充分尊重学生的个性需求，主张通过建立因材施评的评价体系，运用不

① 王景英主编：《教育评价理论与实践》，东北师范大学出版社 2001 年版，第 252—253 页。

同的评价方法，正确判断学生的发展潜能，为每个学生制定不同的发展目标和评价标准，并通过评价为学生提供适合其个性的具体建议。

三是关注学生的发展过程。学生的发展是一个不断变化和完善的过程，促进学生发展的评价不但贯穿于学生学习活动的全过程，而且全程关注学生的动态发展情况。发展性学生评价不仅关注学生发展的结果，而且更重视学生发展的过程。它非常重视诊断性评价和形成性评价的作用，强调采用立体、综合、多层次的评价方法，系统收集和保存学生在努力求知和探究过程中的关键性资料，以便教师能够对学生某个阶段的学习状况和发展轨迹做出一个相对全面而正确的认识，对学生今后的持续发展和提高进行有针对性的指导和帮助，同时也有助于学生通过现在与过去的对比，进一步了解自己的优势、不足和进步情况。

四是关注学生本人参与评价。为了改变单纯由教师对学生进行评判的状态，进一步彰显评价的民主性和协商性，发展性学生评价特别注重学生本人在评价中的主体作用。学生如果能够积极、主动和愉快地参与到评价中来，可以消除评价双方的紧张关系，可以促进学生更好地内化评价标准，进一步反思、发现和发展自己。在学生评价中，学生主动参与评价的方式主要有两种：一种是在他人评价中积极配合，主动为评价者提供评价机会和有用信息；另一种是通过自我评价正确认识和调控自己，促进自身的不断提高和发展。教师作为学生评价的主体，要积极为学生本人参与评价创造各种有利条件。如在制定评价指标时，要更多地征询学生本人的意见；在实施评价时，要鼓励学生积极开展自评和互评；在撰写评价报告之前，要多和学生协商评价结论和改进措施。[1] 学习评价作为学生评价的重要组成部分，理当关注发展性学生评价重点关注的上述内容。

最后，需要说明的是，教师课程的上述开发过程只是相对大的时间段、从整体运作方向上而言的。但是，在具体的实践操作中，上述开发过程往往很少孤立存在，而是你中有我，我中有你，以一种有机整合、相互渗透和互为依托的方式交替进行的。

---

① 周卫勇主编：《走向发展性课程评价——谈新课程的评价改革》，北京大学出版社2002年版，第29—31页。

第四章　教师课程现状调查和分析

　　没有调查就没有发言权。"未经审视的生活是没有价值的生活。"[①]如果我们的研究仅仅局限于应然层面，而没有对教师课程的实际样态做出调查和分析，那么就可能会变成空谈而失去意义。教师课程的实际样态怎样？与应然诉求存在哪些落差？产生这些落差的具体原因是什么？课改之后的教师课程有哪些明显进步，又存在哪些典型性不足？一线教师到底怎样看待课改，他们的内心深处到底有哪些真实想法？他们在教学过程中面临哪些现实困难，期待得到哪些有效帮助？本章试图通过调查获取的实证数据做出尽可能详细的回答。

一　调查方案设计

　　一个完整的调查方案通常包括调查目的、调查对象、调查内容、调查工具、调查范围、样本选取以及资料的收集和整理等内容。这里先谈问卷和访谈设计的问题。

（一）调查问卷设计

　　因为学科思维方式的不同，不同学科教师在安排课程内容和选择课程行为时往往会表现出一定的学科差异，但考虑到自己的研究时间、精力和能力有限，笔者只好重点调查和思考中小学语文学科的教师课程情况。首先，笔者根据以往通过实习带队、师生访谈、课堂观察和文献分析等途径对中小学语文教师课程现状的了解，拟写了近50

---

① ［美］罗纳德·格罗斯：《苏格拉底之道》，徐弢、李思凡译，北京大学出版社2005年版，第25页。

道开放性试题，再利用去江苏常熟上函授课的机会，让 36 名小学语文教师进行简要作答。其次，笔者根据试测教师的填答结果以及导师提出的具体建议设置好问卷选项，然后又在福建省漳州师范学院的中文系和教育系各找了一个函授本科班的学员（均为中小学语文教师）再度进行试测，最后再根据试测结果对问卷进行了多次修改（问卷的定稿见附录一）。整份问卷由 33 道题组成，其中第 1—14 题主要调查教师课程理解的现状，第 15—24 题主要调查教师课程设计的现状，第 25—28 题主要调查教师课程实施的现状，第 29—33 题主要调查教师课程评价和教学反思的现状。

（二）访谈提纲设计

为了进一步了解教师的内心想法，验证问卷调查结果的有效性和真实性，笔者还采用了访谈调查法。笔者首先根据论文框架尤其是教师课程质量的提升策略设置了结构式访谈的问题，然后找了 3 位教师（老中青各一）征询意见，再根据他们反馈的意见修改和完善访谈提纲（见附录二）。最终，访谈提纲由 26 题组成，其中第 1—3 题主要了解教师的课程意识，第 4—6 题主要了解教师的课程理念，第 7—11 题主要了解教师的课程理解情况，第 12—14 题主要了解教师的课程设计情况，第 15—20 题主要了解教师的课程实施情况，第 21—23 题主要了解教师的课程评价情况，第 24 题主要了解学校的课程管理情况，第 25—26 题以及第 5 题的后两问主要了解教师培训的情况。可见，访谈提纲和调查问卷存在相互补充和相互印证的关系，有利于获取更多的信息。

二　样本选取情况

（一）问卷调查对象情况

笔者采用分层抽样和整群抽样的方法，选择福建省漳州市 3 所高中（一级达标校 1 所，二级达标校 2 所）、2 所初中、1 所市实小、3 所乡镇中心校、5 所村小的语文教师进行匿名填答。同时又用方便抽样法，即利用授课机会和电子邮件的方式，让语文函授班学员、地区语文学科带头人以及自己早期教过的语文教育专业的部分师范毕业生进行匿名填答。2012 年的 7—12 月，笔者先后发放问卷 460 份，回收 422 份，回收率为 91.74%。因为少数教师没有填答完整，有效问卷最终只有 391 份（来自福建省 5 个地级市中的 120 多所中小学），有效问卷率为 85%。收回问卷后，笔者对调查对象的性别、教龄、职称、学历、学校层次和位置进行了分类统计和数据处理（见表 4-1）。从表中可以看出，调查对象具有较好的代表性，基本符合问卷调查的要求。

表 4-1　　　　　　　　　　　　问卷调查对象的具体分布情况

分类标准	统计项目	人数（人）	百分比（%）	分类标准	统计项目	人数（人）	百分比（%）
语文教龄	1—4 年（平均 2.29 年）	90	23.02	性别	男	95	24.30
	5—10 年（平均 7.28 年）	74	18.93		女	296	75.70
	11—20 年（平均 15.45 年）	168	42.97	学历	教育硕士	1	0.26
	21—31 年（平均 24.14 年）	59	15.09		本科	266	68.03
职称	中教高级	47	12.02		专科	118	30.18
	中教一级	58	14.83		中专	6	1.53
	中教二级	41	10.49	学校层次	小学	244	62.40
	中教无职称	1	0.26		初中	94	24.04
	小教高级	123	31.46		高中	53	13.55
	小教一级	54	13.81	学校位置	城市	73	18.67
	小教二级	28	7.16		县城	110	28.13
	小教初级	17	4.35		乡镇	123	31.46
	小教无职称（私立学校）	22	5.63		农村	85	21.74

需要说明的是，美国学者伯林纳（Berliner）认为，新教师一般要到第 5 年即具有一定教学经验之后才能成为业务精干型教师。另有研究表明，一名教师至少要讲述 1 万小时的课，积累 10 年的教学经验，而且在此之前至少当过 1.5 万小时的学生之后才有可能发展到专家水平阶段。[①] 为此，结合我国教师职称评定的年龄规定等情况，笔

① 郑彩国：《教师专业发展的阶段划分及其知识转型》，《教育探索》2007 年第 11 期。

者将调查对象按语文教龄 1—4 年、5—10 年、11—20 年、21—31 年
进行分组。

（二）访谈调查对象情况

　　笔者采用目的性抽样和方便抽样的方法，即选择对所访问题最了
解、能够提供尽可能多的信息且愿意牺牲休息时间接受笔者访谈的 47
位中小学教师（来自福建、江西、海南 3 个省的 7 个发展水平不一的
地级市中的 36 所中小学，具体分布情况详见表 4 - 2）作为样本，通
过访谈、电话、QQ、电子邮件和笔谈等方式关注一线教师的实际样
态。同时，笔者还利用课间和茶余饭后的时间，采用单腿访谈的方
式，随机采访了部分中小学领导和一线教师。

表 4 - 2　　　　　　　　访谈对象的具体分布情况

分类标准	统计项目	人数（人）	百分比（%）	分类标准	统计项目	人数（人）	百分比（%）
教龄	1—4 年（平均 3.55 年）	11	23.40	性别	男	14	29.79
	5—10 年（平均 7.10 年）	21	44.68		女	33	70.21
	11—20 年（平均 15.6 年）	10	21.27	学历	教育硕士	2	4.26
	21—31 年（平均 23.6 年）	5	10.64		本科	32	68.09
职称	中教高级	5	10.64		大专	13	27.66
	中教一级	1	2.13	学校层次	小学	21	44.68
	中教二级	22	46.81		初中	6	12.77
	中教无职称	1	2.13		高中	20	42.55
	小教高级	10	21.28	学校位置	城市	21	44.68
	小教一级	5	10.64		县城	13	27.66
	小教二级	2	4.26		乡镇	11	23.40
	小教初级	1	2.13		农村	2	4.26

（三）课堂观察对象情况

　　为了解教师课程的真实情况，进一步佐证问卷调查和访谈所得，
笔者在读博期间利用中小学校教研组活动和教学开放周的时间，深入
小学一年级到高中二年级课堂，一共听了 33 节语文课和 2 节数学课

（具体情况见表4－3）。读博以后，笔者又观摩了不少名师的课。上课教师老、中、青均衡，好、中、差的学校都有，具有较好的代表性。笔者听课前认真备课，听课后积极参与评课，试图通过这种全息透视的方式有效了解和干预一线教师的课程实施情况。

表4－3　　　　　　　　　　　　观课议课情况汇总

学科	日期	星期	午别	节次	学校	年级	课题
语文	9.13	周四	下午	第2节	SY实验学校	高二年级	7. 陈情表
数学	10.9	周二	上午	第1节	ZZ实验小学	二年级	3. 角的初步认识
语文	10.11	周四	上午	第2节	LHDW中学	高二年级	6. 逍遥游
语文	10.11	周四	上午	第3节	LHDW中学	七年级	8. 人生寓言
语文	10.11	周四	下午	第3节	SY实验学校	九年级	10. 吴汉何尝杀妻
语文	10.12	周五	上午	第1节	ZZ实验小学	五年级	情境作文：特殊的客人
语文	10.12	周五	上午	第2节	ZX学校	八年级	24. 大道之行也
语文	10.12	周五	下午	第2节	ZX学校	高一年级	11. 鸿门宴
语文	10.15	周一	上午	第1节	FS小学	五年级	13. 钓鱼的启示
语文	10.15	周一	上午	第2节	FS小学	一年级	10. ao ou iu
语文	10.16	周二	上午	第1节	ZZ实验小学	二年级	情境作文：编童话
语文	10.16	周二	上午	第3节	DE中学	七年级	22. 羚羊木雕
语文	10.16	周二	上午	第4节	DE中学	高一年级	8. 归园田居
语文	10.16	周二	下午	第2节	DW中学	高二年级	4. 归去来兮辞
语文	10.17	周三	上午	第2节	XC小学	五年级	11. 新型玻璃
语文	10.18	周四	上午	第1节	XC小学	二年级	识字3
语文	10.18	周四	上午	第3节	SY中学	八年级	9. 老王
语文	10.18	周四	下午	第2节	SY实验学校	高三年级	古诗鉴赏·炼字
语文	10.18	周四	下午	第3节	SY实验学校	高三年级	古诗鉴赏·炼字
语文	10.19	周五	上午	第1节	FS小学	二年级	9. 欢庆
语文	10.19	周五	上午	第3节	LR学校	八年级	7. 背影
语文	10.19	周五	上午	第4节	LR学校	七年级	12. 济南的冬天
语文	10.19	周五	下午	第3节	LR学校	高一年级	11. 鸿门宴
语文	10.22	周一	上午	第4节	ZX学校	八年级	10. 信客
语文	10.23	周二	上午	第1节	JB小学	三年级	13. 花钟

续表

学科	日期	星期	午别	节次	学校	年级	课题
语文	10.23	周二	上午	第2节	JB 小学	二年级	16. 风娃娃
语文	10.23	周二	下午	第1节	DW 中学	七年级	12. 济南的冬天
数学	10.24	周三	上午	第1节	FS 小学	四年级	垂直与平行
语文	10.24	周三	上午	第3节	LR 学校	七年级	23. 散步
语文	10.25	周四	上午	第1节	XC 实验小学	一年级	13. ang eng ing
语文	10.25	周四	上午	第2节	XC 实验小学	一年级	12. an en in un ün
语文	10.25	周四	下午	第2节	XK 中心小学	五年级	17. 地震中的父与子
语文	10.26	周五	上午	第2节	XK 中心小学	五年级	18. 慈母情深
语文	11.19	周一	上午	第1节	JB 小学	六年级	13. 只有一个地球
语文	11.26	周一	上午	第1节	JB 小学	五年级	25. 七律·长征

三　调查结果分析

（一）教师课程理解的现状分析

1. 对课程改革的态度

琼·托马斯（Jean Thomas）说过："革新的成败最终取决于全体教师的态度。"[1] 国际21世纪教育委员会的报告指出："违背教师意愿或没有教师参与的教育改革从来没有成功过。"[2] 但是实践证明，并不是所有的教师都发自内心地接受新课程。相反，有些教师因为受考试指挥棒等的影响，要么会从心理上抗拒、排斥新课程，要么会用说一套做一套等办法来应付新课程。所以说，教师参与课程改革的心态是相当复杂的。调查发现，教师参与课程改革的心态主要有五种：

（1）悦纳

普拉特（Pratt）的研究表明，教师对新课程的态度一般类似于常态分布：热诚者占5%，支持者占25%，拖延者占25%，沉默者占

---

[1]　转引自华炜《中小学校长决策的民主化和科学化》，《教学与管理》2001年第13期。

[2]　联合国教科文组织编：《教育：财富蕴藏其中》，联合国教科文组织总部中文科译，教育科学出版社1996年版，第137—138页。

40%，反对者占5%。由这一结果可以看出，对新课程持悦纳态度（包括支持者和热诚者）的比例不高，只占教师总数的30%。① 笔者的调查结果如表4-4所示，33.50%的中小学教师认为，一线教师对新课程改革一般持积极肯定的态度；同时，还有21.48%的中小学教师认为，一线教师对新课程改革基本持全力支持的态度。他们得出上述结论的理由是："只有改革才能与时俱进，新课改是时代发展的需要。""课程改革势在必行，必须及早进行。""新课改以促进学生的发展为宗旨，符合学生全面发展的需要。""新课程比较新颖有趣，学生乐于学习。""新课程更切合学生的实际接受能力，有利于减轻学生的学习负担。""新课改带来教学观念的转变，有利于提高教师的专业发展水平。"对新课程持悦纳态度的教师往往会发挥自身优势，创造性地实施新课程，从而不断改进和完善课程，以增强新课程的适切性。在他们看来，新时期教师的职责不仅是执行教育部门和学科专家设计好的课程，而且应该积极开发和建构属于自己的课程。

表4-4　　　　　　　　中小学教师对新课程改革的态度

语文教龄	积极肯定	全力支持	部分响应	观望	怀疑	反感
1—4 年	33 人	19 人	38 人	9 人	1 人	3 人
（共 90 人）	36.67%	21.11%	42.22%	10.00%	1.11%	3.33%
5—10 年	20 人	15 人	26 人	15 人	11 人	2 人
（共 74 人）	27.03%	20.27%	35.13%	20.27%	14.86%	2.70%
11—20 年	48 人	34 人	42 人	21 人	10 人	1 人
（共 127 人）	37.80%	26.77%	33.07%	16.53%	7.87%	0.78%
21—31 年	15 人	4 人	13 人	6 人	0 人	1 人
（共 37 人）	40.54%	10.81%	35.14%	16.21%	0.00%	2.70%
地区学科带头人	15 人	12 人	30 人	18 人	7 人	0 人
（共 63 人）	23.81%	19.05%	47.62%	28.57%	11.11%	0.00%
总计	131 人	84 人	149 人	69 人	29 人	7 人
（共 391 人）	33.50%	21.48%	38.11%	17.64%	7.42%	1.79%

注：这是不定项选择题，一人可以同时选多项。下同。

———————

① 王银飞、张军凤：《论教师与课程实施的关系》，《基础教育课程》2005 年第 6 期。

（2）部分响应

如表4-4所示，中小学教师选择"部分响应"新课改的比例最高，达38.11%。他们的代表性理由是："任何事物都有两面性，参与新课改有利也有弊。""新课程本身还不够完善，新教材好像不如老教材系统和实用。""新课改往往大而化之，只考虑一些全局性的问题，很难兼顾我们学校和班级的特殊情况。""新时代的教师绝不能盲从，我们只是采纳相对合理的部分。""大部分年轻教师比较支持课改，我们老教师因为已经形成了自己的教学模式，需要一个慢慢接受和适应课改的过程。""新课改逼教师重新熟悉教材，给我们增加了不少备课工作量。""新课改未能很好地解决高考指挥棒的问题，往往治标不治本。""因为评价制度没有改革，领导只看学生的考试成绩，我们往往心有余而力不足。""因为师资配备不齐，办学条件非常有限，教师得不到切实有效的理论支持和专业培训，我们只能部分地响应新课改。"由此可见，部分响应者基本能理性和辩证地看待问题。他们当中的有些教师因为从自身的教学实际出发，创造性地实施新课程，也做出了不菲的业绩。但是仔细分析上述理由，我们似乎又可以看出：有些教师在过多地强调客观因素，却很少从自己身上找原因；他们的理由好像比较充分，但大部分有放之四海而皆准的嫌疑。不少一线教师正是借诸如此类的理由堂而皇之地回避改革，甚至连亲自试一试的勇气都没有。

（3）应付

尽管教育理论界在不断强化教育改革势在必行、课程改革是教育改革的核心、教师是决定新课程成败的关键角色等核心理念，在不断呼吁教师要积极应对新课程改革提出的全新挑战，不断转换教师角色并提高自身素养。但是，笔者调查发现，尽管课改十年已经过去，许多教师对新课程还是持走一步看一步的应付态度，真正主动参与课程改革的意识还有待加强。与时不我待的急迫心理形成鲜明对照的是，应付型的教师显得出奇的冷静和老练。因为缺乏职业进取心，面对外界喊得轰轰烈烈的课程改革，他们往往只是做些小打小闹、无关痛痒的修补工作来机械、被动地应付上级部门的各种检查。他们对课程改革的前景持非常悲观的看法，认为每次改革都是只打雷不下雨，这次改革也最终难逃昙花一现的失败命运。他们喜欢按原有的思维方式和行为习惯做事，经常用"上有政策，下有对策"的心态和按图索骥的做法来应付课改。

（4）观望

如表 4－4 所示，17.64% 的中小学教师和 28.57% 的地区学科带头人认为，一线教师对新课程改革一般持观望的态度。他们的具体理由是："因为没有系统接受学习或培训，很多教师不知道课改为何物，更不了解新课程的具体要求。""新课程本身还不够成熟，不一定适合教学一线尤其是农村中小学的实际情况。""新课程理念无可置疑，但因为缺乏可操作性，往往让人无所适从。""课程改革往往是一阵风，持续不了几年又要走回头路。""课程改革雷声大，雨点小，很难落到实处。""一线教师的课改意识比较淡薄，他们更关注升学考试的具体动向。如果评价体制不变，课改只能浮在表面。""新课程不能保证自己的学生三年后考出好成绩，不能满足广大考生的升学愿望。""新课程对教师的要求太高，即使经过努力，一时也很难达到。""改革者总是很难，而且容易受到伤害。"实践证明，在课程改革的最初阶段，对课改持观望态度的比例还会有所增加。很多教师因为对课改的前途深表疑虑，对自己实施新课程的能力也缺乏足够的信心，往往抱隔岸观火的心态，把自己置身于课程改革的历史潮流之外。他们的普遍想法是先看看其他教师怎么做的，等有了成功的经验以后，自己再跟着上。除非学校做出硬性规定，他们一般不会主动学习新课程理念，也不会主动落实新课程的要求。

（5）抵制

因为变革要求参与者走出自己的舒适地带，少数教师会从思想深处抵制课改，甚至反其道而行之。教师抵制课改既有客观方面的因素，如课程本身的质量存在问题（"新课程采用'一刀切'的办法，不符合农村学生的实际"）、缺乏工作条件（"中高考制度不变，不必奢谈改革"）和外力支持（"课改后不知道如何设计基于课程标准的教学"）等，也有主观方面的原因，如个人能力有待提高、缺乏安全感和责任心、惰性心理作怪等。但是，"（即使教师）抵制改革，

（也）应该得到理解和赞扬，而不是轻率地取缔。"① 作为课程领导者，我们不能简单否定或一味打压教师的抵制行为，而应该在具体问题具体分析的前提下做出适当的回应。如果是课程本身存在质量问题，那么在设法改进或重新设计课程之前，应该暂停该课程的进一步实施；如果是教师方面的主观原因，那么就应该着重做好教师的思想工作，给教师提供专业支持；如果是客观条件有问题，就应该努力改善办学条件。

"水能载舟，亦能覆舟。"教师在课程改革中具有两重作用，既可能成为课程改革的助力，积极将决策者的意图和编制者的设计创造性地落实到具体行动中，也可能成为课程改革的阻力，对整个课程改革采取消极甚至是抵制的态度。为此，傅道春先生曾经指出："课程改革有两个不可分割的因素，即技术因素和人的因素。课程设计是课程改革的技术因素，教师是课程改革中人的因素，只有实现技术因素与人的因素的统一，新课程实施工作才能顺利进行。"② 教师参与课改的不良心态会严重影响课程改革的顺利进行。作为教育主管部门，要通过强化舆论宣传来提高教师对课程改革的认识，要通过教师培训等途径来加强心理引导工作，使教师在认同改革的基础上充分发挥其课程实施的主体作用。

2. 对课程理念的理解

新课程特别强调课程理念支持下的课程教学改革。调查发现，新课程理念已经给一线教师的教学行为带来一些积极影响。例如，89.35%的中小学教师把"因材施教"作为加工和处理教材内容的主要目的；90.53%的中小学教师把"学生实际"作为加工和处理教材内容的主要依据；60.95%的中小学教师树立了"把课堂意外当作一种教学资源"的理念；为了打开学生的生活库藏，缩短书本学习与学生生活经验的距离，增进学生对教材内容的理解，64.50%的中小学教师选用联系生活展现情境法。但是，对于一个中小学教师来说，要

---

① ［加］莱文：《教育改革——从启动到成果》，项贤明等译，教育科学出版社 2004 年版，第 142 页。

② 傅道春：《新课程与教师行为的变化》，《人民教育》2001 年第 1 期。

改变以往的教学行为，树立全新的课程理念，"简直就是一个浴火重生、凤凰涅槃的过程。"① 教师理解和实施的课程之间是有差距的；从课程理念到课程实践，这中间还有一段很长、很艰难的路要走。

　　课改十年之后，教师对新课程理念的认同度高达 74%。② 但是，认同不等于了解，目前还有不少中小学教师对新课程的理念了解不够。有数据显示：到 2008 年，还有 55% 的教师根本不知道建构主义理论，52% 的教师不知道多元智力理论；仅有 3% 的教师对这两种理论有较为清楚的了解。③ 笔者通过调查发现，到目前为止，大部分教师还不太了解新课程的基本理念。当笔者问"如果不查阅文献资料，您能否说出新课程的基本理念有哪些"时，超过 1/2 的受访教师明确表示"不能"，超过 1/3 的受访教师表示"能说一些"，而明确表示"能"的比例只有 1/10 左右。中小学教师对新课程理念的了解多数是通过教师培训"道听途说"的，一知半解和缺乏理性思考的情况还比较多；他们即使能羞答答地说出一些新课程理念的相关词组（如自主性、创造性、以人为本等），但多数不明确具体的操作方法。不少中小学教师表示，课程就是教材，是政府部门和学科专家关注的事，一线教师无权也没有必要太多地思考课程问题，教师的任务就是按照教材的内容和顺序进行教学，只要能把教材内容完整地传授给学生就行。受其影响，不少中小学课堂依旧以教师和教材为中心，师生陷入被知识奴役的境地，丧失了批判知识的信心和勇气。

　　只有教师认同课改理念，参与课改过程，在课改中学习和成长，担当更重要的责任，做课改的行动者，激起自下而上的改革，才能达成课改的理想。④ 但是，调查发现，中小学教师表面上普遍认可新课程理念，但知而未行，导致课堂教学"穿新鞋，走老路"的现象还比

---

　　① 关文信：《新课程理念与课堂教学行动策略》，首都师范大学出版社 2003 年版，第 213 页。

　　② 余慧娟：《十年课改的深思与隐忧》，《人民教育》2012 年第 2 期。

　　③ 袁凤琴、余晓莹：《课程改革与教师教育观念的转变》，《贵州师范大学学报》（社会科学版）2008 年第 3 期。

　　④ 欧用生：《课程改革：九年一贯课程的独白与对话》，（台北）台湾师大书苑有限公司 2000 年版，第 15 页。

较普遍。当笔者问到"有研究表明：教师的行为只有16%符合新课程标准的要求。您认为这种结论符不符合现实"时，竟然有将近70%的受访教师表示"符合"或"基本符合"，还有将近10%的受访教师表示"没那么夸张"或"不会那么低"，而明确表示"反对"或"不符合"的比例只有6.5%。由此可见，大部分教师并非依据标准而行动。但是，也有教师提醒："16%的结论可能跟评价者本人不在一线教学有关。如果你觉得周围的人都是神经病，自己却很正常，那到底是谁病了？所以，如果课标制订者发现大家都不符合课标的要求，那可能就要反思这个标准本身的可行性问题了。"

另外，如表4-5所示，中小学教师还是存在诸多不合理的做法。其中，"过分注重考试成绩"的比例高达65.47%，"作业量多"的比例为51.41%，"罚抄作业"的比例为32.99%，"责骂学生"的比例为26.60%，"不关心差生"的比例为24.04%，"不允许学生犯错"的比例为20.72%。笔者通过课堂观察和访谈发现，上述结论还是相对客观和真实的。另一题的调查结果显示，69.31%的中小学教师经常为"抓素质教育还是抓考试成绩"这一问题感到苦恼，这在某种程

表4-5 　　　　　　　　**中小学教师不太合理的做法**

语文教龄	责骂学生	作业量多	罚抄作业	不允许学生犯错	过分注重考试成绩	不关心差生
1—4年	26人	51人	34人	21人	54人	27人
（共90人）	28.89%	56.67%	37.78%	23.33%	60.00%	30.00%
5—10年	17人	39人	27人	13人	50人	15人
（共74人）	22.97%	52.70%	36.49%	17.57%	67.57%	20.27%
11—20年	43人	59人	40人	28人	80人	28人
（共127人）	33.86%	46.46%	31.50%	22.05%	62.99%	22.05%
21—31年	4人	13人	5人	6人	24人	5人
（共37人）	10.81%	35.14%	13.51%	16.22%	64.86%	13.51%
地区学科带头人	14人	39人	23人	13人	48人	19人
（共63人）	22.22%	61.90%	36.51%	20.63%	76.19%	30.16%
总计	104人	201人	129人	81人	256人	94人
（共391人）	26.60%	51.41%	32.99%	20.72%	65.47%	24.04%

度上也说明教师的课程理念存在认知冲突的地方。中小学教师虽然认识到生活经验对课程理解的重要意义，但当学生在教学中积极表达自己的生活经验时，却往往缺乏耐心。

3. 对课程目标的理解

案例4-1 《地震中的父与子》的教学目标设计

知识目标：

1. 认识8个生字，会写11个生字；

2. 正确读写、理解词语。

能力目标：

1. 有感情地朗读课文；

2. 领悟作者抓住人物的外貌、语言、动作进行描写，反映人物思想的表达方法。

情感目标：

1. 感受地震灾难，体验地震带给人心灵的巨大冲击；

2. 从课文的具体描述中感受父亲对儿子的爱。

首先，从课程目标的构成看，不少中小学教师要么没有三维一体目标的意识，要么如案例4-1所示，将三维一体目标简单地理解、人为地割裂成三个目标或三部分目标。

其次，从课程目标的质量看，不少教师对课程目标还存在理解模糊甚至错误等问题。如有的语文教师"将情感态度与价值观维度目标等同于课文内容情节蕴含的情感态度和价值观，甚至等同于'德育'，严重窄化新课程目标的内涵"。[①]

再次，从课程目标的重视程度看，如表4-6所示[②]，中小学教师的课堂教学仍旧以知识传授为核心任务，而且主要还是侧重考试点

---

① 鲍道宏：《教师课程理解初探》，博士学位论文，华东师范大学，2008年，第42页。

② 杜志强：《领悟课程研究》，光明日报出版社2010年版，第154页。

的教学，却把过程与方法目标、情感态度与价值观目标作为知识与能力目标的陪衬，甚至干脆忽视这两维目标的存在。有教师坦言："目前的考试主要还是以知识点为主，知识教学理当成为课堂教学的重中之重。至于情感态度和价值观目标，那是渗透性质的，主要靠学生自己去理解和体会。"与此相反，有些教师却机械理解和划分三维目标的比重。他们即使讲一般的科技说明文，也要挂一个思想教育的尾巴。

最后，从课程目标的确立依据看，不少教师只看教参不看课标。他们把课程等同于教材，把教材内容等同于教学内容，把教材或教参上的目标等同于课程目标，把教材或教参作为确立课程目标的唯一依据。另外，不少教师既不清楚学科课程总目标的内容体系，也不清楚学科课程标准中关于某项内容的具体数量和要求，只是凭自身经验和教参制定课程目标。

表 4 - 6　　　　　　中小学教师对三维目标的重视程度　　　　单位:%

三维目标	十分重视	比较重视	无法确定	较不重视	十分不重视
知识与能力目标	78	16	2	4	0
过程与方法目标	27	18	3	49	3
情感、态度与价值观目标	13	21	14	46	6

4. 对课程内容的理解

笔者通过调查发现，随着新课程改革的逐步推进，中小学教师渐渐接受了建构主义的知识观和新课程的内容观。当笔者问到"您是否认同'课本知识只是一种关于某种现象的较为可靠的假设而已，而且是永远有缺漏的假设'的观点"时，将近80%受访教师明确表示"对""同意"或"认同"，而明确表示"反对""不同意"或"不认同"的比例还不到10%，还有10%左右的人表示"不完全同意"或"不完全认同"。认同派的理由是："学问本来就是见仁见智的事情，课本知识只是一群人经过集体商讨、研习，最终达成的某种共识而已，这种共识必然会随着人类社会的进步而发生变化。""课本知识固然包含着某些科学合理的成分，但并不意味着这是终极答案。随着社会的发展，将会有更真实合理的解释。""课本知识不是一成不变的真理，有些东西还需要不断被验证。""世界上的某种知识也好，某种理论体系也好，不可能说明一切，也不可能是绝对真理。""教材无非是一种例子而已。"不认同派和不完全认同派的理由是："这句话未免太绝对了。对于自然科学而言，很多课本知识就不是假设。""选入课本的知识，很多是古今中外智慧的结晶。"当笔者进一步追问"您认为这种观点可以给您带来哪些教学方面的启示"时，他们也能给出相对合理的解释，如："教学不是知识的传递和灌输，而是意义的建构和促进。""教师不能把课本知识作为绝对真理硬塞给学生，不能用我们理解知识的方式逼学生就范，用所谓的权威去压服学生。""教师应该有意识地改变传统教学模式，更多关注学生的理解和生成。""应该把更多的主动权交给学生，让他们成为课堂学习的主体。""尽信书，则不如无书。""要鼓励师生大胆质疑，勇于创新。""应该提倡启发式教学，让学生大胆表达自己的意见。""我们应该创造性地使用课本，取其精华，弃其糟粕。""不应该再迷信权威，让所有的标准答案都见鬼去吧。"由此可见，中小学教师的课程内容观总体上还是相对合理的。但是，即便教师打心底里认同这些理念，仍有可能复原过去的做法，这也许就是惯习和惰性的力量所在吧。

　　特级教师于永正指出："这法那法，不钻研教材就没有法。"① 教师在课前必须先和文本对话，钻研好教材。只有把教材把握好了（包括朗读好课文），才能取得和学生对话的资格，进了课堂才能和学生交流，引导学生和教材进行对话。于老师说，自己备课没有什么诀窍，就是那么翻来覆去地读和想。只有读出了自己的理解、情感，读出了文章的妙处，读出了自己的惊喜之后，才敢走进课堂上课。② 笔者发现，随着学历水平的提高，一线教师钻研教材的能力总体上较以前有所提高。当笔者问到"您认为语文教师的文本解读能力怎样"

---

① 于永正：《教学艺术与钻研教材》，《校长阅刊》2006 年第 12 期。
② 任辉：《叶圣陶阅读教学思想给对话教学的启示》，《课程·教材·教法》2007 年第 5 期。

时，20%的受访教师回答"很好""很不错"或"能力强"，近30%的受访教师回答"还好""还不错"或"比较强"。其代表性的理由是："他们的文本解读能力很好，不大会出问题。""大体不错，基本能够解决各类问题。"上述数据说明，近一半的受访教师认可语文教师的文本解读能力。但是，也有近20%的受访教师回答"因人而异"或"相差不小"。他们告诉笔者："总体而言，城市及二级达标校的教师解读能力较好，农村基层学校的教师解读能力较差。""一般情况下，有5年以上教龄的老教师对文本解读还是比较有把握的。"此外，还有超过10%的受访教师回答"一般"，超过10%的受访教师回答"不高""不够到位"。当笔者进一步追问"一线教师在文本解读中通常会出现哪些问题"时，得到的答复是：天马行空，随意肢解课文；照搬照抄，迷信和依赖教参；千篇一律，缺个性、创意解读；任意拓展，插足其他学科；老调重弹，低水平重复；急功近利，只关注跟考试有关的内容。笔者认为，上述回答是相对客观的。

如表4-7所示，85.68%的中小学教师认为自己的备课时间主要用来"钻研教材"，说明他们还是特别重视理解和分析教材内容，有的甚至把钻研教材等同于备课的全部工作。但是，高达36.06%的中小学教师认为自己的备课时间主要用来"查阅同题教案"，有二三十年语文教龄的教师的这一比例竟然高达64.86%，说明他们独立解读课程内容的能力相对有限；25.58%的中小学教师认为备课时间主要用来"关注考试要点"，30.69%的语文教师认为在加工和处理教材内容时"怕影响考试成绩"（见表4-8），二三十年语文教龄的老教师的这一比例更是高达39.68%，说明中小学教师还是比较关注考试内容的理解。尤其在中学阶段，"考试内容成为教师理解课程内容的基本准绳。"[1]某老教师讲完《吴汉何尝杀妻》一课时坦言，这节课之所以不讲演绎论证法，是因为这个知识点多年来一直没有考过。

---

[1]　鲍道宏：《教师课程理解初探》，博士学位论文，华东师范大学，2008年，第62页。

表 4-7   中小学教师的备课时间主要用来做什么

语文教龄	钻研教材	研究学生	查阅同题教案	关注考试要点	请教有经验的老师	设计教学亮点
1—4 年 （共 90 人）	72 人 80.00%	40 人 44.44%	41 人 45.56%	24 人 26.67%	29 人 32.22%	34 人 37.78%
5—10 年 （共 74 人）	64 人 86.49%	45 人 60.81%	29 人 39.19%	19 人 25.68%	20 人 27.03%	37 人 50.00%
11—20 年 （共 127 人）	114 人 89.76%	59 人 46.46%	33 人 25.98%	30 人 23.62%	21 人 16.54%	53 人 41.73%
21—31 年 （共 37 人）	31 人 83.78%	23 人 62.16%	24 人 64.86%	11 人 29.73%	7 人 18.92%	14 人 37.84%
地区学科带头人 （共 63 人）	54 人 85.71%	28 人 44.44%	14 人 22.22%	16 人 25.40%	6 人 9.52%	33 人 52.38%
总计 （共 391 人）	335 人 85.68%	195 人 49.87%	141 人 36.06%	100 人 25.58%	83 人 21.23%	171 人 43.73%

因为自身功底和经验不足等原因，不少教师在钻研教材的过程中备感压力。当笔者问到"您认为自己在理解和把握教材方面还存在哪些不足"时，19.95%的中小学教师选择"不能独立分析课文内容"，27.37%的中小学教师选择"不能准确理解教材编写意图"，36.58%的中小学教师选择"不能很好把握教学重难点"。另外，如表 4-8 所示，当笔者追问"您在加工和处理教材内容时主要担心什么"时，高达 76.21%的中小学教师"怕把握不够到位"，44.76%的中小学教师"怕学生不能接受"，40.41%的中小学教师"怕自己理解有误"，18.16%的中小学教师"怕删了不该删的"；还有，如表 4-10 所示，当笔者问到"如果取消教参，您最担心什么"时，高达 60.86%的中小学教师"担心自己不能很好地把握教材"，39.64%的中小学教师"担心加大自己的备课工作量"。由此可见，中小学教师加工和处理教材内容的信心和能力有待提高。

表4-8 中小学教师加工和处理教材时主要担心什么

语文教龄	怕把握不够到位	怕自己理解有误	怕学生不能接受	怕删了不该删的	怕影响考试成绩	怕领导追究责任
1—4年 （共90人）	80人 88.89%	41人 45.56%	53人 58.89%	26人 28.89%	20人 22.22%	3人 3.33%
5—10年 （共74人）	51人 68.92%	36人 48.65%	32人 43.24%	20人 27.03%	26人 35.14%	1人 1.35%
11—20年 （共127人）	94人 74.02%	51人 40.16%	52人 40.94%	20人 15.75%	41人 32.28%	1人 0.78%
21—31年 （共37人）	27人 72.97%	7人 18.92%	16人 43.24%	2人 5.41%	8人 21.62%	2人 5.41%
地区学科带头人 （共63人）	46人 73.02%	23人 36.51%	22人 34.92%	3人 4.76%	25人 39.68%	0人 0.00%
总计 （共391人）	298人 76.21%	158人 40.41%	175人 44.76%	71人 18.16%	120人 30.69%	7人 1.79%

关于加工和处理教材的原因，教师们的真实想法如表4-9所示，86.70%的中小学教师选择"因材施教的需要"，40.67%的中小学教师选择"教材缺乏灵活性"，这说明他们的面向学生灵活施教的意识还是比较明确的。但是，只有43.22%的中小学教师选择"教材本身有空白点"，说明还有将近2/3的教师还不太重视教材弹性空间的开发和利用，说明他们自主加工和处理教材的意识还有待加强；只有42.71%的中小学教师选择"教材无非是个例子"，这说明大部分教师还没有树立教材是"例子"的教材观；另外，只有7.93%的中小学教师选择"教材编写不太符合课标要求"，只有8.18%的中小学教师选择"教材内容存在疏漏"，说明教师在加工和处理教材内容时，普遍缺乏应有的批判意识和质疑精神。很多教师认为，课程是由专家确定的，教师不必怀疑。长期下去，他们就变成了一味认同现实的单向度的人。

表 4 – 9　　　　　　中小学教师加工和处理教材的主要理由

语文教龄	教材不符合课标要求	教材内容存在疏漏	教材缺乏灵活性	教材本身有空白点	教材无非是个例子	因材施教的需要
1—4 年 （共 90 人）	9 人 10.00%	11 人 12.22%	49 人 54.44%	25 人 27.78%	27 人 30.00%	82 人 91.11%
5—10 年 （共 74 人）	6 人 8.11%	8 人 10.81%	28 人 37.84%	39 人 52.70%	27 人 36.49%	69 人 93.24%
11—20 年 （共 127 人）	11 人 8.66%	6 人 4.72%	54 人 42.52%	57 人 44.88%	60 人 47.24%	104 人 81.89%
21—31 年 （共 37 人）	3 人 8.11%	2 人 5.41%	9 人 24.32%	13 人 35.14%	22 人 59.46%	30 人 81.08%
地区学科带头人 （共 63 人）	2 人 3.17%	5 人 7.94%	19 人 30.16%	35 人 55.56%	31 人 49.20%	54 人 85.71%
总计 （共 391 人）	31 人 7.93%	32 人 8.18%	159 人 40.67%	169 人 43.22%	167 人 42.71%	339 人 86.70%

　　例如，周国平《白兔和月亮》一文的标题不一定妥帖，表述也不一定规范，但是，有的语文教师在上这一课时却对学生说，课文中的每一句话都是很好的，都值得好好挖掘和赞美。而且还说，文中"独具审美的慧心"一句中的"独"字用得非常好，让笔者至今都想不出其用意和理由。有的语文教师在上邓拓《吴汉何尝杀妻》一课时也一味地赞美文章的驳论是如何严密而有力的。其实，这篇文章也不是没有问题的。首先，《斩经堂》一剧讲吴汉的妻子是自刎而死的，作者却将此误读为"吴汉杀妻"，有歪曲事实和强加于人的嫌疑。换句话说，作者批驳的观点本身也是不成立的。其次，作者在文中第五自然段说第一则史料还不够有力，还不足以推翻"杀妻"之说，所以想从正面找出更有力的证明材料。但是作者后面用到的三个史料并不见得就比第一则史料有力，所以作者自己也只能说"可能"。还有，人不可貌相，作者却根据吴汉为人质厚和不善言辞得出吴汉不可能杀妻的结论。最后，作者引用的史料都是出自替统治阶级服务、多数报喜不报忧的史官之手，其说服力是非常有限的。

上述结论在另一题的作答中得到印证。当笔者问到"当您发现课文不适合教学时怎么办"时，中小学教师作答情况是：选"让学生自己读"的占15.35%，属于典型的放任不管和逃避责任派，"因为采取这种方针，就是年长的人决定让儿童任凭偶然的接触和刺激摆布，放弃他的指导责任。"① 选"硬着头皮教"的占10.74%，属于绝对忠诚的本本主义派，他们把课本视为"圭臬"、"法典"和"圣经"，不敢越课本半步，生怕考到这一知识点；选"挑重点讲"的高达65.22%，属于典型的投机取巧派，他们这样做主要还是怕大型考试会考到这篇课文的相关内容。令人欣慰的是，选"与其他老师商量着办"的占39.39%，说明不少教师们有善假于人的合作意识。但不可否认的是，这中间也夹杂着随大流的可怕思想。而选"重选一篇文章替换课文教"的只占14.07%，说明教材是"范例"或"材料"的新型教材观还没有得到广大教师的普遍认可和实际应用，很多教师还不知道教材的例子是可以替换的。而选择"自己动手改"的教师几乎没有，说明语文教师修改文章的能力还比较薄弱，批判、质疑教材的能力还非常有限。

笔者调查发现，大部分中小学教师对新课程要求教师创造性地使用教材表示充分理解。当笔者问到"您觉得新课程为什么要鼓励教师创造性地使用教材"时，大部分受访教师都基本上能够做出相对合理的解释，如"教材无非是例子，教师理应创造性地使用教材，不能被教材所限制。""教材不是唯一的课程资源，现实生活远比教材内容丰富多彩。""完全按照教材上课必然把课上死，只有创造性地使用教材才能把课上活。""课本是死的，教师和学生是活的，他们不可能完全按照教材上课。""因为不同地方和学校的课程资源不同，不同学生的学习需求也不一样，教师必须因地制宜和因材施教，给学生更多选择和适应的机会。""这是为了让教师联系生活、结合实际进行教学。""主要是为了激发学生的兴趣，培养学生的个性，进行个性化教学。"但是，当笔者问到"一线教师具体落实的情况怎样"时，只有10%

---

① ［美］约翰·杜威：《杜威教育论著选》，赵祥麟、王承绪编译，华东师范大学出版社1981年版，第324页。

左右的受访教师表示"情况不错""比较好"或"较为到位"，回答"不是很好""不够到位""不是很乐观"或"需要加强"的比例超过20％，而明确表示"不好""不理想""不容乐观"或"没有落实"的高达25％。由此可见，教师创造性地使用教材的能力还有待加强。受访教师认为，中小学教师在创造性使用教材的过程中容易出现如下问题：漫无目的，随意删减；拔高要求，脱离实际；盲从教参，过多拓展；形式主义，过于花哨。之所以出现上述问题，主要跟教师自身的素质和考试评价的制度有关。不少教师告诉笔者："教学本身应该是一个再创造的过程，但统一的教学进度和唯分数论的评价制度，让我们一线老师只能带着镣铐跳舞。""只要高考制度不变，社会的实用观不变，没有谁敢真正地创造性使用教材。""作为教师，我们最担心的问题就是教材用好了，学习愉快了，情感态度价值观培养了，而考试时要用的技能与方法又啥也不会了。"为此，教育主管部门应该给教师创造性地使用教材提供时空环境和技术支持。

随着钻研教材能力的逐步增强，教师对教参的认识也越来越理性化。当笔者问到"您是否同意'教参是个鸦片烟'的观点"时，超过35％的受访教师明确表示"同意"，理由是："教参过于全面系统，容易使教师产生依赖心理。""一旦你依赖上了教参，就很难离手。一旦教参离手，就觉得备课无从下手。""教参容易导致教师懒于思考和投机取巧，久而久之就形成了天下教案一般抄的现象。""有些教参过于死板和教条，不够灵活和有新意。""教参把一些所谓专家的观点强加给教师，并以标准答案的形式出现，容易束缚教师和学生的创造力。"同时，超过38％的受访教师明确表示"不同意"，理由是："教参是一线教师尤其是年轻教师开展教学活动的重要指南。""教参毕竟是教学经验和集体智慧的结晶，可以为教师理解和把握教材内容提供必要的参考。""教参教参，顾名思义，是教学的参考，是需要教师合理利用的。这种观点夸大了教参的负面功能，否定了教师的主观能动性，犯了以偏概全和因噎废食的错误。""教师的素质良莠不齐，教参有利于保证教学质量。"另外，还有超过10％的受访教师表示"不太同意"或"不完全同意"，理由是："如何使用教参，使用教参的效果如何，主要取决于教师自身的素质。""这主要不是教参的错，而是使用教参的人有问题。"由此可见，不管是同意派、反对派还是中间派，都能相对辩证地看待教参的作用。

如表4-10所示，当笔者问到"如果取消教参，您最担心什么"时，只有7.16%的中小学教师选择"担心自己不会备课"。这与2002年的调查结果即"如果离开了《教学参考》书，至少有80%的教师写不好教案"[1] 相比，进步是相当明显的。当笔者问到"您对教参中的教学建议持什么态度"时，1.28%的中小学教师选择"坚信"，17.65%的中小学教师选择"认同"，而选择"参考"的比例高达70.08%，选择"选用"的比例为52.94%。这既说明教学建议的质量有待提高，也说明中小学教师的主体意识和自主备课的能力有所增强。另外，如表4-11所示，20.97%的中小学教师觉得现在的教参"死板"，27.11%的中小学教师觉得现在的教参"千篇一律"，说明不少中小学教师开始关注教学的适切性和灵活性问题，说明新课程关于尊重学生的个体差异和灵活施教的要求逐渐获得认同。

表4-10　　　如果取消教参，中小学教师最担心什么

语文教龄	担心自己不会备课	担心加大自己的备课工作量	担心自己不能把握好教材	担心自己抓不住教学重难点	担心经验不足影响考试成绩	担心没有那么多时间备课
1—4 年	9 人	27 人	64 人	44 人	31 人	11 人
（共90人）	10.00%	30.00%	71.11%	48.89%	34.44%	12.22%
5—10 年	10 人	25 人	49 人	34 人	13 人	16 人
（共74人）	13.51%	33.78%	66.21%	45.95%	17.57%	21.62%
11—20 年	7 人	49 人	75 人	45 人	17 人	25 人
（共127人）	5.51%	38.58%	59.06%	35.43%	13.39%	19.69%
21—31 年	1 人	27 人	15 人	14 人	2 人	8 人
（共37人）	2.70%	72.97%	40.54%	37.84%	5.41%	21.62%
地区学科带头人	1 人	27 人	35 人	18 人	4 人	11 人
（共63人）	1.59%	42.86%	55.56%	28.57%	6.35%	17.46%
总计	28 人	155 人	238 人	155 人	67 人	71 人
（共391人）	7.16%	39.64%	60.86%	39.64%	17.14%	18.16%

[1]　李建平：《聚焦新课程》，首都师范大学出版社2002年版，第180页。

表4-11　　　　　　中小学教参还存在哪些不足之处

语文教龄	简单	烦琐	死板	千篇一律	可操作性不够	有知识性错误
1—4 年 （共90人）	12 人 13.33%	13 人 14.44%	25 人 27.78%	38 人 42.22%	63 人 70.00%	3 人 3.33%
5—10 年 （共74人）	15 人 20.27%	5 人 6.76%	18 人 24.32%	16 人 21.62%	52 人 70.27%	8 人 10.81%
11—20 年 （共127人）	29 人 22.83%	13 人 10.23%	23 人 18.11%	32 人 25.20%	93 人 73.22%	3 人 2.36%
21—31 年 （共37人）	5 人 13.51%	5 人 13.51%	3 人 8.11%	8 人 21.62%	25 人 67.57%	12 人 32.43%
地区学科带头人 （共63人）	8 人 12.70%	10 人 15.87%	13 人 20.63%	12 人 19.05%	42 人 66.67%	3 人 4.76%
总计 （共391人）	69 人 17.65%	46 人 11.76%	82 人 20.97%	106 人 27.11%	275 人 70.33%	29 人 7.42%

　　但是，成绩不代表没有问题。调查发现，还有不少教师存在过分依赖教参的问题。他们视教参为至爱、法宝和风向标，把教参的说明和要求当作金科玉律，甚至连教学设计和用语都一样。他们备课时抄教参，上课时念教参，好像离开了教参，便觉得自己寸步难行。他们经常被教参牵着鼻子走，无形中成为教参的崇拜者、传声筒和贩卖者。久而久之，就逐渐弱化了教师独立思考和钻研、处理教材的能力，教师教学也会因为循规蹈矩变得毫无创新可言。另外，如表4-11所示，面对平均厚度远远超过课本的教参，17.65%的中小学教师觉得现在的教参偏"简单"。而且，除了学科带头人，教龄越长的教师越觉得教参简单。还有高达70.33%的中小学教师觉得教参的"可操作性不够"。这些数据一方面说明教师对教参有实用主义的倾向，同时也说明教师有过度依赖教参的问题。教师过分依赖教参必将导致课堂教学简单化和模式化，必将扼杀教师的主体性和创造性，从而影响教师业务水平和教学质量的提高。教师过分依赖教参的原因除了教学任务繁重，没办法腾出那么多的时间来充分备课之外，可能还跟我

们国民迷信和盲从权威的"历史惯性"有关，与中小学长期存在
"一纲一本一个答案"的教学状况密切相关。但是，最直接的原因恐
怕还是教师自身的能力和师德出了问题。① 有的教师从教思想不稳定，
教学态度不端正；有的教师没有自己的独立见解，只会照本宣科；有
的教师因为经验和方法问题，不能独立钻研教材和编写教案；有的教
师因为严重缺乏自信，总认为教参编写者比自己理解得更透彻；有的
教师因为惰性作怪，不愿在备课上多花时间，不愿动脑筋思考问题。
加上缺乏独立意识和创新精神，导致有的教师在使用教参时往往只信
教参不信自己。

5. 对课程主体的理解

（1）对教师的理解

随着课程改革的深入进行，教师的课程角色意识较以往有所好
转，教师课内外拓展、创设教学情境、师生互动对话、学习方法指导
的能力明显增强。但是，此次课程改革对教师作用的重视似乎属于突
然觉醒的顿悟状态，即从完全将教师排斥在课程之外到一下子提出
"教师即课程"的理念，期间缺乏必要的过渡阶段。② 加上受传统思
想观念的影响，不少教师在课程实践中出现种种不适和焦虑感。

在一些教师看来，课程是专家组织编写的法定内容，教师既无权
更动课程内容，也无须思考课程问题。他们的唯一任务就是认真按照
全国统一的课程标准和教科书的要求进行教学。这样，"教师成了教
育行政部门各项规定的机械执行者，成为各种教学参考资料的简单照
搬者"。③ 长期下去，教师逐渐丧失了课程主体的意识，丧失了独立钻
研教材的能力。如果离开教参，还有不少教师写不出像样的教案；离
开教辅资料，还有不少教师出不好练习题和考卷。

笔者调查发现，中小学的课堂还是以知识传授为主，"一刀切"
的现象比较严重。多数课堂还是着眼于教师的教，意在完成教材上的
"硬性任务"。师生之间的关系被异化为教授与接受、命令和服从的关

---

① 黄京钗：《教参使用的误区及其规避》，《教育评论》2001 年第 3 期。
② 万伟：《课程变革中的教师文化》，南京师范大学出版社 2010 年版，第 45 页。
③ 朱慕菊主编：《走进新课程：与课程实施者对话》，北京师范大学出版社 2002 年版，
第 126—127 页。

系。因为处于中心信息源的地位，不少教师仍是教学活动的主宰，控制着课堂教学的内容和进程。一些教师还喜欢以知识权威和班级统治者自居，以一种高高在上的姿态向学生灌输所谓的绝对真理，把整个课堂变成教师自己独白和表演的舞台。学生则被视为接受知识的容器，是教师任意支配和形塑的客体，几乎没有任何话语权。

由于对教师成为研究者的意义认识不够，加上教育科研的支持环境有待优化、教师科研素养有待提高等原因，中小学校真正投身于教育科研的人数非常少。教师经常为评职称拼凑和发表论文。中小学的教学和科研经常是彼此分离的。研究被认为是专家们的专利，教师的任务只是教学而已。这种认识的弊端是：专家的研究成果并不一定为教学实际所需要，不一定能转化成生产力；而教师的教学因为没有以教研为依托，容易固守在重复旧经验、照搬老方法的窠臼中不能自拔。我们国家早在 1957 年就颁布了《中学教学研究组工作条例（草案)》，对教研组的名称、性质、任务等进行了相对具体的规定。但是，有些教师在教研活动时既不反思教学问题，也不参与集体讨论，最终让教研活动变成了没有目的和中心的闲谈。

因为后面还有很多内容涉及这方面的问题，此处就不再赘述。

（2）对学生的理解。

调查和了解学生是搞好课程教学的基本前提，良好的教学效果建立在教师对学生的全面理解的基础上。"学生之间是相通而不同的，相互的差异是学生个体成长不可缺失的资源。"[1] 教师不但要了解学生身心发展的一般规律，而且要尽可能地了解每个学生的性格特点、气质类型以及学习方式上的差异。教师要根据学生的不同特点做到因材施教。当笔者问到"您认为一个好的语文教师应该具备哪些素养"时，"关爱学生"的选择率最高，为88.23%；当笔者问到"您加工和处理教材内容的依据是什么"时，选择"学生实际"的比例最高，为91.56%；当笔者问到"教师为什么要对教材内容进行适度的加工和处理"时，"因材施教的需要"的选择率最高，为86.70%；当笔者问到"您认为教师加工和处理教材内容需要具备哪些素养"时，

---

[1]　叶澜主编：《教育学原理》，人民教育出版社 2007 年版，第 123 页。

"了解学生"的选择率最高，为85.93%；当笔者问到"当您对课文的理解与教参的解读发生矛盾时怎么办"时，"选择更适合学生的那种讲"的选择率排第二，为58.82%；当笔者问到"您在加工和处理教材内容时主要担心什么"时，"怕学生不能接受"的选择率排第二，为44.76%；当笔者问到"影响您基于课程标准教学的主要原因是什么"时，"学生情况复杂"的选择率排第二，为54.73%；当笔者问到"您备课的时间主要用来做些什么"时，"研究学生"的选择率排第二，为49.87%；当笔者问到"您担心课堂发生意外的主要原因是什么"时，"怕学生受到伤害"的选择率排第三，为32.48%。上述数据说明，随着新课程改革的逐步推行，教师理解和关爱学生的意识和能力在逐步增强，学生的主体地位也逐步获得教师的认可和重视。

另一方面，不少中小学教师还是从性恶论角度看待和管教学生，经常用权威者的身份和命令的方式对学生发号施令。他们不信任学生的能力，不敢放手让学生做主，不重视学生的个性差异和独特体验，甚至把学生视为客体和盛器，继续沿用灌输式和齐步走的教学。"从我国教育的历史以及现实来看，基本上是一种'外塑论'的学生观。这主要有三个方面的原因：一是我国的教育深受赫尔巴特教育思想以及凯洛夫教育思想的影响；二是受我国传统文化中'师道尊严'、'尊师重道'的影响；三是由于我国现行的招生考试制度而导致的'应试教育'的影响。"[1] 调查发现，不少中小学教师仍在实施广种薄收的应试教育。他们只关注少数几个学习尖子生，只让升学有望的学生参与教学活动。他们经常根据正态分布律和考试成绩将学生分成五六九等，认为只有少数尖子生才能掌握课程内容。其实，布卢姆早就对上述做法和观点进行过猛烈抨击，认为这是"当今教育体制中最浪费、最有破坏性的一面。它压制了教师与学生的创造力，降低了学生的学习热情，也破坏了相当数量的学生的自我形象和自我观念。"[2] 布卢姆承认学生间的个体差异，但反对"个体差异是不可改变"的看

---

[1] 王鉴主编：《教学论热点问题研究》，广西师范大学出版社2008年版，第179页。

[2] 钟启泉、黄志成主编：《美国教学论流派》，陕西人民教育出版社1993年版，第56—57页。

法。他认为，学生身上的许多个别差异都不是人在胚胎时就固有的，而是人为和偶然的；只要提供必要和适当的学习条件，大多数学生是可以掌握课程内容的。另外，有的教室因为风扇年久失修等原因，噪声干扰非常大，但不少教师却不闻不问，对学生缺乏必要的人文关怀。

　　传统教学最根本的弊端在于无视学生的主体地位，把他们教成了被动的接受者。调查发现，在中小学语文阅读教学中，教师过多讲解、分析和说明的现象非常普遍，学生自主阅读的时间却少得可怜。究其原因，主要是因为教师过低估计学生的阅读能力，老是担心学生读不懂课文，担心学生读书的速度太慢而影响教学进度，于是就干脆搞满堂灌和包办代替，出现重讲轻练、重结果轻过程等弊端。另外，如表 4 - 12 所示，只有 63.17% 的中小学教师宣称自己在备课过程中会经常了解学生的真实想法，选择"很少会"和"基本不会"的比例之和高达 13.55%。因为备课时想当然，有些教师上课时总是讲一些学生已经知道的东西，而学生不知道的或理解不了的东西却根本没讲。当笔者问到"您觉得自己在哪些方面做得不够"时，"与学生平等相处"的选择率为 11.00%；当笔者问到"发现自己的教学不满意之后，您会做些什么？"时，"求助学生"的选择率仅为 6.39%；当笔者问到"您发现自己的同行通常有哪些做法不太合理"时，"责骂学生"的选择率高达 26.60%；当笔者问到"您认为自己在理解和把握教材方面还存在哪些不足"时，"不能从学生实际出发设计教学"的选择率高达 31.20%；当笔者问到"当您发现自己不能很好地理解和把握教材时会做些什么"时，"听听学生的见解"的选择率仅为 22.25%。这些数据说明，不少教师还是不太相信学生的能力，不能与学生平等相处。当笔者进一步追问"影响您调查和了解学生的主要原因是什么"时，"课务多"的选择率最高（68.54%），"没有那么多时间"的选择率排第二（38.62%）。应该说，这种解释是相对客观的。有数据显示：我国中小学教师人均日劳动时间为 9.67 小时，比其他岗位多 1.67 小时。① 与此形成鲜明对比的是，美国小学教师的

---

① 翟晋玉、梁恕俭：《教师：幸福在哪里》，《中国教师报》2011 年 4 月 13 日第 1 版。

每天工作时间只有 5 小时。此外，有高达 9.72% 的教师选"凭教学经验猜测就行"，这就有经验主义和惰性作怪的嫌疑；还有 7.67% 的教师选"学校没有这方面的要求"，一方面说明少数学校领导的学生意识淡薄，另一方面说明部分教师不但工作起来非常被动，而且还犯了不该犯的常识性错误，因为调查和了解学生是常规性教学要求，不需要学校过多强调。

表 4 - 12　　　　　中小学教师在备课中了解学生想法的情况

语文教龄	经常会	很少会	偶尔会	基本不会	不会
1—4 年 （共 90 人）	42 人 46.67%	13 人 14.44%	30 人 33.33%	6 人 6.67%	0 人 00.00%
5—10 年 （共 74 人）	50 人 67.57%	7 人 9.46%	20 人 27.03%	2 人 2.70%	0 人 00.00%
11—20 年 （共 127 人）	81 人 63.78%	13 人 10.24%	28 人 22.05%	3 人 2.360%	0 人 00.00%
21—31 年 （共 37 人）	31 人 83.78%	3 人 8.11%	3 人 8.11%	0 人 00.00%	0 人 00.00%
地区学科带头人 （共 63 人）	43 人 68.25%	6 人 9.52%	15 人 23.81%	0 人 00.00%	0 人 00.00%
总计 （共 391 人）	247 人 63.17%	42 人 10.74%	96 人 24.55%	11 人 2.81%	0 人 00.00%

从表 4 - 13 可见，中小学教师主要是通过作业情况（85.17%）、课堂问答（82.86%）、试卷分析（69.82%）来调查和了解学生的。但利用课余时间主动找学生谈话的比例还不到一半，跟家长沟通和教师交流的比例还不到 1/3，这意味着家校交流和教师合作还有待加强。笔者在某中学听了一节高二的语文课《逍遥游》。任课教师在导入新课后问学生：你们学过庄子的文章吗？多数学生答没有，教师不但不相信，还带着责怪的语气说：谁说没有，我在高一就教过庄子的《秋水》。但在评课的时候，语文教研组长郑老师指出：这届学生学的是

新教材，他们在高一的时候确实没有学过《秋水》。某高三语文教师讲《古典诗歌的炼字艺术》时想由旧引新，用学生学过的诗句作为论据。当讲到"红杏枝头春意闹"时，学生却纷纷表示没有学过。教师不但没有自我批评，反而强词夺理地批评学生说："这么有名的诗句，即使老师没教，你们也应该会。"由此可见，任课教师在备课时因为没有提前调查和了解学生，无意中犯了经验主义的错误。

表 4 – 13　　　　　　　　　中小学教师了解学生的基本途径

语文教龄	课堂问答	作业情况	试卷分析	学生谈话	家长沟通	教师交流
1—4 年 （共 90 人）	79 人 87.78%	76 人 84.44%	67 人 74.44%	44 人 48.89%	22 人 24.44%	27 人 30.00%
5—10 年 （共 74 人）	64 人 86.49%	64 人 86.49%	54 人 72.97%	39 人 52.70%	21 人 28.38%	27 人 36.49%
11—20 年 （共 127 人）	104 人 81.89%	112 人 88.19%	78 人 61.42%	56 人 44.09%	29 人 22.83%	30 人 23.62%
21—31 年 （共 37 人）	28 人 75.68%	33 人 89.19%	31 人 83.78%	20 人 54.05%	7 人 18.92%	12 人 32.43%
地区学科带头人 （共 63 人）	49 人 77.78%	48 人 76.19%	43 人 68.25%	33 人 52.38%	16 人 25.40%	9 人 14.29%
总计 （共 391 人）	324 人 82.86%	333 人 85.17%	273 人 69.82%	192 人 49.10%	95 人 24.30%	105 人 26.85%

（二）教师课程设计的现状分析

调查发现，随着新课程改革的逐步深入，中小学教师的课程设计理念较以前有很大进步。当笔者问到"您是否同意'教师和学生共同活动的地方是课程教学设计的最好场所'的观点"时，超过 85% 的受访教师表示"同意"或"基本同意"，而表示"不同意"的比例还不到 10%。当笔者进一步追问"您从上述观点中受到哪些启发"时，他们也能给出相对合理的结论。如："教无定法，贵在得法，课堂教学的过程及其设计非常重要。""在设计教学的过程中，应该多关注学生的实际需要。""只有经常深入了解学生，才能更好地优化教学设计。""教学设计必须坚持预设和生成相结合的原则，注重课堂生成和现场设计。""师生都应该发挥自己的主观能动性，共同参与到教学设计中来。""课堂教学总会出现这样或那样的问题，教师要有驾驭课堂和机智处理教学问题的能力。"当笔者问到"您觉得是否有必要让学生参与教学设计"时，90%的受访教师都认为有必要，理由是："不同的学生有不同的需求，教师很难一一全面把握。让学生参与到教学设计中来，可以更好地了解他们的真实想法和实际需要，更有针对性地做好教学引导。""学生的学习需求和困惑是教学的出发点之一。让学生参与教学设计，可以更好地了解学生的兴趣和困惑所在，更好地激发学生的学习积极性。""学生的视角往往与教师不同，他们往往比教师更加灵活和富有想象力。让学生直接参与到教学设计中来，可以更好地利用学生的智慧和资源。""学生经常跟同学在一起，更了解同学的真实情况。""从教师为学生设计到学生自己参与设计，有利于实现民主教学和科学决策。"当笔者问到"您觉得一线教师在'为学习而设计教学'方面做得怎样"时，将近40%的受访教师表示"挺好"、"还不错"或"大多数都能做到"。尽管这些受访教师也存在"往自己脸上贴金"的可能，但至少说明他们已经接受并力争落实这些理念。

其次，中小学教师设计开放性问题及生成性环节的意识和能力也有所增强。如某八年级语文教师上杨绛的《老王》一课时，让学生初读课文后用"一个_____的老王，表现在_____"的句式评说课文的主人公；某七年级语文教师上张之路《羚羊木雕》一课时，让学生用"一个_____的爸爸/妈妈/奶奶/万芳/我"的句式归纳人物的性格特点；某二年级语文教师分析完课文《欢庆》之后，由读到写、由扶到放、由学到创、由课内到课外，让学生仿造课文的句式填空"小鸟唱起_____，蝴蝶_____欢快的舞蹈，花儿_____。"上述问题非常有开放度，非常有利于尊重学生的独特体验，有利于调动学生的参与热情，有利于创设富有生命活力的课堂。

最后，中小学教师对自己的教学设计能力相对自信。当笔者问到"您对自己设计的教案持什么态度"时，高达90%的中小学教师选择"比较满意"或"基本满意"，其代表性的理由有："教案符合课标要求和学生实际，有比较强的针对性和可操作性。""多方查阅资料，精心设计教案，确实投入了不少的时间和精力。""我是在充分理解课标、教参以及和同事商量的基础上认真备课的。""自己设计的教案思路比较清晰，预设相对充分，过程相对流畅。""目标明确，突出重点，突破难点，符合学生的年龄特点。""能自主设计教学环节，激发学生学习兴趣，顺利完成教学任务。""从实际出发，用心备课，学生基本能够理解和接受。"另外，还有9.46%的中小学教师选择"十分满意"，新增的理由是："吃透教材，因材施教，以生为本。""设计新颖有趣，方法灵活有效，能够充分吸引学生。""有自己的见解与看法，能体现自己的个性和特长。"当追问"您认为自己设计的教案具备哪些特点"时，"突出重点""目标明确"和"思路清晰"的选择率位居前三，分别是76.47%、76.21%和73.40%。两相印证，说明上述结论是相对一致和可信的，说明他们的课程设计能力较以前有所提高。

　　但是，课堂教学永远是遗憾的艺术。在充分肯定成绩的同时，也应该看到现实中仍然存在诸多问题：以书本知识为本位，忽视师生之间的情感交流；以教师的教为本位，忽视学生的主体地位；以静态教案为本位，忽视课堂的动态生成。[①] 当笔者问到"您一般通过什么方式让学生参与教学设计"时，还是有超过20%的受访教师表示"很少"或"从来没有"做过这样的尝试。当笔者问到"您觉得一线教师在'为学习而设计教学'方面做得怎样"时，明确表示"不好""不怎样""做得很不够""不是很好"或"比较一般"的比例接近40%，而明确表示"为了应试而设计教学"、"为了教授知识而设计教学"或"为了教而设计教学"的比例超过20%，两者之和接近60%。当笔者追问"一线教师通常是根据什么来备课"时，在33位受访教师的回答中，"教参"被提到16次，"经验"被提到13次，"考试""考纲"或"考点"被提到11次，"教材""课本"或"文本"被提到11次，"网络资源"被提到4次，而"课程标准"或

---

① 沈建民、谢利民：《以学生为本：现代课堂教学设计的基本理念》，《教育理论与实践》2002年第8期。

"新课程理念"只被提到4次，"教学重难点"只被提到2次。当笔者问到"有多少教师会在备课前主动了解学生的学习需求"时，超过15%的受访教师回答"没有"或"几乎没有"，而回答"很少""较少"或"不多"的比例高达56%，两者之和超过70%。可见，一线教师更多的是根据教参、经验、课本或考点来备课的。某教师告诉笔者："不少教师还是按照传统的模式和套路来设计教学。""教案以完成任务为主，没多大创新，且基本上是照搬教参或从网上下载的。""时间有限，我们经常通过整合教案来提高备课速度。"不少教师坦言："个人能力有限，深度解读不够，个别篇目拿不准。""教案只是为了应付检查，设计比较死板和随意，老教师经常凭经验教学。""预设不够充分，学生经常超出我的预料。"一些教师在听评课活动中尽管也能发现和指出一些问题，但当其他教师进一步追问到底应该怎样设计时，却给不出具体可行的方案。

下面再围绕课程教学设计的基本内容来具体探讨教师课程设计的实然状态。

1. 课程教学目标设计

调查发现：教师的目标意识跟以往相比有所增强，且在设计教学目标时更关注"三维目标"的要求，设计出来的目标也更具针对性和可操作性。如表4-14所示，当笔者问到"您通常根据什么来确定教学重难点"时，"教学目标"的选择率排第一，为72.89%。由此可见，中小学教师根据"教学目标"确定教学重难点的意识相对较强。当笔者问到"您经常关注教参中的哪些内容"时，选择"教学目标"的比例也高达64.70%。但不可否认的是，目标设计的问题也是存在的。如当笔者问到"您在教学设计的过程中经常担心什么问题"时，将近1/5的受访教师担心"目标是否合理""目标能否实现""学生是否有所得"的问题。当笔者问"您认为自己在理解和把握教材方面还存在哪些不足"时，17.65%的中小学教师选择"不能合理确定教学目标"。笔者通过大量翻阅中小学教师们的教案发现，教学目标设计目前还存在诸多不足：

一是目标意识淡薄。因为没有意识到教学目标的价值，不少教师把教学目标当作应付检查和考核的一种摆设。他们要么越过课程标准，用教材内容和知识点取代教学目标，要么简单照搬教师用书和同题教案的现成目标，有的甚至没有任何目标就直接去上课了，造成许多教学环节游离于教学目标之外。①

二是目标主体错位。教学目标的主体应该是学生而不是教师，教学目标不应描述教师在课堂上做些什么，而要指出学生通过教学活动会发生什么变化。但许多教师在设计教学目标时依旧重教轻学，习惯采用"通过……使学生……"等方式表述教学目标。

三是目标贪多求大。不少青年教师在设计教学目标时没有主次之分，把自己能够想到的通通往目标筐里装。因为不清楚教学目标的层级区分，或者想借机表现一下自己对新课程理念的掌握程度，很多教师在设计课堂教学目标时喜欢简单移植课程标准的相关术语，致使课堂教学目标太大而无法在一节课内完成或实现。实践证明，很多教师还缺乏将课程目标转化为教学目标的意识和技术。

四是目标笼统含糊。因为缺乏科学陈述教学目标的意识和技术，教学目标中缺少行为动词、行为对象和行为标准的现象还比较普遍。有些教师习惯用"了解""感受""体会"等不可捉摸的词语②陈述教学目标，结果给教师分析教学任务和监控教学行为带来很多困难，最终导致教学目标无法分解、测量和评价，很难在实际教学中得到落实。有的教师把课堂教学目标定得放之四海而皆准，使教学目标设计最终因为流于形式而失去导向功能。

五是目标不够全面。有些教师在设计教学目标时没有将"三维目标"当成一个整体来设计。因为受升学考试的影响，他们往往只考虑认知方面的教学目标，忽视了学习方法的指导和情感、态度、价值观的培养，较少关注学生学习过程中的经历、体验和感受。③

六是目标缺乏层次性。教学目标必须符合学生实际，过高或过低都不能发挥其应有的作用。但很多教师在设计教学目标时，无论是知识目标，还是情意目标，都要求学生在同一时间就同一内容达成相同

①　袁金华主编：《课堂教学论》，江苏教育出版社 1996 年版，第 105 页。
②　王映学、张大均：《论教学目标设计应解决的关键问题》，《当代教育科学》2006 年第 23 期。
③　赵才欣、韩艳梅等编著：《如何备课》，华东师范大学出版社 2009 年版，第 35 页。

层次的目标，结果导致好学生吃不饱，后进生吃不了。有些教师在好班上课随意加深课程难度，随意增减课时数量和赶超教学进度，教学目标的设计根本没有体现量力性原则；有些教师在公开课上为了提高课堂教学的趣味性和参与度，人为降低课堂教学目标的层次和要求，甚至把复习目标当作新授目标，把非重点目标当作重点目标。

七是目标僵化封闭。教学目标理应根据具体的教学对象、教学内容、教学环境等来制定。但有些教师在设计教学目标时容易走极端，要么以纲为纲，以本为本，不敢越雷池半步，要么不顾课标要求和学生实际，仅凭个人兴趣和偏好设计教学目标。有些教师把教参当作救命稻草和唯一依靠，把课堂教学目标定得千篇一律；他们严格按照预设的目标和环节进行课堂教学，一旦发生意外便惊慌失措，不知及时调整和生成教学目标。有些教师设计的教学目标有牵强附会之嫌，似乎与文本内容的关系不大。

八是目标缺乏启发性和引导性。[1] 有些教师在表述教学目标时直接把结论或答案告诉学生（如"概括文章的中心思想，激发学生热爱和建设祖国的热情"），甚至用小黑板把这样的目标提前板书并展现于课堂教学的整个过程，无意中侵犯了学生自主发现和探究问题的权利。

2. 课程教学内容设计

教什么比怎么教更重要，选择正确的教学内容是一堂好课的最低标准。笔者调查发现，中小学教师还是比较关注课程教学内容设计的，他们在教科书上花的精力远远超过他们对学生的关注和对学科课程标准的理解。如表4－14所示，中小学教师基本上还是能够根据教学目标、学生实际和课文内容等来确定教学重难点。当笔者问到"您听课时比较关注哪些方面的内容"时，近2/3的中小学教师选择"教学重难点的处理"。当笔者问到"您经常关注教参中的哪些内容"时，76.21%的中小学教师选择"教学重难点"。但是，当笔者问到"您在教学设计的过程中经常担心什么问题"时，也有将近一半的受访教师表示担心课程教学内容的设计问题，如"把握教材不够到位"

---

① 裴娣娜主编：《教学论》，教育科学出版社2007年版，第96页。

"不能准确理解教材的编写意图""设计的内容和学生的需求相脱节""教学内容无法激发学生的学习兴趣""学生不能理解接受和掌握所教的内容""教学内容的难易度不符合学生的实际情况""自己设计的问题太难""学生提出的问题超出自己的预先设计和能力范围"等。另外，如表 4 - 14 所示，根据"教参资料"确定教学重难点的选择率高达 44.76%，而"课文内容"和"课程标准"的选择率分别只有 45.78% 和 36.83%。如表 4 - 10 所示，当笔者问到"如果取消教参，您最担心什么"时，39.64% 的中小学教师选择"担心自己抓不住教学重难点"。由此可见，教师独立设计教学内容和确定教学重难点的能力有待提高。再则，有些教师在教案中根本没有写教学重难点。相反，有些课本来应该只有教学要求没有教学重难点，却又习惯性地写出了教学重难点。苏联著名教育家巴班斯基（Ю. К. Бабанский）曾经指出："教师劳动的一个典型特点是它不允许有千篇一律的现象。"[①] 但是调查发现，许多教案虽然写了教学重难点，但因为一般都是教参资料或优秀教案的直接照搬，千篇一律的现象非常严重。教师就教材讲教材的多，对教材内容进行重组和加工的少，能够有意识地把最新的科研成果及时应用到教学中去的教师也不多见。由于受传统观念的影响，不少教师将教学内容等同于教材内容，将教材作为唯一的课程教学资源。他们只关注教材内容的研究和设计，意在将教材上的每一个知识点都照本宣科地传授给学生，却忽视了课程教学资源的系统设计和教学内容对学生生活的意义，忽视了教师设计课程教学内容的主观能动性，忽视了课堂教学现场中师生共创的课程教学内容设计。

表 4 - 14　　　　　　中小学教师确定教学重难点的主要依据

语文教龄	教参资料	学生实际	教学目标	课文内容	课后习题	课程标准
1—4 年	53 人	37 人	70 人	25 人	27 人	25 人
（共 90 人）	58.89%	41.11%	77.78%	27.78%	30.00%	27.78%

① ［苏联］Ю. К. 巴班斯基：《论教学过程的最优化》，教育科学出版社 1982 年版，第 15 页。

续表

语文教龄	教参资料	学生实际	教学目标	课文内容	课后习题	课程标准
5—10 年	36 人	48 人	55 人	38 人	21 人	29 人
（共 74 人）	48.64%	64.86%	74.32%	51.35%	28.38%	39.19%
11—20 年	52 人	67 人	83 人	63 人	36 人	49 人
（共 127 人）	40.94%	52.76%	65.35%	49.61%	28.35%	38.58%
21—31 年	10 人	25 人	27 人	23 人	9 人	20 人
（共 37 人）	27.03%	67.57%	72.97%	62.16%	24.32%	54.05%
地区学科带头人	24 人	33 人	50 人	30 人	16 人	21 人
（共 63 人）	38.10%	52.38%	79.37%	47.62%	25.40%	33.33%
总计	175 人	210 人	285 人	179 人	109 人	144 人
（共 391 人）	44.76%	53.71%	72.89%	45.78%	27.88%	36.83%

　　有学者广泛查阅一线教师确定的教学重难点之后，深感他们确定教学重难点的质量问题相当严重。他们吃惊地发现："寻找正确的案例要比寻找有问题的案例困难，寻找正确的难点要比寻找错误的难点困难。"① 有些教师没有弄清楚教学重难点的概念和区别，出现重难点不分的现象；有些教师眉毛胡子一把抓，把本节课的训练点甚至直接把教材内容的章节标题全部列入教学重难点；有些教师把教学重点等同于教学目标，在简单重复中取消了确定教学重点的意义和价值；有些教师只对教材内容作蜻蜓点水式的讲解，却将大量的时间花在课外资料的拓展延伸上；有些教师一堂课下来，学生不知道教师主要讲了些什么，主要帮他们解决了什么问题。有些教师设计的教学内容不但主次和难易不分，还缺乏教学主线和整体连贯性；有些教师虽然列出了教学重难点，却没有在教学过程中得到体现和落实；有些教师仅凭主观意识确定教学重难点，根本没有考虑学生的实际情况。如表4-14 所示，根据学生实际确定教学重难点的选择率才刚刚超过一半。即使是地区学科带头人，其选择率也只有 52.38%。

---

① 毛振明、杨帆：《论"教学重点"与"教学难点"》，《中国学校体育》2010 年第4期。

3. 课程教学过程设计

良好的教学效果来自优化的教学过程。受新课程理念及其价值取向的影响，中小学教师的过程意识和结构意识有所增强，根据课时与实际需要灵活调整教学过程的能力也有所提高，学生的活动状态已经被一些学校作为重要因素纳入教学设计的考虑范围，学生参与教学过程的机会和积极性也有所增加。但是调查发现，在实际的课堂教学中，除教学环节之间相互脱节之外，中小学教师的教学过程设计还存在诸多问题。例如，教学环节与教学目标不相干，大量无效环节充斥课堂；教学过程脱离学生实际，教学步骤前后颠倒；机械照搬教学模式，教学过程设计流于形式；教学设计和教学活动"两张皮"等。当笔者问到"您在教学设计的过程中经常担心什么问题"时，有将近25%的受访教师表示担心教学过程设计的问题，如"学生不配合或不认真听课""我提出的要求学生不会落实""学生的回答跟预设的不一样""学生的提问用去太多的时间""在规定的课时内完不成教学任务""课堂实施的过程学生兴致不高""自己的引导不够生动和到位"等。下面我们来看一个与教学过程设计有关的案例。

案例 4 - 2　《卖炭翁》的教学环节

环节一：导入新课

时值雪止天晴，教师走上讲台便说：同学们，断断续续飞舞了近一周的雪花终于停了。今天，阳光普照，天气暖和，是我们盼望已久的好天气。但是，很久很久以前，有一个穿着十分单薄的老人，却经常担心出现这样的好天气，总是期待朔风凛冽、大雪纷飞的日子。他，就是白居易笔下的"卖炭翁"（板书课题）。

你们知道，卖炭的老人为什么会出现这样的反常心理吗？

（学生对教师的提问纷纷发表不同的见解）

环节二：检查预习的字词。

环节三：……

由导入新课到检查预习，这样的环节设计在语文课上比较普遍。

从表面上看，教师能够抓住天气变化的特殊情境，联系所要讲授的内容灵活应变，来一个能够激发学生求知欲的即兴导入，应该是一个不错的设计。但仔细深究起来，其中也有值得商榷的地方。作为文言文教学的第一课时，教师导入新课、提出问题之后，紧接着应该安排教师范读、学生自读等各种形式的朗读，以求学生在朗读中整体感知课文和把握文章大意，并在这个过程中求解导入提出的问题。然而，案例4-2①的这位教师却在导入之后安排了"检查预习的字词"这一环节，造成前后教学环节之间严重脱节，以至于学生刚刚被激发起来的对卖炭老人的探究意识一下子被迫转移和烟消云散，精彩的教学导入因为没有发挥应有的作用变成了一个装饰品而已。

有的教师因为没有真正理解课标精神，老是以为上课没有播放多媒体课件就不够现代化，学生没有动手操作就不符合主体教育的理念，没有讨论和交流就会被看作死气沉沉，没有合作与探究就会被认为缺乏教学亮点。于是，他们挖空心思，处处求新，设计了很多华而不实的教学环节，如某教师在一节课上设计了四五次由学生自愿组合的合作学习，结果课堂因为学生频频走动变成了菜市场。有的教师在课前根本没有调查和了解学生的习惯，他们不管上什么课，也不管学生的学习基础如何，都基本上采用同一种教学模式，如苏联凯洛夫的五环节教学法（组织教学、复习旧课、讲授新课、巩固新课、布置作业），给人以机械、僵化和烦琐的感觉。"我们的儿童像羊群一样被赶进教育加工厂，在那里无视他们独特的个性，而把他们按同一个模样加工和塑造。"② 这种定型化的教学步骤因为受教条主义、形式主义的推广，容易使课堂变得以教师、课堂和知识为中心，显然不利于吸引学生和教学创新。例如，笔者听过一位语文教师给八年级尖子班的学生上《孙权劝学》。这篇文章很短，只有152个字。可这位语文教师硬是按常规把课文分成四五部分，然后再逐一归纳并抄写段落大意。课后笔者问该班学生："你们觉得这堂课上得怎么样？"某生直言："我觉得不怎么样，我知道的内容老师啰啰唆唆讲了一大堆，不知道

---

① 赵才欣、韩艳梅等编著：《如何备课》，华东师范大学出版社2009年版，第45页。
② 陈友松主编：《当代西方教育哲学》，教育科学出版社1982年版，第119页。

的内容老师却一点儿都没讲。"有些教师因为没有树立优化教学过程的理念，本来一步就可以完成的任务偏要分几步走，结果在无形中浪费了不少宝贵的教学时间，同时也降低了学生的听课兴趣和训练强度。有的教师因为没有全局观念，整堂课设计得要么前松后紧（头轻脚重），要么前紧后松（头重脚轻），导致课堂教学结构整体失衡，完不成教学任务。

4. 课程教学方法设计

叶圣陶先生指出："在教学的时候，内容方面固然不容忽视，而方法方面尤其应当注重。"[①] 调查发现，中小学教师尽管还是更多地倾向于用讲授法进行课堂教学，但已经能够有意识地根据教学需要尽可能采用多种方法和媒体进行教学。如表 4 – 15 所示，中小学教师选择讲授法、问答法、讨论法、诵读法的比例均超过 2/3，说明随着课程改革的深入进行，一线教师的教学方法逐步实现了多元化。当笔者问"您认为新课程提倡的自主、合作和探究的学习方式到底有没有得到有效落实"时，超过 1/3 受访教师回答"有落实"或"部分落实"。有教师告诉笔者："现在的教学方式有所改进了，越来越多的老师已经意识到学生自主学习的重要性。""新课程提倡的学习方式在有些科目、有些环节还是得到有效落实的。""我们学校的老师经常会用到启发式教学、探究式教学等教学方式。""许多一线教师都在致力于熏陶教育，大主流还是前进的。""就拿我自己来说吧，我在农村中小学长大，我的老师真是灌输的。但我当老师以后，我发现我和我的同事，几乎都是让学生探究为主的。"由此可见，我们的教学方式总体是在进步的。一些教师之所以很少用合作探究法教学，一是因为班额过大，难以深入开展和取得实效；二是为了规避风险。

表 4 – 15　　　　　　中小学教师经常采用的教学方法

语文教龄	讲授法	问答法	讨论法	诵读法	练习法	研究法
1—4 年（共90人）	72 人	69 人	61 人	57 人	45 人	14 人
	80.00%	76.67%	67.78%	63.33%	50.00%	15.56%

---

① 叶圣陶：《叶圣陶语文教育论集》，教育科学出版社 1980 年版，第 56 页。

续表

语文教龄	讲授法	问答法	讨论法	诵读法	练习法	研究法
5—10年	55人	50人	52人	49人	37人	20人
（共74人）	74.32%	67.57%	70.27%	66.22%	50.00%	27.03%
11—20年	91人	93人	93人	86人	57人	22人
（共127人）	71.65%	73.23%	73.23%	67.72%	44.88%	17.32%
21—31年	27人	28人	24人	20人	16人	10人
（共37人）	72.97%	75.68%	64.86%	54.05%	43.24%	27.02%
地区学科带头人	47人	34人	42人	48人	22人	14人
（共63人）	74.60%	53.97%	66.67%	76.19%	34.92%	22.22%
总计	292人	274人	272人	260人	177人	80人
（共391人）	74.68%	70.08%	69.57%	66.50%	45.27%	20.46%

当笔者问到"您在教学设计的过程中经常担心什么问题"时，教学方法设计方面的问题很少被提及。这既可能是好事，说明教师的教学方法设计的水平比较好，也可能有问题，说明教师因为习惯于灌输教育，很少关注和考虑教学方法的问题。厦门大学王洪才教授在一次讲座中指出：教育的最大失败往往是教育方式的失败，我们的教育主要是灌输式的教育。① 笔者把王教授的观点抛给受访教师，问是否同意这一观点。统计结果显示：明确表示"同意"或"认同"的有20人，占44.44%；明确表示"基本同意""比较同意"或"比较认同"的有5人，占11.11%；表示"有一定的合理性"的有4人，占8.89%；而明确表示"不同意"或"不认同"的有14人，占31.11%。赞同派的主要理由是："我们现行的教学仍然以知识灌输为主，有比较明显的应试倾向。""现在实施的仍是应试教育，大家还是没有走出分数的魔障。""只要有应试教育的存在，学生们就得跟着中高考的指挥棒走，不得不被动接受教育。""只要以分数取人不改，就永远走不出灌输教育的怪圈。""大家还是以教书而非育人为天职，现在的随堂课还是以灌输知识为主。"而反对派的主要理由是："我们已经在努力实施了。让一线教师带着镣铐跳舞，没有什么好抱怨的。""灌输又有什么错呢，有些内容就需要灌输，有些学生就等着教师灌

---

① 这是王洪才教授2012年12月20日下午在闽南师范大学做学术报告时表达的观点。

输。我们自己也都是被教师灌输而成的。""现在的学生真正愿意思考问题的不多，而且很多懒到你把答案告诉他，他都无动于衷，连抄都不想抄。"由此可以推断，至少超过 2/3 的中小学教师基本同意"我们的教育主要是灌输式的教育"的观点。

当笔者问到"您认为新课程提倡的自主、合作和探究的学习方式到底有没有得到有效落实"时，超过 40% 的受访教师明确表示"没有""基本没有""很少"或"很难"。他们反映："很多课堂看似活跃和自主，其结果对大多数学生来说却是虚假和华而不实的，只不过增加了课堂的热闹而已。""时间太少，科目太多，很多学生为了要应付考试，根本没那么多课外时间去探究与考试无关的内容。""大多数学校和教师还停留在过去式，所谓的自主、合作和探究的学习更多的是流于形式，说难听点就是作秀。""我们的教师习惯于灌输知识，学生很难有主动学习和探究的机会。所谓的研究性学习也只是学生单方面学习而已。"另外，从表 4-15 中可知，讲授法选择率最高，占 74.68%，说明不少教师还是有喜欢讲授的偏好和习惯；而练习法的选择率只有45.27%，说明课堂能力训练的力度还有待加强；研究法的选择率明显偏低，只有 20.46%，且研究的过程、方法以及结论多数是老师给的，学生一般只充当"证明人"的角色。尽管问答法和讨论法的选择率分别达到 70.08% 和 69.57%，但提问和讨论的主动权仍然被教师所控制，问题及其思考的方向、讨论的方式和时间等基本上都是教师预先规定的。笔者通过听课也发现，中小学还是普遍存在教师唱独角戏和注入式教学的问题，教师讲、学生听的教学方式仍然占主导地位。

笔者发现，中小学教师普遍习惯用演绎法而非归纳法来实施教学，即先把结论或定理告诉学生，然后设法让学生用自己的智慧来验证和说明这一观点。但是，正如著名物理学专家杨振宁先生所说，演绎法是对付考试用的方法，归纳法才是做学问的办法。前者重视的是结果，后者重视的是过程。做学问的人应该善于从具体工作的分析中抽象出定理来，他们更应该注意那些与现象接近的东西。① 不少教师

---

① 杨振宁：《杨振宁文集：传记、演讲、随笔》，华东师范大学出版社 1998 年版，第467 页。

用老师讲书代替了学生读书，结果一堂课下来，看不到学生自主活动的环节，听不到学生朗朗的读书声和热烈的讨论声。另外，不少教师在公开课和常规课中使用的教学方法是有明显区别的。某老师对笔者直言："只有在公开课时才会考虑新课程倡导的自主、合作和探究的学习方式，平时基本上还是采用'教师讲、学生听'的传统方式，这样有利于系统传授知识和节省教学时间。"有些教师在课前花大量时间搜寻教学用的视频和图片资料，却因为没有考虑好为我所用、服务教学和突出主题的问题，课堂播放时往往蜻蜓点水，草草收场，甚至游离于教学目标之外。

有些教师在选择和使用教学方法的时候非常随意，根本没有考虑其适用范围和使用条件。如不少语文教师动不动就要求学生有感情地齐读课文，并要学生读出作者的感情。其实，教师的上述要求是不科学的，也是不太可行的，有站着谈话不腰痛的嫌疑，因为齐读追求整齐划一，自然很难读出感情和个性。有的教师只要被学生问住，就立刻把问题抛给全班讨论，一旦自己有了结论，又随意终止学生的讨论。有些教师频繁使用提问法和讨论法，却没有给学生充分思考和讨论的时间，最终导致提问和讨论流于形式。有的语文课有说有笑，有唱有跳，甚至还让学生画画，却忽视了语言文字的咀嚼、感悟和积累。有些学校因为办学经费紧张、缺少专业维修人员等原因，把多媒体设备当作摆设珍藏起来，教师很难有机会使用多媒体上课。有些教师因为不会制作课件，或者嫌制作课件费时，根本就没有用过多媒体上课。相反，如案例4-3①所示，有些教师过度依赖多媒体，一旦离开多媒体就无法上课。如果遇上突发情况，更是不知所措。这说明中小学教师机械、死板地使用教学方法的情况还是存在的。其实，案例中的这位教师在设计教学方法的时候就应该预想到这种问题的可能性存在，就应该考虑到方法的多样性，多准备几套教学方案，然后再根据实际需要灵活选用教学方法。

---

① 蔡明、王立英、张聪慧：《语文课程教学设计与实施》，高等教育出版社2008年版，第85页。

案例 4 – 3　教师傻等设备维修后方才上课

为了上示范课，某老师事先做了精心的准备，制作了多媒体课件。不巧的是，多媒体设备因为临时出了故障，一时播放不了课件。这位老师却执意坚持要用多媒体课件上课，只好临时打电话请电教中心的教师来抢修。结果，整整过去了二三十分钟，多媒体设备才得以正常运行，这位老师才开始上课。在等待上课的过程中，这位老师还把学生晾在一边，既没有给学生组织任何活动，也没有跟学生进行任何形式的交流。

（三）教师课程实施的现状分析

随着素质教育和课程改革的不断深入，中小学课堂教学发生了一系列可喜的变化："三维目标"获得普遍认可，学生素质有了较大提升；教学方式趋于多样化，过程意识越来越强；教师讲授的时间逐步减少，学生活动的时间有所增加；学生主动参与教学的意识有所增强，师生互动的效果越来越好；民主管理逐渐形成，师生关系渐趋融洽。但是，课程教学改革是一个渐变的过程。受简单性思维方式和应试教育观的影响，加上班级人数过多、教学任务重等原因，中小学课堂教学依然存在灌输式教育的问题。巴西著名的教育家保罗·弗莱雷（Paulo Freire）曾经对这种教育的基本面貌作了生动描述："教师教，学生被教；教师无所不知，学生一无所知；教师思考，学生被考虑；教师讲，学生听——温顺地听；教师制订纪律，学生遵守纪律；教师做出选择并将选择强加于学生，学生唯命是从；教师作出行动，学生则幻想通过教师的行动而行动；教师选择学习内容，学生适应学习内容；教师把自己作为学生自由的对立面而建立起来的专业权威与知识权威混为一谈；教师是学习过程的主体，而学生只纯粹是客体。"[①] 当前，课堂教学以知识、教师和教案为中心，学生动手不动脑、劳力不

---

① ［巴西］保罗·弗莱雷：《被压迫者教育学》，顾建新等译，华东师范大学出版社2001年版，第25—26页。

劳心的现象比较普遍，学生的生活体验和情感活动成为"被遗忘的角落"。① 此外，课堂教学的问题还有：学习机会差异悬殊，教学对话流于形式，学生思考问题的时间非常有限；课堂的生成性问题没有受到应有的重视，教学模式化的现象比较严重；评价语言相对单一，教学反思有待加强等。下面我们再从课程实施取向、课堂组织和管理、课堂交往和对话、课堂变化和应变四个方面来梳理教师课程实施的实际样态。

1. 课程实施取向

因为课程意识等方面存在很大差异，教师在课程实施的具体过程中往往同时存在多种不同的取向。从文献梳理中可以发现，课改专家似乎经常可以在课改一线中看到得过且过的实施取向。但笔者通过访谈发现，中小学教师基本上不认可这种结论。他们认为，尽管有些中小学教师尤其是公办学校的教师容易出现得过且过的问题，但比例不会太大。一位教龄才4年的青年教师（某私立学校八年级的语文备课组长）给笔者分析了得过且过取向的具体成因："一是教师地位不高，生活水平不高，生活压力较大，无心真正钻研教学。二是学校管理机制僵硬，把学生作为主体，忽略了老师的主体地位，教师得不到学习和深造的机会。教师疲于应付，教学热情逐渐消失。三是中高考机制，让学校、家长、教师专注教学成绩，而不注重过程。"

教师和学生都是有主观能动性的人，几乎不存在绝对忠实的执行取向。但笔者通过访谈发现，还是有将近20%的教师认为一线教师是在忠实执行教学任务。他们对正式课程的态度是毕恭毕敬，上级领导要求做什么就尽量照办。老师们得出这一结论的具体理由是："一线教师的理论积淀较浅，平时又忙于教学实践，再加上考试与升学的压力，难以开展较系统深入的探讨和研究，所以只能机械地执行。""教师成为教书匠，更多的是做着重复又重复的工作，许多老师抱怨学生在变，变得不听话，而没有反思自己为什么不变，为什么不调整自己以适应新形势、新学生。""生活压力大，很多教师把教育当成谋生手

① 张天宝：《新课程与课堂教学改革》，华东师范大学出版社2001年版，第55—57页。

段，'老板'说东，哪敢往西呢？否则，饭碗不就丢了？""本县教师待遇极低，只能靠搞搞副业提高生活水平。因为时间关系，上面要求教什么他们就教什么。""对于考试科目，教师一般不敢有自己的理解，即使有也不会随意告诉学生，因为期末统考往往是根据官方的理解（见教师用书）来命题的。"由此可见，忠实执行取向主要跟教师的专业素质不高、有职业倦怠以及是不是统考科目有关。

另外，超过一半的教师认为中小学教师是在坚持相互调适取向，理由是："一线教师在教学实践中，会碰到很多具体情况，并不能完全按照教科书的要求去做，只能根据实际情境加以弹性调整才能适用于实际的课堂教学。""学校的情况不同，学生的能力不同，决定了老师只能在相互调适中提高教学质量。""实际教学中，师生之间总是在不断地磨合。教师要适应学生的实际，学生也要适应教师的教学。""每个教师在教学上都有所追求，当这一追求和现实产生冲突的时候，就会选择相互调适。"可见，大部分教师至少在观念上已经认可相互调适取向，并且在力争付诸实践。

新课程鼓励教师创造性地实施教学。但只有20%左右的被访教师认为一线教师的课程实施属于课程创生取向，理由是"教学过程受诸多因素的影响，教师必须创造性地实施教学。"这就说明，部分教师的日常课程实施正在发生悄悄的变革，他们已经在努力创生自己的课程。同时，被访教师也指出："因为课程创生取向对老师自身的素养要求太高，不是所有的老师都能做到的。""现实中真正能够创造性地实施教学的老师非常少。"福建永安一中的某语文教师告诉笔者："战斗在一线的教师多是认真负责的，但因为自身素养的限制，对课程的创生能力不够。"调查发现：对于统考科目，任课教师往往"以纲为纲，以本为本"，课程创生的想法常常容易遭到无情的扼杀；而对于非统考科目，教师创生课程的勇气、信心和比例会相对大一些，创造性地实施教学的成分会多一些，但也容易出现随意教学等问题。杨启亮教授指出："中国的教师不仅习惯于执行课程而不是创生课程，同时也习惯于追求教学艺术而不是教学技术，这称得上是种保守倾向。"① 这句话的意思是说，中国的教师有尊课程重执行的本分传统，却不善于开发和生成新的课程资源。

　　崔允漷教授等认为，辛德尔等提出的三种课程实施取向构成了一个连续体（见图4-1），基本上囊括了课程实施中一切可能与不可能的情况，在理论上具有非常广泛的解释力。但因为缺乏现实的执行力，对教学缺乏实际的指导意义。他和朱伟强博士从教学论的角度归纳了六种课程实施取向，即基于教科书的教学、基于考试内容的教学、基于教师经验的教学、基于学生经验的教学、基于素材资源的教学和基于课程标准的教学。② 崔教授指出："当前，尽管有国家课程标准，倡导教师应该基于课程标准开展教学，但事实上绝大部分教师还是依据教科书来实施课程。"③ 但是，将近70%的受访教师告诉笔者，一线教师更多的是在实施基于考试内容的教学。考试控制了教师的备课和教学，教师的备课和教学都在为考试服务。其代表性的理由是："不论是上级领导还是学生家长，都非常看重学生的考试成绩。一旦学生考不好，谁都来找你。学校被逼充当铸造考试机器的角色，教师只能把主要精力放在提高学生的考试成绩上，教学内容只能向考试内容倾斜。""现在的学校多是以升学率的高低论成败，学生的考试成绩成为学校考核教师的主要标准，考试成绩的好坏直接影响教师绩效工资的多少。这就决定了教师教学的功利化，即考什么就教什么，不考则不教。""考试永远是指挥棒，分数决定你会不会教书。在教学时间有限、教学任务又那么重的情况下，我们只能选取重点来教，这个重点当然就是考试内容。"与此相关联的是，还有将近20%的受访教师认为，一线教师更多的是在实施基于课本内容的教学，"以本代纲"（即基于课本或教参教学）的现象还比较普遍。他们的理由是："不少教师认为把课本内容教完就算完成了教学任务。"如果说课本、教参和考试都基于课程标准，那么教师的上述做法也未尝不可。但问题是到目前为止，课程标准对课本、教参和考试只起到"弱势"影响的

　　① 杨启亮：《守护家园：课程与教学变革的本土化》，《教育研究》2007年第9期。
　　② 朱伟强、崔允漷：《基于课程标准的教学：一个实践模型》，《江苏教育》（小教版）2012年第7—8期。
　　③ 崔允漷：《课程实施的新取向：基于课程标准的教学》，《教育研究》2009年第1期。

作用，即我们的课本、教参、考试与课程标准保持一致的程度还有待提高。而且，现实中的课本、教参和考试因为在获利上具有高度的一致性，导致很多教师经常满足于忠实传递课本的教书匠角色，学生则被逼成为盛装考点的容器。师生在课本、教参和考试面前集体失语，他们应有的课程意识和课程权利被消解，批判意识和创新精神也遭遇扼杀。

图 4 - 1　课程实施的三种取向的连续体①

另外，超过 20% 的受访教师认为，一线教师更多的是在实施基于教学经验的教学。其具体的理由是："有教学经验的老师能够较好把握教学重难点，能够对学生起到良好的引导作用。""因为时间有限，经验来得更直接，教师的教学实践带有较强的经验性。""新老教师的最大不同就是经验，年轻教师就是在慢慢学习老教师的经验中成长起来的。"应该说，教师实施基于教学经验的教学体现出一定的主体意识和人文关怀，有一定的合理性和可行性。美国教育家杜威先生曾经指出，一切真正有效的教育都是从经验中产生的，教育必须加强与个人经验之间的联系。② 但是，如果教师的起始能力比较低，经验还非常有限，且多属于小集团内流行的或个人现行生产的知识③，经不起学理分析和课程监管的话，那么教师的这种做法尽管可以找到"教师即课程"等理论依据，却很难达成课程标准的要求。

2. 课堂组织和管理

随着基础教育课程改革的深入进行，课堂教学发生了很多喜人的

---

① 张华：《课程与教学论》，上海教育出版社 2000 年版，第 344 页。

② ［美］约翰·杜威：《我们怎样思维·经验与教育》，姜文闵译，人民教育出版社 2004 年版，第 1 页。

③ 王荣生：《语文科课程论基础》，上海教育出版社 2003 年版，第 392 页。

变化，如学生参与课堂及其管理的机会和积极性增加了，师生协商教学和课堂互动的频率比原来多了，课堂气氛比原来更和谐了等。但不可否认的是，其中也出现了一些与课堂组织和管理有关的问题：多了热闹和掌声，少了必要的安静；多了个人的自主和意愿，少了必要的理性和秩序；多了涣散的现象，少了可贵的专心；而且，一些学生经常游离于集体活动之外，做与学习不相干的事情。[①] 有些初高中教师尤其是在差班上课的教师抱着多一事不如少一事的想法，对学生的课堂问题行为视而不见或者手足无措；有些教师想管但不敢管，怕学生闹事或投诉自己；有些教师因为管理方法运用不当，造成课堂秩序混乱、师生关系紧张等。"管理的作用不再是传统意义上的计划和预算、组织和人事、控制与解困，而是预测、协调和激励。"[②] 但是，笔者调查发现，不少中小学课堂的组织和管理依然以教师为中心，课堂成为教师演出教案剧的特殊场所，以追求共性的全班同步学习仍是主要的教学组织形式，学生则被视为问题人、幼稚人和工具人等，只能在课堂教学中实际扮演配合的角色。不少教师直接照搬教参或他人教案套路组织教学，导致整个教学过程出现严重的程式化和模式化问题。我们的实习生发现，部分一线教师似乎根本不"需要"备课，他们经常拿着别人的教案或者自己以前的教案来上课。而且，他们反映，听一个老师的课，听几节就不想再听了，因为大部分教师的上课模式千篇一律，无非就是字、词、句……按部就班，一个环节套一个环节。2012 年 10 月 9—12 日，笔者在某实验小学前后听了几节二年级的数学课《角的初步认识》，发现这些课的教学内容和过程设计基本一致，而且都是网络下载的。更令笔者吃惊的是，笔者后来在附小听四年级数学课的时候无意中发现，这几节二年级的课竟然提前把四年级的相关内容全部讲完了。怪不得笔者在听课的时候发现，有不少二年级学生好像跟不上教师的思路，课堂练习的错误率也比较高。某数学教研组长告诉笔者：数学教材很多知识点的编写都是螺旋上升的，不少年

---

① 成尚荣：《新课堂需要什么样的纪律》，《课程·教材·教法》2004 年第 7 期。

② ［美］詹姆斯·昌佩、尼丁·诺利亚：《管理的变革》，李玉霞译，经济日报出版社 1998 年版，第 20 页。

轻教师因为没有通读整套教材，导致其教学经常出现"超前"或"超标"的问题。

　　一些教师的课堂组织和管理存在专制管理的问题。如有些小学低年级的教师只要发现学生有松懈现象就喊"一二三——"，学生随即对答"坐坐好"或"眼睛看到黑板上"等，结果一节课重复出现不少个"一二三"。他们花费诸多时间和精力制定系列班规班约，试图通过制度约束、苛刻惩罚和盯人教育控制学生言行，意在使学生变得顺从、听话和乖巧的过程中达到监管课堂的目的，结果因为遭到学生的抵制产生更多的控制问题。一些教师过度追求课堂的军事化管理，视课堂井井有条、学生端坐静听为好课标志，甚至把能否镇住学生作为评判教师管理水平高低的主要标准。他们在课堂中经常用到的提示语是"安静""注意听""做笔记"等。与"管理"相对应的英语单词有 control、supervise、run、management 等，控制（control）只是管理的一种手段而已。① 但是，有些教师只要发现学生在课上出现不良反应，就会一味地把责任推给学生，认为这是由于课堂管理不严所致，从而把加强课堂管理作为解决课堂行为问题的唯一途径。其实，正如美国学者约翰·托马斯（John Thomas）所说，教师自身的下列因素常常使学生产生不良行为：课前备课不足，教学组织混乱，功课讲解不清楚；单纯强调事实性学习，学科内容太难或太易，给学生布置不恰当的学习任务；对学生期望过高或太低，对待学生不耐心，讥讽和训斥学生；用一种方法包打天下，缺乏对学生特点的考虑，未能照顾个体差异等。② 可见，课堂管理不善可能导致学生产生问题行为，但绝不是唯一的原因。

　　3. 课堂交往和对话

　　当笔者问到"您平时听课时比较关注哪些方面的内容"时，70.84% 的中小学教师选择"师生互动"，39.13% 的中小学教师选择"学生表现"。这说明随着基础教育课程改革的深入推进，中小学教师

---

　　① 张东、李森：《课堂管理创新：内涵、方向、策略》，《教育探索》2005 年第 10 期。
　　② ［美］约翰·托马斯：《课堂管理：有效教学的关键》，胡浩译，《外国中小学教育》1988 年第 6 期。

已经普遍认同并践行课堂教学的交往本体观，学生的课程主体地位基本获得了认可，对话教学也逐渐由理论研究走向实践应用，并逐步成为新课程改革的亮点之一。但是，从课堂观察等实证调查来看，中小学师生的课堂教学交往还存在如下诸多问题：

一是交往的随意性。有些教师随意提问或曲解文本，授课内容经常游离于教学目标和文本教材之外，忽视对课文主旨及其重难点的深入分析；有些教师过分追求课程教学的生成性，任由学生天马行空地自由发挥，或者进行不关痛痒的讨论和争辩；有些教师不顾学生所提问题的实质，随意抛开原先的教学设计，大搞自主、合作和探究性学习，把课上成了"四不像"的乱成课。

二是交往的形式化。这类交往徒具交往的形式，却没有实质性内容。这种空壳交往的典型表现是为了提问而提问，为了讨论而讨论，为了合作而合作，为了交往而交往。例如：有的教师在短短四十分钟的课堂内竟然安排了七八次小组讨论，其中最短的一次还不到一分钟的时间。有的学生还没有通读完课文，有的小组刚进入讨论状态，教师就迫不及待地要求学生代表汇报讨论结果，最终被点名的学生只能根据自己的个人理解支支吾吾地"代表"小组做应景式的粗浅作答，教师只要发现学生的答案沾到一点边，就迫不及待地接话替学生代言。某中学校长听说笔者和教研员第二天会去该校听课，竟然突击要求把全校所有班级的课桌椅摆成六个合作小组的形式，导致很多师生为这种有其形无其实的形式主义做法厌气连天。为了体现尊重学生的主体地位、把学习的主动权和选择权还给学生等新课程理念，有些教师在分析课文之前经常虚情假意地骗问学生：你最喜欢课文的哪一部分？你最想研究文中的哪些问题？但是，不管学生提出了什么问题，教师最后都会大致相同地说：同学们提出的问题都很有价值，但由于时间的关系，这节课我们只研究××问题，即教师在备课时预定好的问题。这样，学生们最想研究的问题被束之高阁，其关注点和兴奋点自然也就很难进入教学流程。

三是交往的造作性。这类交往带有明显的"矫情"成分，少了一份自然和真实。如为了体现自己的亲和度高，尽快拉近师生之间的感情，平时对学生很凶的教师在公开课上也会突然变脸，称学生为"我的孩子们"或"小朋友们";有的甚至身体前倾45°以上,亲密接触甚至搂抱低年级学生;有的教师在公开课上不管上什么课文,脸上总是布满微笑,但却有皮笑肉不笑的嫌疑;有的教师在公开课上不管学生回答问题的质量如何,总是夸张式表扬学生,说些让人听了感到肉麻的违心话。

四是交往的垄断性。即课堂交往的时空和话题被少数优生所垄断,致使生生间的交往难以有效进行。有的教师把成绩好的学生安排在教室最好的位置,教学中偏爱跟班干部和成绩好的学生交往,只让成绩好的学生回答那些思辨性较强且有可能是考点的复杂性问题。而且,对于成绩好的学生,教师更倾向于采取民主、肯定和激励性的言辞表达,并在交往互动的过程中表现出极大的耐性和宽容。

五是交往的独裁性。不少中小学教师以自我为中心,通过课堂问答等手段成为课堂交往的主宰者。他们用独白取代对话,无形中剥夺了学生的话语权和选择权。美国学者亚当斯(Adams)和比德(Biddle)的调查也发现:教师在84%的课堂交流过程中扮演了主角,主宰着课堂讨论。[①] 有的教师"认为自己比学生优越,对学生耳提面命,不能与学生平等相待,更不能向学生敞开自己的心扉。这样的教育者所制订的教学计划,必然会以自我为中心"。[②] 相反,有些教师则记住了平等忘却了指导,记住了多元忘却了有界,甚至把"尊重学生在学习过程中的独特体验"和"鼓励学生进行多角度、有创意的阅读"误解为"公说公有理,婆说婆有理",导致学生的讨论因为缺乏教师的组织、参与和引导长时间游离于文本之外或者纠缠在作品中一些细枝末节的问题上,教师则在尊重学生主体地位等美丽谎言下退化成无原则的吹捧者或不负责任的看客。

六是交往的单一化。课堂交往的形式其实很多,而且不同的交往形式适应于不同的教学目的。但是,调查发现,我国课堂交往的主要形式是师生之间的交往,生生之间的交往则处于课堂交往的边缘。在

---

① 〔美〕古德、布罗菲:《透视课堂》,陶志琼等译,中国轻工业出版社2002年版,第37页。

② 〔德〕雅斯贝尔斯:《什么是教育》,邹进译,生活·读书·新知三联书店1991年版,第1页。

师生交往之中，又是以教师与全班学生的交往和教师与学生个体的交往为主体，教师与学生小组之间的交往则很少甚至没有。与此形成鲜明对比的是，如表4-16和表4-17所示①，英国教师的课堂交往对象主要是学生个体，英国学生间的互动时间远远超过我们。另外，我国师生交往又多数表现为师问生答，学生基本上被老师的提问和理答牵着鼻子走，扮演着被动接受的听众、看客等受抑性角色。② 但诚如英国著名哲学家罗素（Bertrand Russell）所言，"被动地接受老师的智慧，对于大多数男女学生而言都是容易做到的，因为这样无须他们努力独立思考。然而，被动接受的习惯对一个人的未来生活来说，却是灾难。"③

表4-16　　　　中英两国小学教师课堂活动时间的构成比较　　　单位:%

国别	总体时间构成		交往时间构成		
	互动	无互动	与学生个体	与学生小组	与全班
中国	84.6	15.4	45.4	0.2	54.4
英国	78.4	21.6	71.6	9.4	19.0

表4-17　　　　中英两国小学生课堂活动时间的构成比较　　　单位:%

国别	总体时间构成		交往时间构成	
	互动	无互动	与教师	与其他学生
中国	90.8	9.2	93.2	6.8
英国	34.4	65.6	45.9	54.1

七是交往的冲突性。苏联著名教育家苏霍姆林斯基（B. A. Cyxomjnhcknn）曾经指出："常常以教育上的巨大不幸和失败

---

① 吴康宁：《教育社会学》，人民教育出版社1998年版，第341页。
② 李小红：《论我国课堂教学交往的缺场与失当》，《教育理论与实践》2004年第13期。
③ 孔庆东、摩罗、余杰：《审视中学语文教育》，汕头大学出版社1999年版，第180页。

而告终的学校内许许多多的冲突，其根源在于教师不善于与学生交往。"① 有些教师因为备课不充分、缺乏教学艺术、拒不向学生认错等原因引起了学生的强烈不满。有些教师为了达到控制学生的目的，常常使用专制性的高压手段和学生难以接受的言辞训诫学生，结果引发学生本能性的对抗行为。

4. 课堂变化和应变

变动不居的课堂情境要求教师快速、机智地处理教学问题。随着课程改革的逐步推行，中小学校和教师越来越关注课堂教学的动态生成问题，教师的临场应变能力也在逐步提升。如上海市闵行区第四中学加入"新基础教育"实验之后，把"对课堂可能发生的情况预测与对策"作为课堂教学方案的重要内容给予凸显，并强调教师可以根据教时和课堂教学需要，灵活地调整教学活动设计，体现教学设计的弹性。调查发现，一些教师很善于活用现场，因势利导。如某小学教师在教学"ang eng ing"时，教室突然飞进一只小蜜蜂，正当学生要转移注意力的时候，教师马上结合教学内容，让学生说带有 eng 的音节，结果学生很快就说"feng，feng，蜜蜂的 feng"。

另外，如表 4-18 所示，当笔者问到"学生上课捣乱，您通常会做些什么"时，58.57% 的中小学教师会"把意外当作一种课程资源，结合教学内容巧加引导"，64.19% 的中小学教师选择"课后弄清楚学生捣乱的主要原因"，50.64% 的中小学教师认为"学生犯错是正常的，让学生尽快安静下来，继续上课"，34.53% 的中小学教师主张"多从教师自己身上查找原因和对策"。当笔者问到"您平时听课时比较关注哪些方面的内容"时，68.05% 的中小学教师选择"教学机智"。这说明一线教师通过实践探索和虚心学习，还是能够本着实事求是、有效处理、善待错误、宽容学生等原则适时应变。但是，如表 4-19 所示，当笔者问到"你担心课堂发生意外的主要原因是什么"时，43.99% 的中小学教师"怕扰乱课堂秩序"，40.15% 的中小学教师"怕影响教学进度"，27.62% 的中小学教师"怕自己处理不当"，

① 转引自［苏联］A. B. 彼得洛夫斯基等《集体的社会心理学》，卢盛忠等译，人民教育出版社 1985 年版，第 174 页。

还有9.21%的中小学教师"怕学生不听指挥",4.60%的中小学教师"怕领导批评自己"。这些数据又说明,中小学教师的课堂管理和机智应变能力还有很大的提升空间。而且,"怕扰乱课堂秩序"和"怕影响教学进度"的选择率位居前列,说明中小学教师的课堂纪律观偏传统。他们为了顺利地完成教学任务,一般更希望学生安静听课。

表4–18　　　　中小学老师如何看待学生上课捣乱行为

语文教龄	学生太不懂事了,停课查办肇事者	顺其自然,借机让学生放松一下	学生犯错是正常的,让学生尽快安静,继续上课	把意外当作课程资源,结合教学内容巧加引导	课后弄清楚学生捣乱的主要原因	多从教师自己身上查找原因和对策
1—4 年（共90人）	0 人 0.00%	2 人 2.22%	43 人 47.78%	50 人 55.56%	71 人 78.89%	29 人 32.22%
5—10 年（共74人）	0 人 0.00%	1 人 1.35%	50 人 67.57%	46 人 62.16%	44 人 59.46%	30 人 40.54%
11—20 年（共127人）	4 人 3.15%	3 人 2.36%	58 人 45.67%	64 人 50.39%	82 人 64.57%	40 人 31.50%
21—31 年（共37人）	2 人 5.41%	0 人 0.00%	20 人 54.05%	22 人 59.46%	18 人 48.65%	13 人 35.14%
地区学科带头人（共63人）	0 人 0.00%	0 人 0.00%	27 人 42.86%	47 人 74.60%	36 人 57.14%	23 人 36.51%
总计（共391人）	6 人 1.54%	6 人 1.54%	198 人 50.64%	229 人 58.57%	251 人 64.19%	135 人 34.53%

表4–19　　　　中小学教师担心课堂发生意外的主要原因

语文教龄	怕自己处理不当	怕扰乱课堂秩序	怕影响教学进度	怕学生不听指挥	怕学生受到伤害	怕领导批评自己
1—4 年（共90人）	38 人 42.22%	46 人 51.11%	36 人 40.00%	13 人 14.44%	30 人 33.33%	3 人 3.33%
5—10 年（共74人）	15 人 20.27%	33 人 44.59%	38 人 51.35%	12 人 16.22%	22 人 29.73%	6 人 8.11%

续表

语文教龄	怕自己处理不当	怕扰乱课堂秩序	怕影响教学进度	怕学生不听指挥	怕学生受到伤害	怕领导批评自己
11—20 年 （共 127 人）	38 人 29.92%	46 人 36.22%	46 人 36.22%	7 人 5.51%	43 人 33.86%	7 人 5.51%
21—31 年 （共 37 人）	7 人 18.92%	18 人 48.65%	11 人 29.73%	3 人 8.11%	11 人 29.73%	2 人 5.41%
地区学科带头人 （共 63 人）	10 人 15.87%	29 人 46.03%	26 人 41.27%	1 人 1.59%	21 人 33.33%	0 人 0.00%
总计 （共 391 人）	108 人 27.62%	172 人 43.99%	157 人 40.15%	36 人 9.21%	127 人 32.48%	18 人 4.60%

调查发现，中小学教师在课堂生成方面容易出现如下问题：

（1）目的异化

课堂生成的根本目的应该是优化教学活动，提高教学效率，促进学生的全面发展。但是，有些教师在课堂生成时因为受师主生客等传统观念的影响，容易出现以服务教师的教为中心，为了体现教师的教学能耐而生成，把课堂生成当作教师课堂表演的主要手段等不良现象。他们把完成知识目标作为硬性指标，把课堂生成作为点缀和装饰品，有时间就做，没时间就草草收场。

（2）偏离主题

有些教师因为过于强调动态生成和尊重学生在学习过程中的独特体验，容易被学生牵着鼻子走；有的教师甚至允准学生在课堂教学中对课文内容作天马行空、漫无边际的随意生成，导致课堂生成偏离文本和主题，使课堂陷入放羊式的乱成局面。如某小学五年级的语文教师在上《新型玻璃》一课时问学生："课文运用了哪些说明方法？"第一个学生站起来说：课文第二自然段的第一句话（即"另一种'夹丝玻璃'不是用来防盗的。"）是过渡句，教师马上接过话题讲"过渡自然"的问题；当第二个学生说：课文第二自然段的最后一句话（即"这种玻璃叫'夹丝网防盗玻璃'，博物馆可以采用，银行可以采用，珠宝店可以采用，存放重要图纸、文件的建筑物也可以采用。"）用了排比的修辞方法时，教师又接着讲"语言形象生动"的问题，结果把本节课的教学重点和自己课前所问的问题即说明方法的教学任务忘得一干二净。带学生学完课文之后，教师还设计了一个开放性的教学环节，即让学生召开玻璃展销会，推销自己了解或设计的某种新型玻璃。教师先让学生在小组内练说，并就此提了三点要求，即说清玻璃的名称、特点和用途，用上你所学过的说明方法，表达时要自信和诚恳。10分钟过后，教师让六组学生代表先后到讲台上来现场推销自己了解或设计的产品，结果多数学生代表不但推销词写得不怎么样，演讲的时候还忸怩不安，很不自然。教师在逐一评价学生代表的发言情况时，也没有围绕上述三点要求来点评。事后笔者问为什么会出现这种情况时，任课教师坦言自己在巡视课堂时，因为没有认真参与学生的讨论，没有及时发现学生的优秀习作，结果只能根据学生的平时表现随意点了几位学生代表上来发言。当发现学生代表表现不佳之后，教师一时又乱了阵脚，忘记了本节课的训练重点。

（3）经验倾向

有的教师在课堂生成时过于相信自己或他人的教学经验。不管外部条件发生了怎样的变化，他们经常以过去就是这样教的、某某教师就是这样做的为由，简单地照搬过去和他人的教学经验来解决新的教学问题，将生成纳入原有经验的预设框架里，结果导致课堂生成模式化，难以激发学生的参与热情和学习兴趣。"许多教师固守着自己的教学经验，最终达成偏颇与封闭的状态，呈现出'茧式化'的态势，即因维护旧有的经验而走向僵化、独断、作茧自缚，教学经验成了阻碍教师进行课堂教学创新的枷锁。"①

（4）主观随意

有的教师不管学生的答案是否正确，都一味地加以肯定和鼓励；即使面对学生不正确的认识，也坚持价值中立的倾向，做放任自流的旁观者。笔者在某中学听了一节八年级的语文课《大道之行也》。这节课的最后一个板块是让学生说说自己心目中的理想社会是什么样子

---

① 成晓利：《论教学经验的困境及其超越》，《中小学管理》2006年第6期。

的。第一个学生说：自己心目中的理想社会是人人都有自己的家庭，人人都有自己的事业，人人都有读书的地方；第二个学生说：理想的社会应该是没有饥饿和贫穷，人人都有房子和车子；第三个学生说：理想的社会是无忧无虑、不受约束、绝对自由的社会。第四个学生正要发言，下课铃响了。还没等学生开口，教师就简单地做出评价："很好，但愿大家都能为自己的理想而奋斗！"之后，便匆忙宣布下课和离开教室。客观地说，教师的问题设计还是比较好的，具有很强的开放性和生成性，有利于激发学生的参与热情和表达欲望，而且跟课文主题也紧密相关。但是，如果说前面两位学生的结论还比较切题和正常的话，那么第三位学生的答案就需要教师的辩证看待和点拨引导了，否则就有可能犯绝对自由主义的错误，不利于学生今后的成长和发展。而且，为了使学生更好地亲近、理解和品读文本，更好地理解"大同社会"的基本特征，教师在学生作答之前，最好要求学生用课文中的话来印证自己的观点。如第一位同学表达了"男有分，女有归"的思想，第二位同学表达了"皆有所养"的理念，第三位同学说的"无忧无虑"则表达了对"老有所终，壮有所用"的期盼。另外，有些教师遇到教学问题时不多问几个为什么，也不咨询学生和优秀教师的意见，而是仅凭自己的主观直觉就随意地下结论或做出处理，甚至把责任完全推给学生。有些教师在课堂生成时漫无目的，导致脚踩西瓜皮，滑到哪里算哪里，在嘻嘻哈哈中浪费了宝贵的教学时间。

（四）教师课程评价的现状分析

1. 对教科书的评价

教科书是课程内容的具体体现，是教学活动的主要媒介和参考资料，也是实现课程目标的最基本、最主要的课程资源，是教材系列中最规范、最具代表性的印刷材料。教师是教科书的实际使用者和消费者，他们对教科书的适切性和使用效果最有发言权。而且，教师自身的教科书评价素养如何，直接关系到教科书选用制度的正常运行，关系到整个课程实施和教师课程的质量。新课程实施"一纲多本"的课程政策，积极鼓励教师参与开发和选用教材，这非常有利于繁荣教科书市场、实现教科书多样化。但随之也出现了教科书市场不公平竞争、教科书质量良莠不齐、教师在教科书选用中被架空或边缘化等诸多问题。面对利欲熏心的教科书市场，面对别人替我们做主、自己却只能被动接受的教科书，每一位中小学教师都不得不重视自身的教科书评价素养问题。实践证明，教师是否具有教科书评价素养，是教师创造性使用教科书的基本前提，是教师正确理解和实施课程的重要条件，是当代教师必备的教学基本功。[1] 笔者调查发现，随着教师课程意识的不断增强和专业发展程度的日益提高，教材无非是个例子、用教材教而非教教材、教材具有未完成性和空白点等新课程理念逐步被广大中小学教师所接受和践行。教师不再把教材视为不容更改的圣经，其质疑教材的声音越来越多，照本宣科的现象越来越少。某教师告诉笔者："教科书也是人编的，不一定全对。教学是师生和文本之间的多重对话过程，课本只是我们教学时参考用的一种材料而已。如果其中有比较中肯的建议，我会积极采纳。如果是脱离实际的要求，我就不会理它。如果授课效果不好，我会在下一个班进行适当的取舍和调整。"由此可见，不少中小学教师的教科书评价观还是正确和可行的。另外，如表 4-20[2] 所示，超过 70% 的教师已经认识到教科书评价的必要性，并且有亲自参与教科书评价的想法；超过 80% 的教师会仔细考虑教科书提供的素材好不好，超过 50% 的教师发现教科书的内容编排不甚合理，还有 50% 的教师在备课时经常会有与教参不同的看法，有超过 30% 的教师经常喜欢给教科书挑刺。跟以往相比，教师在日常教学尤其是听评课活动中跟同事一起探讨教科书的频率明显增加，解构文本、创生课程和颠覆权威的胆量和信心越来越足。这充分表明，随着新课程理念的不断更新，中小学教师的教科书评价素养总体上有所增强。

---

① 孔凡哲：《教科书质量研究方法的探索》，人民教育出版社 2008 年版，第 157—160 页。

② 汲长艳：《小学数学教师教科书评判意识的调查研究》，硕士学位论文，东北师范大学，2011 年，第 15 页。

表 4 – 20　　　　　小学数学教师对教科书的评价情况　　　　　单位:%

问题	很不符合	不大符合	我不确定	比较符合	非常符合
我想对教科书进行合理评价,这样有利于教学	3.70	7.41	16.67	35.19	37.04
我会仔细考虑教科书提供的素材好不好	3.70	1.85	9.26	40.74	44.44
我经常喜欢给教科书找差错	12.96	33.33	22.22	18.52	12.96
我发现教科书上一些知识点的编排不合理	3.70	29.63	12.96	42.58	11.11
我发现教科书上的个别内容有科学性的错误	27.78	33.33	12.96	22.22	3.70
我备课时经常会有与教参不同的观点和看法	7.41	27.78	14.81	24.07	25.93
我认为现行教科书的编排方式非常好,没必要调整	18.52	33.33	22.22	22.22	3.70%
我认为现行教科书的呈现方式完全适合学生学习	9.26	22.22	11.11	51.85	5.56
我认为教科书是专家编的,不需要质疑	42.59	18.52	11.11	24.07	3.70

　　熟悉了解教材是进行教科书评价的基础和前提。但是,真正能够在教学之前主动通读完整册乃至整套教材的教师很少,真正了解教科书的适应情况和优缺点的教师也不多。当笔者问到"您是否经常反思教材在本校的适用情况"时,还有将近 40% 的小学教师和将近 20% 的中学教师回答"很少这样"或"基本不这样"。当笔者问到"您是否了解所用教材的优缺点"时,还有 40% 的小学教师和超过 20% 的中学教师明确表示"不太了解"或"不了解"。① 加上没有吃透教材和不懂评判方法等,不少教师对教科书的评价往往存在主观、随意和片面的问题。如上文所述,有的教师上课时要么一味"捧文",说名家写的每一句话都是经典,要么一味"贬文",说某某作家写的文章很差,自己也不喜欢这篇课文。有的教师为了转移师生之间的矛盾或激发学生的学习热情,竟然引导学生把教科书当作敌人。如某教师对

————————

① 张瑞:《教师参与课程评价的研究》,硕士学位论文,河南大学,2008 年,第 52 页。

全班学生说："你们不要把枪口对准老师，老师不是你们的敌人，不是老师逼你们要学的，你们的真正敌人是摆在你们桌子上的那一堆教材，你们有本事就和教材较量，用尽全力去打败它们。"最终，同学们在教师的误导下，都把书本学习当作精神负担，非常讨厌翻看教科书。

世上没有完美无缺的教材，任何教材都是特定历史时期的产物，都面临一个逐步更新的问题。但如表4-20所示，还有近30%的教师认为：教科书是专家编的，当然是权威文本；教师只要把教科书上的内容教给学生就行，不需要也没有时间进行质疑。当自己的想法与教科书上的内容相左时，他们会主动选择反省自己和再次领悟。有些教师甚至认为，教学就应该"以本为本，以纲为纲"，那种用评判的眼光审视教科书的做法就是全盘否定教科书，就是为所欲为或大逆不道。某教师告诉笔者："考试内容和参考答案往往以课本为主，教师质疑教材往往需要付出很大的代价。与其随波逐流空谈什么质疑和创造性使用教材，还不如踏踏实实地吃透教材，在教材的'规定'内行动，这才是教师专业成长和提高教学质量的正途。"

另外，诚如著名教学论专家李秉德先生所言，我们的教科书主要是从教师教的需要出发进行编写的，存在用施教者的眼光处理教学内容的通病。① 中小学教师普遍承认，如果没有教师的课堂讲解和点拨，自己的学生一般很难读懂教材。但是，如表4-20所示，竟然还有将近60%的教师认为现行教科书的呈现方式完全适合学生学习，有将近30%的教师认为现行教科书的编排方式非常好，没必要再进行调整。一线教师在进行教科书评价的时候，往往从教师教和测评的角度考虑问题，却很少通过问卷、访谈等方式了解学生的体验和感受。尽管教师自己在备课的时候非常注意突出教科书的参考作用，却很少引导学生在日常学习中合理使用和评价教科书。

2. 对教师教学的评价

教学评价是教学工作和教师评价的重要组成部分，在加强教学管理、改进教师教学、提高教学质量、推动教学改革、落实教育方针等

---

① 李秉德主编：《教学论》，人民教育出版社2001年版，第178页。

方面具有非常重要的意义。跟以往相比，中小学校通过教学开放周等形式开展教学交流的次数明显增多，教师开放课堂的信心和勇气明显增强，参与教学评价的意识和能力也有所提高。如今，不少教师能够在上课前后充分利用说课的机会大胆介绍自己的设计意图和指导思想，也能根据教学规律和观察所得进行认真评析。如表4－21所示，当笔者问到"您平时听课的主要目的是什么"时，77.24%的教师选择"向上课老师学习教学经验"，5—10年教龄的教师的选择率高达83.78%，说明大部分中小学教师具有虚心学习的心态；52.94%的教师选择"为了自己的专业发展"，说明超过一半的中小学教师有自觉利用教学评价发展专业素养的意识。更可贵的是，还有25.32%的教师选择"帮同事发现教学问题"，说明至少有1/4的中小学教师已经接受和践行了发展性教师评价的先进理念；还有38.87%的教师选择"为教研组活动做准备"，21—31年教龄的教师的选择率达到48.64%，说明不少中小学教师有合作教研的责任意识，不少老教师继承优良传统，有传帮带的奉献精神。

表4－21　　　　　　　　　　中小学教师日常听课的主要目的

语文教龄	完成听课任务，应付学校检查	为了给同事一点面子	帮同事发现教学问题	为教研组活动做准备	向上课老师学习教学经验	为了自己的专业发展
1—4年（共90人）	14人 15.56%	1人 1.11%	25人 27.78%	33人 36.67%	71人 78.89%	54人 60.00%
5—10年（共74人）	14人 18.92%	3人 4.05%	16人 21.62%	30人 40.54%	62人 83.78%	43人 58.11%
11—20年（共127人）	25人 19.69%	4人 3.15%	25人 19.69%	45人 35.43%	96人 75.59%	66人 51.97%
21—31年（共37人）	8人 21.62%	5人 13.51%	11人 29.73%	18人 48.64%	26人 70.27%	14人 37.84%
地区学科带头人（共63人）	17人 26.98%	0人 0.00%	22人 34.92%	26人 41.27%	47人 74.60%	30人 47.62%
总计（共391人）	78人 19.95%	13人 3.32%	99人 25.32%	152人 38.87%	302人 77.24%	207人 52.94%

当然，在看到成绩的同时，也发现教学评价还有不少问题。

第一，从评价目的来看，仍有不少学校热衷于奖惩性评价（即把评价的结果与教师的奖金、晋职和聘任等挂钩），却很少有意识地帮助教师全面分析和改进教学，结果导致教师对公开课和教学评价产生害怕心理。奖惩性评价的理论假设是：现实教育中肯定存在不合格或不称职的教师，存在低效或无效的教学；只有采取有效措施尽快转变这些不合格或不称职的教师，学校教育质量才能得到根本保证；通过奖惩性评价给这些不合格或不称职的教师施加外部压力，可以刺激他们尽快改进教学和科研水平。[1] 但是，心理学的原理告诉我们，惩罚只能暂时性停止不良行为，却不能由此产生好的行为；惩罚容易给人造成心理上的恐惧和伤害，并由此产生对抗情绪。

第二，从评价标准来看，仍有不少学校在用一个所谓的、谁都达不到的好课标准来衡量所有老师，结果发现所有老师的课都有问题。但如果是这样，这样的评价标准又有什么意义和用途呢？有的领导仅仅根据学生的考试成绩或某节公开课来类推该教师其余的课，结果使很多教师产生强烈的厌恶和抵触情绪。

第三，从评价主体来看，教学评价的主体应该是同学科的教师，因为他们更能站在学科教学的角度来具体分析问题。事实证明，中小学教师平时更喜欢和同行尤其是有经验的老师一起讨论教学问题。但是，受自我本位和官本位思想等的影响，不少行政领导非常容易成为教学评价的中心发言人，他们对教师评价的结果往往起着决定性的作用。

第四，从评价过程来看，有些教师因为责任缺位，在课前根本没有认真备课，课中也没有认真听课，所以在评课时只能随便讲几句[2]；有些教师要么光听课不评课，要么光讲好话不谈问题，要么只谈问题不说优点，让认真投入的教师产生不少失落感。

第五，从评价方法来看，不少学校习惯用量化打分的方法来评价

---

[1]　陈玉琨：《教育评价学》，人民教育出版社 1999 年版，第 104—105 页。
[2]　尤炜：《听评课的现存问题和范式转型——崔允漷教授答记者问》，《当代教育科学》2007 年第 24 期。

教师，导致教师最终只能看到一个干巴巴的数字，却无法从中知道自己教学的症结所在，更不清楚具体成因和改进建议等。不少教师拿到或知道这样的量化结果后，要么满腹牢骚和委屈，要么慢慢学会了应付或远离公开课。

第六，从评价效果来看，仍有不少教学评价因为缺少教师的主体参与，只能成为一种孤独、低效的行政性评价。一些教师在评价中经常处于被审判和控制的地位，只能消极、被动地接受评价结果，连起码的发言权和申诉权都没有。有的评价不但没能给教师的专业成长提供正能量，反而带来不少负效应。某名师曾经提出"优点说够，缺点不漏，方法给够"的评课观。笔者以为，"优点说够"肯定没错，"方法给够"也难能可贵，但"缺点不漏"值得商榷。为了让被评价者最大限度地接受评价结果，让他们通过评价觉得自己有奔头、有想头、有劲头，要切记：优点说够，缺点说透，但说够说透的前提是对方能够接受。

3. 对学生学习的评价

对学生学习的评价有助于教师了解学生的学习起点、诊断学生的学习困难、激发学生的学习兴趣和改善学生的学习行为，有助于学校和相关部门了解教师的教学得失、促进教师的专业发展和监督学校的办学质量等。随着素质教育和课程改革的不断深入，越来越多的学校和教师开始接受和践行"为学生的发展服务"的评价理念。他们希望通过评价促进学生的发展，让每一个学生都能从评价中获益。一些学校和老师还在自己的教学园地中积极开展学习评价改革，并取得了一定的科研成果。如江苏省吴江市实验小学为了使教师不再看统一考卷的脸色来教学，使学生从昏头涨脑的题海中解放出来，从 2009 年年底开始，实施了"一师一卷"的考试制度改革，即不管单元测试还是期末考试，学校不再统一出卷和组织考试，而是将考试权真正下放给每一位老师，由任课教师自己出所教班级、所任学科的试卷，考所教班级、所任学科的学生。他们的具体做法可以用两句话来进行概括：

一是先明理再制卷。首先，让教师明确考试改革的目的。"一师一卷"制并不意味着教师从此可以随心所欲地教书，而是要把过去大量用来应试的时间和精力，真正回归到育人教书和教学研究上来。他们试图以试卷为抓手，培养教师开发和重构课程的能力，更好地为学生发展服务。其次，让教师转变考试观念，明确小学考试应该以诊断性评价和形成性评价为主。以往那种根据学生期末考试的成绩来判定师生一个学期的教学表现的做法是极其不合理的。最后，让教师转变人才观念。社会需要各种各样的人才，而不仅是少数会考试的尖子生。每个学生的智能类型和个性特点都不相同，需要用不同的尺子来衡量。

二是先制卷再教学。每位教师在单元教学之前，先要把本单元的考试卷研制好，目的是逼教师进一步熟悉教材和明确教学重难点；教师制定好试卷以后，要先写下合格率、优秀率的预测，然后签名交教研组内的其他教师审核，目的是加强监督和促进交流；如果考试结果跟考前预测的数据相差较大，教师还必须写出反思和说明。为了保证教师出卷的质量（主要从试卷的效度和信度进行考量），不出对学生终身发展没有用的试题，学校要求教研组每学期必须组织三次以上试卷研讨活动，必须在专家指导下审慎制定出本学科的关键素养，然后要求每位教师根据这些关键素养来出卷，出卷时必须写清楚每道考题实际考察的能力点。为了鼓励教师上出自己的教学个性、开发真正属于自己的特色课程，学校还允许每张试卷可以有20%左右的考题源自师本化的教学内容。[1]笔者以为，吴江市实验小学的上述做法既尊重了教师的课程主体地位，又解放了教师，让教师有充分的专业自主权，实乃教师课程评价的先进典型。

但是，受各种因素等的影响，我们对学生学习的评价也存在一些不足：

一是评价功能畸形化。有的教师认为，只有少数升学有望的学生才是优秀和值得培养的，其余的学生因为升学无望几乎可以不管，学习评价的目的就是要发挥评价的甄别与选拔功能，尽快将那些升学有望的学生从班集体中挑选出来并努力帮助他们考出高分升学。他们习惯用考试手段来显示自己的学识和威信，经常根据学生的考试成绩给学生贴上三六九等的标签，然后对不怎么听话的"差生"实施惩罚性

---

① 时晓玲：《"一师一卷"：尝试解应试教育的锁》，《中国教育报》2012 年 5 月 29 日第 5 版。

教育。这样，始终只有少数几个善于学习的尖子生能够从学习评价中体验到成功和快乐，其余大多数学生则只能成为失败者和被教师重点关照的对象。

二是评价内容片面化。有些教师过分注重语数外等考试科目的评价，却相对忽视音体美等非考试科目的评价。而且，他们往往强调对书本知识和学生记忆力的评价，却相对忽视对学生的兴趣爱好、思想品德、创新能力和审美素养等的评价；往往重视言语—语言智能和逻辑—数理智能的评价，却相对忽视身体—运动智能、音乐—节奏智能等的评价。从"三维目标"的角度上看，他们往往只注重认知目标和考试能力的评价，却相对忽视过程与方法、情感态度与价值观等目标的评价。用这种片面化的内容选拔出来的学生经常容易出现高分低能、有才无德等问题。

三是评价主体单一化。尽管新课程倡导评价主体的多元与互动，大多数教师也认可和接纳这一理念，认为这样做有利于学生全面发展，但因为这样做需要教师投入更多的时间和精力，而教育主管部门和学校在评价教师时却还是只看学生的考试成绩，导致多元评价机制在实际教学中很难推行，只好又回到以前那种由任课教师单独评定学生成绩的做法。英文中一般用"assessment"一词来表示对人的评价。从词源学上讲，该词的词根源自拉丁文动词"assidere"，意思是作为评价者的教师坐在学生旁边，与学生一起进行交流和互动。但是，笔者调查发现，在大部分的学习评价中，教师往往处于绝对的领导定位，决定着评价的所有方面，学生则处于消极、被动和受处置的地位，几乎没有什么发言权。学生即使在课堂上偶尔有一些机会（尤其是教师上公开课时）进行自我评价和相互评价，也往往因为受教师的控制而流于形式。这样的评价不但影响评价结果的客观性，还影响学生的自尊心和积极性。

四是评价方法简单化。有些教师把学习评价窄化成考试，把考试窄化成纸笔测验，又把纸笔测验窄化成客观式测验。[①] 结果，不管什

_____

① 蒋碧艳、梁红京编著：《学习评价研究》，华东师范大学出版社 2006 年版，第 19—20 页。

么学科，都用考试和测验的形式评价，而且几乎都是客观性试题。笔者调查发现：在日常教学中，中小学教师对学生的评价还是以分数为主。有些教师喜欢用分数来衡量和反馈学生掌握知识的程度，结果只能把复杂的学习问题作简单化的处理，学生根本不能从反馈中获得更多有用信息。有些教师经常滥用相对评价，喜欢用分数给学生排队，结果既模糊了学生水平与教学目标的差距，又挫伤了学生的积极性。因为有研究表明，在一个人数相对固定的班级中，学生的名次总是相对稳定的。即使偶尔有变化，也是个别和有限的。① 教师如果仅以名次先后来评价学生，容易打击多数学生的上进心。为此，新课程要求教师加强形成性评价和定性评价，积极鼓励学生参与到评价中来。

---

① 王景英主编：《教育评价理论与实践》，东北师范大学出版社 2001 年版，第 250—252 页。

第五章　教师课程质量的提升策略

　　课程教学论研究应该是具有实践关怀的研究，应该提供实践建议和行动方略。① 教师课程研究的主要目的就是试图在发现教师课程的优势和不足的基础上，进一步提升教师课程的质量，规范课程教学的行为，并最终将教师从被动、压抑的状态下解放出来。马克思主义哲学原理告诉我们，事物的发展是由内外两方面因素共同作用的结果，但外因最终只能通过内因起作用。笔者认为，教师课程质量的提升策略可以用"赋权增能"四个字进行概括。赋权属于外部策略，主要目的是给老师充分的教学自主权。有学者指出：教师也许能够被迫顺从和执行，但是他们却不能在被逼迫的状态下达到优秀和卓越。只有在充分信任和赋权之后，人们才能有一种成就感，才能有效地投入工作。② 增能属于内部策略，但它本身又是赋权过程的重要任务。由此可见，教师课程也是有一些前提条件和能力要求的。

一　基于教师自身的提升策略

　　教师课程质量是教师素养的综合反映，教师课程质量的提升最终要靠教师的专业素养才能得到根本保证。教师作为教师课程的建构者和责任人，其自身的专业素养如何与教师课程质量基本成正比例关系。只有全面提高教师的专业素养，教师课程质量才有可能得到全面

---

① 罗祖兵：《课堂境遇与教学生成》，人民教育出版社 2012 年版，第 258、290 页。
② ［瑞典］T. 胡森等：《教育大百科全书》第一卷，西南师范大学出版社 2006 年版，第 609 页。

提升。"教师素质是教学系统免疫力、抵抗力的标志。即便目前的评价体系不变、升学压力不变，由于教师素质不同，其教学也不相同。"① 所以，要提升教师课程质量，首先要提高教师自身的专业素养。

（一）强化课程意识，转变课程观念

课程意识是指对课程系统、课程意义的基本认识以及对课程行为的自觉性程度，是教师执行课程标准、落实课程方案、提升课程质量和促进自身专业发展的内驱力所在，是现代教师专业素养的重要组成部分，是教师专业成熟的重要标志和衡量标准。"基础教育课程改革的重要价值之一就在于促使教师确立课程意识。"② 教师只有采取意识革命，具备鲜明、合理且与时代精神保持一致的课程意识，才会充分利用新课程赋予教师的课程自主权，把自己当作课程的建设性主体，像专家一样整体地思考为什么教、教什么、怎样教和教到什么程度的问题，并从目标、资源、过程和评价等维度来整体规划课程实施活动，从而成为课程的二次开发者和动态生成者，使静态的、计划的课程转变为动态的、鲜活的课程。反之，缺乏合理课程意识的教师，则有可能视课程为不可变更的圣经或法定的教学材料，甚至在课程系统面前按部就班或无所作为，只能成为法定课程的忠实执行者。

虽然课程意识与教学意识之间有密切联系，很难把它们绝对分开。但是，课程意识毕竟不同于教学意识，两者的关注点还是有明显区别的：

一是两者对教学目标的关注点不同。教学意识往往更多地考虑"如何教"的问题，它关注的重点在于如何通过各种有效方式和手段去实现给定的教学目标。只要教师实现了这个教学目标，那么他的教学就是有效教学，他自己就是一位优秀教师。而课程意识则更为关注"教什么"和"为何教"的问题，如什么知识最有价值、教学目标是否合理、教学手段是否恰当、教学过程是否有意义等。如果教学目标本身不合理，或者实现目标的手段不恰当，甚至教学过程是反教育

① 石鸥：《教学病理学》，山东人民出版社 2006 年版，第 183 页。
② 肖川：《培植教师的课程意识》，《北京教育》2003 年第 7 期。

的，那么即使通过各种方式和手段实现了既定的教学目标，也不能说这样的教学就是有效教学，而只能被认定为低效、无效甚至是负效和有害的教学。

二是两者对教学功能的关注点不同。教学意识往往追求教学功能尽可能最大化，认为多教多学总比少教少学好。而课程意识则追求教学功能的最优化，它关注的重点在于教学活动做到什么程度才是合理和恰到好处的。课程意识还要求教师从学校教育整体的角度来全面理解课程，强调教学功能的发挥要和整个教学活动的结构联系起来考察，要和学生的其他各项学习活动保持一种动态的平衡。"具有课程意识的教师往往以整合的理念和策略对待教育活动体系中的各个子系统和教育要素，并且只要涉及课程，便不再仅仅把课程视为教学内容，而是从课程系统的角度来把握课程问题。……往往从课程内在要素整合的角度处理课程实施中的问题。"① "教师对课程整体的觉知程度决定其自我课程意识的开放程度。"② 教师不仅要了解自己所教的课程在整个育人过程中的地位和价值，也要看到其他课程的意义和作用。

三是两者对学习结果的关注点不同。教学意识往往关注"双基"（即基础知识和基本技能）的掌握程度和直接的教学结果，特别是考点、分数和综合排名情况。而课程意识更关注"四会"（即学会认知、学会做事、学会共同生活和学会生存③）的教育和学生的可持续发展，特别是学生的学习意愿、学习能力方面的和谐发展，强调考试成绩的获得不能以牺牲学生的健康成长和健全发展为代价。④ 总之，教学意识更多地关注教学方法和技术手段，而课程意识则更多地关注教学价值和全人发展。

调查发现，大部分中小学教师往往有教学意识而缺乏课程意识。他们基本上都是从教学立场出发，很少站在课程的角度来整体规划教学。他们更多地讨论"怎么教"，却很少思考"为何教"和"教什

---

① 郭元祥：《教师的课程意识及其生成》，《教育研究》2003 年第 6 期。
② 李黔蜀：《试析教师课程意识》，《当代教育科学》2010 年第 9 期。
③ 联合国教科文组织编：《教育：财富蕴藏其中》，联合国教科文组织总部中文科译，教育科学出版社 1996 年版，第 75 页。
④ 吴刚平：《课程意识及其向课程行为的转化》，《教育理论与实践》2003 年第 17 期。

么"。在接受笔者访谈的 40 多位中小学教师当中，超过 2/3 的教师认为自己在日常教学中更多地关注"怎么教"的问题，而关注"教什么"问题的教师才接近 1/3，关注"为何教"和"教到什么程度"的教师则分别只有不到 10% 和 5%。当笔者追问他们"经常因为什么问题而苦恼"时，"怎么教"的问题依然成为首选，比例高达 36%；而"如何判断自己教得好不好"和"教到什么程度"的问题则分别位居第二和第三，比例都接近 30%；关注"为何教"的比例只有不到 5%。由此可见，一线教师的课程意识亟待进一步加强。

教师课程意识是多种意识成分构成的集合体。从已有的研究成果来看，国内学者一般从课程要素的角度将教师课程意识的构成要素归纳为五个方面：

一是课程主体意识。教师和学生作为相互作用的主体，他们既是课程的有机组成部分，又是课程的实施者和创生者。一方面，教师要充分发挥自己的主观能动性和专业自主权，时刻用自己独特的眼光去理解、体验和分析课程，将自己有益的人生体验和感悟渗透到课程内容之中，并且不断总结和创造课程实施的有效经验。另一方面，学生的现实生活和可能生活是课程教学的重要依据，教师在课程教学中要根据学生身心发展的实际需要来选择课程内容和教学方式，要积极鼓励学生参与到课程批判和建构中来。那些在课程问题面前束手无策，不尊重学生个体差异和独特体验，把教材内容视为学生必须完全接受的对象的做法，都是缺乏课程主体意识的表现。

二是课程目标意识。"加强课程的目标意识，是各国课程改革的共同趋势。"[①] 教师有无目标意识的重要体现在于其是否重视课程教学目标，并是否对此加以理性审视和反思。新课程要求教师不仅要重视给定知识的传授，更要树立面向全体学生、为了学生的全面发展和个性发展的课程目标意识。那种把课堂教学目标当作可有可无的摆设，照搬照套教参和他人教案上的教学目标，平等罗列"三维目标"而不是根据课程总目标和具体实际来制定课堂教学目标，甚至因为时兴生

---

① 蒋宗尧编著：《课前预设与课堂生成基本功》，中国林业出版社 2007 年版，第 20 页。

成而导致课堂教学漫无目的的做法都是缺乏课程目标意识的表现。

三是课程资源意识。"课程实施的范围和水平,一方面取决于课程资源的丰富程度,另一方面更取决于课程资源的开发和运用水平。"① 有资源意识的教师会以全新的眼光重新审视我们的生活世界,会根据学生发展和课程教学的需要,主动搜寻、发现、整理并储存各种可资利用的课程资源,会在课堂教学的过程中敏锐地捕捉和利用即时生成且有教育意义的课程资源,善于"将一个没有成效的、没有希望的甚至有危害的情境转换成一个从教育意义上说是积极的事件。"② 课程资源意识要求教师学会"用教材"而不是"教教材",教师要善于结合学生经验和自身优势,对课程内容进行适当的增删和调整;要利用与开发各种课程资源,为学生的全面发展和课程价值的实现提供保障。教材虽然不是唯一的课程资源,但目前仍然是最主要的课程资源。那些忽视课程文本要求,随意增减教材内容,甚至对法定教材弃而不用,忽略生成性资源教育价值的做法都是缺乏课程资源意识的表现。

四是课程实施意识。课程实施在本质上是一次再创造的过程,教师要根据教学情境的频繁切换对预设的课程进行调适和再生产,要根据教学情境的实际需要灵活选择教学方法,甚至对课程文本中不合理的地方进行批判和重建。具有课程实施意识的教师还善于在师生平等交往和对话的过程中实现教学相长和共同发展的目的。那些"上面怎么说,我就怎么做,跟着大部队走"的被动执行意识,以及重结果轻过程,为了赶教学进度不惜牺牲学生思考和质疑时间的做法都是缺乏课程实施意识的表现。

五是课程评价意识。作为教材的实际使用者,教师首先要熟悉和了解教材的编写意图,要从教材的内容特性(如是否联系生活实际)、教学特性(如技能训练的安排是否恰当)以及技术特性(如文字表述是否规范)等维度对教材的有效性和可行性进行客观准确的评估③,以便对自己所授课程的教材内容有相对理性的认识。其次,教师要本

① 吴刚平:《课程资源的理论构想》,《教育研究》2001 年第 9 期。
② [英]马克斯·范梅南:《教学机智:教育智慧的意蕴》,李树英译,教育科学出版社 2001 年版,第 172 页。
③ 丁朝蓬:《新课程评价的理念与方法》,人民教育出版社 2003 年版,第 98—105 页。

着以人为本、促进学生发展的原则，灵活采用课堂问答、问题研讨、情景对话、书面测试等多种途径全面评价学生，要彰显评价的诊断、导向、反馈和激励功能，适当淡化选拔和甄别意识。学生是学习的主体，教师不仅要有评价学生的意识，还要积极引导学生进行自我评价。最后，教师要注意收集和整理相关资料，及时发现和处理自己在课程实施过程中出现的问题，对自己的课程能力和教学效果作出实事求是的评价。但是调查发现，大多数中小学教师仍然没有摆脱考试指挥棒的影响，仍然偏爱量化评价和对学生进行题海战术训练，这是教师课程评价意识处于低迷状态的典型表现。某青年学者根据课程意识的构成要素及其发展水平尝试性地建构了分析教师课程意识的基本框架（见表5-1[①]），尽管这个表格还有待进一步完善，但显然有利于教师在直观对照表格的基础上分析自身或他人的课程意识。

表5-1　　　　　　　　教师课程意识的分析框架

构成要素	睡眠状态	迷失状态	自觉状态
课程主体意识	教师是课程的代理人，学生是储蓄罐	教师把学生看作是虚假的主体	教师和学生都是课程的创造性主体
课程目标意识	注重考试型知识的传授	能力和态度目标成为知识的附庸	强调知识、能力和态度的整合，促进学生生命发展
课程资源意识	教材是唯一的课程资源，重视制度性课程	突破教材资源的唯一性，但忽视生成性资源	强调教材、师生等资源的多样性，注重体验性课程
课程实施意识	教师充当忠实的课程执行者	教师成为积极主动的课程消费者	教师成为个性化的课程创生者
课程评价意识	重视鉴定特征的终结性评价	发展性评价具有简单化、不合理的倾向	强调以人为本的发展性评价
课程环境意识	强调学生的控制性环境	既注重学生的自主，又形成了控制性环境	强调学生自主的发展性环境

<hr />

① 李茂森：《论教师的课程意识及其分析框架》，《宁波大学学报》（教育科学版）2008年第2期。

　　鲜明、合理的课程意识不是自发产生的，而是教师主观努力和自觉生成的结果。教师课程意识的生成与培养既是一个理论研究问题，更是一个实践操作问题。为此，教师课程意识的强化要注意做好如下几项工作：

　　一是在思想上充分认识教师课程意识的重要作用。教师必须充分认识新课程改革的必要性和紧迫性，明白自己作为课程人在课程改革与建设中的关键作用；在形成内在需求的基础上，积极参与到课程改革与建设中来，努力使自己成为课程的生产者和建设者。教师要懂得课程意识是教师课程决策、课程设计、课程实施和课程评价的基础和源泉，是教师提高课程教学质量、促进课程改革成功的前提条件和根本保证，因为教师"仅仅站在教学的立场谋划教学改革，往往看不出问题的本质，难以找到有意义的突破口和生长点"。[1]

　　二是深入学习课程教学理论。教书育人的特殊使命和专业发展的特殊需要使教师的课程教学实践须臾离不开课程教学理论的规范、引领和指导。拥有丰富的课程教学理论可以给教师的课程教学实践提供非常有益的启示，可以帮助教师理性地审视、探究和解决课程教学中的各种问题，坚定其参与课程改革的信念和决心。俄国教育家乌申斯基在《教育史讲义》中指出："只有在钻研教育理论的基础上，一个教师才能成为优秀的教育实践家，才能使自己养成正确的教育机智。"教师是教师课程质量的主要负责人，教师不仅要做专业学习者，尽可能多地了解各种当代教育思潮、熟悉各种课程流派理论，还要在掌握课程基本理论的基础上，深刻领会和灵活贯彻课程改革的基本理念，如学校是课程发展的中心，教室是实验室，课程是经验，教材是范例，教学是对话、交流与知识构建的过程等[2]，用新课程理念指导自己的课程教学行为。但是调查发现，实践操作永远比理论研究更复杂，真正能把这些理论灵活运用到日常教学实践中的教师并不多，课堂沉闷、枯燥、被动、无趣的现象仍然较为普遍，最终导致课程实施的满意度只有 25%。[3] 由此可见，教师对教育理论尤其是教育哲学和

---

① 吴刚平：《教学改革需要强化课程意识》，《教育发展研究》2002 年第 7—8 期。
② 靳玉乐：《新课程改革的理念与创新》，人民教育出版社 2003 年版，第 30—36 页。
③ 余慧娟：《十年课改的深思与隐忧》，《人民教育》2012 年第 2 期。

课程理论的学习、内化和转化工作只能加强而不能削弱。联合国教科文组织在其报告中强调："今天，世界整体上的演变如此迅速，以致教师和大部分其他职业的成员从此不得不接受这一事实，即他们的入门培训对他们的余生来说是不够用的，他们必须在整个生存期间更新和改进自己的知识和技术。"[①]

三是树立正确课程观。课程观就是对课程问题的基本观点和看法，是教师课程行为中所蕴含的课程哲学。教师的课程意识总是自觉或不自觉地受到其课程观的影响。教师的课程观是课程意识的核心，制约课程改革的关键因素和最大困难首先是教师的课程观问题。课程观对教师的课程意识和教学行为往往起着指导思想和方法论的作用。中小学教师要切实转变和超越以往课程就是教学、科目、教材或预期的学习结果等狭隘、单一的课程观，突破工具理性、技术主义和实用主张的课程理念，构建系统整合、多元开放、动态生成、民主科学的实践课程观，并运用新课程赋予教师的课程权力完整、准确地把握课程价值和课程目标，从而从整体上妥善处理课程内容与学生经验、社会进步及科技发展的关系。[②] 新课程改革为教师重构课程观提供了理论和实践平台，中小学教师要全面认真地学习新课程标准，要在准确把握课程性质和地位、全面领会课改精神和课程理念的基础上，把课程标准的各项要求具体化并落实到课程教学中去。

四是把教学置于课程的视域下来思考，自觉用课程的观点来看待和分析教学实践中的问题。由于受中央集权式课程管理体制等影响，我们的中小学教师往往只擅长从教学角度来考察课程实践的问题。有教研员反映："你问老师什么是课程，不知道，老师不讲课程。课程就是教材，教材让我怎么做我就怎么做，老师不敢随意指出教材的问题。"[③] 而课程意识在本质上是一种张扬主体价值的意识，是师生彰显自身创造力的意识。[④] 课程意识要求教师和学生一起，站在课程的角

①　联合国教科文组织编：《教育：财富蕴藏其中》，联合国教科文组织总部中文科译，教育科学出版社 1996 年版，第 142—143 页。
②　郭元祥：《教师的课程意识及其生成》，《教育研究》2003 年第 6 期。
③　张新海：《反对的力量：新课程实施中教师阻抗》，科学出版社 2011 年版，第 178 页。
④　王一军：《课程意识与教学觉醒》，《教育理论与实践》2003 年第 10 期。

度来理性看待和反思自己在课程教学中的理念和行为。

（二）研读课程标准，基于标准教学

作为学校教育的指导性文件，课程标准并非是第八次基础教育课程改革的新生事物。早在 1912 年，南京临时政府就颁布了《普通教育暂行课程标准》。新中国成立之初，也先后制定了小学各科和中学个别科目的课程标准。1952 年，我国全面学习苏联的教育模式，将沿用 40 年的课程标准一分为二，改称为"教学计划"和"教学大纲"。2001 年，国家教育部又用课程标准取代使用了近半个世纪的教学大纲。而中国台湾地区则在 2000 年用课程纲要代替了原来的课程标准。对于"课程标准"的定义，国内外学者的表述不尽相同。澳大利亚的学者指出，课程标准描述的是学生学习的主要领域及大多数学生在每一学习领域所能达到的学习结果，它为各个学校的课程规划、课程实施和课程评价提供了一种参照。亚太经合组织的学者认为，课程标准是对学生在校期间所应掌握的知识、技能和态度的非常清晰明确的阐述。它描述了一个社会或教育体系为了给学生丰富完满的未来生活做好准备，对不同年级和学科领域的学生所应获得的成绩、行为及发展水平做出的规定。[①]《基础教育课程改革纲要（试行）》指出，课程标准阐述了各门课程的性质、目标、内容框架和实施建议，体现了国家对不同阶段的学生在知识与技能、过程与方法、情感态度与价值观等方面的基本要求，是编写教材、课堂教学、考核评估的基本依据，是国家管理和评价课程的基础。由此可见，课程标准的关注对象是学生及其更好的发展，涉及的范围涵盖学生综合发展的多个领域，是国家或地方制定的对某一学段学生共同、统一的基本要求，是对学生经过某阶段的学习之后所能达到的学习结果的行为描述。

现行课程标准虽然对应以前的教学大纲，但如表 5 - 2 和表 5 - 3 所示[②]，两者不管在内容蕴涵、价值取向还是框架结构上都存在明显差异。教学大纲以教师教学工作的开展为重点，更多地关注教师的教

---

① 钟启泉、崔允漷、张华主编：《为了中华民族的复兴　为了每位学生的发展　基础教育课程改革纲要（试行）解读》，华东师范大学出版社 2001 年版，第 171—172 页。

② 周小山主编：《教师教学究竟靠什么——谈新课程的教学观》，北京大学出版社 2002 年版，第 9—10 页。笔者引用时略有增删。

学行为和学生知识技能的获得。它不仅对教学目标和教学内容做出明确具体的规定，还对这些内容的教学顺序和教学时数做出指令性的安排。教学大纲因为规定了教材、教学和评价方面的最高要求，而且是不容置疑和必须执行的规定，所以，对教材编写、教师教学和学业评价的影响是直接的、统一的和硬性的，限制和控制的色彩相对较浓。教学大纲很容易导致教学内容繁、难、偏、旧，让绝大多数学生因为其要求过高经常学业受挫。① 一线教师往往视教学大纲为圣旨，生怕超纲或遗漏什么重要的知识和考点。这些显然不利于学生差异性的发展、教师创造性的发挥和一纲多本政策的实现。而课程标准是以学生的全面发展为目标，更多地关注学生通过课程教学活动在知识与技能、过程与方法、情感态度与价值观方面获得全面提高，更多地关注课程的性质、基本理念和设计思路，关注如何利用各门课程特有的优势去促进每一个学生的身心健康发展。课程标准只对某一学段（非学期或学年）的所有学生在某方面或某领域应该具有的基本素养提出一个基本的底线要求，只对这些基本素养的实施路径提出一些方向性、参考性的建议，而不再对知识的前后顺序、实现目标的手段与过程做硬性规定，因此，对教材编写、教师教学和学业评价的影响是间接的、指导性的和弹性的。② 课程标准在放权与控制之间保持一种适当的张力，这样就既为教学确立了一定的质量底线，又为教学预留了灵活实施的空间。它鼓励教师根据课程理念和课程目标加工和处理教学内容，根据实际情况选用合适的教学方法。"在基于课程标准的教学中，学习结果的质量对所有的学生都是相同的，但达成这一结果的方式却可以是千差万别的。"③ 这就给教材编写的特色化和多样性预留了发展空间，给教师的教学创新提供了多种可能，为满足学生的差异性发展创造了良好环境。如新语文课程标准用"优秀诗文背诵推荐篇目"和"关于课外读物的建议"代替了语文教学大纲的"基本课文

---

① 朱慕菊主编：《走进新课程：与课程实施者对话》，北京师范大学出版社2002年版，第51页。

② 严先元：《课程实施与教学改革》，四川大学出版社2002年版，第126—129页。

③ 崔允漷：《课程实施的新取向：基于课程标准的教学》，《教育研究》2009年第1期。

篇目"，也不再规定各类课文的具体比例，这种开放性的做法就是要
把语文教学的主动权下放给语文师生和教材编写者，以利于实现因材
施教和教材教法的多样化。"课程标准隐含着教师不是教科书的执行
者，而是教学方案（课程）的开发者，为教师与学生等课程实施者作
为独立的主体参与教育过程，使课程具有生成性、适应性成为可
能。"① 课程改革不是按图索骥或依葫芦画瓢，需要教师创造性地开展
工作。新课标珍视教学的不确定因素，赋予教师更大的专业自主权。
教师在教学中可支配的因素明显增多，自由选择的余地和灵活施教的
时空增大。教师完全可以根据现场资源对教材进行二次开发，可以根
据学生经验和自身优势进行创新设计和教学。调查发现，大部分教师
不能说出课程标准和教学大纲之间的上述差异。当笔者问"您能否从
框架结构、内容蕴涵和价值取向上说说课程标准和教学大纲之间的区
别"时，超过一半的受访教师明确表示"不能"，超过 1/3 的受访教
师可能碍于面子，勉强表示"能说出一些"。而表示"能"的教师在
具体陈述时也有复制、粘贴的嫌疑。

表 5 - 2　　　　　　　　课程标准与教学大纲的内容蕴涵比较

教学大纲	课程标准
以教师教学工作为重点	以学生全面发展为目标
更多地关注教师的教学行为	不仅关注教师的教，更关注学生的学
侧重知识技能的获得	关注基本素质的全面提高
是教学应实现的"预期目标"	是学生能达到的"最低标准"
教学内容纲要和教学工作的提示	学生学习结果与过程的表述
直接的、统一的、硬性的"控制"	间接的、指导性的、弹性的"规范"

表 5 - 3　　　　　　　　课程标准与教学大纲的价值取向比较

教学大纲	课程标准
精英教育	大众教育
学科知识本位	学生发展本位

---

① 钟启泉、崔允漷主编：《新课程的理念与创新——师范生读本》，高等教育出版社
2003 年版，第 68 页。

续表

教学大纲	课程标准
侧重认知层面	关注整体素质
指导教师教学工作	指导课程实施与开发
有统一的、硬性的规定	开放的、灵活的管理

　　新课程标准的颁布和实施意味着我们国家的基础教育有了科学、明确的质量标准。课程标准规定了未来社会中国国民在某方面或领域的基本素养。这些基本素养是教材编写、教师教学和教学评价的依据、指针和灵魂。作为中小学教师，我们要树立依标施教的理念，自觉用课程标准来指导自己的课程教学实践。

　　首先，教师要充分认识课程标准的作用，深入研读课程标准。课程标准努力将素质教育的理念切实体现在各个组成部分之中。如确定"三维一体"（即知识与能力、过程与方法、情感态度与价值观）的课程目标观，促进学生创新精神和实践能力的发展；精选学生终身学习必备的基础知识和基本技能，密切教科书和学生生活、社会发展的联系；提倡自主、合作和探究的学习方式，强调学生学习的过程和方法；建立以促进学生发展为目标的评价体系，发现和发展学生多方面的潜能；提供多种可供选择的设计模式①，供师生根据教学情境的实际需要来选择和参考。为了深入研读课标，建议教育主管部门给每位教师免费发放学科课程标准及其解读材料，教师自身不但要积极参加各级部门组织的课程标准培训，还要通过自我研读标准、聆听专家解读和同行共同研讨等途径，通过新旧标准比较、典型案例分析和自我教学反思等形式，持续、深入、有效地研读学科课程标准。② 如果有条件和机会，还应配备和研读其他相关学科的课程标准，以便更好地了解相关学科和所任学科的区别与联系。③ 教师不仅要在从事教学工

---

① 蔡铁权主编：《基础教育课程改革通识培训教程》，浙江大学出版社 2004 年版，第55—60 页。

② 陈孝均、郦泺静主编：《教学设计技能的构成与形成》，光明日报出版社 2009 年版，第 23—35 页。

③ 蒋宗尧编著：《课前预设与课堂生成基本功》，中国林业出版社 2007 年版，第 21—22 页。

作之前，对学科课程标准的全部内容进行全面深入的研究，还要在备课和教学过程之中，对学科课程标准进行有针对性的局部研究和分类研究。其中，前者研究目的在于从整体上把握课程标准的指导思想和精神实质（一般在"课程性质"和"课程基本理念"中得以体现），而后者主要是寻求课程标准对某一具体教学任务的指导。苏霍姆林斯基指出，真正的教育能手"是按照教学大纲（即课程标准——引者注）而不是按照教科书来备课的"。① 著名语文特级教师于永正多年来一直有一个职业习惯，就是把课程标准中各学段的教学目标和相关建议复印下来，张贴在备课本的首页上作为自己的教学指南。于老师经常翻看课程标准，而且每次都有新的收获。他说，每当看到要"指导学生正确地理解和运用祖国的语文，丰富语言的积累，培养语感，发展思维"这些话，他就会更加坚定地在教学中引导学生去读写背思；每当看到"培养学生广泛的阅读兴趣，扩大阅读面，增加阅读量，提倡少做题，多读书，好读书，读好书，读整本的书"这些话，他就会坚决地把练习册丢在一边，努力在培养阅读兴趣和学习习惯上下功夫。于老师用自己的实际行动给我们现身说法：课程标准是教学的圭臬和依据；为了使自己的课程教学有方向和目标，教师就必须常看和研究课标。② 笔者通过访谈等发现，90%以上的中小学教师都充分肯定课程标准的指引作用，"因为教学需要循序渐进，小学学什么，中学学什么，有个标准出来，教学才更有方向性和目的性。"江西赣州的一位语文教龄还不到 4 年的小学教师对笔者说："在我看来，课程标准在实际教学中有很大的作用。因为课程标准是根据课程方案制定的纲领性文件，是编写和审查教材的依据，是考核与评估的依据，也是处理教材和课堂教学的依据，对执教者的教学有指导性作用。"但令人遗憾的是，把课标束之高阁的教师还是很多。到目前为止，很多一线教师还没有认真研读新课程标准，还不能说出课程标准对有关教学内容的具体要求和规定，备课前后会经常翻阅课程标准的老师还

---

① ［苏联］B. A. 苏霍姆林斯基：《给教师的建议》（修订版），杜殿坤译，教育科学出版社 1984 年版，第 423 页。

② 于永正：《备课断想》，《福建教育》（小学版）2007 年第 2 期。

不到10%。由此可见，一线教师对课程标准的了解程度和熟悉水平，远比课改专家期望的要低很多。福州市某中学语文老师对笔者直言："对于课程标准，说一句惭愧的话，我不知道里头写了什么内容，学校曾经给我们每位老师发了一本新课程标准。去看的老师非常少，所以天天把课程标准拿出来参照的情况就更是微乎其微了。首先，没有课程标准，老师凭经验也可以上好课，且不大会影响教学成效。其次，学校没有专门组织过课程标准的集中学习，一般只叫老师自己回去琢磨。老师都快忙得喘不过气来了，哪有时间和闲情逸致去经常翻阅课程标准。"调查发现，只有不到1/3的教师在制订学期教学计划、编写教学方案以及在教学中遇到困惑时才会使用课程标准。更多的教师往往只是在应聘、赛课、教研活动、撰写论文、复习迎考时用到课程标准，功利性非常强。"一线教师的教学基本上是跟着中高考指挥棒走的，目的是把学生训练成考试能手。在日常教学中，教师经常翻阅的是教参而非课程标准。"这其中除了课程标准偏空泛和笼统之外，还跟教师惰性作怪和没有认识到课程标准对教学的指导作用等有关。

　　其次，要积极实施基于课程标准的教学。课程标准作为教育部颁发的教育教学法规和课程政策文件，是国家对基础教育课程的基本规范和底线要求，是教师理解、设计、实施和评价课程的法定依据。教师理应在充分理解课程标准的基础上，积极实施基于课程标准的教学，尽全力保障基础教育的课程教学质量。基于课程标准的教学不是标准化的教学，也不是要求所有教师教学标准化，用一个模子来培养千人一面的学生。它更不是一种固定的教学方法，而是一种课程教学理念，更多地关注课程教学行为背后的课程教学理念是否符合课程标准的要求。学生学习的差异性、教师教学的个性化以及课程教学的情境性和生成性等，必然要求基于课程标准的教学是千姿百态的。基于课程标准的教学和传统教学有很多不同点（见表5-4①）：一是要求教师树立课程标准意识，养成依据标准而行动的习惯，即根据课程标准的目标要求、站在课程标准的立场上来整体规划、设计和实施教

---

　　① 林荣凑：《课时教案：基于课程标准的教学设计》，http://www.wdjyzx.com/Item/13416.aspx（文登教研网），2012年3月9日。

学，将课程标准的基本理念贯穿于日常教学实践中。"基于课程标准的教学要求教师像专家一样整体地思考标准、教材、教学与评价的一致性，并在自己的专业权力范围内作出正确的课程决定。"① 二是基于课程标准的教学要求教师为了标准而行动，即教学实践要以课程标准确定的总体期望和学段目标为指向。

表 5－4　　　　　　传统教学与基于课程标准教学的比较

传统教学	基于课程标准的教学
思维的起点是教科书	思维的起点是课程标准
教学目标源于教师经验/教科书	教学目标源于课程标准
教学目标的行为模糊，主体有时是教师	教学目标是预期的学生学习结果
无评价方案，以表扬和批评实施评价	评估方案先于教学设计，关注学生是否实现预期目标的证据
教学过程以教师的"教"为中心	教学过程以学生的"学"为中心
虽有学期教学计划、单元教学计划，但不太顾及，以单篇教学为主	是模块学程纲要、专题计划（单元教案）的具体落实
作业或活动设计作为巩固课堂学习的手段	任务/活动/作业成为课堂教学的中心
不强调标准、评价等的一致性	强调标准、教材、教学、学习、评价的一致性

通过访谈发现，一线教师几乎都一致肯定基于课程标准教学的必要性。他们认为："教育是改造国民劣根性的主要出路。从内心里说，我们希望课标规定的都能实现，能够实施基于课程标准的教学。""因为课程标准确实体现了对不同阶段学生的不同要求，没有标准就没有指导思想了。"但是，由于没有很好地接受过这方面的专业培训，绝大部分教师基本上不了解基于课程标准教学的操作步骤和相关要求。只有5%左右的被访教师认为，一线教师更多的是在实施基于课程标准的教学。某教师告诉笔者："很多教师经常勤勤恳恳，但不一定清清楚楚，更谈不上以新课程标准为指导实施教学。"当追问其具体成因时，将近10%的受访教师认为主要跟新课标宣传不够和教师缺乏培

---

① 崔允漷：《课程实施的新取向：基于课程标准的教学》，《教育研究》2009 年第 1 期。

训有关，超过20%的受访教师认为是课程标准本身有脱离实际、缺乏可操作性的问题，还有将近20%的受访教师认为跟教师工作不够积极、对课标了解太少、很少用到和落实课标有关。但是，将近40%的受访教师却认为，这主要跟应试教育和考试指挥棒有关，理由是："课标里的东西如果考试不考，没有人会去重视和研究的。""教师有实施基于课程标准教学的心，但基于各方面的压力，总显得力不从心。"由此可见，实施基于课程标准的教学尚需多方的共同努力。

如表5-5所示，当笔者问到"影响您实施基于课程标准教学的主要原因是什么"时，71.61%中小学教师选择"应试教育的压力"。"因为家长、学校、教育行政部门对老师的评价还是考试分数。只要高考和评价体制不改，基于课程标准的教学就无法实现，特别是在三线城市的学校。"另有教师表示："只要高考在，你就不能脱离课程标准。实施基于课程标准教学的主要困难也是困惑就在于应试能力的培养及学科能力的养成这两者之间找不到一个较好的融会点。"此外，还有54.73%中小学教师选择"学生情况复杂"，22.76%的中小学教师选择"个人能力有限"，19.69%的中小学教师选择"对课标精神理解不够"，12.79%的中小学教师选择"课标脱离实际"。由此可见，影响教师实施基于课程标准教学的原因很多。一线教师因为工作繁忙，往往只做有十足把握的事情。教育主管部门既要设法增强课程标准的科学性和可操作性，又要加大基于课程标准教学的培训力度。但是不管怎样，一线教师们表示相信："只要上级部门重视的话，上述一切困难应该都可以迎刃而解。"

表5-5　　　影响教师基于课程标准教学的主要原因

语文教龄	应试教育的压力	没有课程标准	对课标理解不够	课标脱离实际	学生情况复杂	个人能力有限
1—4年	56人	1人	27人	10人	57人	27人
（共90人）	62.22%	1.11%	30.00%	11.11%	63.33%	30.00%
5—10年	51人	6人	16人	13人	46人	22人
（共74人）	68.92%	8.11%	21.62%	17.57%	62.16%	29.73%

续表

语文教龄	应试教育的压力	没有课程标准	对课标理解不够	课标脱离实际	学生情况复杂	个人能力有限
11—20 年 （共 127 人）	92 人 72.44%	4 人 3.15%	19 人 14.96%	22 人 17.32%	68 人 53.54%	25 人 19.69%
21—31 年 （共 37 人）	26 人 70.27%	0 人 0.00%	6 人 16.22%	2 人 5.41%	23 人 62.16%	6 人 16.22%
地区学科带头人 （共 63 人）	55 人 87.30%	2 人 3.17%	9 人 14.29%	3 人 4.76%	20 人 31.75%	9 人 14.29%
总计 （共 391 人）	280 人 71.61%	13 人 3.32%	77 人 19.69%	50 人 12.79%	214 人 54.73%	89 人 22.76%

　　在常规教学设计中，教师首先关注和解读教学内容，然后再据此安排教学环节和选用教学策略，至于为什么这样做，它们跟课程标准的目标和要求是否一致，则很少甚至根本没有考虑。有些教师的教案尽管也书写了"三维目标"，但却几乎没有发挥应有的指导作用，目标仅是应付上级检查的一种摆设而已。基于课程标准的教学设计倡导逆向设计。逆向教学设计通常分为三大步骤：第一步是确定预期的学习目标，教师首先根据课程标准和教学内容来界定学习目标，然后再根据学习目标来选择和处理教学内容。第二步是依据学习目标设计学生的学习评价，确定如何证明学生实现了目标的手段与措施。第三步是依据学习目标设计和安排教学活动，指导学生学习。上述三个环节相互衔接，循环往复，力保标准、教学和评价的一致性。由此可见，逆向教学设计的典型特征在于评价设计先于教学设计，它要求教师在安排教学活动之前，首先考虑基于课程标准的学习目标和评价的问题，然后将学习目标贯穿于教学过程之中，并通过过程性评价确保学习目标的有效落实。"它以一种动态的方式将目标、评价、学习经验组成一个教学整体，保证了教学有序、动态的开展。"[①] 基于上述特点

---

　　① 李锋：《基于课程标准的教学设计研究》，博士学位论文，华东师范大学，2010 年，第 25 页。

考虑，美国学者 O'Shea 构建了基于课程标准的教案格式（见表 5 -
6①）。中国台湾学者欧用生建构了基于课程标准教学的八个步骤（见
表 5 -7）②。

表 5 -6　　　　　　基于课程标准教学的课时计划格式

（1）课题：

（2）相关标准陈述：

　　标准陈述从年段基准中而来，和上课内容息息相关；标准陈述是具体的，包含内容标
准和表现标准

（3）教学目标——学生学习结果：

　　教学目标要描述在这一堂课的教学中可以观察到的学生表现行为或结果；教学目标要
引导学生去证明标准陈述中的知识或技能

（4）检测这些表现或成果的评价活动方案：

　　评价的手段和工具要能检测学生是否达到预期的学习结果

（5）教学活动方案：教学活动的安排应该是能指引学生去证明自己的学习结果

表 5 -7　　　　　　基于课程标准教学的基本步骤

教学步骤	拟解决的问题
1. 明确内容标准	如何分解课程标准中的相关内容使之更加具体、清晰？
2. 选择评价任务	证明学生达到上述标准的最好途径是什么？
3. 制定评价标准或开发评分规则	用于判断学生表现的准则是什么？
4. 设计课程以支持所有的学生做出出色的表现	怎样选择和组织内容才能帮助学生在完成评价任务时表现突出？
5. 规划教学策略以帮助所有的学生完成课程的学习	用什么方法和策略才能最好地促进学生的学习？
6. 实施规划好的教学	怎样实施上述选定的那些方法和策略？
7. 评估学生	利用学生的实际表现确定上述标准的实现程度。
8. 评价并修正整个过程	是否需要补充教学，补充什么？

---

① 崔允漷：《课程实施的新取向：基于课程标准的教学》，《教育研究》2009 年第 1
期。

② 欧用生：《课程理论与实践》，（台北）学富文化事业有限公司 2006 年版，第 160
页。

（三）刻苦钻研教材，调适教学内容

课程内容在课程标准中有明确规定，具有法定知识的地位，是相对稳定和不能轻易改变的。教材是课程内容的物化形态，是体现课改精神的实际载体，是教师教学的得力助手。"教材对教学者有直接的帮助，它是教师进行教学活动的基本依据和主要工具，它作为教师进行教学活动的助手和备忘录而存在。"① 一般认为，教材有广义和狭义之分。广义的教材泛指教师指导学生学习的一切教学材料，包括教科书、讲义、讲授提纲、教学参考书、习题集、练习册、课外读物、教学挂图、音像教材、教学软件、网络资源等。狭义的教材专指教科书，即通常所说的课本，是根据各科课程标准编写的、系统反映学科内容的教学用书，主要由术语、事实、概念、原理和步骤等构成。教科书虽然只是教材中的一种，但却是教材家族中比重最大、作用最大、使用面最为广泛、内容最基本也最为成熟的成员。② 作为一种慎重编选的教学工具和最具代表性的核心教材③，教科书是学生掌握知识的基本源泉和教师教学的重要参考，是考核教学效果的主要依据和学生课外学习的重要基础。作为教学活动的指南和媒介，教科书有助于节约教学时间、完善教学方法和提高教学效益。本森（Benson）在对印度尼西亚的教育情况进行了广泛调查后得出结论："若有更好的教科书，将会把教师的劳动生产率提高 20%—30%。"④ 钻研教材是教师备课的核心内容。钻研教材的能力是教师最基本、最重要的专业素养之一，它直接决定"教什么"和"怎么教"的问题。教师可以通过多种途径（如理论学习、专业培训、研讨交流、教学反思等）和方法（如比较揣摩、质疑问难、知人论世等）来提高钻研教材的水平。教师钻研教材的常规步骤有：

一是通读整套教材。具体做法是利用寒暑假，通读自己任教学科

---

① 曾天山：《论教材在教学中的地位与功能》，《现代中小学教育》1995 年第 5 期。

② 曾天山：《教材论》，江西教育出版社 1997 年版，第 8 页。

③ 靳玉乐、宋乃庆、徐仲林主编：《新教材将会给教师带来什么——谈新教材新功能》，北京大学出版社 2002 年版，第 4 页。

④ 曾天山：《国外关于教科书功能论争的述评》，《西南师范大学学报》（哲学社会科学版）1998 年第 4 期。

在整个学段的全套教材，从整体上把握和了解教材的内容结构和前后联系。尤其要通过教材前面的编辑说明等，了解教材的编写意图和编排体系，以便站在系统、全局的高度来驾驭教材，增强教学的计划性和整体意识。如果有条件的话，教师还要力争把前后学段的教材全部通读一遍，以便全面、系统地了解学生的学习经历和知识积累，促进新旧知识的前后衔接和前后学段的顺利过渡。教师通读教材不同于平时读书，不能凭个人的兴趣好恶去读。要对照课程标准的要求，围绕下列问题做好教材分析：课程标准对本学段的基本要求（包括质和量两方面的要求）是什么？该如何落实这些基本要求？本套教材的编写意图和体例是什么？本套教材包括哪些知识？是以什么样的逻辑线索把这些知识组织起来的（要力争画出知识树并加以说明）？本套教材哪些知识可以前后整合起来？本套教材所蕴含的能力体系和价值体系是什么？考试大纲及考试说明的相关要求是什么？如果学校领导让我从初始年级教到毕业班，该如何从整体上来把握和处理这套教材？[1]此外，新课程要求我们在通读整套教材时，不仅要关注整套教材的内容构成和组织顺序，还要进一步思考整套教材对教师和学生意味着什么，折射出什么学科教育理念等问题。

二是熟读整册教材。在了解整套教材的基础上，教师在开学之前要熟读新学期所要使用的当册教材。要通过熟读教材，全面了解本册教材的教学内容及单元构成，清楚各单元之间的内在联系，掌握本学期的教学重难点，理清整个学期的教学思路，然后对本学期的教学活动做出总体安排，制订学期教学计划。教是为了不需要教。魏书生老师不仅自己开学前努力熟读整册教材，还积极引导学生利用寒暑假自学整册教材。[2]作为全国知名的特级教师，魏老师因为经常外出开会或讲学，少上了很多语文课。他没有请其他老师代过一节课，但班上的语文考试成绩却一直遥遥领先。这其中就得益于魏老师十多年来，一直注意引导和教会学生自学整册新教材。魏老师的做法是：放寒暑

---

① 王敏勤：《提高课堂教学效率的五大方略》，《中国教师报》2009 年 12 月 30 日第 C01 版。

② 魏书生：《魏书生文选》第一卷，漓江出版社 2002 年版，第 22—25 页。

假前，就把下学期的新课本发给学生，然后引导学生写1500字左右的教材分析，内容主要包括列生字表（指教材中加拼音的字）、列新词表（指课文中加注解的词中需掌握的词）、单元分析（统计本册教材的单元数，每单元分别是什么文体）、习题归类（统计每篇课文后的习题总数，并按字词句训练、语修逻训练、听说训练、读写训练归类）、知识短文归类、书后附录和列文学常识简表（按时代或国别顺序，列出课文作者的名字、身份、作品和体裁等）。教材分析写好之后，再引导学生制定假期自学时间表，每天用半小时学语文。

三是研究一个单元的教材。新教材基本上是按主题编写单元内容，而且每单元前面一般有单元提示或教材说明（见教师用书）。教师要认真阅读单元提示或教材说明，弄清本单元的教学主题，把握本单元的教学内容、重难点及相关要求，明确本单元内容及各个知识点在全册乃至全套教材中的地位和作用，统筹规划好本单元的教学活动。全国著名语文特级教师钟德赣开展"五步三课型反刍式单元教学法"实验取得了明显成效。钟老师的具体做法如表5－8所示①，他把每个单元的教学过程分为五个步骤（总览、阅读、写说、评价、补漏），每个步骤再分为三种课型（自练、自改、自结）。其中，总览要求学生运用系统论原理，整体感知和浏览全单元课文，辨认并确定单元和各课教学目标；阅读分导读、仿读和自读，体现由扶到放的教育理念；写说将阅读和写作紧密结合起来，全面培养学生的听说读写能力。

表5－8　　　　　　　五步三课型反刍式单元教学法的步骤和安排

步骤课型	总览	阅读			写说	评价	补漏
	整体感知	导读	仿读	自读	课内→课外	单元检测	系统总结
		导学→比较	仿读→比较	自学→比较			
自练	寻向	设疑	质疑	质疑	写作(听说)	测试	自查
自改	辨向	析疑	析疑	答疑	评改	评改	众议
自结	定向	辩疑	辩疑	辩疑	自评	填表	补救

---

① 钟德赣等：《钟德赣中学语文反刍式单元教学法》，山东教育出版社1999年版，第52—80页。

　　四是精读即将施教的具体教材。教师要通过逐字逐句的推敲和研究，尤其是通过课文提示和课后习题等，明确如下几个问题：本课的教学目标和要求是什么？本课的主要内容和篇章结构是什么？各知识点的前后联系如何？本课的教学重点是什么？学生最难理解和掌握的地方在哪里？教学中如何突出重点、突破难点？各个例题和习题的作用是什么？学生有哪些与本课内容相关的生活经验，有哪些知识是学生在前面已经学过的，需要收集和补充哪些课程资源？① 著名语文特级教师钱梦龙总结归纳了课文自读六步法②，即：认读，通过朗读或默读初步感知课文，借助工具书理解生字词的具体含义；辨体，辨别文章体裁，确定阅读重点；审题，解析文章标题，理解标题与内容的联系；问答，一般由表及里，依次问答三个问题：这篇文章写了什么，是怎样写的，作者为什么要这样写；质疑，即深入思考，发现并提出问题；评析，即用口头或书面的形式对文章的突出特点做出恰当评价。

　　如图 5 - 1 所示③，从正式课程到经验课程，课程内容先后要经过四次转化和建构。其中，学生的转化和建构是目的，教师的转化和建构是关键。无论教材编写的质量如何，其千篇一律的内容和普适性的要求，都无法完全满足复杂教学情境和学生成长过程中的个性化需求。实践证明，教材内容和教学情境、学习需要之间完全匹配的情况实属少见。叶圣陶先生指出："教材即使编得非常详尽，也不过是某一学科的提要，加上一些必要的范例罢了。因此，教材只能作为教课的依据，要教得好，使学生受到实益，还靠老师的善于运用。"④ 教材虽然是课程的重要组成部分，但"只有在成为相互作用过程中的积极因素时，只有满足特定学习情境的问题、需要和兴趣时，才具有课程的意义。教材具有很大的灵活性和变通性，教师可以根据学习情境的

---

　　① 蒋宗尧编著：《课前预设与课堂生成基本功》，中国林业出版社 2007 年版，第 25—28 页。

　　② 钱梦龙：《导读的艺术》（修订本），人民教育出版社 1999 年版，第 22—26 页。

　　③ 王敏勤：《中小学教学内容的四次转化和建构》，《天津市教科院学报》2011 年第 5 期。笔者引用时根据课程标准的理念作了部分修改和补充。

　　④ 张定远主编：《重读叶圣陶·走进新课标：教师为了不需要教》，湖北教育出版社 2004 年版，第 79 页。

需要进行选择和取舍。与教材相比，学习情境的问题、需要和兴趣具有优先性。"① 所以，教师在设计教学方案和实施教学过程中，要在认真研读课程标准和钻研教材的基础上，根据教学情境的实际需要，对教材内容进行适当的加工和处理。

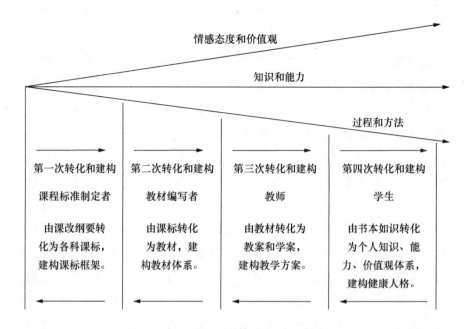

图 5 - 1　课程内容的四次转化和建构

　　另外，一个完整的教学过程由许多不同类型教材（包括教科书、练习册、课外读物、幻灯片和音像制品等）的协作配合来完成，每一种教材的特性、表现力和使用范围又都有所不同，教师要根据教学需要进行最优选择和优化处理。但是，教科书是教材的重要组成部分，是教材系列中最规范、最具代表性的印刷材料。它因为经过学科专家的慎重编选，肯定是较好的例子，教师首先要尽可能用好这个例子。那种随意将课本弃之不用的做法肯定是错误和不负责任的。同时，教科书因其篇幅所限和编写周期的问题，也存在材料陈旧、叙述简略、

① 张华：《课程与教学论》，上海教育出版社 2000 年版，第 20 页。

内容枯燥以及忽视地方特殊需要、难以照顾个别差异等不足。所以，教师要设法提高科学使用教科书的水平。东北师大孔凡哲教授和史宁中教授借鉴美国学者霍尔等人的研究成果，从理解和研究教科书、整合教科书、运用教科书、评判教科书四个维度，以及误用、机械使用、常规使用、积极使用和创新使用五个等级（见表5-9①）构建了教师使用教科书的水平模型（见表5-10②），教师可以据此测定和分析自己使用教科书的水平。

表5-9   教师使用教科书的水平等级

级别		
	5级 创新使用	□对教科书的理解正确无误，且有新意 □教师能从知识体系、课标要求和学生现状出发，客观准确地判断教科书的优缺点，能够完善教科书的不足，对教科书做出种种调整，达到或者超过课程标准中规定的目标，效果非常理想 □主动与同伴合作，获取有关教科书使用的各种信息，善于收集教科书使用的各种可用资源，并加以恰当利用
	4级 积极使用	□对教科书的理解基本正确 □教师根据自己对教科书的理解，发现并力争补救教科书的不足，能够有意识地吸收和整合课内外资源，较好地实现课程教学目标 □具备与同伴合作互助、主动提升自己、解决有关教科书问题的初步意识和基本能力
	3级 常规使用	□对教科书的理解只出现少量错误 □教师已经形成了使用教科书的相对稳定的模式和方法，不太愿意通过听取同伴的意见来改善自己的理解和教学
	2级 机械使用	□教师几乎没有花时间去理解和研究教科书 □仅了解编者的字面要求，而对深层的要求和意图却知之甚少 □机械使用教科书提供的素材，忠实执行教科书的各项要求 □片面理解新课程改革的理念，使课堂教学陷入形式主义
	1级 误用	□对教科书的理解出现明显错误，而且错误理解率很高 □教师用传统的思想、观念指导教科书的使用，而且没有意识到自己的错误之处及其严重性

---

① 孔凡哲：《教科书质量研究方法的探索》，人民教育出版社2008年版，第161页。李博：《提高教师教科书使用水平的策略研究》，硕士学位论文，东北师范大学，2007年，第15页。笔者引用时根据自己的理解和相关科研成果修改了其等级名称及表现特征。
② 孔凡哲、史宁中：《教师使用教科书的过程分析与水平测定》，《上海教育科研》2008年第3期。笔者引用时调整了等级名称，并对评判维度做了部分文字上的修改。

表 5 – 10　　　　　　　　　　教师使用教科书的水平模型

评判纬度		相应等级（自低到高分别赋值 −2、−1、0、1、2）				
		误用	机械使用	常规使用	积极使用	创新使用
理解和研究教科书	维度1 对课程标准关于教科书所涉及的课程内容、目标要求的熟悉程度和评判水平					
	维度2 对本套教科书的内容、结构、编排特色等的熟悉程度					
整合教科书	维度3 利用教科书资源进行教学设计、教学加工的适切程度和有效程度					
运用教科书	维度4 对教科书优缺点进行教学处理和把握的适切程度（包括对教科书内容进行微调、增删、替换、重组等处理的情况，以及课程教学目标的达成实效）					
	维度5 教科书潜在功能的发挥程度					
	维度6 利用教科书配套课程资源的适切程度					
评判教科书	维度7 结合教科书的使用效果，对教科书进行评判、修正和完善的意识和实际效果					

　　教师在增强教材内容适应性方面可以发挥不可低估的作用。为了更好地加工和处理教材内容，教师有必要做好三项前提性和奠基性的工作：

　　一是树立正确教材观。教材观是对教材的内容、结构、功能、属性以及处置方式等的基本看法和主张。它不仅涉及"教什么"的内容问题，也涉及"怎么教"的方法问题，因此会从根本上决定和影响教师的教学行为方式。如表5－11所示①，有学者从教材内容、教材组织、教材功能和教材教学四个维度，对20世纪以来国内外学者们探讨的教材观进行了梳理后，系统归纳和深入分析了七种典型的教材观，即圣经式教材观、经验自然主义教材观、科学取向教材观、结构主义教材观、范例式教材观、人本取向教材观和建构主义教材观。这七种教材观呈现出从相对封闭到相对开放、从关注知识到全面发展、注意学生生活和主体需求的总体趋势。专家认为，"教材是供教学使用的材料，是引起某种关系理解、智慧活动的辅助性材料。"②"在新课程的实施过程中，教材通过预先设定内容而决定着教学活动和教学进程的状况将发生改变，教材将由教学中师生直接面对的对象这一中心地位转向为达到课程标准的要求而选择的学习资源之一的工具性地位。"③新课程要求教师树立教材是材料、资源或范例等崭新教材观。为了使教学内容更加符合实际，教师有权利根据学生的学习需要和本校教学资源的具体情况，及时调整、补充甚至替换教材内容。

表5－11　　　　　　　　七种典型的教材观的特点比较

维度类型	教材内容观	教材组织观	教材功能观	教材教学观
圣经式教材观	教材成为传递法定知识的载体，主要呈现确定无疑的固化知识	按照知识逻辑和学科特点来组织教材	教材的价值在于传经送典和规范教学，视教材为唯一的教学资源	以教材为中心，教师照本宣科，学生被动接受书本知识
经验自然主义教材观	以儿童经验为出发点，把儿童经验作为主要教材资源	教材组织试图做到学科逻辑经验和儿童心理经验的统一	教材要成为儿童的生活经验，并以促进儿童的不断生长为终极目标	以儿童为中心，也重视教师对儿童生活经验的促进作用

①　陈柏华、高凌飚：《教材观研究：类型、特点及前瞻》，《全球教育展望》2010年第6期。笔者引用时根据原文内容和相关文献添加和修改了部分内容。

②　杨启亮：《教材的功能：一种超越知识观的解释》，《课程·教材·教法》2002年第12期。

③　钟启泉、崔允漷主编：《新课程的理念与创新——师范生读本》，高等教育出版社2003年版，第90页。

续表

维度 类型	教材内容观	教材组织观	教材功能观	教材教学观
科学取向 教材观	强调教材内容的确定性和可靠性，重视预设知识和基本技能的学习	强调逻辑组织与心理组织的统一，重视心理组织和学生需要	教材内容要为成人的生活做准备，而不仅仅是为当下的生活服务	强调师生按照预定目标进行教学和评价
结构主义 教材观	重视学科的基本概念、基本原理及其相互关系	按照逐渐分化和整合协调的原则螺旋式编排教材	使学生掌握学科的基本结构，侧重学生智能的发展	以学习间接经验为主，重视教师的主导作用
范例式 教材观	教材内容体现学科基本结构，重视知识与学生生活的联系，强调知识的范例性和再组织性	按照主题和模块来组织和编排教材，重视学科知识的横向联系	视教材为师生进行教学对话的中介和范例，而非学生必须完全接受的对象和内容	重视师生与文本进行对话，重视师生在教学中的主体地位的发挥
人本取向教材观	教材内容重视学生的生活经验与情感体验，重视"善"在教材中的体现	教材组织要有利于学生对教材的知觉，重视认知与情感的整合	教材的主要功能在于支持和改善学生的学习，为学生所用，促进学生发展	重视学生感知和理解教材内容，重视学习的内发性、自由性和向善性
建构主义教材观	提供真实、可行的学习情境，呈现生成性、理解性和情境化的知识	重视根据学习者的经验和心理组织教材，倡导开放、协商的叙事	教材要促进学生学习和意义建构，要突出情境提供和对话功能	重视学生的主体地位和自主探究，教师起指导者、促进者的作用

二是充分认识和利用课本的弹性空间。课程文本因为书面语言的简练性、概括性和模糊性，一般都留下很多未定性和空白点，给师生留下许多自由想象和创新思维的空间。因此，"在对待教材文本方面，不要把它看作是一种普适性的真理，而应利用好'空白'，使其成为

不断激发师生去想象与创造的源泉。"① 为了满足不同层次学生的发展需要，调动不同层次学生的学习积极性，同时为教师创造性地实施教学提供有利条件，根据新课程标准编写的课本在安排基本课程内容的基础上，给广大师生留出很多选择、开发和拓展的弹性空间。如有的数学课本在每章后面配有 A、B 两组复习题。其中，A 组复习题属于基本要求之内的，供全体学生复习时采用，而 B 组题复习题因为难度略有提高，灵活度相对较大，一般供学有余力的学生选用。有的思想政治课本用不同的字体和字号来呈现教材内容中的弹性成分。其中，大号黑体字表述基本概念、原理和观点，属于基础性和纲要性的东西，是学生必须重点理解、掌握和记忆的内容。小号楷体字增补一些帮助理解和阅读的材料，仅供学生自主了解和学习时用，不作为学生必须掌握的内容来要求。有的物理课本专门设置"说一说"、"大家谈"等开放性栏目，并且提供多样化的活动方式供广大师生选用，这样就可以保证他们在教学实践中有较大的空间。② 有的语文课本不再规定基本篇目，允许少数课文让学生课外阅读，课后习题不要求全做，有关资料不要求全讲，有的课文甚至直接出现选做题。为了给学生留下自学和探究的空间，减少学生的阅读束缚，有的语文课本不再编写阅读提示或预习提示，注释的内容也相对简明扼要。不少教科书和教参甚至认为教学方法的选择和使用是教师自己的事情，所以就没有规定教学活动的具体方法和步骤，而只是提供一些活动范围、参考意见、参考资料乃至一些网址，鼓励师生根据实际的教学条件设计和实施教学。

实施新课改以来，教师利用课本的弹性空间设计和实施教学的能力有所增强，但离课程专家的期望值却还比较远。当笔者问到"一线教师是否善于发现和利用课本的空白点和弹性空间"时，超过 40%的受访教师明确回答"善于""比较善于"或"还行"。但是与此同时，明确表示"不善于""不太善于""因人而异"或"不太清楚"

---

① 许锋华：《过程课程观的实践诉求》，《教育导刊》2008 年第 3 期。
② 丁怡颖：《新课程改革背景下的教材弹性研究》，硕士学位论文，西南大学，2007年，第 22—31 页。

的教师比例也超过 40%。在三明某县一中任教的一位教龄超过 7 年的高中语文教师告诉笔者："一线教师往往能够发现但却比较少利用教材的弹性空间，因为教学的时间非常紧张，老师恨不得把可以删的都删了，不愿意花太多的时间在这些非考试的内容上。"笔者以为，这位教师反映的情况是比较客观的。一线教师虽然或多或过少知道课文往往在题目、略写、概括描写、含蓄表达以及结尾等处给读者留下想象和再造的空间，课本通常在情感交流、社会实践、自主探究、动手操作、拓展延伸、课后习题等方面富有弹性要求，但因为受考试压力和教学进度等的影响，真正在日常教学中用心利用这些弹性空间来激活课堂的教师很少。由此可见，引导教师认识、发现和利用课本的弹性空间具有十分重要的现实意义。

三是要充分发挥学生在教材再开发中的作用。实践性课程论的首倡者施瓦布先生认为，课程是由教师、学生、教材和环境之间持续相互作用构成的有机生态系统。学生既是"实践的课程"的中心，也是课程的有机构成，是课程设计的重要主体。他们不但有权利对教师提供的课程内容进行选择，有权利对学习内容的价值及学习方法等方面的问题向教师提出质疑并要求解答，还有权利和教师一道，以课程主体的身份，积极参与到教材的开发和建设中来，从而实现真正意义上的课程共有。学生与教材朝夕相伴，是教材最主要的读者和受益群体，他们对教材的质量如何有着特别强烈的渴望和印象。"作为课程开发产品的实际用户，他们的需求状况和'消费能力'及'消费特点'是课程开发中越来越不可忽视的重要影响因素。"① 让学生参与课程设计和教材再开发，将创造课程和接受课程变为同一过程②，有利于了解和利用学生的知识基础和生活经验，有利于提高课程教材的适切性和有效性，有利于促进学生的知识增长和身心发展。如表 5 -

---

① 吴刚平：《课程开发中的矛盾运动与钟摆现象探析》，《华东师范大学学报》（教育科学版）2000 年第 2 期。

② 张华、石伟平、马庆发：《课程流派研究》，山东教育出版社 2000 年版，第 236—237 页。

12①所示，学生完全可以在教师的引领、指导和帮助下，从教材效用的反馈者、真实教材的提供者成长为教材内容的改编者和教材的独立编写者。学生的经验是最宝贵的课程资源，教师可以通过"假如我来编教材""我给教材评星级""我给教材提意见""我给教材瘦瘦身""我给教材化化妆"等活动多倾听学生的声音②，再依据学生的实际需求来调整和改编教材内容。

表 5-12　　　　　　　　　学生参与教材再开发的方式

角色	举例
教材效用的反馈者 （数据来源）	□学生需要分析 □关于学生所需教材类型的调查问卷 □教材使用后的调查问卷 □建议和意见 □学生错误和典型问题档案
真实教材的提供者	□报纸、杂志、广告、商标、宣传手册等 □音像制品、照片、画册、电子教材、学校软件、歌曲、信件、游戏、文学作品等
教材内容的改编者	□改编课文，如改写或续写课文、提问、改变信息表征等 □设计任务或活动 □设计或改编练习（模仿教师提供的模式） □设计语言游戏 □合编学习词典
教材的独立编写者	□学生自述新闻、经历、故事等 □编写问题、练习、作业、测试题 □自编对话、小品、戏剧 □学生录音或录像 □撰写供人阅读的项目研究报告

（四）加强教学反思，提升实践智慧

教学反思是指教师以解决教学问题为出发点，以追求教学实践的

---

① 俞红珍：《让学生成为教材"二次开发"的参与者》，《教育理论与实践》2009 年第 9 期。笔者引用时根据原文内容和自己的理解修改了部分内容。

② 李如密：《教学美的价值及其创造》，广东高等教育出版社 2007 年版，第 165—168 页。

有效性和合理性为动力，以促进师生发展为终极目标，对自身或他人的教学理念、行为及其产生的结果进行审视和分析的过程。① 教学反思对教师的专业成长以及教师课程的质量等具有非常重要的作用。首先，教学反思是教师专业成长的助推器。美国学者波斯纳指出：教师的成长 = 经验 + 反思，是一个不断总结经验、反思实践和解决问题的过程；而且，没有反思的经验是狭隘的经验，至多只能形成肤浅的认识；没有反思的行动容易出现简单重复和浪费生命的问题。如果教师仅仅满足于自身经验而不对教学实践进行理性思考和深入分析，那么他的专业成长将受到严格限制。北京师范大学林崇德教授认为，21 世纪教师能力中最重要的成分是教师的教学监控力，并提出"优秀教师 = 教学过程 + 反思"的成长公式。② 由此可见，教学反思对于一个教师的专业成长是多么重要。其次，教学反思是影响课教师程质量的关键因素。巴西著名的教育家保罗·弗莱雷（Paulo Freire）在 1970 年出版的代表作《被压迫者的教育学》一书中提出了"教育作为反思性实践"的观点。受其影响和启发，美国当代的批判课程论者把课程的本质概括为反思性实践，认为课程本身是通过行动和反思这两个基本要素的动态相互作用的过程而开发的。离开反思的行动容易走向行动主义，离开行动的反思则容易变成空想主义。反思性实践把知识和意义视为一种社会性建构，主张课程的编制与建构必须在真实而非虚假的班级情境中、与实际的而非想象中的师生一起考虑，必须鼓励师生运用自己的权能去发展具体的内容和策略，并对其教学的知识进行批判性反思。③ 最后，教学反思是课程改革顺利进行的必要条件。课程改革总要经历标准编制、教材编写、教学实施等几大环节，而且各环节之间总会存在某些落差。为了尽可能地缩小这些落差，教师就要变被推着走为思考着往前走，实施基于课程标准的教学和反思。课程改革到底怎么改，没有现成的模式可套，需要教师根据教学实际不断地进行实验性的探索。西方有学者认为："课程实施的最大障碍就是

---

① 熊川武：《反思性教学》，华东师范大学出版社 1999 年版，第 3—4 页。
② 转引自杜志强《领悟课程研究》，光明日报出版社 2010 年版，第 80—81 页。
③ 张华：《经验课程论》，上海教育出版社 2000 年版，第 167—169 页。

教师的惰性。"施良方先生认为，这个惰性可以理解为习惯做法。① 教师"如果不愿意重复自己，不愿做传统、习惯和冲动的奴隶，就应该自觉地反思。"② 新课程提出了许多新理念，教师不及时进行教学反思就很难同习惯化的传统观念和模式作斗争。教师如果坚持做反思性实践者，就可以发现和解决更多的教学问题，可以在思考另一种可能性中找到更多有效的教学策略，从而优化教学和提高质量。超过 80% 的受访教师都充分肯定教学反思的作用，都表示自己有教学反思的意识。而且，年轻教师的反思意识还比较强烈。他们告诉笔者："反思可以总结经验教训，对教师的专业成长很有帮助。""反思易于发现和解决问题，有利于促进教学。""反思可以让自己变得更睿智，可以更好地总结教学规律。""反省才能提高，否则，只能原地踏步。""教学反思是提高教学水平最行之有效的方法。"但是，因为时间紧和任务重，一线教师的教学反思往往只在头脑中进行，长期坚持写书面反思的比例还不到1/5。

教学反思贯穿于教学全过程，教师在任何时候都可以进行教学反思。美国麻省理工学院舍恩教授（Donald Schon）将教学反思分为行动前的反思（即上课前对教学的思考和计划）、行动中的反思（即在课中进行即时思考、反应和调整）和行动后的反思（即下课后对整个教学过程的思考）。③ 受其影响和启发，美国教育家布鲁巴赫（J. W. Brubacher）将教学反思分为实践前的反思、实践中的反思和实践后的反思。④ 国内学者（如郑金洲等）根据教师的职业习惯和传统，将教学反思分为课前反思、课中反思和课后反思。⑤ 其中，课前反思是指在课堂教学之前，依据课程标准和学科思想，对以前的教学经历、所拟的教学计划以及未来教学情境的预测进行回顾、分析和修

① 施良方：《课程理论：课程的基础、原理与问题》，教育科学出版社 1996 年版，第146 页。

② 刘庆昌：《反思性教学的两个问题链》，《课程·教材·教法》2006 年第 8 期。

③ 徐学福、艾兴、周先进编著：《反思教学》，四川教育出版社 2006 年版，第 139 页。

④ 姜美玲：《教师实践性知识研究》，华东师范大学出版社 2008 年版，第 200—201 页。

⑤ 郑金洲：《教育反思——教育研究方式与成果表达形式之四》，《人民教育》2005 年第 1 期。

正的过程。教师在进行教学设计时，首先要对自己或他人以前教学相关内容时的经验和教训进行反思，分析学生的认知水平和发展变化，估计教学中可能出现的各种困难和问题，并拟定有效的解决策略，进一步增强教学设计的针对性。在课前反思阶段，教师可以问自己下列问题：教材编写者希望通过这节课让学生具体获得哪些方面的发展？这节课对于我和我的学生来说要重点关注哪些内容？什么深度和范围的材料才适合班上的学生？哪些活动有助于激发学生的学习兴趣？哪些因素可能会影响课堂教学效果？怎样判断学生是否实现教学目标？笔者通过访谈发现，一线教师很少在课前反思以前的教学经历。当笔者问到"您在备课前会不会翻阅以前写的教学后记"时，超过1/3的受访教师明确表示"不会"，而表示"会"或"偶尔会"的比例则分别只有20%左右。课中反思是指教师在课堂教学中，依据学生的反应及教学情境的变化，对师生的教学行为进行即时反思和有效调控，以确保课堂教学朝着有序、高效的方向前进。教学过程的生成性决定了教师不可能完全按照课前教学设计一成不变地上课，而要根据课中学生的思维水平、参与热情和学习效果等适当调整教学方案和改进教学活动。需要注意的是，如果没有太大的把握，一般不宜对原有教学设计做临时性的大修大改，因为课前深思熟虑制定的决定一般会比匆忙中草拟的决定更为可靠和可行。① 教师在教学中轻易改变计划不仅容易使自己信心不足，而且会增大课堂发生新问题的可能性。教师在课中阶段可以反思下列问题：学生的课堂学习状态（含注意状态、参与状态、交往状态、思维状态、情绪状态、生成状态等）如何？为什么会出现这种状态？学生在"三维目标"（知识与能力、过程与方法、情感态度与价值观）的达成方面是否顺利？出现了哪些新问题？为什么会出现这样的问题？学生在课堂学习时出现了哪些意想不到的困难？可以采用哪些有效措施和策略来处理？课后反思是指教师在课堂教学之后，对师生的整个课堂教学行为进行回溯、理解和思考，并对教学效果进行理性分析和价值判断，力图总结成功经验、查找失败原因和探究解决方案。教师在课后通常可以反思下列问题：这节课上得

---

① 傅道春主编：《教师的成长与发展》，教育科学出版社 2001 年版，第 178—181 页。

怎样，自己觉得满意吗？教学效果如何，是否实现了预期教学目标？哪些目标实现得好，又是怎样实现的？哪些目标的达成和课标的期望有差距？差距到底在哪里，为什么会产生这样的差距？学生对我的教学方法和策略满意吗，我是不是为他们提供了最好的学习情境？学生在课堂上的表现和反应如何，有没有表现出创新的火花，可以用什么样的理论来解释师生的行为？师生通过这节课会各自获得怎样的发展？教学反思首先需要回顾过去，但却是面向未来的。为此，课后反思还应该思考如下问题：课堂上的经历和事件对日后的教学有什么意义？旧的问题有没有得到解决，还有哪些需要关注和改进的地方？还能怎样做，有没有其他的路径和方法可以尝试？这样的反思具有批判性和总结性，有利于教学经验理论化和系统化。笔者通过访谈发现，一线教师基本上还是习惯做课后反思。当笔者问到"您在下课后会不会及时听听学生的反馈意见"时，近40%的受访教师表示"会"，近40%的受访教师表示"偶尔会"或"较少"，而答"不会"的教师比例只有10%左右。但是，当笔者问到"您会不会主动邀请学生代表召开座谈会"时，24%的受访教师表示"会"，16%的受访教师表示"偶尔会"或"较少"，而答"不会"的教师比例则高达36%。由此可见，到目前为止，还有不少中小学教师没有形成自觉反思和深入反思的习惯。

　　根据国内外学者的相关研究成果，如美国教育家杜威将反思性思维的整个过程归纳为"感觉问题所在，观察各方面的情况，提出假定的结论并进行推理，积极地进行实验的检验"[①]，笔者将教学反思的基本流程分为四个阶段：一是具体经验阶段。这一阶段的主要任务是教师要意识到问题的存在，有比较明确的问题意识。教学反思的起点是教学中出现的问题。教师要通过对实际教学的感受、他人的教学经验以及各种教学理论的学习等途径，意识到教学中存在与教师个人密切相关甚至可能对教师个人能力和自信心构成威胁的各种问题。一旦教师意识到问题的存在，就会产生认识冲突和心理不适，并试图尽快改变这种情况，于是就会产生研究和处理问题的欲望，开始对当事人的

---

　　① ［美］约翰·杜威：《民主主义与教育》，王承绪译，人民教育出版社1990年版，第161页。

教学活动进行反思性关注。二是观察分析阶段。明确研究问题之后，教师就要通过查阅文献、课堂观摩、问卷调查、师生访谈、教育叙事等各种途径，广泛收集并分析各种相关资料和信息，然后用批判和发展的眼光审视教师的思想观念和行为倾向，尤其要关注课标所倡导的理论与教师所采用的理论之间是否一致[1]，教师的行为结果与预期目标是否一致等，从而探寻和明确产生这个问题的根源，以及他人在解决这个问题时的经验和教训，为下一阶段寻求解决问题的策略奠定坚实的基础。这个任务可以由教师自己单独进行，但如果发挥"课程集体"的作用，用民主"审议"的形式合作完成，效果往往会更好。三是重新概括阶段。在观察和分析的基础上找到了问题的成因之后，教师必须重新审视任课教师在教学活动中所依据的课程教学思想，并通过各种渠道积极主动地接收尽可能多的新信息，不断挖掘新信息的内涵和外延，然后在此基础上积极寻找新思想与新策略来解决当前所面临的问题。由于针对的是教学中的特定问题，而且对问题有了比较清楚的理解，教师寻找新思想与新策略的活动是有方向的、聚焦式的和自我定向的，因而办事效率一般比平常高，而且对教师的理论学习和技能提高有很大的促进作用。[2] 四是积极验证阶段。实践是检验真理的唯一标准。这一阶段主要是通过实际尝试或角色扮演等途径，将上一阶段形成的各种改进教学的假设和实施方案付诸课程教学实践，并根据课程教学实践的结果验证和分析这些假设和方案的合理性。如果发现新的问题，就可以进行新一轮的反思，甚至循环往复，直至问题得到解决为止。在这个过程当中，教师要注意原先假设的问题是否已经较好地得到解决。如果回答是肯定的，教师应及时总结成功经验，防止原有问题再次出现时出现重复反思的问题。教学反思是一个不断发现问题、分析问题和解决问题的过程。在实际反思的过程中，上述四个阶段往往彼此渗透，交替进行。

关于教学反思的视角，美国圣保罗市托马斯大学的布鲁克菲尔德

① 王春光、郭根福：《反思性教学实践与教师素质的提高》，《中小学教师培训》2003年第4期。

② 傅道春主编：《教师的成长与发展》，教育科学出版社2001年版，第181—183页。

（Stephen D. Brookfield）教授认为，如图 5-2 的箭头所示，教师可以通过如下四个既相互区别又互相联系的视角来踏入批判反思的旅程：一是教师的自传。查阅自己作为学习者的自传有助于教师站在别人的角度来审视自己的教学实践，从而更好地理解和同情学生在教学中的各种表现。教师的教学偏好也常常和教师作为学习者的境遇密切相关。而主动审查我们作为教师的自传，有利于避免他者审查带来的当众出丑之难堪，有助于教师更清楚地看清和解剖自己。二是学生的眼睛。即通过学生的眼睛，站在学生的立场上来审视我们的课堂教学行为。这不但有助于教师了解学生的学习体验和实际需求，有助于教师对教学做出更好的响应，有助于教师了解自己的行动和假定的接受性和可行性，看学生是否从自己的教学实践中实现我们期望的目标，还有助于教师明确自己的努力方向。学生作为主体全程参与教学活动，最熟悉和了解教师的教学行为和教学效果。他们对教师的课程教学评价是最真实、最有价值和意义的。教师要通过批判事件调查表（内容涵盖你最投入的时刻、最淡漠的时刻、最能确证和帮助自己的行动、最为费解和迷惑的行动、最让你惊奇的是什么）让学生及时反馈意见和建议，并从中发现教师课程教学中需要努力解决的各种问题。考虑到学生们有多疑心态和种种顾虑，教师要鼓励学生用匿名的方式给自己提出批评意见，尽全力保证学生的说话安全感。三是同事的感受。反思常常从独自一人开始，但最终需要集体的努力。著名的社会学家米德（G. H. Mead）曾经指出，人的心灵即人类的反思智能或思维，是个体通过自我互动和社会互动的结果，但本质上却是社会互动的产物。[①] 同事作为业务方面的知音和朋友，可以给我们提供参考、借鉴和咨询。"同事们可以作为一面批判的镜子，反射出我们行动的影像，这些影像常常让我们大吃一惊。"[②] 教师应该主动邀请同事来观摩和问诊我们的教学活动，并经常和他们进行专业对话和深入交流。同事的谈论和评价有助于教师全方位地了解和发现自己，尤其是那些在正常

---

① ［美］乔治·H. 米德：《心灵、自我与社会》，赵月瑟译，上海译文出版社1992年版，第118—119页。

② ［美］布鲁克菲尔德：《批判反思型教师 ABC》，张伟译，中国轻工业出版社2002年版，第44页。

情况下容易被忽视或不易被知觉的方面；同事的经历和经验有助于教师检查、重构和提升自己的实践智慧，同事的困惑和遭遇有助于教师认识问题的普遍性和复杂性，从而增强克服困难和继续执教的信心。四是理论文献。理论文献通过阐明一般规律和学科思想，可以为教师的决策提供信息和多种可能，可以就教师熟悉而又费解的事物给出多种观点和解读，可以帮助教师用不同的方式来识别自己的教学实践，是教师获取教学洞察力的重要源泉。理论文献可以帮助教师冲破传统认识和习惯束缚，使教学经验和实践理论得到及时检验和有效升华，还可以帮助教师全面、理性地分析教学问题的复杂成因。

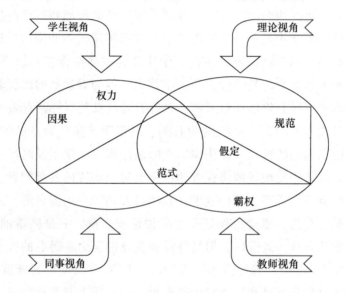

图 5 - 2　教学反思的视角和过程①

教学反思的常用方法有：一是总结反思法。即下课后通过教学后记、教学日记和教育随笔等形式总结反思自己或他人教学实践中的经验教训的方法。总结反思的内容十分广泛，既可以是教学的成功经验和失败教训，也可以是自己在教学中产生的灵感顿悟和心得体会，还可以是听课学生和教师的反馈意见等。苏霍姆林斯基曾经建议："每

---

① ［美］布鲁克菲尔德：《批判反思型教师 ABC》，张伟译，中国轻工业出版社 2002年版，第 37 页。笔者引用时根据原文内容和自己的理解增补和调整了部分内容。

一位教师都来写教育日记，写随笔和记录，这些记录是思考及创造的源泉，是无价之宝，是你搞教科研的丰富材料及实践基础。"[1] 有调查表明，经过一个学期的写作，98.5%的教师觉得反思日记对他们有帮助。[2] 反思日记没有固定的格式和要求，但要尽量做到有感而发，有感而记。不仅要记录事件的发生、发展过程，更重要的是分析其发生、发展的原因，探讨其具体的解决策略。[3] 二是合作反思法。教育是一种回头（即顿悟）的艺术[4]，需要参与各方通过真诚合作和平等对话才能使自我和真理得以敞亮。对话反思法即指教师通过和其他师生的合作交流来反思自己或他人的教学行为的一种方法。其通常做法是师生们围绕观摩的课例，通过座谈会等形式展开对话和碰撞，意在帮助教师澄清思想认识，找到改善教学的方法。"不识庐山真面目，只缘身在此山中。"教学实践也存在"当局者迷，旁观者清"的现象。优秀教师在对自己的教学保持审慎态度的基础上，善于用开放的姿态广泛吸纳他人的经验和建议。三是录像反思法。即通过录像设备再现教学过程，让教师站在旁观者的角度来反思自己或他人的教学的方法。这种形式形象直观，反馈及时准确，可以让教师在反复观摩中认识自我和改进教学。四是行动研究法。即针对教学实践中某个比较突出的问题，运用观察、谈话、问卷调查和反思研讨等手段探索解决问题的方法。行动研究与教学同步进行，不仅有利于改善教学，而且有利于在教师中间形成调查研究的氛围。五是网络反思法。即通过QQ、电子邮件和博客等网络平台提出教学案例、反思教学得失和商讨解决办法的方法。

如表5－13所示，中小学教师主要通过学生的作业情况（80.82%）、考试成绩（75.45%）和课堂问答（72.89%）来进行教

---

① ［苏联］B. A. 苏霍姆林斯基：《给教师的建议》（修订版），杜殿坤译，教育科学出版社1984年版，第123页。

② 张彩云、张志祯、申继亮：《小学教师关于反思日记的认识》，《教育学报》2006年第5期。

③ 申继亮主编：《教学反思与行动研究——教师发展之路》，北京师范大学出版社2006年版，第85页。

④ 陈向明：《谁决定教师的专业需求》，《中国教育报》2007年11月10日第3版。

学反思，而且主要是秋后算账式的课后反思。此外，还有将近一半的教师通过"学生反馈"来进行教学反思。但令人不解的是，通过同行评价和家长意见进行反思的比例却明显偏低，分别只有 19.69% 和17.39%。当笔者追问"发现自己的教学不满意之后，您通常会做些什么"时，93.35% 的教师选择"自我反思"，49.10% 的教师选择"下节课进行补救"，而选择"请教同行"的比例是 59.59%，选择"求助学生"的比例却只有 6.39%。由此可见，中小学教师主动邀请同行和学生参与教学反思的意识还有待加强。因为受"家丑不可外扬"等传统观念的影响，他们的教学反思还是以自我反思为主，普遍存在闭门思过和被动反思的问题。相互听评课是教师相互学习教学经验的最快捷方法①，也是开展教学反思的良好途径。但是笔者发现，只要没有制度约束或领导在场，有些教师就会找各种理由，不参与教研组的听评课活动。有的教师辛辛苦苦地准备公开课，却很难通过评课听到几句相对合理的建议。为此，学校一方面要在提高教师自觉反思意识的基础上把教学反思（包括教研组组织的听评课活动）作为常规工作和科研业绩进行定期检查和评比；另一方面要在提高教师理论水平的基础上提供策略、范例和激励措施，进一步引导和规范教师的教学反思行为。

表 5-13　　　　　　　中小学教师反思教学效果的基本途径

语文教龄	作业情况	考试成绩	课堂问答	学生反馈	家长意见	同行评价
1—4 年	68 人	66 人	67 人	46 人	12 人	14 人
（共 90 人）	75.56%	73.33%	74.44%	51.11%	13.33%	15.56%
5—10 年	59 人	60 人	55 人	35 人	15 人	18 人
（共 74 人）	79.73%	81.08%	74.32%	47.30%	20.27%	24.32%
11—20 年	110 人	95 人	95 人	55 人	23 人	21 人
（共 127 人）	86.61%	74.80%	74.80%	43.31%	18.11%	16.54%
21—31 年	29 人	30 人	28 人	19 人	9 人	12 人
（共 37 人）	78.38%	81.08%	75.68%	51.35%	24.32%	32.43%

---

① 李贺武：《优秀初中语文教师一定要知道的 11 件事》，中国青年出版社 2007 年版，第 199 页。

续表

语文教龄	作业情况	考试成绩	课堂问答	学生反馈	家长意见	同行评价
地区学科带头人	50 人	44 人	40 人	32 人	9 人	12 人
（共63 人）	79.37%	69.84%	63.49%	50.79%	14.29%	19.05%
总计	316 人	295 人	285 人	187 人	68 人	77 人
（共391 人）	80.82%	75.45%	72.89%	47.83%	17.39%	19.69%

二 基于外部支持的提升策略

任何一种课程形态都有其相应的实施条件和要求。离开必要的支持性环境，再完美的课程设计也只能是空中楼阁和水中捞月而已。教师课程质量的提升是一个较为复杂、存在多元视角和多种可能的系统工程。除教师自身的努力之外，还需要教育主管部门、学术团体、学校领导、教师同事、学生家长以及社会各界的理解支持和广泛参与。换句话说，和其他课程类型一样，教师课程质量的提升也需要国家、地方、学校和教师共同努力才能完成。例如，从学校管理的角度看，重要的是要给教师课程营造一种支持性的服务环境和合作性的良好氛围，要培植好有利于提升教师课程质量的气候和土壤。

（一）宣传课程政策，提高培训实效

理解和认同政策是执行政策的基础和前提。加强课程政策的宣传力度，形成课程政策的舆论环境，是提高课程政策的认同感，推动课程政策执行的重要条件。"任何涉入一条新河的人都想知道这里的水来自何方，它为什么这样流淌。"[①] 教师对新课程的了解程度往往决定他对新课程的认可和接受程度。为了使课程政策的精神理念得到广泛认同和有效落实，"我们有必要向所有的参与者说明他们在实施中的作用。课程设计者、行政管理者、教师、督导们必须清楚课程变革的

---

① ［美］E. M. 罗杰斯：《传播学史》，殷晓蓉译，上海译文出版社2005 年版，引言第1 页。

目标或意图、性质、实际的和潜在的好处。"① 良好的宣传不但能巩固和强化业已形成的对课改的肯定和支持态度，还能够使对课改持中立、无所谓态度的人慢慢认同和参与课改，使那些对课改持怀疑或反对态度的人士逐渐改变立场。由此可见，课程改革也要舆论先行。继续宣传课程改革的核心理念，积极营造课程改革的舆论氛围，有利于减少课程改革的阻抗因素，让学校和教师轻装上阵抓课改。但是，笔者通过调查发现，因为课程政策本身只是一些原则性和普适性的规定，无法根据具体学校和班级的情况做出具体明确的安排，加上不少教师根本没有认真读过新课程标准，对课程政策不了解或是了解甚少，甚至存在误读、曲解的现象，导致不少学校和教师在执行课程政策的过程中出现偏差或方向性错误。

尽管新课程改革已经十几年了，课程标准早已代替教学大纲，成为教师耳熟能详的日常用语，但笔者通过访谈发现，一些教师对新课改还存在患得患失（"谁知道明天会刮什么风？"）、等待观望（"看看别人再说吧!"）、消极应付（"上有政策，下有对策。"）甚至有意抬杠（"每次课改都是劳民伤财。"）等不良现象，还存在"品德是虚的，分数是实的，孩子考试成绩好比什么都重要"、"加强社会实践就是浪费学习时间"等错误认识。他们对新课程的认识和执行力离课程专家的期望值还有很长一段的距离。到目前为止，"理解、参与、支持课改的社会氛围似乎还没有形成"②，"课程标准似乎并没有给教学实践带来任何实质性的影响。"③ 为此，各级教育主管部门和学校领导要按照《基础教育课程改革纲要（试行）》的要求，"积极发挥新闻媒体的作用，引导社会各界深入讨论、关心并支持课程改革。"要力争通过报纸杂志、电视广播以及互联网等多种媒介，利用专版、专栏、专刊以及新闻发布会等多种形式，采用编制课改宣传手册和电视专题片等多种手段，大力宣传基础教育课程改革的必要性、紧迫性和

---

① ［美］艾伦·奥恩斯坦等：《课程：基础、原理和问题》，柯森译，江苏教育出版社2002年版，第312页。

② 王嘉毅、常宝宁、王慧：《西北地区农村基础教育课程改革研究》，教育科学出版社2009年版，第218页。

③ 崔允漷：《课程实施的新取向：基于课程标准的教学》，《教育研究》2009年第1期。

复杂性，宣传课程改革的目的意图、指导思想、教育理念和执行要求，及时报道课程改革的进展情况和先进典型，关注新课程改革给学校教育和广大师生带来的可喜变化，让课程改革的各个利益相关者尽快明确自身的课程角色与主体作用，让学校、社区、家长在了解和支持新课程改革的过程中形成教育合力。学校要通过教学开放周、家校合作日等形式，把家长请进学校和课堂，向他们介绍课改的目的、意义和做法。同时，还要积极争取社区的理解和支持，充分利用社区的丰富课程资源开展教学活动。

为了贯彻落实《国家教育规划纲要》的任务要求，适应新时期全面实施素质教育、深化基础教育课程改革的时代需要，本着坚持德育为先、能力为重和减轻负担等原则，教育部组织众多专家学者对义务教育阶段 19 个学科的课程标准进行了全面审议和认真修订，并于 2011 年 12 月 28 日印发了这些课程标准，规定从 2012 年秋季开始执行。修订后的课程标准具有"理念更科学，表述更准确，实践更适切，内容更全面"[①] 等优点。它意味着我国义务教育课程改革实验已经取得重大突破和成就，标志着我国义务教育课程改革在新的历史起点上已经再度扬帆起航。当前，各地要根据教育部《关于印发义务教育语文等学科课程标准（2011 年版）的通知》中的要求，全面做好动员、宣传和培训工作，要通过包括学校领导、教学教研人员在内的全员培训和新旧课标的对比分析等，全面理解和把握修订版课程标准的精神实质和主要变化，切实把课程标准的先进理念和基本要求落实到课程教学实践中去。学校和教师也要以此为契机，把 2011 年版课程标准的学习和研究作为自身发展的新生长点。但是，就在 2011 年版课程标准颁发一周年、执行近一个学期之际，笔者通过访谈发现，至少近 40% 的中小学教师还没有配置 2011 年版的学科课程标准，至少近 40% 的中小学校还没有组织过 2011 年版课程标准方面的教师培训，至少超过 60% 的中小学教师还没有认真读过 2011 年版的学科课程标准，至少超过 70% 的中小学教师还不能说出 2011 年版课程标准有哪些要求上的变化，如多数语文教师还不知道什么叫"非连续文

---

① 黄树生：《解读 2011 年版义务教育新课程标准》，《江苏教育研究》2012 年第 15 期。

本"。很多课改政策从来就没有得到实施，不少教师至今还是课程改革的边缘人或局外人。某教师告诉笔者：高中教师学过考纲没有学过课标的现象还比较普遍，他们更多的是从《考试说明》或高考试卷中感知课程标准在有关方面的具体变化；不少学校根本没有配置 2011 年版的学科课程标准，即使整个学校有那么一两本，一般也不允许教师外借。当笔者问到"你们学校组织的学科课程标准教师培训的效果如何"时，明确表示"好"或"较好"的比例只有 10% 左右，表示"一般"的比例也只有 20% 左右。有的教师甚至用"走马观花，浪费时间"来形容培训效果。由此可见，2011 年版学科课程标准的教师培训力度及其质量监管还有待加强。

　　新课程给教师提供了一个全新的课程环境（见表 5 - 14）①，同时也提出了前所未有的挑战。历次课程改革都没有这次课程改革对老师的要求高。为此，新课程特别倡导教师和课程同步发展，要求教师努力适应课程改革的需要，继续学习，更新观念，丰富知识，提高自身文化素养。② 当笔者问到"新课程要求教师和课程同步发展，您觉得这条目标实现的可能性有多大"时，近 40% 的受访教师表示"可能""很有可能""完全可能""可能性很大"或"可能性比较大"，理由是"随着社会的发展，对教师的要求会越来越高，教师的素质也应该越来越高，教师必须获得可持续成长的能力。"而表示"不可能""不太可能""可能性不大"或"可能性很小"的比例也有 30% 左右，理由是："即便在今天，老师们还是在应试教育的指挥棒下进行教学。""只要以分数取人的现状不变，课标再改都是空想。"但是，当笔者追问"课改十年之后，您认为这条目标实现的程度如何"时，只有不到 20% 的受访教师表示"不错""差不多""很大"或"比较大"，理由是："大家都在与时俱进了。""我真的有在教学中成长。"而其余超过 80% 的教师基本上用"原地踏步"、"不容乐观""极低"或"微乎其微"等词语来表示自己的遗憾心情。他们认为："只要评

---

　　① 傅道春：《新课程中课堂教学行为的变化》，首都师范大学出版社 2002 年版，第 38 页。
　　② 教育部：《普通高中语文课程标准（实验）》，人民教育出版社 2003 年版，第 15 页。

价体制不改，教育的春天就会很遥远。""不管课程怎么变，老师的行为大多涛声依旧。"尽管有学校领导表示，目前还没有遇到真正不想教书的教师。但是笔者发现，因为学生越来越难教、教学工作乏味、找不到成就感和突破口等，不少教师已经出现了职业倦怠感。当笔者问到"对一线教师而言，上课更多的是一种（　　　）"时，超过2/3的受访教师选择"差事""负担"或"煎熬"。他们认为："教学负担过重，教师挺有压力。""为了应试而教，教师苦不堪言。""因为工资待遇低，很多教师在外面兼职，只能把教学当作一种生存手段。"可见，新时期教师培训任重而道远。

表 5 – 14　　　　　　　传统课程环境与现代课程环境的区别

表现方式	传统课程环境	现代课程环境
教师与学生的位置	教师中心	学生中心
学生发展的关注范围	单方面发展	多方面发展
学生的学习方式	独立学习	合作学习
学生的学习状态	接受式学习	探究式学习
学生的学习反应	被动反应	有计划的行动
学习活动的内容	基于事实知识的学习	批判思维和基于选择、决策的学习
教学的背景	孤立的人工背景	仿真的、现实生活中的背景
教学媒体	单一媒体	多媒体
信息传闻	单向传递	双向或多项交换

教师培训是加强教师队伍建设、促进教师专业发展的重要途径，是帮助教师尽快适应课程改革的重要举措。美国学者麦克尼尔（John D. McNeil）教授在其专著《课程导论》中指出："教育变革的关键在于一定要有师资培训，教师培训在课程改革中处于核心位置。"教育部副部长王湛曾经在讲话中指出："师资培训工作是课程改革实验工作成败的关键。"[①] 新课程坚持"先培训，后上岗；不培训，不上岗"原则，强调把基础教育课程改革作为中小学教师继续教育的核心内容。《基础教育课程改革纲要（试行）》十分重视"教师的培养和培

---

① 钟启泉、崔允漷、张华主编：《为了中华民族的复兴　为了每位学生的发展　基础教育课程改革纲要（试行）解读》，华东师范大学出版社2001年版，代序第13—14页。

训"工作，要求地方教育行政部门制订持续、有效的师培计划，高师院校和培训机构要以师培工作为主要任务，确保师资培训工作与课程改革的推进同步运行。基础教育课程改革，将我国 1000 多万中小学教师的专业发展问题提到了前所未有的高度，教师的培训、学习、提高显得比以往任何时候都重要。[①] 为此，各级教育行政部门和中小学校的领导，应该充分认识教师培训的重要意义，并拿出具体有效的措施，设法提高教师培训的成效。

调查发现，围绕基础教育课程改革组织开展的各种教师培训为新课程的顺利实施起到了提灯引路和保驾护航的长效作用，很多中小学教师对上述培训给予了充分的肯定，因为他们正是通过这些培训才逐渐了解和走进新课程。新课程教师培训促进了教师行为观念的转变，增强了教师适应课程改革和创造性实施课程的信心，并在促使教师发展自身的课程意识、了解课程教材的编写意图、掌握课程的实施策略以及帮助教师释疑解惑等方面发挥了重要的作用。但是，由于多种原因，目前的教师培训具有很强的刚性特点，其培训主体的选择、培训时间的确定以及培训的内容和形式一般都是由培训部门的主要领导说了算。因此，与理想的培训范式相比，目前的教师培训工作还存在如下几个突出问题：一是培训方式相对单一。目前的教师培训多采用一锅煮和满堂灌的方式进行。这种大班集中授课的方式具有用时短、收效高和投资少等优点，但存在偏重通识培训和理论讲授、师生缺少互动、学员一时难以理解和消化等诸多不足。有时，专家讲得头头是道，教师听得昏昏入睡。加上缺少激励措施和监督机制，不少一线教师经常处于被推着走的状态，他们把培训当作政治任务，甚至抱着作业本或小孩来听课，导致有些教师培训步入一头热一头冷的尴尬境地。二是培训内容脱离实际。因为坚信外来的和尚会念经，目前的教师培训一般都是由高师院校、教育学院或教师进修学校的"专家"负责授课的。由于他们对中小学教学工作不甚了解，培训前又很少甚至根本没有进驻中小学进行调研，导致很多教师培训存在因人设课的随意现象，且大多停留在理论讲解的层面上。中小学教师大都是带着学科问题来参加培训的，期

---

① 李建平：《新课程促进教师管理》，《中小学管理》2003 年第 12 期。

待通过培训能解决实际问题。但是，多次参加培训的经历告诉他们，这一并不过分的要求却成了奢望，似乎很难得到满足。实践表明，培训内容大、虚、空的问题已经严重挫伤了教师参加培训的积极性。有的教师甚至说："少来点培训吧，多给点空间让教师自己读书好了。"三是培训程序不够完善。很多教师培训最后没有评估环节。既没有及时让学员反馈意见，也没有听听授课教师的想法，所以也就无法了解此次培训的优点和不足，为下一步改进培训工作打下基础。有些学员因为认定培训就是走过场，拿到证书是目的，经常找各种理由迟到、早退甚至在点名后乘机溜走，很少主动配合师训部门做好培训和反馈工作。加上与授课教师之间缺乏长期、有效的联系，导致他们很难把培训所学应用到实际中去。师训部门也很少进行跟踪调研，看看教师的理念和行为在培训之后有没有发生预期变化，有没有在工作岗位上发挥示范和辐射作用。福建沿海的师训部门经常会在培训结束后让学员对授课教师的满意度进行考量，满意度低于80%的教师一般会遭遇淘汰或解聘。这在某种程度上可以确保授课教师的能力水平和自觉性，为师训质量提供有力保障。但因为培训经费有限，课酬给得偏低，经常很难请到重量级的专家学者参与中小学教师培训。

为了激发教师参与培训的积极性，提高教师培训的实际效果，除政府部门加大经费投入以外，师训部门要做好如下几项工作：

一要精选高素质的培训者。"要想当好先生，先要当好学生。"培训者首先必须身体力行，深入中小学大量听课，虚心向一线教师学习，全面了解他们的工作样态和实际需求，有意识地收集相关教学信息，为教师培训工作积累一些鲜活、典型的教学案例。有的教师向笔者强调："培训专家只有尽可能深入教学一线，才可能比较有发言权。"其次，培训者必须加强新课程理论的学习，主动就疑难问题与课程专家和专业人士进行对话，切实把握新课程的理念和要求，全面分析新课程实施的现实困难，深刻领悟师资培训的重要意义。最后，为了弥补学院派专家之不足，有必要将理论功底深厚、教学经验丰富、有较高威望和认可度的一线骨干教师列为重点关注对象，让他们承担部分师资培训任务。因为正如有的教师所说："一线教师最希望能够通过培训让自己的教学变得更好，他们对乡土派专家的喜欢程度似乎远甚于学院派专家，因为乡土派专家更贴近教学实际，更能帮一线教师解决教育教学中的实际困难。"

二要加强培训内容的针对性。培训内容直接关系到教师参与培训的积极性。培训内容的选择应紧扣课程改革的主题，反映现代教育的先进理念，符合培训对象的知识经验和实际需要。尤其要以提高教师的专业化水平为目的，以更新教师的课程观念为重点，以解决学科教学的实际问题为突破口，帮助教师掌握创造性实施新课程的策略和方法。师资培训部门至少要提前一个多月的时间，通过教学观摩、问卷调查、问题研讨、课题征集等方式，反复斟酌和确定好一线教师最迫切需要解决、最能引起他们共鸣的问题，并尽快把这些课题告知有这方面研究专长的授课教师，以便他们尽早进入备课状态。中国台湾教师职后教育十分重视培训内容的实用性，教师研习中心的辅导团在制订下一年的研习计划前，都会向教师们征集有关研习内容的建议，花钱设立研习案例项目。与此形成对比的是，我们大陆一般很少让一线教师参与制订继续教育计划和选择培训内容的工作。另外，由于教师在课程实施的不同阶段会遇到不同的问题，所以培训内容的确定不可能一劳永逸，而要根据教师在每一阶段的实际需要进行弹性调整或更换。当笔者问到"如果您有机会重新回到师范院校深造，希望重点提高哪些方面的能力"时，52.43%的中小学语文教师选择"如何分析教材和解读文本"，理由是："文本解读能力是语文教师的元素质。""研读文本是做好教学的基础和关键所在。""只有教师本身吃透教材，才能更好地发挥教师的主导作用。"其次，48.34%的中小学语文教师选择"如何调动学生的学习兴趣"，理由是："兴趣是最好的老师。""理科班的学生实在不重视语文学科。"此外，"如何更好地驾驭课堂"、"如何营造良好的课堂氛围"、"如何引导学生自己得出结论"的选择率分别是45.27%、33.76%和33.50%，均超过1/3。当笔者问到"一线教师最希望参加哪些方面的专题培训"时，班主任工作、课堂管理、师生沟通、教学互动、学法指导、心理健康教育、后进生转化、创新教学设计、同课异构、课程资源开发、科研方法、论文写作以及有关高考方面的专题被教师提到的次数较多。

三要采取有效的培训方式。教育在本质上是实践性的，"关于教育的问题应当在实践领域、以实践的形态、按照实践的方式得到解决"①，"教师素质的提高必须放在教学这个特殊环境中来实现。"② 笔者调查发现，一线教师往往更喜欢接受理论与实践相结合、能够提高教师专业水平并且留足时间让学员自由提问和讨论的教师培训。但是，传统的教师培训基本上沿用秧田式讲座的方式。这种培训方式有利于参培教师快速、准确、系统掌握理论知识。可经过培训之后，他们往往发出"听起来蛮有道理，就是不知道在现有的条件下到底怎么做"的感慨。在新课程改革的过程中，人们在主张分科、分层、分级系统培训的同时，越来越推崇参与式教师培训，即让参培教师和授课教师一起，参与到师培活动中去的一种教师培训方式。

如表 5 - 15③ 所示，参与式培训区别于讲座式培训的优势在于，它通常使用亲身实践、角色扮演、情境体验、分组讨论、案例分析、观课议课、相互访谈、填表画图、游戏活动等形式，引导教师将所学理论运用到实践，在实践、反思、合作、交流中学习教育理论、分享教育经验和提高教育智慧。美国学者乔伊斯（Joyce）1987 年的研究表明：如果只用理论学习的方式，只有 5% 的参培教师会将新学的技能迁移到实践中；如果用"理论＋演示"的方式，这个比例可以提高到 10%；如果用"理论＋演示＋练习"的方式，比例又可以上升至20%；如果在此基础上再增加"反馈"环节，又可以再提高 5 个百分点；而如果采用"理论＋演示＋实践＋反馈＋实践指导"的方式，竟然有高达 90% 的参培教师会将新学的技能迁移到实践中去④，由此可见实践、反馈和指导在师培中的重要作用。"专业人员必须培养从经验中学习和对自己的实践加以思考的能力。"⑤ 教师培训要尽可能做到

---

① 宁虹：《教师教育：教师专业意识品质的养成》，《教育研究》2009 年第 7 期。

② 教育部师范教育司组编：《教师专业化的理论与实践》，人民教育出版社 2001 年版，第 145 页。

③ 陈向明：《在参与中学习——成人培训方式的更新》，《教育理论与实践》2003 年第 4 期。

④ 吴景芝：《基础教育课程改革的支持系统之研究》，硕士学位论文，西北师范大学，2004 年，第 33—34 页。

⑤ ［美］李·S. 舒尔曼：《理论、实践与教育的专业化》，王幼真、刘捷编译，《比较教育研究》1999 年第 3 期。

以案说法，即结合教师身边的实际案例，引导他们对自己的教学活动进行多视角的理论分析。除传声式的集中培训和脱产进修以外，要设法通过流动培训和送教下乡等方式，经常邀请专业人员和课程设计者深入教学一线，向广大教师及时传递课改动态和设计意图，并结合一线教师的学科需求和实际困难，给他们提供专家咨询和临床指导。也可以邀请一线的先进典型给他们现身说法，切实提高教师的课程适应能力。另外，中小学也是教师教育的重要基地。为了避免工学矛盾，挖掘内部资源和潜力，学校要按照为具体教学服务等原则加强校本培训。

表 5 - 15　　　　　　　　讲座式培训与参与式培训的比较

讲座式培训	参与式培训
目的是传授知识	目的是培养专业技能和提高专业能力
以培训者为中心，采用讲授的方法	以学习者为中心，采用参与的方法
依赖于讲演者向听众的单向传递	依赖于培训者和学习者之间、学习者相互之间的对话和讨论
以单向传递为基础	以互动活动为基础
假设学习者是需要在上面书写的"白板"，或需要灌输知识的"空桶"	依靠学习者已有的知识、技能和经验
要求听众接受演讲者"专家类"知识	鼓励反思和反思性学习
强调记忆比理解更重要	关注理解的增强

（二）提供专业引领，促进教师合作

新课程无论在课程功能、课程结构、课程内容，还是课程实施、课程评价和课程管理，都较原来的课程有了重大突破和创新。新课程倡导学生本位、民主平等、对话协商、多元理解和动态生成的教育秩序，给教师很多自由发挥和创造的空间。但是，"所谓自由，就是选择，就是行动，就是对个人的行动负责。"[1] 新课程在给教师带来难得发展机遇的同时，也给他们带来了非常严峻的历史性挑战。如新课程关注全人发展，关注学习兴趣和经验，设置了综合课程和实践活动，

---

[1]　陈友松主编：《当代西方教育哲学》，教育科学出版社 1982 年版，第 231 页。

倡导自主、合作和探究的学习方式，重视教师对课程资源的开发和利用，主张建立促进学生全面发展、教师不断提高、课程不断发展的评价体系，实行国家、地方和学校三级课程管理制度等，这些都超越了传统教师教育的关注范围，超越了当下教师的知识水平和职业能力，必然给中小学教师带来许多焦虑与不适。新课程的核心理念是为了每一位学生的发展，强调学生是学习的主体，教师要遵循学生的身心发展特点选择教学策略，要尊重学生在学习过程中的独特体验，在师生平等对话中实施教学。但是，"这种对儿童期和青年期的敬重，并不为教师开辟一条容易而悠闲的道路，却立刻对教师的时间、思想和生活提出巨大的要求。"① 新课程赋予教师许多从未有过的权力和自由，使长期以来习惯了被领导、被指挥、被管束的教师似乎一下子成了一个嗷嗷待哺、亟待培训和指导的婴儿。为了保证课程改革在逐层落实中不走样变形，能够尽可能顺畅实现预期目标，实施基于课程标准的专业引领是非常必要的。更何况在实施某一变革的时候，无论其规模是大还是小，都需要进行持续、周密的促进工作。② 如果教师缺乏必要、持续的专业支持，就有可能对课程改革产生抵触情绪，从而由课改的主力军变成阻力军。

"专业引领"自 2002 年由顾泠沅教授等提出以后，在教育界引起广泛关注。但对于什么是专业引领，理论界目前还没有定论。笔者以为，专业引领是指具有教育专长的教研人员、特级教师、学科带头人、科研专家、课程编制者和大学教师等专业人士运用专业知识、教育理念、独特方法和先进经验③，从课程改革的真实需求和教育教学的实际需要出发，采用学术报告、专题讲座、学习辅导、案例分析、现场指导、参与式培训、论文点评、课题研究等专业化的形式，通过民主平等、相互信任以及交流对话的方式，提升教师理论素养和实践

---

① ［美］约翰·杜威：《民主主义与教育》，王承绪译，人民教育出版社 1990 年版，第 57 页。

② ［美］吉纳·E. 霍尔等：《实施变革：模式、原则与困境》，吴晓玲译，浙江教育出版社 2004 年版，第 34 页。

③ 郑慧琦、胡兴宏主编：《教师成为研究者》，上海教育出版社 2005 年版，第 198 页。

能力的一种活动形态。如表 5 – 16① 所示，普通教师的知识往往直接来源于实践情境和教学经验，因此能相对有效地解决教育教学中的实际问题。但由于忙于教育教学的具体事务，很少有时间和精力投身于理论知识的系统学习。由于缺少理论功底和理性观照以及受到已有假设和诸多错误实践知识等的不良影响，他们的知识和经验往往因为存在过多的个人因素和感性成分，一时难以推广和利用。而且，教师同行、同事之间的合作属于典型的同型交流，容易形成趋同倾向和思维盲点。而专业人士因为长期坚持理论学习和思考，具有较为全面、系统和扎实的理论功底，所以能够站得更高，"看得更远，想得更多，做得更彻底，反思更全面，改进更迅速"。② 他们看待问题的视野开阔，更能从理论的高度提出解决问题的办法。一线教师因为有尊课程重教学的本分，所以要特别注意加强与课程编制者之间的交流与合作，因为"通过交流，课程编制者可以向实施者表达隐含在课程中的一些基本假设、价值取向，可以提供一些有利于实施的建议，还可以传递其他地区和学校课程实施的一些情况"。③

表 5 – 16　　　　　　　　　　专业人士和普通教师的知识比较

	优　势	不　足
专业人士的知识	通常是以大量样本和可靠方法为基础开展细致的研究；通常在研究时的分析非常清晰、一针见血；通常能够提供审视问题、情境的新视角	通常使用了现实中看起来不必要的术语，而且交流起来不太容易被理解；与实践之间的关系常常比较模糊；通常仅仅截取部分教育过程和经验进行研究
普通教师的知识	通常与实际相关，并且是直接有用的；通常和实践者之间的沟通非常有效；通常关注教学过程和整体经验	通常是凭印象的；通常过多地取决于发生的特定情境；开展分析的时候，有时受到已有假设的不恰当影响

① ［英］波拉德：《小学反思性教学——课堂实用手册》，王薇、郑丹丹译，中国轻工业出版社 2006 年版，第 13 页。笔者引用时根据自己的理解修改了表格的标题和部分内容。
② 吴景芝：《基础教育课程改革的支持系统之研究》，硕士学位论文，西北师范大学，2004 年，第 20 页。
③ 施良方：《课程理论：课程的基础、原理与问题》，教育科学出版社 1996 年版，第 146 页。

关于专业引领的作用，有教师形象地比喻：没有专业引领的校本教研只是萝卜炖萝卜，容易出现同水平重复和形式化道路等问题；有专业引领的校本教研则是牛肉炖萝卜，可以在互动中实现丰富营养和共同提高的目的。专业人员的积极关注和热情参与是校本研究向纵深、可持续性发展的关键性因素。但需要注意的是，"研究者关注的教学，是风干了的、去掉了一切偶然的、个别因素之后的典型的、抽象的教学，是超越了具体时空的教学，是只存在于研究者头脑中的概念化的教学。"而且，"关于教学（或教育）的定义和原理，越是具有普遍意义，就越是空洞，就离具体的教育实践越远，就越是难以关照具体的教学实践。"① 专业人士因为长期浸泡在理论研究中，有使用、制造或套改理论术语的学术倾向和职业偏好，导致其话语有比较多抽象、概括和思辨的成分，一时难以被中小学教师所掌握和应用。有些科研专家和大学教师因为对中小学的教学实践缺乏长期体验和深入了解，加上缺少鲜活典型的教学案例，他们的学术讲座往往很难做到深入浅出和理论联系实际，难以通过一线教师的努力迅速转化成生产力。

俄国近代科学之父罗蒙诺蒙夫（Lomonosov）认为："经验研究是科学家的手，理论观点是科学家的眼睛。"② 英国生物学家、进化论的奠基人达尔文（Charles Robert Darwin）指出："经验与规律并没有不可逾越的鸿沟，经验中蕴含着规律的成分。"③ 因此，专业人士与普通教师之间有必要加强合作，以便在异质对话中实现优势互补和互利双赢，在指导和被指导的过程中实现共同发展。一方面专业引领是教师专业发展的捷径，教师通过和专业人士的合作，可以学到更多的教育理论和方法，借此可以减少教学的盲目性和随意性，少走很多不必要的弯路。另一方面，专业人士通过和教师合作，可以使研究不脱离实际，可以从教师的无穷智慧和实践素养中汲取丰富的营养，可以通过

① 郭华：《静悄悄的革命：日常教学生活的社会构建》，北京师范大学出版社2003年版，第3页。
② 转引自孙荔《基础教育中教师参与课程发展研究》，硕士学位论文，贵州师范大学，2006年，第36页。
③ 转引自潘国青《学校教育科研中的专业引领》，《教育发展研究》2004年第10期。

教师的实践补充、完善和发展自己的研究成果，进一步提高自己的教研水平。"专业引领就其实质而言，是理论对实践的指导，是理论与实践之间的对话，是理论与实践关系的重建。"① 专业人员尤其是各级教研员和课程教学论专家必须有高度的使命感、责任感以及对教学实践高度关注的热情，以研究课程改革问题、改进教学实践为己任，争做教师课程的引路人；要有谦虚、谨慎、真诚的服务意识，变数据榨取式的研究为平等互动式的合作，变"我有什么，就给教师讲什么"为"教师需要什么，我才讲什么"；要主动为一线教师提供更多具有可操作性的具体实施策略，帮助他们把课程标准的先进理念转化为实际的教学行动，努力缩小理想的课程与运作的课程之间的落差。

笔者通过访谈发现，超过 1/3 的教师认为专家培训对教师的专业成长帮助最大，理由是："专家站得高，看得远，比较容易发现和解决问题。""专家可以传授先进的教育理念，推荐一些独特的教学方法。""教师教久了容易形成线性思维和固有模式，一时无法认清自身教学的弊端所在，通过专家培训可以拓展教师的视野和弥补他们的不足。"另外，将近 1/3 的被访教师认为同事指点对教师的专业成长帮助最大，因为"同事的经验直接可行，同事的指点更契合教师的教学实际，解决问题的策略也更有针对性。"但是，将近一半的被访教师认为自我提高才对教师的专业成长帮助最大，理由是："专家是一时的，同事是长久的，自己才是最关键的。""一切都是外因，只有自己才能把握和改变自己。""一切事在人为，不管面对什么学习资源，自己不愿去学，终究是白搭。""自我提高才是教师专业成长的基础，教师主动提高自身的专业水平远远超过任何外界的被动帮助。""高师教育比较宽泛，基本没有太大的针对性和实用性；很多专家真的是专家吗？而且专家的教学方法，就一定适合自己吗？同事指点固然很重要，但也不可能经常指点；所以，教师想要成长，必须多靠自己的努力。"由此可见，教师一方面要增强主动与专业人士联系和对话的意识，及时跟专业人士交流和探讨自己在课程教学实践中遇到的困惑问

---

① 余文森、吴刚平、刘良华主编：《探索以校为本的教学研究》，华东师范大学出版社 2005 年版，第 10 页。

题；另一方面，要充分利用各种专业引领的机会，努力消除一概排斥理论、盲目迷信权威、过度依赖专家、过分相信经验等错误认识，坚决纠正现实主义、实用主义、功利主义等短视行为，并通过自学理论和专业对话等途径不断增强独立思考和自我引领的能力。

当追问"您认为对一线教师的专业成长最为有效的培训形式是什么"时，超过50%的被访教师首选"现场指导"，即专家跟教师一起备课、听课和评课。他们作出这一选择的具体理由是："一线教师更需要有针对性的实践指导，现场指导能够给教师最直接的帮助，对教师个人的专业成长最为有效。""现场指导有利于从实际出发来发现和解决问题，可以针对教师的不足进行有针对性的指导。教师若有疑问，可以现场质疑和对话。"其次，还有超过40%的被访教师选择"课例分析"（又称"案例研究"），理由是："课例分析直面实践，比较有针对性，有利于教师在对比分析中取长补短。""课例分析可以理论联系实际，有利于教师更好地理解和运用先进的教育理念。""课例分析虽然范围较小，但切合实际，就像教师上课，与其面面俱到，还不如突破一点。"另外，超过10%的被访教师选择"专题讲座"和"课题研究"，因为"一线教师对理论知识较为缺乏，专题讲座的针对性较强。""课题研究对一线教师的专业成长也帮助很大。"但也有教师告诉笔者："现在的教师最不喜欢单纯的理论培训。课例分析和现场指导是将理论的传授转变为实践的指导，边学习边研究、边反思边总结，属于典型的研究型实践，因此对教师的专业成长更有帮助。"可见，在一线教师看来，对教师专业成长最为有效的培训形式是现场指导和课例分析，而非专家讲座和学术报告。当然，如果能将两者结合起来，效果可能更理想。如有教师反映："我觉得先听专家讲座，再让专家听一线教师上课，然后给以现场指导，这可能是最为有效的教师培训形式。"

教育是一项集体性很强的事业，非常需要教师之间的协同努力和坦诚合作。新课程倡导课程共建的文化观，需要教师重新认识自己的课程角色。教师不再是教科书的忠实执行者，而是和专家、同事、学生及其家长等一起共同建构课程的合作者和探究者。"在基于课程标准的教学中，教师之间的合作不是一种所期待的工作条件，而应当是教师的一种专业责任。"① "生物和无生物之间最明显的区别在于前者以更新维持自己"②，教师合作的最大意义在于通过同伴之间的协作即"同伴互助"来实现长长相加和优势互补。调查表明，教师更容易接受同伴的评价和帮助，他们的教学观念主要是从同伴那里学到的。③而且，教师之间的合作交流是提高教师教学能力的有效途径，比较受教师们的欢迎。美国学者乔伊斯（Joyce）和肖尔斯（Showers）于1982 年通过等组实验发现，教师在接受课程培训的同时，如果参与校内同事间的互助指导，至少有 75% 的教师能在课堂上有效应用培训所学的内容，否则这一比例会降至 15%。④ 因为课程综合化改革和倡导自主、合作和探究的学习方式，加上教学工作具有不确定性，新课程积极鼓励教师之间通过日常交谈和听评课等教研活动协同进行课程开发、教学设计和教改实验，努力形成自然合作的教师文化。这种教师文化具有自发、自愿、发展取向、超越时空和不可预测等明显优势，可以为教师营造一个资源共享、责任共担、精神相遇、个性表达、身心愉悦的生存环境和发展空间，是一种相对理想的教师文化类型。而且，这种合作不是为了寻求一致，而是为了寻求多种可能和支持；不是为了寻求封闭和统一，而是为了追求开放和多向互动；不是一种外在的制约和束缚，而是一种内心的需要与认同。但是，笔者调查发现，十年课改之后，教师合作现状令人担忧。因为认识问题，他们要么单兵作战，拒绝合作，要么被动应付，合而不作。加拿大学者哈格里夫斯（Andy Hargreaves）指出，一般学校中最为常见的教师文化是彼此隔离的个人主义文化、彼此分立的派别主义文化和行政强制的人为合作文化（又称"硬造的合作文化"）。其中，个人主义文化是指教师坚持专业自治、互不干涉的原则，没有合作共事的意识与习惯。⑤

---

① 崔允漷：《课程实施的新取向：基于课程标准的教学》，《教育研究》2009 年第 1 期。

② ［美］约翰·杜威：《民主主义与教育》，王承绪译，人民教育出版社 1990 年版，第 6 页。

③ ［美］古德、布罗菲：《透视课堂》，陶志琼等译，中国轻工业出版社 2002 年版，第 606 页。

④ 李建平：《教师培训：新理念新模式》，《中国教育报》2002 年 12 月 23 日第 7 版。

⑤ ［美］安迪·哈格里夫斯：《知识社会学中的教学》，熊建辉等译，华东师范大学出版社 2007 年版，第 148 页。

它一方面有利于保护教师的独立人格和专业自主权，一方面又容易使教师陷入各自为政和孤立无助的离散状态，非常不利于教师的身心健康和专业成长。这种文化主要跟文人相轻、同行是冤家等传统观念、教学工作的不确定性和无边界性、蛋箱式教室结构、封闭型教学环境、缺少公有技术文化的支持以及教师因为工作繁忙抽不出时间来讨论教学问题有关。① 需要说明的是，"个人主义"在西方是一个中性的概念，其最为经典、常见也最为重要的解释是对个人权力的尊重与崇尚。因此，我们反对极端个人主义的工作方式，但并不反对教师独立自主地开展工作。"派别主义文化"是指分属于不同派别的教师只与派内成员保持密切联系和合作，但对其他派别的教师则采取漠不关心和不相往来的态度。甚至为了自己团体的利益，敌视和伤害其他团体中的教师。这种文化存在派系斗争和低渗透性，不利于学科联系、课程整合和教师发展。

哈格里夫斯还比较了人为合作文化与自然合作文化的不同点（见表5－17②），认为人为合作文化要求教师围绕行政人员的个人意图与兴趣进行合作，具有行政控制性、强迫性、执行取向性、特定时空性和可预测性等特点，有被动、机械、形式化和低效等不足。③ 为此，学校领导要充分重视教师之间的合作问题，要在设法减轻教师工作负担，保证教师交流互助时间的基础上，通过集体备课、师徒结对、以优带新、临床诊断、课例分析、深度会谈以及校际交流等途径，帮助教师尽快走出独立王国和教学孤岛，与同事建立合作性心灵伙伴关系，在优势互补中产生共生效应。④ 学校要创设民主、开放、互信、共享的合作氛围，为教师合作提供精神鼓励、物质支持和制度保障。

---

① 万伟：《课程变革中的教师文化》，南京师范大学出版社2010年版，第189—192页。

② 转引自刘波《在小学构建教师合作文化的阻力及策略研究》，硕士学位论文，南京师范大学，2006年，第7页。笔者引用时根据相关文献资料和自己的理解修改了部分内容。

③ 邓涛、鲍传友：《教师文化的重新理解与建构》，《外国教育研究》2005年第8期。

④ 廖圣河：《师定课程：内涵、价值和发展路径》，《教育学术月刊》2012年第4期。

表5-17　　　　　　　　人为合作文化与自然合作文化的比较

人为合作文化	自然合作文化
时间和空间受限制	时间和空间上很自由
强加的	慢慢发展出来的
受到控制	自发的
强迫的	自愿的
可预测	不可预测
将集体强加给个体	个体与集体相融合
执行取向	发展取向
男性类型	女性类型

(三) 改革评价机制，优化课程管理

作为一项人之为人的实践活动，教师课程有利于增强国家课程的适切性，凸显教师的实践经验和教学个性。但是，它在给教师充分理解和专业自由的同时，容易导致我行我素、为所欲为等消解课程严肃性和普适性价值的放纵行为。何况人无完人，教师不可能总是正确地行动，理解错误或把事情看错是时有发生的。① 为了保证教师课程为人之目的的有效达成，促进教育事业健康、可持续发展，各级教育行政部门和学校领导要按照课改纲要的要求，对教师开发和实施的课程进行必要的指导和监督，要通过改革评价制度、优化课程管理来规范和提升教师的课程教学活动。

在一线教师看来，素质教育和课程改革的最大障碍（有的称"瓶颈问题"）是学校和考试评价制度的问题。调查中有老教师告诉笔者："只要中高考制度一天不变，一切课改都只能是换汤不换药。"这句话显然不完全正确，毕竟如有的教师所说："中高考制度只是一种评价手段而已。"但是，笔者通过访谈后发现，将近80%的中小学教师竟然完全同意这一观点，理由是："考试成绩决定着师生的地位和命运，中高考的指挥棒才是师生教学的主要依据。""只要中高考制度不变，

---

① ［加］马克斯·范梅南：《生活体验研究——人文科学视野中的教育学》，李树英译，教育科学出版社2003年版，第108—109页。

来自学校、家长和社会等各方面的压力就不会减少。只要教师的这些压力不减，一切课改都不能从根本上解决问题。""家长是教育的投资者，教师必须为这些投资者服务，急家长所急。"将近一半的被访教师反映，实施新课程改革以来，中高考语文试题的确发生了一些变化，如："试题更加开放，答案更加多元。""主观题和语用题多了，客观题和选择题少了。""增加了名著经典题和写作题的分数比重。""更重视考查学生的分析和解决实际问题的能力。"但不可否认的是，现行的中高考制度还存在与新课程理念相矛盾的地方。"有些考题虽然题型有变，但劳民伤财的本质没变。有些高考题目明明是主观题，但因为是急行军式的阅卷，实质上是按客观题来处理的，因为答案早就预设好了，而且只能是那几个答案。"正因为这样，几乎所有语文教师都一致认为，采用传统的教学方法确实也能在中高考中取得好的名次，甚至效果更佳。为此，"不少教师基本上还是在按传统方法实施教学"。笔者还发现，大多数语文教师都讨厌考死记硬背的题目，如白居易字什么号什么、按课文内容填空等，因为这样的题目"既没有什么思维含量，又要折腾不少时间。"他们还讨厌考那种又红又专、逼学生无病呻吟说假话的所谓政论题。此外，还有不少教师对福建省近几年的语文高考试卷中名著经典题提出疑义，理由是："考点太细，且大多考记忆力，没有太大意义。""高中学生实在没有时间读原著，只能临时抱佛脚，考前背名著导读应考。""这种考查方式容易滋生功利化阅读的问题。"在访谈中，有教师坦言："许多课程改革的失败，根本原因不是材料和理念不行，而是教师出工不出力，因为在应试体制下，教师的能动性毕竟有限。"可见，国家应该继续加大规范办学和考试改革的力度，实施基于课程标准的考试，力争通过考试指挥棒的作用让真正践行新课程理念的广大师生成为考场的赢家。布鲁纳在《教学论探讨》一书中指出："评价最好被看作一种教育智慧，它是指导课程建设和教学的。"① 为此，新课程倡导人性、动态、发展性的评价理念。课程管理要通过目标激励、情感激励、榜样激励、参与激

---

① 转引自靳玉乐《新课程改革的理念与创新》，人民教育出版社 2003 年版，第 122 页。

励、物质激励等手段，采用自我评价、同事评价、学生评价、家长评价、学校评价相结合，最大限度地激励教师创造性地实施基于课程标准的教学。

课程管理是20世纪90年代由美国学者亚历山大（Alexandria）提出并很快获得认可和广泛关注的一个概念。《韦伯斯特大词典》中对"management"的解释是有帮助和服务功能的、有照顾责任和促进作用的相互关联的活动。可见，管理主要是"帮助"和"服务"的意思。课程管理贯穿于课程运作全过程，主要包括课程决策管理、课程设计管理、课程实施管理和课程评价管理等内容。而教学管理通常指对教师教学过程的管理，具体包括对教师备课、上课、布置和批改作业、课外辅导、成绩评定等的管理。新课程理论认为，学校管理的中心应该变教学管理为课程管理，因为教学管理尽管是课程管理的重要组成部分，但毕竟无法涵盖课程管理的所有任务。管理体制改革既是新课程改革的基本保障，也是新课程改革的应有之义。为了促进和增强课程的适切性，新课程实行具有很强本土色彩的三级课程管理体制，强调坚持民主参与和科学决策的原则，建立社会各界有效参与课程建设与学校管理的制度。为此，管理者要树立管理就是服务（为师生发展和课程教学服务）的理念，通过以发展为导向的课程管理为教师营造一个尊师重教、民主平等、身心愉悦的教学环境，同时为他们提供一个衣食无忧、安居乐业、鼓励创新、公平竞争、团结合作的专业发展空间。

科研成果和管理实践证明，课程管理的主要策略和原则有：

一是成事与成人相结合。新课程管理的对象涉及人与事两个方面，谋求学生、教师和课程的同步发展。学校可以成立教师课程现场管理委员会，在提高课程管理者素质的基础上，通过观课议课、个别访谈、检查评估和问题招标等途径，深入了解教师在课程教学中的辛苦付出和实际困难，及时给教师提供真诚鼓励和专业支持。当课程教学中出现一时拿不准又比较棘手的问题时，要充分依靠教师组织和课程专家去解决，并通过集体审议的办法谨慎做出决定。对于不能及时加以解决的问题，要鼓励教师通过教研等途径加以解决。① "事实证明，安排时间让教师们聚到一起来讨论实施变革过程中所遇到的困难和取得的成果，对变革也是很有价值的。"② 但要注意的是，"学校教育的根本价值在于成人，而不是成事，其中的人不只是学生，也包括教育者。因为教育之事与其他事的差异就在于人与人精神上的交往与影响，是人类文化的传递与为生成个体文化再创造之势、之能的事业，这样的事业要求相关从业者有尊严和有创造性地生存与工作。"③ 课程管理的最终目的是通过成事实现成人。但是，当前的现状是，控制主义的管理目的、行政主义的管理方式、权威主义的管理理念和形式主义的管理手段已经严重捆住了教师的手脚，让本应该灵动和诗意的课程教学异化为依附性、操作性、同质性和重复性的实践。④ 有的学校甚至把依法治校变成了以罚治校，把教学管理异化成了检查监管。⑤ 因为利益驱动代替了事业追求，不少学校的课程管理还以升学考试为导向，分数异化成了控制师生的魔障。

二是规范和创新相结合。课程教学常规是课程教学系统规范、有序、高效运行的基本要求和保障，是课程教学工作必须遵循的重要规范。课程教学常规管理是否合理和到位，影响教师课程的质量和效益。学校在确保严格执行课程计划、开齐开足规定课程的基础上，有必要根据新课程标准和学科教学的理念和要求，改革课程教学常规中不适应新课改的部分，重新制定系统清晰、简洁有效、底线明确、适度弹性的课程教学规范，如提前备课和候课、创造性地使用教材、分层布置作业、每次至少要批改 1/3、不能利用自习课讲课、听课后要参与评课、教研活动要有主题和结论等，意在规范教师的课程教学行

① 廖圣河：《师定课程：内涵、价值和发展路径》，《教育学术月刊》2012 年第 4 期。

② ［美］吉纳·E. 霍尔等：《实施变革：模式、原则与困境》，吴晓玲译，浙江教育出版社 2004 年版，第 137 页。

③ 叶澜：《"新基础教育"论——关于当代中国学校变革的探究与认识》，教育科学出版社 2006 年版，第 337 页。

④ 杜芳芳：《从行政控制到专业引领——学校教学管理变革取向研究》，博士毕业论文，华东师范大学，2011 年，第 60 页。

⑤ 周兴国、江芳主编：《课程改革与管理制度创新》，安徽教育出版社 2007 年版，第 49—54 页。

为。也可以根据先行先试者的成功经验制定符合本校实际的管理制度。如山西太原、晋城等地的课改实验区创立"集体备课、资源共享、个人加减、课后反思"的备课制度就非常值得借鉴和推广。但如果长期依赖和固守课程教学常规，则容易使学校变成宰制的空间，使教师成为均值人，使教学陷入模式化。因为课程教学是一种生成性、创造性和智慧性的实践，担负着雕琢心灵和振兴国家的历史使命，需要教师根据情境变化创造性地加以实施。"教育管理部门一旦对微观的课堂教学作'行政式'的统一要求，必然会不切合学生的实际，有碍于教师的创新。"① 美国学者萨乔万尼（T. J. Sergiovanni）也指出："教学是无法标准化的，同其他专业人员一样，教师不可能因遵循条文而变得有效。相反，他们需要在实践中创造实用的知识，成为熟练驾驭教学模式的'冲浪者'。"② 所以，真正有效的课程管理应该实现规范与创新的优化组合，即在规范中给创新留出必要空间，在创新中实现更高层次的规范。但是，受科层体制等的影响，传统的课程管理往往较多地关注统一、规范而非个性与创新。

三是共性与个性相结合。课程教学活动本身有其内在的基本规律，任何课程教学实践都有基本的内容和要求，这决定了课程教学管理有其共性的一面。而且，为了规范课程教学活动，实现预期的教育目标，国家制定了课程方案和课程标准，任何学校和教师都要依据这些方案和标准开展课程教学活动。但是，因为教师的个体差异和教学理念不同，导致每所学校课程教学管理呈现出不同的特性。因此，课程教学管理在使国家课程的底线要求得到保证的前提下，要充分考虑地区差异和师生实际，不搞一刀切和齐步走。课程管理要充分尊重教师的教学个性，鼓励教师上出自己的教学特色，鼓励教师进行个性表达和教学交流。因为正如袁振国教授所说："在一个教师群体当中，能够有不同的思想、观念、教学模式、教学方法的交流与冲突，是非常宝贵和重要的。如果一个学校的教师没有不同的思想，一个人说了

---

① 查有梁：《课程改革的辩与立》，重庆大学出版社 2009 年版，第 57 页。

② ［美］托马斯·J. 萨乔万尼：《道德领导：抵及学校改善的核心》，冯大鸣译，上海教育出版社 2002 年版，第 46 页。

大家都认为好，这不是学校的幸运，而是一种灾难。"① 令人遗憾的是，一些学校因为照章办事和权力至上的思想根深蒂固，已经严重制约了教师个性的张扬。一些教师甚至因此精神失语，只能以非自主、伪自我的方式从事教学工作。

　　四是刚性与柔性相结合。如表 5 - 18② 所示，刚性管理是工业经济时代典型的生产管理模式，指通过政策法令和规章制度来形成有序的行为。它因为具有具体明确的要求和很强的可操作性，有利于统一行动并给人以安全感，有利于提高生产效率和促进经济发展。但是，课程教学毕竟不是一般的生产活动，教师和学生也不应该物化成生产流水线上的工人和产品，而是一个内心丰富和复杂、善于思考和变化、有较强进取心和责任感的群体。如果对他们钳制过多，就会扼杀其积极性和创造力。如果要求师生完全忠实于规章制度，则有可能削足适履，使课程教学陷入机械、僵化、沉闷和死板的境地。另外，刚性管理适合相对稳定的管理环境和相对简单的管理内容，而且已经破译影响工作绩效的主要变量和程序。课程教学因为充满了太多的不确定性和不可预料性，加上操作层面中的许多具体问题如黑箱一样还没有被研究清楚，甚至只能靠教师摸着石头过河，所以也就不大适合和普遍依赖刚性管理。随着生活水平的普遍提高、文化素质的明显改善、民主意识的空前增强、竞争精神的逐渐形成以及公平心理的不断增加，现代社会的各个领域（包括教育领域的新课程改革）日益突出尊重人、依靠人和发展人的柔性管理。它主张更多地采用非强制、非权利影响的方式，在人们心目中产生潜在的说服力，从而把组织意志转变为个人的自觉行为。但是，杨启亮教授指出："对复杂劳动的管理需要的是文化管理、情感化管理、人本化管理，但这恰恰是我们普遍意义上的管理实践尚未真正关注的。"③ 笔者发现，一些学校的课程管理往往刚性有余，柔性不足。

---

　　① 袁振国：《校长的文化使命》，《中小学管理》2000 年第 12 期。

　　② 司江伟：《20 世纪刚性管理与柔性管理发展的对比》，《科学管理研究》2003 年第 1 期。

　　③ 杨启亮：《一种假设：以新课程理念导引新课程管理》，《当代教育科学》2003 年第 19 期。

表 5 – 18　　　　　　　　　刚性管理和柔性管理的比较

	刚性管理	柔性管理
计划职能	清晰、明确、具体、严格	含蓄、弹性、灵活
	严格按照计划来办事	在理解组织使命、宗旨的前提下变通计划
	追求最优解	获取满意解
组织职能	传统的矩阵形、正金字塔形	扁平化、网络化、虚拟化、倒金字塔形
	正式组织	非正式组织
	职务界限明确	职务界限模糊
领导职能	以法治人	以德服人
	专制与集权	民主与分权
	严厉	宽容
	重言教、重执纪、重物理	重身教、重执教、重心理
控制职能	定量评价	定性评价
	重分析、重规范、重理性、重竞争、重过程	重感化、重适度、重超脱、重协调、重结果
	重制度、重原则、重分工、重分割、重监控、重共性、重外在	重人情、重亲情、重协作、重整合、重激励、重个性、重内在

　　需要说明的是，对组织来说，刚性管理是骨架，柔性管理为血肉，二者缺一不可，可以互为补充。管理者不能有偏执思想，简单地肯定或否定其中的一方。

　　笔者通过调查发现，中小学通常采用检查教案和作业、听课和评课、巡课和点课（推门听课）、公开课和教学比武、问卷调查和学生座谈、暗中指派监督员、看考试成绩、跟绩效工资挂钩等途径和办法来监管教师的课程教学行为。其中，公开课制度比较受青年教师欢迎，因为"公开课最锻炼人，不管是开课还是听课，我们从中受益最大。"在接受笔者访谈的47名教师当中，只有三四位教师对学校的课程管理制度明确表示满意，理由是"人人都有惰性，教学监管是必要的管理手段。""它可以培养教师的责任心和自觉性，督促教师做好自己的本职工作。""我们学校的管理非常细致，量化考核也很规范。"但是，更多的教师是用"强加""武断""教条""冷血""死板""机械""统一""形式主义""见分不见人""动不动就扣钱"等词组来评价学校的课程管理行为，用"应付""无奈""郁闷"和"恐怖"等词语来描述切身感受。有的教师甚至用"无形监狱""逼良为娼"来形容学校的管理制度。当笔者问到"说起学校的教学监管，你首先会想到些什么"时，被访教师的答复是："下血本，肯花钱，抓太牢，看太死，没实效。""有些学校领导为了监控教师的课堂教学行为，恨不得在每个教室都安装摄像头。""公布栏，红袖章，不苟言笑，窗户外走来走去，有问题就批一线教师，甚至扣绩效工资。"由此可见，学校课程管理还有很大的提升空间，服务意识还有待增强。当笔者问到"您觉得理想的教学监管应该怎么操作"时，被访教师的建议是："以人为本，关心老师的实际困难，减轻教师的工作负担。""创设好的环境让老师乐教，通过激励性评价让教师有一种职业幸福感。""管就是为了不管，他检不如自检，学校要设法提高教师的思想觉悟和工作责任心。""人人都是学校的主人，学校应该充分信任教师，让教师参与课程管理。""要事前说，不事后追。重过程，淡结果。""监管方式多样化，巡课、听课和成绩相结合，主要看学生有没有得到好的发展。"漳州市某城区小学的教导处主任告诉笔者："要做好教学监管，首先，学校的管理制度和评价标准要科学合理；其次，监管时要多提建设性意见，不要一味地批评教师；再次，多树立先进典型，用优秀带动更多教师走向优秀；最后，监管人员最好坚持上课和了解一线情况，这样才有监督权和发言权。"笔者以为，上述建议是合理和有效的。

结　语

受技术理性等影响，传统课程因为过分追求预设、控制和价值中立等，具有"防教师"的特点。新课程吸取历次课程改革的经验教训，积极鼓励教师参与课程开发，倡导教师和课程同步发展。实践证明，教师是执行课程计划的实践主体，是课程改革付诸实践的关键人物。从某种意义上讲，课程方案最终都要通过教师的努力才能得到具体落实，所以教师参与课程理解、课程设计、课程实施和课程评价具有非常重要的理论意义和实践价值。教师对课程的理解不仅有助于教师更好地实施课程，有助于培养学生的能力和教师的专业发展；教师参与课程设计有助于密切课程与生活的联系，增强课程内容的适切性，促进教师主动采用和实施课程；教师参与课程实施有助于检验课程方案的成效，发现课程实施中的问题，完善课程实施的理论。为此，教育界开始逐渐关注并强调"教师即课程"的问题。

教师课程是指任课教师对国家课程的内容加以理解和设计后在课堂教学中实际实施和评价的课程。与国家课程特别注重预设性、基础性和统一性相比，教师课程具有自主性、创造性、情境性和差异性等特点和优势。事实证明，每位教师作为主观能动的主体，几乎都会根据自己的理解和方式对国家课程进行程度不等的修改和调整，都会在不同的教室里实施和创造着属于自己的课程。新课程赋予教师许多从未有过的权力和自由，教师自主发挥和创造的空间越来越大。但是，如果不及时加以引导和规范，也容易出现随意教学和歪曲执行的问题。而且，并不是所有的教师都愿意或有能力承担改造国家课程的任务，国家课程方案在实际执行的过程中很容易走样或变形。于是，进一步彰显教师课程的优势，进一步规范教师的课程教学行为就日益成为大家关注的话题。正是基于这样的时代背景，笔者根据博士学位论文的选题要求，本着研究真问题并切合自己的学术积累和研究能力的原则，最终将"教师课程研究"作为自己的博士毕业论文选题，期望在课程实施研究的薄弱地带有所突破。

但是，通过文献综述可以发现，作为一种重要的课程形态，教师课程的理论研究没有得到应有的重视，其现状调查也没有引起足够的关注。到目前为止，还鲜见学者以"教师课程"为题作相对系统的专门研究。与 1000 多万中小学教师的丰富实践和专业需要相比，教师课程的基础研究还远远不够，甚至还只能说才刚刚开始。笔者希望通过自己的努力，为教师课程研究做一些力所能及的工作。本书首先界定了教师课程的内涵、特点和价值，再用哲学、社会学、心理学、课程论和研究成果对教师的课程理解、课程设计、课程实施和课程评价问题进行了理论上的初步探讨，然后按照分层抽样和目的性抽样等方法，对福建省 5 个地级市的 120 多所中小学的 391 名语文教师进行了问卷调查，并对福建、江西、海南 3 个省的 7 个地级市的 36 所中小学的 47 位语文教师进行了结构性访谈（含笔谈），还深入小学一年级至高中二年的教室听评 33 节语文课和 2 节数学课，最后再根据笔者调查获得的实证数据从内外两个方面提出有针对性的干预措施和提升策略。为了提高教师课程的实践理性，笔者已经就某些能够预料和有充分认识的方面，归纳了一些可操作性原则和方法。但是笔者重申，教师课程研究的目的不是控制教师的个性自由，而是希望在教师的个性化需求和课程标准的规范性要求之间找到一个合理的平衡点。

尽管导师耐心教导和反复指引，笔者也竭尽所能做了一些工作，但因为自身能力和条件所限，本书肯定还存在诸多完全应该由笔者自己负责的问题和不足。如美国早在 20 世纪 20 年代就在"丹佛计划"中开始教师参与课程编制的实践探索，英国也充分信任教师的专业自治能力，积极鼓励中小学教师开发属于自己的课程，但由于外语水平有限，笔者无法通过外文资料获得更多的信息。其次，受自身学科视域的限制，笔者主要对中小学语文教师的课程教学情况进行了调查，而且调查的时间和抽取的样本数量也非常有限，研究的方法和过程也有待规范，这些问题都对本书的质量带来或多或少的影响，甚至犯了自以为是和以偏概全等错误。所以，鲜花永远在前方，笔者永远在路上，殷切期待专家学者批评指正，给笔者指出努力的方向。

中国社会科学院房宁研究员指出，研究生论文不可轻言创新问题，因为创新需要长期的学术积累，一般学生根本不具备这样的条件。他认为，不管是硕士论文还是博士论文，都应该定位为习作的范畴。而且，"只要学生按有关学术规范，完成一篇学术论文写作的流程，言之有理、持之有故，政治正确、观点自恰、文理通顺，即可"。[①] 北京大学教育学院的陈学飞教授也指出："随着博士教育的发展，传统的对于博士培养和博士论文一定要有独创性的要求受到学者越来越多的质疑。"[②] 作为小学教师出身的笔者才疏学浅，从来不敢奢谈科研创新的问题，更不敢说自己的书稿有什么独创性。本书抛砖引玉，意在期待专家学者更多地关注教师课程论问题。

随着生活水平的日渐提高和科学技术的快速发展，人民群众从来没有像今天这样强烈渴望优质教育，从来没有像今天这样特别关注教育公平，从来没有像今天这样迫切呼唤个性化教育，教师也从来没有像今天这样赋予教师那么多的崇高使命……在这样的时代背景之下，教师课程必将引起更多的关注，产生更多的研究成果。因为教育是社会发展的助推器，质量是学校教育的生命线，课程是实现教育目标的重要媒介，教师是课程的实际使用者和建构者，教师课程质量事关发展之大计。

---

① 房宁：《研究生论文创新不可轻言》，《新京报》2005 年 7 月 2 日。

② 摘自陈学飞教授 2011 年 12 月 23 日的学术报告《谈谈高等教育领域博士培养的创新问题》。

附录一

教师课程现状调查问卷
（语文）

您好！本调查结果只作研究资料用，不会对您产生任何不良影响。请您根据自己的真实情况，在相应的序号上画"√"（不定项选择），并在横线上简要作答。谢谢！

您的性别_____，语文教龄_____，

职称_____，最高学历_____；

学校层次：①小学 ②初中 ③高中；

学校位置：①城市 ②县城 ③乡镇 ④农村。

1. 您认为一个好的语文教师应该具备哪些素养？①爱岗敬业；②关心学生；③热爱语文；④爱好读书；⑤喜欢写作；⑥教学基本功扎实。

2. 您在备课过程中会经常去了解学生的真实想法吗？①经常会；②很少会；③偶尔会；④基本不会；⑤不会；⑥从来没有想过这个问题。

3. 影响您调查和了解学生的主要原因是什么？①课务多；②家事多；③没有那么多时间；④凭教学经验猜测就行；⑤这有失教师面子；⑥学校没有这方面的要求。

4. 您认为自己在理解和把握教材方面还存在哪些不足？①不能准确理解教材编写意图；②不能合理确定教学目标；③不能很好地把握

教学重难点；④不能独立分析课文内容；⑤不能从学生实际出发设计教学；⑥觉得自己挺好的，没有不足。

5. 当您发现自己不能很好理解和把握教材时会做些什么？①反复阅读教材；②参考教参资料；③请教有经验的老师；④听听学生的见解；⑤研读课程标准的相关要求；⑥与教科书编者对话。

6. 您经常关注教参中的哪些内容？①单元介绍；②教学目标；③教学重难点；④教材分析；⑤教学建议；⑥习题解答。

7. 您对教参中的教学建议持什么态度？①坚信；②认同；③选用；④参考；⑤忽视；⑥反对。

8. 当您对课文的理解与教参的解读发生矛盾时怎么办？①完全按照教参讲；②完全按照自己的讲；③选择更合理的那种讲；④选择更适合学生的那种讲；⑤两者都讲，让学生自己选择；⑥找同事商量着办。

9. 您觉得现在的教参还存在哪些不足？①简单；②烦琐；③死板；④千篇一律；⑤可操作性不够；⑥有知识性错误。

10. 如果取消教参，您最担心什么？①担心自己不会备课；②担心加大备课工作量；③担心自己不能很好地把握教材；④担心自己抓不住教学重难点；⑤担心自己教学经验不足，从而影响考试成绩；⑥担心没有那么多时间备课。

11. 您一般通过哪些途径调查和了解学生的知识经验？①课堂问答；②作业情况；③试卷分析；④学生谈话；⑤家长沟通；⑥教师交流。

12. 您发现自己的语文同行通常有哪些做法不太合理？①责骂学生；②作业量多；③罚抄作业；④不允许学生犯错；⑤过分注重考试成绩；⑥不关心差生。

13. 您觉得一线教师对新课程改革一般持什么态度？①积极肯定；②全力支持；③部分响应；④观望；⑤怀疑；⑥反感。理由是：＿＿＿＿＿＿＿＿＿＿＿＿＿＿＿＿＿＿＿＿＿＿＿＿＿。

14. 如果您有机会重新回到师范院校深造，希望重点提高哪些方面的能力？①如何调动学生的学习兴趣；②如何更好地驾驭课堂；③如何营造良好的课堂氛围；④如何分析教材和解读文本；⑤如何引导学生自己得出结论；⑥其他：_____。

15. 教师为什么要对教材内容进行适度的加工和处理？①教材编写不符合课标要求；②教材内容存在失误；③教材缺乏灵活性；④教材本身留有空白点；⑤教材无非是个例子；⑥因材施教的需要。

16. 您加工和处理教材内容的依据是什么？①课程标准；②学生实际；③教参；④教学重难点；⑤学科特色；⑥自身所长。

17. 您认为教师加工和处理教材内容需要具备哪些素养？①了解学生；②研究课标；③熟悉教材；④语文素养；⑤教育理论；⑥勇于创新。

18. 您在加工和处理教材内容时主要担心什么？①怕把握不够到位；②怕自己理解有误；③怕学生不能接受；④怕删了不该删的；⑤怕影响考试成绩；⑥怕领导追究责任。

19. 您通常根据什么来确定教学重难点？①教参资料；②学生实际；③教学目标；④课文特点；⑤课后习题；⑥课程标准。

20. 当您发现课文不适合教学时怎么办？①索性不教不管；②让学生自己读；③硬着头皮教；④挑重点讲；⑤重选一篇文章替换课文教；⑥与其他老师商量着办。

21. 您认为自己设计的教案具备哪些特点？①目标明确；②突出重点；③过程完整；④思路清晰；⑤预设充分；⑥新颖有趣。

22. 您备课的时间主要用来做什么？①钻研教材；②研究学生；③查阅同题教案；④关注考试要点；⑤请教有经验的老师；⑥设计教学亮点。

23. 您对自己设计的教案持什么态度？①十分满意；②比较满意；③基本满意；④不太满意；⑤不满意；⑥很不满意，理由是：_____。

24. 您经常采用哪些语文教学方法？①讲授法；②问答法；③讨论法；④诵读法；⑤练习法；⑥研究法。

25. 影响您实施基于课程标准教学的主要原因是什么？①应试教育的压力；②没有课程标准；③对课标精神理解不够；④课标脱离实际；⑤学生情况复杂；⑥个人能力有限。

26. 学生上课捣乱，您通常会做些什么？①学生太不懂事了，停课查办肇事者；②顺其自然，借机让学生放松一下；③学生犯错是正常的，让学生尽快安静下来，继续上课；④把意外当作一种教学资源，结合教学内容巧加引导；⑤课后弄清学生捣乱的主要原因；⑥多从教师自己身上查找原因和对策。

27. 您担心课堂发生意外的主要原因是什么？①怕自己处理不当；②怕扰乱课堂秩序；③怕影响教学进度；④怕学生不听指挥；⑤怕学生受到伤害；⑥怕领导批评自己。

28. 您经常为哪些教学问题苦恼？①抓素质还是抓成绩。②学生不主动回答老师的问题。③学生上课集中不了注意力。④学生的回答出乎老师的意料。⑤教学资源短缺。⑥没时间和精力读书。

29. 您一般通过哪些途径反思自己的教学效果？①作业情况；②考试成绩；③课堂问答；④学生反馈；⑤家长意见；⑥同行评价。

30. 发现自己的教学不满意之后，您通常会做些什么？①自我反思；②请教同行；③求助学生；④重新备课；⑤下节课进行补救；⑥利用课余时间设法给学生补课。

31. 您平时更喜欢和谁在一起讨论教学问题？①同行教师；②同龄教师；③同班教师；④有经验的老教师；⑤学校领导；⑥学科专家。

32. 您平时听课的主要目的是什么？①完成听课任务，应付学校检查；②为了给同事一点面子；③帮同事发现教学问题；④为教研组活动做准备；⑤向上课老师学习教学经验；⑥为了自己的专业发展。

33. 您平时听课时比较关注哪些方面的内容？①教学设计；②重难点的处理；③师生互动；④学生表现；⑤教法策略；⑥教学机智。

问卷到此结束，再次感谢您的支持与配合！

附录二

教师访谈提纲
（语文）

您好！首先，感谢您抽出宝贵时间与我们座谈。我们正在做一项有关教师课程理解、课程设计、课程实施和课程评价情况的调查，相信您能给我们提供一些有针对性的信息。我们调查获取的材料仅作为学术研究的依据，且是在不记名前提下才会使用，绝对不会对您个人或单位产生任何不良影响，请您放心、认真和如实作出回答。

您的性别_____，教龄_____，职称_____。

最高学历_____，教过_____年段；

学校类型_____。

1. 您认为课程是指（　　）。A. 教学科目　B. 课本内容　C. 教学活动　D. 学习经验　E. 其他：_____。您得出这一结论的具体理由是什么？

2. 在日常教学中，您更多地关注（　　）问题，又经常因为（　　）问题而苦恼。A. 为什么教　B. 教什么　C. 怎样教　D. 教到什么程度　E. 如何判断自己教得好不好。

3. 您如何看待"教师即课程"的观点？您觉得它有没有现实意义？现实中真正敢说"站在讲台上，我就是语文"的语文教师多不多，为什么？

4. 在您看来，课程标准在实际教学中到底有没有作用？一线教师通常会在什么时候用到课程标准？他们在备课前后有没有翻阅课程标准的习惯，为什么？

5. 您有没有认真读过 2011 年版的语文课程标准？能否说出 2011 年版的语文课程标准有哪些要求上变化？学校有无组织课程标准解读方面的教师培训？培训效果如何？

6. 如果不查阅文献资料，您能否说出新课程的基本理念有哪些？能否从内容蕴涵、价值取向和框架结构等方面说说课程标准和教学大纲之间的区别？

7. 您觉得课文一般都有哪些空白点？课本一般会通过什么方式给教师预留弹性空间？一线教师是否善于发现和利用这些空白点和弹性空间？为什么？

8. 您认为一线教师的文本解读能力怎样？他们在文本解读中通常会出现哪些问题？为什么会出现这些问题？

9. 您觉得新课程为什么要鼓励教师创造性使用教材？一线教师具体落实的情况怎样？教师在使用教材的过程中经常出现哪些问题？具体成因是什么？

10. 有人说："教参是个鸦片烟。"您是否同意这种观点，为什么？您觉得一线教师不能合理使用教参的具体原因是什么？

11. 有人说："课本知识只是一种关于某种现象的较为可靠的假设而已，而且是永远有缺漏的假设。"您是否认同这种观点，为什么？这种观点可以给您带来哪些启示？

12. 有人说："教师和学生共同活动的地方是课程教学设计的最好场所。"您是否同意这种观点？您从中受到哪些启发？

13. 现代教学设计的核心理念是"为学习而设计教学"。您觉得一线教师在这方面做得怎样？他们通常是根据什么来备课？在备课之前会不会主动了解学生的学习需求？

14. 您在教学设计的过程中经常担心什么问题？为什么会有这些担心？您觉得是否有必要让学生参与教学设计？您一般通过什么方式让学生参与教学设计？

15. 有研究表明：教师的行为只有 16% 符合新课程标准的要求。您认为这种结论符不符合现实？为什么会这样？

16. 您觉得一线教师的教学实施取向更多的是（　　）。A. 得过且过取向　B. 忠实执行取向　C. 相互调适取向　D. 课程创生取向。您做出这种选择的具体理由是什么？

17. 您觉得一线教师更多是在实施基于（　　）的教学。A. 教师经验　B. 课本内容　C. 课程标准　D. 考试内容　E. 其他：_____。您得出这一结论的理由是什么？

18. 您认为有没有必要实施基于课程标准的教学？您了解基于课程标准教学的相关要求和操作步骤吗？您认为影响教师实施基于课程标准教学的主要原因是什么？

19. 您觉得对一线教师而言，上课更多的是一种（　　）。A. 享受　B. 差事　C. 负担　D. 煎熬　E. 其他：_____。为什么？

20. 有人认为："教育的最大失败是教育方式的失败，我们的教育主要是灌输教育。"您是否认同这种观点，为什么？您认为新课程提倡的自主、合作和探究的学习方式到底有没有得到有效落实，主要跟什么因素有关？

21. 新课程的愿景是"教师和语文课程同步发展"。您觉得这项目标实现的可能性有多大？课改十年之后，您认为这项目标实现的程度如何，为什么？

22. 您通常是怎么做教学反思的？在备课前会不会翻阅以前写的教学后记？下课后会不会听学生的反馈意见？您会不会主动邀请学生代表召开座谈会？

23. 有老师认为："只要中高考制度一天不变，一切改革都只能是换汤不换药。"您是否同意这种观点，为什么？实施新课程以来，中高考试题有没有发生实质性的变化？您最讨厌哪些类型的考题？采用传统的教学方法是否也能考出好的名次？

24. 说起学校的教学监管，您首先会想到哪些词语？你们学校通常采用什么手段来监管教师的教学行为？您认为理想的教学监管应该怎样做？

25. 您觉得（　　）对您的专业成长帮助最大？A. 高师教育　B. 专家培训　C. 同事指点　D. 自我提高　E. 其他：_____。您得出这一结论的具体理由是什么？

26. 您认为对一线教师的专业成长最有效的培训形式是（　　）。
A. 专题讲座　B. 课例分析　C. 现场指导　D. 课题研究　E. 其他：
_____。您的具体理由是什么？您觉得一线教师最希望参加哪些方面的专题培训？

访谈到此结束。
占用了您不少宝贵时间，再次向您表示衷心感谢！

主要参考文献

一 著作类

1. 白云霞：《学校本位课程发展理论、模式》，（台北）高等教育文化事业有限公司 2003 年版。

2. 蔡铁权主编：《基础教育课程改革通识培训教程》，浙江大学出版社 2004 年版。

3. 陈时见：《课堂管理论》，广西师范大学出版社 2002 年版。

4. 陈霞：《标准驱动：基于标准的美国基础教育改革》，安徽教育出版社 2010 年版。

5. 陈侠：《课程论》，人民教育出版社 1989 年版。

6. 陈向明：《质的研究方法与社会科学研究》，教育科学出版社 2001 年版。

7. 陈晓端、郝文武主编：《西方教育哲学流派课程与教学思想》，中国轻工业出版社 2008 年版。

8. 陈孝均、郦添静主编：《教学设计技能的构成与形成》，光明日报出版社 2009 年版。

9. 陈玉琨：《教育评价学》，人民教育出版社 1999 年版。

10. 陈友松主编：《当代西方教育哲学》，教育科学出版社 1982 年版。

11. 丛立新：《课程论问题》，教育科学出版社 2000 年版。

12. 丁朝蓬：《新课程评价的理念与方法》，人民教育出版社 2003 年版。

13. 丁念金：《课程论》，福建教育出版社 2006 年版。

14. 董纯才主编：《中国大百科全书·教育》，中国大百科全书出版社 1985 年版。

15. 杜志强：《领悟课程研究》，光明日报出版社 2010 年版。

16. 傅道春主编：《教师的成长与发展》，教育科学出版社 2001 年版。

17. 傅道春编著：《情境教育学》，黑龙江教育出版社 1996 年版。

18. 傅道春：《新课程中课堂教学行为的变化》，首都师范大学出版社 2002 年版。

19. 顾明远、孟繁华主编：《国际教育新理念》，海南出版社 2001 年版。

20. 关文信：《新课程理念与课堂教学行动策略》，首都师范大学出版社 2003 年版。

21. 顾明远主编：《教育大词典》，上海教育出版社 1998 年版。

22. 郭华：《静悄悄的革命：日常教学生活的社会构建》，北京师范大学出版社 2003 年版。

23. 胡德海：《教育学原理》（第二版），甘肃教育出版社 2006 年第 2 版。

24. 黄甫全、王本陆主编：《现代教学论学程》（修订版），教育科学出版社 2003 年版。

25. 黄光雄、蔡清田：《课程设计——理论与实际》，南京师范大学出版社 2005 年版。

26. 黄小莲：《教师课程实施之旅：决策与执行》，浙江大学出版社 2012 年版。

27. 黄政杰：《课程设计》，（台北）东华书局 1998 年版。

28. 姜美玲：《教师实践性知识研究》，华东师范大学出版社 2008 年版。

29. 姜平主编：《学校课程开发》，首都师范大学出版社 2006 年版。

30. 江光荣：《人性的迷失与复归：罗杰斯的人本心理学》，湖北教育出版社 2000 年版。

31. 蒋宗尧编著：《课前预设与课堂生成基本功》，中国林业出版社 2007 年版。

32. 教育部师范教育司组编：《教师专业化的理论与实践》，人民教育出版社 2001 年版。

33. 靳玉乐、宋乃庆、徐仲林主编：《新教材将会给教师带来什么——谈新教材新功能》，北京大学出版社 2002 年版。

34. 靳玉乐:《新课程改革的理念与创新》,人民教育出版社 2003 年版。

35. 靳玉乐:《现代课程论》,西南大学出版社 1995 年版。

36. 孔凡哲:《教科书质量研究方法的探索》,人民教育出版社 2008 年版。

37. 李秉德主编:《教学论》,人民教育出版社 2001 年版。

38. 李定仁、徐继存主编:《课程论研究二十年(1979—1999)》,人民教育出版社 2004 年版。

39. 刘家访等:《教师课程理解研究》,福建教育出版社 2014 年版。

40. 李建平:《聚焦新课程》,首都师范大学出版社 2002 年版。

41. 李瑾瑜等编:《课程改革与教师角色转换》,中国人事出版社 2002 年版。

42. 李如密:《教学美的价值及其创造》,广东高等教育出版社 2007 年版。

43. 李森主编:《教师职业技能训练教程》,高等教育出版社 2009 年版。

44. 李小红:《教师与课程:创生的视角》,广西师范大学出版社 2009 年版。

45. 李雁冰:《课程评价论》,上海教育出版社 2002 年版。

46. 廖圣河主编:《语文微格教学》,中国林业出版社 2009 年版。

47. 廖圣河主编:《新编语文教学技能训练导航》,中国林业出版社 2010 年版。

48. 刘捷:《专业化:挑战 21 世纪的教师》,教育科学出版社 2002 年版。

49. 娄立志、广少奎主编:《中国教育史》,山东人民出版社 2008 年版。

50. 陆有铨:《躁动的百年——20 世纪的教育历程》,山东教育出版社 1997 年版。

51. 罗祖兵:《课堂境遇与教学生成》,人民教育出版社 2012 年版。

52. 莫雷主编:《教育心理学》,教育科学出版社 2007 年版。

53. 南京师范大学教育系组编:《教育学》,人民教育出版社 1984

年版。

54. 欧用生：《课程理论与实践》，（台北）学富文化事业有限公司 2006 年版。

55. 施良方：《课程理论：课程的基础、原理与问题》，教育科学出版 社 1996 年版。

56. 石鸥：《教学病理学》，山东人民出版社 2006 年版。

57. 申继亮主编：《教学反思与行动研究——教师发展之路》，北京师 范大学出版社 2006 年版。

58. 沈玉顺主编：《现代教育评价》，华东师范大学出版社 2002 年版。

59. 宋林飞：《西方社会学理论》，南京大学出版社 1997 年版。

60. 孙宽宁：《课程理解的理想与现实》，山东人民出版社 2010 年版。

61. 孙培青主编：《中国教育史》，华东师范大学出版社 2000 年版。

62. 华中师范学院教育科学研究所主编：《陶行知全集》（第二卷）， 湖南教育出版社 1985 年版。

63. 田慧生、李如密：《教学论》，河北教育出版社 1996 年版。

64. 王嘉毅、常宝宁、王慧：《西北地区农村基础教育课程改革研 究》，教育科学出版社 2009 年版。

65. 王鉴主编：《教学论热点问题研究》，广西师范大学出版社 2008 年版。

66. 王鉴主编：《课程论热点问题研究》，广西师范大学出版社 2008 年版。

67. 王景英主编：《教育评价理论与实践》，东北师范大学出版社 2001 年版。

68. 万伟：《课程变革中的教师文化》，南京师范大学出版社 2010 年版。

69. 王治河：《扑朔迷离的游戏——后现代哲学思潮研究》，社会科学 文献出版 1993 年版。

70. 吴刚平：《校本课程开发》，四川教育出版社 2002 年版。

71. 吴杰编著：《教学论》，吉林教育出版社 1986 年版。

72. 吴康宁：《教育社会学》，人民教育出版社 1998 年版。

73. 汪霞：《课程研究：现代与后现代》，上海科技教育出版社 2003

年版。

74. 吴筱萌：《理解教育变革中的教师》，重庆大学出版社 2010 年版。

75. 吴永军：《课程社会学》，南京师范大学出版社 1999 年版。

76. 吴永军主编：《新课程备课新思维》，教育科学出版社 2004 年版。

77. 谢利民主编：《教学设计应用指导》，华东师范大学出版社 2007 年版。

78. 熊川武：《反思性教学》，华东师范大学出版社 1999 年版。

79. 熊川武、江玲：《理解教育论》，教育科学出版社 2005 年版。

80. 徐学福、艾兴、周先进编著：《反思教学》，四川教育出版社 2006 年版。

81. 杨九俊、吴永军主编：《建设新课程：从理解到行动》（通识卷），江苏教育出版社 2003 年版。

82. 杨明全：《革新的课程实践者——教师参与课程变革研究》，上海科技教育出版社 2003 年版。

83. 杨启亮：《困惑与抉择——20 世纪的新教学论》，山东教育出版社 1995 年版。

84. 杨振宁：《杨振宁文集：传记、演讲、随笔》，华东师范大学出版社 1998 年版。

85. 叶澜主编：《教育学原理》，人民教育出版社 2007 年版。

86. 叶澜主编：《新编教育学教程》，华东师范大学出版社 1991 年版。

87. 叶澜：《"新基础教育"论——关于当代中国学校变革的探究与认识》，教育科学出版社 2006 年版。

88. 叶泽滨：《教师创造性行为引论》，吉林人民出版社 2003 年版。

89. 余文森、吴刚平、刘良华主编：《探索以校为本的教学研究》，华东师范大学出版社 2005 年版。

90. 袁金华主编：《课堂教学论》，江苏教育出版社 1996 年版。

91. 严先元：《课程实施与教学改革》，四川大学出版社 2002 年版。

92. 臧爱珍编著：《中小学教学参考书调查问卷分析》，人民教育出版社 2006 年版。

93. 曾天山：《教材论》，江西教育出版社 1997 年版。

94. 查有梁：《课程改革的辩与立》，重庆大学出版社 2009 年版。

95. 张华、石伟平、马庆发：《课程流派研究》，山东教育出版社 2000 年版。

96. 张华：《经验课程论》，上海教育出版社 2000 年版。

97. 张华：《课程与教学论》，上海教育出版社 2001 年版。

98. 张立昌、郝文武：《教学哲学》，中国社会科学出版社 2009 年版。

99. 张天宝：《新课程与课堂教学改革》，华东师范大学出版社 2001 年版。

100. 张新海：《反对的力量：新课程实施中教师阻抗》，科学出版社 2011 年版。

101. 张祖忻等编著：《教学设计：原理与应用》，高等教育出版社 2011 年版。

102. 郑慧琦、胡兴宏主编：《教师成为研究者》，上海教育出版社 2005 年版。

103. 郑金洲主编：《基于新课程的课堂教学改革》，福建教育出版社 2003 年版。

104. 钟启泉、崔允漷主编：《新课程的理念与创新——师范生读本》，高等教育出版社 2003 年版。

105. 钟启泉、崔允淳、张华主编：《为了中华民族的复兴　为了每位学生的发展　基础教育课程改革纲要（试行）解读》，华东师范大学出版社 2001 年版。

106. 钟启泉、黄志成主编：《美国教学论流派》，陕西人民教育出版社 1993 年版。

107. 钟启泉、罗厚辉等主编：《课程范式的转换：上海与香港的课程改革》，上海科技教育出版社 2003 年版。

108. 钟启泉主编：《课程论》，教育科学出版社 2007 年版。

109. 钟启泉、汪霞、王文静编著：《课程与教学论》，华东师范大学出版社 2008 年版。

110. 钟启泉编著：《现代课程论》（新版），上海教育出版社 2003 年版。

111. 钟启泉编译：《现代学科教育学论析》，陕西人民教育出版社 1993 年版。

112. 钟启泉主编：《新课程师资培训精要》，北京大学出版社 2002 年版。

113. 中央教育科学研究所编：《陶行知教育文选》，教育科学出版社 1981 年版。

114. 钟志贤：《面向知识时代的教学设计框架》，中国社会科学出版社 2006 年版。

115. 周卫勇主编：《走向发展性课程评价——谈新课程的评价改革》，北京大学出版社 2002 年版。

116. 周险峰：《教育文本理解论》，广东高等教育出版社 2007 年版。

117. 周小山主编：《教师教学究竟靠什么——谈新课程的教学观》，北京大学出版社 2002 年版。

118. 周兴国、江芳主编：《课程改革与管理制度创新》，安徽教育出版社 2007 年版。

119. 朱慕菊主编：《走进新课程：与课程实施者对话》，北京师范大学出版社 2002 年版。

120. ［美］艾伦·奥恩斯坦等：《课程：基础、原理和问题》，柯森译，江苏教育出版社 2002 年版。

121. ［美］安迪·哈格里夫斯：《知识社会学中的教学》，熊建辉等译，华东师范大学出版社 2007 年版。

122. ［苏］安·谢·马卡连柯：《论共产主义教育》，人民教育出版社 1979 年版。

123. ［美］D. P. 奥苏伯尔等：《教育心理学：认知观点》，佘星南等译，人民教育出版社 1994 年版。

124. ［苏联］IO. K. 巴班斯基：《论教学过程的最优化》，教育科学出版社 1982 年版。

125. ［美］班尼、约翰逊：《教育社会心理学》，邵瑞珍等译，云南教育出版社 1986 年版。

126. ［英］波拉德：《小学反思性教学——课堂实用手册》，王薇、郑丹丹译，中国轻工业出版社 2006 年版。

127. ［美］布鲁克菲尔德：《批判反思型教师 ABC》，张伟译，中国轻工业出版社 2002 年版。

128. ［美］古德、布罗菲：《透视课堂》，陶志琼等译，中国轻工业出版社 2002 年版。

129. ［英］怀特海：《教育目的》，徐汝舟译，生活·读书·新知三联书店 2002 年版。

130. ［美］霍华德·加德纳：《多元智能》，沈致隆译，新华出版社1999 年版。

131. ［美］霍华德·加德纳：《再建多元智能》，李心莹译，（台北）远流出版事业股份有限公司 2000 年版。

132. ［美］R. M. 加涅等：《教学设计原理》，王小明等译，华东师范大学出版社 2007 年版。

133. ［美］R. M. 加涅等：《教学设计原理》，皮连生等译，华东师范大学出版社 1999 年版。

134. ［美］吉纳·E. 霍尔等：《实施变革：模式、原则与困境》，吴晓玲译，浙江教育出版社 2004 年版。

135. ［德］H. G. 伽达默尔：《哲学解释学》，夏镇平等译，上海译文出版社 1994 年版。

136. ［德］H. G. 伽达默尔：《真理与方法》，洪汉鼎译，上海译文出版社 2004 年版。

137. ［美］乔治·A. 比彻姆：《课程理论》，黄明皖译，人民教育出版社 1989 年版。

138. ［美］乔治·H. 米德：《心灵、自我与社会》，上海译文出版社1992 年版。

139. ［澳］科林·马什：《理解课程的关键概念》，徐佳、吴刚平译，教育科学出版社 2009 年第 3 版。

140. ［苏联］A. Л. 孔德拉秋克：《教学论》，李子卓译，人民教育出版社 1984 年版。

141. ［美］拉齐尔：《多元智能教学的艺术——八种教学方式》，吕良环等译，中国轻工业出版社 2004 年版。

142. ［美］莱斯利·P. 斯特弗等主编：《教育中的建构主义》，高文等译，华东师范大学出版社 2002 年版。

143. ［英］劳伦斯·斯腾豪斯·宾特雷伊：《课程研究与课程编制入

门》，诸平等译，春秋出版社 1989 年版。

144. 联合国教科文组织编：《教育：财富蕴藏其中》，联合国教科文组织总部中文科译，教育科学出版社 1996 年版。

145. 联合国教科文组织国际教育发展委员会编著：《学会生存：教育世界的今天和明天》，教育科学出版社 1996 年版。

146. ［德］马丁·布伯：《人与人》，张见、韦海英译，作家出版社 1992 年版。

147. ［英］马克斯·范梅南：《教学机智：教育智慧的意蕴》，李树英译，教育科学出版社 2001 年版。

148. ［加］马克斯·范梅南：《生活体验研究——人文科学视野中的教育学》，李树英译，教育科学出版社 2003 年版。

149. ［加］迈克尔·富兰：《教育变革新意义》，赵中建等译，教育科学出版社 2005 年版。

150. ［法］米歇尔·福柯：《规训与惩罚》，刘北成、杨远婴译，生活·读书·新知三联书店 2003 年版。

151. ［美］帕梅拉·博洛廷·约瑟夫等：《课程文化》，余强译，浙江教育出版社 2008 年版。

152. ［美］威廉·F. 派纳等：《理解课程》，张华等译，教育科学出版社 2003 年版。

153. ［美］韦斯特伯里、威尔科夫主编：《科学、课程与通识教育：施瓦布选集》，郭元祥等译，中国轻工业出版社 2008 年版。

154. ［美］沃尔特·迪克美等：《系统化教学设计》，庞维国等译，华东师范大学出版社 2007 年版。

155. ［苏联］B. A. 苏霍姆林斯基：《给教师的一百条建议》，周蕖等译，天津人民出版社 1981 年版。

156. ［苏联］B. A. 苏霍姆林斯基：《给教师的建议》（修订版），杜殿坤译，教育科学出版社 1984 年版。

157. ［美］小威廉姆·E. 多尔：《后现代课程观》，王红宇译，教育科学出版社 2000 年版。

158. ［德］雅斯贝尔斯：《什么是教育》，邹进译，生活·读书·新知三联书店 1991 年版。

159. ［美］约翰·杜威：《民主主义与教育》，王承绪译，人民教育出版社 1990 年版。

160. ［美］约翰·杜威：《杜威教育名篇》，赵祥麟、王承绪编译，教育科学出版社 2006 年版。

161. ［美］约翰·D. 麦克尼尔：《课程：教师的创新》，徐斌艳、陈家刚主译，教育科学出版社 2008 年第 3 版。

162. ［苏联］Л. B. 赞科夫：《和教师的谈话》，杜殿坤译，教育科学出版社 1980 年版。

163. ［日］佐藤学：《课程与教师》，钟启泉译，教育科学出版社 2003 年版。

164. ［日］佐藤学：《学习的快乐——走向对话》，钟启泉译，教育科学出版社 2004 年版。

二　期刊论文类

1. 蔡辰梅：《"我"和"我所教的课"——教师与课程的具体关系研究》，《教育理论与实践》2007 年第 3 期。

2. 蔡春、扈中平：《从"独白"到"对话"——论教育交往中的对话》，《教育研究》2002 年第 2 期。

3. 陈建军：《基于知识管理的教学设计》，《中国远程教育》2007 年第 11 期。

4. 陈柏华、高凌飚：《教材观研究：类型、特点及前瞻》，《全球教育展望》2010 年第 6 期。

5. 陈丽华：《教师课程理解：意蕴与转向》，《全球教育展望》2012 年第 3 期。

6. 陈向明：《在参与中学习——成人培训方式的更新》，《教育理论与实践》2003 年第 4 期。

7. 成尚荣：《新课堂需要什么样的纪律》，《课程·教材·教法》2004 年第 7 期。

8. 崔允漷：《课程实施的新取向：基于课程标准的教学》，《教育研究》2009 年第 1 期。

9. 邓涛、鲍传友：《教师文化的重新理解与建构》，《外国教育研究》2005 年第 8 期。

10. 丁钢：《教育经验的理论方式》，《教育研究》2003 年第 2 期。

11. 顾明远：《教师的职业特点与教师专业化》，《教师教育研究》2004 年第 6 期。

12. 郭晓明：《论中国课程知识供应制度的调整》，《华东师范大学学报》（教育科学版）2005 年第 2 期。

13. 郭晓明：《从"圣经"到"材料"》《高等师范教育研究》2001 年第 6 期。

14. 郭元祥等：《教师即课程：意蕴与条件》，《教育研究与实验》2008 年第 6 期。

15. 郭元祥：《教师的课程意识及其生成》，《教育研究》2003 年第 6 期。

16. 胡波：《基于新课程理念的现代教学设计》，《中国教育学刊》2007 年第 3 期。

17. 胡潇：《教学解释方式的认识论思考》，《教育研究》2002 年第 11 期。

18. 姜勇、蒋凯：《后现代主义视点下课程编制问题》，《比较教育研究》2001 年第 8 期。

19. 孔凡哲、史宁中：《教师使用教科书的过程分析与水平测定》，《上海教育科研》2008 年第 3 期。

20. 李臣之：《课程实施：意义与本质》，《课程·教材·教法》2001 年第 9 期。

21. 李冲锋：《教师课程理解及其影响因素探析》，《全球教育展望》2002 年第 11 期。

22. 李建平：《课程改革对教师提出全新挑战》，《教育发展研究》2002 年第 1 期。

23. 李黔蜀：《试析教师课程意识》，《当代教育科学》2010 年第 9 期。

24. 李树军：《教师课程理解：现实问题与应然取向》，《教育发展研究》2009 年第 12 期。

25. 李小红：《论我国课堂教学交往的缺场与失当》，《教育理论与实践》2004 年第 13 期。

26. 李子建、尹弘飚：《后现代视野中的课程实施》，《华东师范大学学报》（教育科学版）2003 年第 1 期。

27. 李子建、尹弘飚：《反思课程与教学的关系：从理论到实践》，《全球教育展望》2005 年第 1 期。

28. 廖圣河、吴永军：《两岸基础教育师资队伍建设的比较研究》，《全球教育展望》2012 年第 7 期。

29. 廖圣河：《论教师课程的内涵、特点和意义》，《教育科学研究》2013 年第 5 期。

30. 廖圣河：《师定课程：内涵、价值和发展路径》，《教育学术月刊》2012 年第 4 期。

31. 廖圣河：《论教师课程的社会学基础》，《江西社会科学》2013 年第 3 期。

32. 廖圣河：《论教师课程的心理学基础》，《漳州师范学院学报》（哲学社会科学版）2013 年第 2 期。

33. 廖圣河：《高师语文教学法课程"随堂组合式试讲"研究》，《教育探索》2012 年第 2 期。

34. 廖圣河、李如密：《引导学生美化教学环境的意义、路径及策略》，《教学与管理》2012 年第 28 期。

35. 廖圣河、任宝贞：《论语文教师朗读技能的构成、现状与培养》，《教育导刊》2015 年第 12 期。

36. 廖圣河、郑会敏：《民办小学英语青年教师专业发展问题与对策——以福建省漳州市××民办小学为例》，《当代教育科学》2015 年第 20 期。

37. 廖圣河：《林语堂的语文教育思想》，人大复印资料《小学各科教与学》2007 年第 2 期。

38. 廖圣河：《个性化语文评课标准初探》，《漳州师范学院学报》（哲学社会科学版）2006 年第 2 期。

39. 廖圣河：《真实：公开课的生命》，《北京教育学院学报》2003 年第 4 期。

40. 刘徽：《简单性与复杂性：思考课堂教学的新维度》，《全球教育展望》2005 年第 3 期。

41. 刘庆昌：《反思性教学的两个问题链》，《课程·教材·教法》2006 年第 8 期。

42. 刘宇：《课程与教师：变革时代的关系重建》，《教育发展研究》2008 年第 5—6 期。

43. 马会梅、张平海：《教师教学行为设计的最优化原则》，《远程教育杂志》2006 年第 5 期。

44. 马莹：《教师与课程关系的历史发展及启示》，《教育评论》2012 年第 1 期。

45. 马云鹏、唐丽芳：《课程实施策略的选择》，《比较教育研究》2002 年第 1 期。

46. 宁虹：《"教师成为研究者"的理解与可行途径》，《比较教育研究》2002 年第 1 期。

47. 宁虹：《教师教育：教师专业意识品质的养成》，《教育研究》2009 年第 7 期。

48. 冉隆锋：《课堂管理的走向：超越纯粹的确定性》，《现代教育管理》2009 年第 7 期。

49. 石鸥：《试论教师传授教学内容时的失真现象》，《上海教育科研》1995 年第 7 期。

50. 司江伟：《20 世纪刚性管理与柔性管理发展的对比》，《科学管理研究》2003 年第 1 期。

51. 宋秋前：《当代课堂管理的变革走向》，《教育发展研究》2005 年第 8 期。

52. 孙宽宁：《教师课程理解的动态复合性评价研究》，《现代教育管理》2011 年第 1 期。

53. 汪霞：《课程实施：一个值得关注的问题》，《教育科学研究》2003 年第 3 期。

54. 王建军：《教师参与课程发展：理念、效果与局限》，《课程·教材·教法》2000 年第 5 期。

55. 王敏勤：《课程与教学的关系与整合》，《中国教育学刊》2003 年第 8 期。

56. 王双兰、张传燧：《教师参与课程设计的价值及实现》，《教育科学研究》2006 年第 10 期。

57. 王一军：《课程意识与教学觉醒》，《教育理论与实践》2003 年第
　　10 期。

58. 王映学、张大均：《论教学目标设计应解决的关键问题》，《当代
　　教育科学》2006 年第 23 期。

59. 吴刚平：《教学改革需要强化课程意识》，《教育发展研究》2002
　　年第 7—8 期。

60. 吴刚平：《课程开发中的矛盾运动与钟摆现象探析》，《华东师范
　　大学学报》（教育科学版）2000 年第 2 期。

61. 吴刚平：《课程意识及其向课程行为的转化》，《教育理论与实践》
　　2003 年第 17 期。

62. 吴刚平：《课程资源的理论构想》，《教育研究》2001 年第 9 期。

63. 吴康宁：《学生仅仅是"受教育者"吗？——兼谈师生关系观的
　　转换》，《教育研究》2003 年第 4 期。

64. 吴永军：《课程改革呼唤理性精神》《教育发展研究》2003 年第
　　1 期。

65. 吴永军：《再论后现代主义对于我国课程改革的价值》，《教育发
　　展研究》2010 年第 18 期。

66. 吴永军：《再论新课程教学核心理念及其有效性》《课程·教材·
　　教法》2005 年第 1 期。

67. 夏雪梅：《我们为什么要检测教师的课程实施程度》，《当代教育
　　科学》2010 年第 2 期。

68. 杨启亮：《教材的功能：一种超越知识观的解释》，《课程·教
　　材·教法》2002 年第 12 期。

69. 杨启亮：《守护家园：课程与教学变革的本土化》，《教育研究》
　　2007 年第 9 期。

70. 杨启亮：《一种假设：以新课程理念导引新课程管理》，《当代教
　　育科学》2003 年第 19 期。

71. 尹弘飚、李子建：《基础教育新课程实施的影响因素分析——重
　　庆北岸实验区的个案调查》，《南京师范大学学报》（社会科学版）
　　2004 年第 3 期。

72. 俞红珍：《让学生成为教材"二次开发"的参与者》，《教育理论与实践》2009 年第 9 期。

73. 于海波：《教师课程实施能力研究》，《当代教育科学》2011 年第 12 期。

74. 于世华：《教学内容的灵活结构性》，《当代教育科学》2004 年第 17 期。

75. 于世华：《论教学情境的三个层次》，《教育理论与实践》2008 年第 20 期。

76. 于泽元、靳玉乐：《探寻课程与教学的复杂关系》，《课程·教材·教法》2010 年第 2 期。

77. 余文森：《论教学中的预设与生成》，《课程·教材·教法》2007 年第 5 期。

78. 曾天山：《国外关于教科书功能论争的述评》，《西南师范大学学报》（哲学社会科学版）1998 年第 4 期。

79. 张彩云、张志祯、申继亮：《小学教师关于反思日记的认识》，《教育学报》2006 年第 5 期。

80. 张法：《作为后现代思想的解释学》，《中国人民大学学报》2000 年第 5 期。

81. 张华：《"实践的课程范式"及其应用研究》，《外国教育资料》1998 年第 5 期。

82. 张华：《论课程实施的涵义与基本取向》，《外国教育资料》1999 年第 2 期。

83. 张华：《课程与教学整合论》，《教育研究》2000 年第 2 期。

84. 钟启泉：《对话与文本：教学规范的转型》，《教育研究》2001 年第 3 期。

85. 钟启泉、刘徽：《教学机智新论》，《教育研究》2008 年第 9 期。

86. 钟志贤：《论客观主义教学设计范型》，《外国教育研究》2004 年第 11 期。

87. 邹艳春：《建构主义学习理论的发展根源与逻辑起点》，《外国教育研究》2002 年第 5 期。

88. ［美］戈登·罗伦德：《设计与教学设计》，高文编译，《外国教育资料》1997 年第 2 期。

89. ［美］李·S. 舒尔曼:《理论、实践与教育的专业化》,王幼真、刘捷编译,《比较教育研究》1999 年第 3 期。

90. ［美］约翰·托马斯:《课堂管理:有效教学的关键》,胡浩译,《外国中小学教育》1988 年第 6 期。

91. 陈向明:《谁决定教师的专业需求》,《中国教育报》2007 年 11 月 10 日第 3 版。

92. 李建平:《教师培训:新理念新模式》,《中国教育报》2002 年 12 月 23 日第 7 版。

93. 王敏勤:《提高课堂教学效率的五大方略》,《中国教师报》2009 年 12 月 30 日第 C01 版。

94. 时晓玲:《"一师一卷":尝试解应试教育的锁》,《中国教育报》2012 年 5 月 29 日第 5 版。

95. 翟帆:《国家课程方案为何在执行中走样》,《中国教育报》2005 年 12 月 4 日第 3 版。

三　学位论文类

1. 鲍道宏:《教师课程理解初探》,博士学位论文,华东师范大学,2008 年。

2. 丁怡颖:《新课程改革背景下的教材弹性研究》,硕士学位论文,西南大学,2007 年。

3. 李博:《提高教师教科书使用水平的策略研究》,硕士学位论文,东北师范大学,2007 年。

4. 李锋:《基于课程标准的教学设计研究》,博士学位论文,华东师范大学,2010 年。

5. 刘良华:《行动研究的史与思》,博士学位论文,华东师范大学,2001 年。

6. 吴景芝:《基础教育课程改革的支持系统之研究》,硕士学位论文,西北师范大学,2004 年。

7. 肖庆顺:《教师参与课程发展研究》,硕士学位论文,西南师范大学,2003 年。

8. 叶秀丹:《教师即课程:价值与可能》,硕士学位论文,华中师范大学，2007年。

9. 俞红珍：《论教材的"二次开发"——以英语学科为例》，博士学位论文，华东师范大学，2006年。

10. 张瑞：《教师参与课程评价的研究》，硕士学位论文，河南大学，2008年。

11. 张希希：《论有效的课堂交往》，博士学位论文，西南师范大学，2001年。

12. 张相学：《学校如何管理课程——主体论视野下学校课程管理的思考》，博士学位论文，南京师范大学，2006年。

13. 赵虹元：《基础教育教师课程权力研究》，博士学位论文，西南大学，2008年。

后　记

　　世界因爱而美丽，人间因真情而动人。在博士论文的修订稿即将付梓之际，一个个指导、帮助和激励过我的良师益友以及亲人的名字涌上心头，感激之情油然而生。

　　首先，我要感谢导师吴永军教授。笔者小学教师出身，拿的是自考本科文凭，吴老师没有嫌弃我，而是用发展的眼光看待、接纳和培养我。论文从选题、开题到成文，吴老师都给予我悉心的指导和莫大的支持。每当我思路受阻、信心不足时，吴老师不管再忙，总会放下手中的活儿，及时给予鼓励并帮我找到前进的方向。如在论文选题时，吴老师最早建议我变"师定课程"为"教师课程"；在论文框架方面，吴老师建议我补充教师课程评价的内容；在研究方法上，吴老师强调实证调查和行动干预，以提高策略的针对性；在成文过程中，吴老师反复提醒我写出自己的观点；在本书即将出版之际，吴老师又在百忙之中为本书撰写序言，为本书增色不少。

　　其次，我要感谢李如密教授。虽然因为招生指标等原因，我没能成为李老师的门徒。但出于对考生的关心和负责，李老师及时把我推荐给了吴永军教授。而且，其热心程度非一般博导所能为。那段时间，李老师主动给我打了不少电话，发了不少短信，做了不少解释工作。可以说，没有李老师的热心举荐，我只能在另一所非"211"学校读博。读博三年来，李老师一直把我当自己的弟子对待。每当发现我闷闷不乐，李老师总会上前询问并热心开导；每当发现我顾虑太多，李老师总会及时给予鼓励；每当我向他请教问题，李老师总会抽空给予解答，甚至到了有求必应的程度。

　　再次，我要感谢授课教师和答辩专家。他们分别是马克思主义与当代西方社会思潮课的张之沧教授、博士英语课的范娜老师、教育学原理课的张乐天教授、教育哲学课的金生鈜教授、教育社会学课的吴康宁教授和贺晓星教授、课程社会学课的吴永军教授、课程与教学论课和外国教学论课的杨启亮教授、教学美学课的李如密教授。同时，还要感谢杨启亮教授、张乐天教授、金生鈜教授、李如密教授、徐文彬教授、汪霞教授等在论文开题前后给我指点迷津，感谢杨小微教授、张武升教授、张乐天教授、杨启亮教授、李如密教授在论文答辩过程中给我提出宝贵意见。

第四，我要感谢黄清、张灵聪、蔡勇强、陈顺森、朱志明等同事和高维、杨晓奇、魏善春、谢圣英、武秀霞、陈旭微、白福宝、孔令新、章乐等同学以及史晖、皮武、李亮、王建、夏英等同门的支持和帮助。高维博士在论文提交期间还帮我代办了不少事情。史晖师兄为我提了不少中肯的修改建议。在教育调查过程中，福建漳州的蔡天禄、黄英明、邹茂全、杨松江、韩春茂、张东春、柯国强、陈青松、戴春河等中小学领导以及我曾经教过的学生徐爱君、陈明贵、张元伟、刘金生等老师给了我大力支持。

第五，本书的出版得到闽南师范大学学术专著出版基金的资助，同时也是闽南师范大学 2013 年度博士学位教师科研启动费项目"教师课程的基本理论和实践策略研究"（1006 L21312）、2014 年度福建省社会科学规划项目"福建省民办中小学青年教师专业发展研究"（2014B187）、福建省教育科学"十二五"规划 2013 年度重点课题"新时期高师语文教育专业核心技能的构成和培养研究"（FJJKCGZ13－027）的科研成果。在此，对闽南师范大学和课题资助单位表示衷心感谢。

第六，我要感谢中国社会科学出版社的卢小生主任。卢主任的耐心等待为我提供了更多的写作时间，他的宽容大度让我倍感温馨和感激。编辑和校对的精心修改帮我发现了不少疏漏，其认真程度和中肯建议令我敬佩不已。

最后，我要感谢我的家人。父亲廖章说大人的乐观心态让我相信方法总是比困难多；母亲黄福英女士一直是我的榜样和加油站，她让我从小学会勇敢面对、艰苦奋斗、自强不息和开拓创新；妻子朱洁艺女士既要辛苦工作，又要操持家务，还要经常听我"使唤"，帮我处理一些个人事务；儿子廖学宜虽然年幼，却聪明懂事，经常有出色表现。读博三年及工作期间，家人一直在默默支持和激励着我。

　　学术研究永远在路上，明天我将继续前行，用付出回报所有的关心和爱。

　　　　　　　　　　2016 年 6 月 15 日写于福建省漳州市九龙江畔